高等院校秘书学专业精品系列教材

U0955537

会议学与会议管理

HUIYIXUE YU HUIYI GUANLI

（第三版）

向国敏 ◎ 著

首都经济贸易大学出版社
Capital University of Economics and Business Press
·北 京·

图书在版编目(CIP)数据

会议学与会议管理/向国敏著. --3 版. --北京:首都经济贸易大学出版社,2019.9
ISBN 978-7-5638-2977-4

Ⅰ.①会… Ⅱ.①向… Ⅲ.①会议—组织管理学 Ⅳ.①C931.47

中国版本图书馆 CIP 数据核字(2019)第 158091 号

会议学与会议管理(第三版)
向国敏 著

责任编辑 孟岩岭
封面设计 砚祥志远·激光照排 TEL: 010-65976003
出版发行 首都经济贸易大学出版社
地 址 北京市朝阳区红庙(邮编 100026)
电 话 (010)65976483 65065761 65071505(传真)
网 址 http://www.sjmcb.com
E-mail publish@cueb.edu.cn
经 销 全国新华书店
照 排 北京砚祥志远激光照排技术有限公司
印 刷 北京市泰锐印刷有限责任公司
开 本 710 毫米×1000 毫米 1/16
字 数 466 千字
印 张 26.5
版 次 2011 年 9 月第 1 版 2016 年 8 月第 2 版
2019 年 9 月第 3 版 2019 年 9 月总第 3 次印刷
书 号 ISBN 978-7-5638-2977-4/C·153
定 价 49.00 元

目　录

CONTENTS

第一章　会议学与会议概说

第一节　会议学的基本概念——会议

在时钟走过的每一秒，全世界都会有数以千万计的人或围着大大小小、形状各异的桌子，或聚集在广场上，交流着各种信息，商讨和决定着政治、经济、军事、外交、科技、教育、文化、体育等各方面的问题。尽管聚会的性质各不相同，参加者的身份和目的也不尽一致，但至少有一点是共同的：这种聚会商议方式为人们架起了交往和沟通的平台，为解决与会者面临的共同问题创造了条件。我们称这种方式为“会议”。

“会议”一词最早出现在什么年代，尚待考证。但是，作为一种交往和沟通方式，会议活动在人类社会野蛮时代的氏族社会就已出现，可谓源远流长。恩格斯在《家庭、私有制和国家的起源》一书中指出，早在荷马时代，古希腊人和古代德意志人就建立了氏族首长议事会和人民大会制度。当时的氏族在举行人民大会时，男男女女都站在周围，有秩序地参加讨论，这种会议形式被称为“围立”。《尚书·盘庚》中也有证明我国在商代已出现类似人民大会和氏族首长议事会制度的记载。时至今日，世界上每时每刻都在进行着各种名目繁多的会议。国际组织、政府机关、跨国公司，乃至车间班组、家族内部，无不需要运用会议交流思想、弥合分歧、协调关系、达成共识、实施管理、联络感情……总之，会议已经深深植根于社会活动的各个领域，成为现代社会须臾不可或缺的交往和沟通方式。

随着会议的功能及其领域不断拓展，“会议”一词使用的频率越来越高。由于缺乏科学的定义，“会议”的概念也经常被滥用。将展览会、演唱会、体育运动会等活动方式纳入会议范畴的情况，无论是理论界还是在会议管理的实践中都相当普遍。这模糊了会议的界限，不仅不利于对会议活动开展理论研究，而且也不利于对会议活动进行科学的管理。

从学科研究的角度来看，会议活动不仅是会议学的研究对象，也是构成会议学体系的基本概念；就会议管理的实践而言，毫无疑问，会议活动就是会议管理的主要客体。因此，赋予会议活动一个科学的定义，对于明确会议学的研究对象，促进会议学的研究，对会议活动进行科学管理，都具有关键性的意义。

一、会议的特征和定义

给会议活动下一个完整的定义，并不是一件容易的事情。现代会议活动种类繁多，功能不断拓展，方式日新月异，与人类社会的其他交往方式相互融合，以致较难界定它的概念。不过,只要我们仔细考察各种会议活动所表现的共同特征,就可以克服这一难题,准确把握会议的内涵与外延。

古今中外的任何一种会议活动,都具有以下一些共同的特征:

(一)会议是一种围绕特定目的和议题开展的活动

无论是远古氏族部落,还是当今国际社会,任何会议的举行,无一不是为了满足人们交往和沟通的客观需要,解决人类活动面临的共同矛盾和问题。因此,会议自它产生的第一天起,就具有鲜明而又强烈的目的性。从古至今,任何会议活动都必须事先制定非常明确的目的,解决为什么开会的问题。没有目的的会议事实上是不可能存在的。

会议的目的不是抽象的,它通过会议的议题及其相关的议程和会议结果来统领会议的全过程,既体现组织者的愿望,也反映全体会议成员的共同期盼,因而是会议活动最基本的驱动力。会议目的和议题正确合理与否,决定着会议的发展方向和可能发挥的实际作用,制约着会议的规则和进程。目的正确、议题合理,会议往往能够圆满举办成功,并能有效地推动实际工作;目的错误,议题脱离实际,或者与大多数会议成员的愿望相违背,会议就可能无功而返,即使开成会议,形成决议,也可能对实际工作产生不利的影响,甚至起破坏作用。

(二)会议是一种具有组织形态的活动

会议是一种有目的的活动,但会议的目的不可能自发实现。即便是正确、合理的目的,也必须依靠有效的组织和管理而实现。从这个意义上说,会议是一种特定的组织形态。会议活动的组织形态表现在有明确的会议组织者、有会议的领导和管理服务体系、有会议规则和会务工作程序等若干方面。会议活动只有具备一定的组织形态,才能确保会议的各项组织管理工作科学、有效,才能将报告、演讲、辩论、审议、讨论、谈判、表决等会议活动纳入正常有序的轨道,才能使会议成员开展有效的沟通和交流,才能最终达成共识、形成决议,实现会议的目的。

(三)会议是一种以口头交流为主要方式的活动

会议既然是一种社会交往活动,期间就必然会有各种形式的交流。报告、演讲、辩论、审议、讨论、谈判等口头交流方式,是会议成员传递信息、交流思想、阐明立场、表达意志的主要手段,也是会议活动的基本方式。“会议”乃“会”而“议”之,“会”而不“议”则非“会议”。从汉字的角度分析,“议”是一个形声字,从“言”,“义”声,其本义是“以口头的方式商议、讨论”。因此,区别一次社会活动是会议还是非会议,关键就是看其交流的方式是否以口头交流为主。一次社会活动如果没有围绕特定议题的口头交流,或者不是以口头交流方式为主,就不属于会议活动的范畴。当然,会议活动也可以辅之以书面和声像交流的方式。在一些特殊情况下,会议还可以采用书面、电子邮件和声像的方式进行交流，但并不能改变口头交流作为会议活动的基本方式和基本特征这一事实。

（四）会议是一种群体性的社会交往活动

人们在同自然界和社会交往的过程中，经常会产生一些个人的能力无法企及的目标或愿望，遇到一些必须解决但个人能力又难以解决的矛盾和无法战胜的困难。于是，人们通过集体讨论、商议、交流，相互启迪智慧，共同制定办法，协调相互关系，融洽彼此感情，依靠集体的力量来解决矛盾、战胜困难、达到目的。会议正是为了满足人们的这种社会需要而产生的，并且随着这种社会需要的发展而发展。因此可以说，群体性是会议活动与生俱来的基本特征。

但是，群体性毕竟是一个模糊的概念。那么应当怎样把握群体性的标准呢？目前，多数学者都主张 3 个与会者是群体性的标准，有些行政管理机构也将 3 人作为会议统计的口径。然而笔者以为，对群体性的标准的掌握，不能一刀切，应当根据会议的类型和性质有所区别。在纵向性会议（即主持人与其他与会者之间存在领导与被领导或管理与被管理关系的会议）中，与会者必须至少 3 人。换句话说，上下级之间的两人谈话不能视作会议。而横向性会议（即主持人与其他与会者之间或与会各方地位平等、不存在领导与被领导或管理与被管理关系的会议）就不能以 3 人作为群体性的标准。在今天，无论是政府、企业还是非政府组织，举行领导人之间的单独会见或会谈已成为交往和沟通的重要方式，屡见不鲜。这种单独会见或会谈可能只有两个成员（翻译和记录员不属于会议成员），但有明确的目的，事先商定议题，经过双方的安排，或有文字记录，符合会议的基本特征，应当视作会议。概言之，由特定的组织指派代表所举行的 2 人之间的单独会见或会谈，只要具有明确的目的、既定的议题和组织程序，当属会议活动。

经过以上对会议特征的考察，我们采用属加种差方法对会议的定义作如下表述：

会议是一种围绕特定目的和议题开展的、具有一定组织形态的、以口头交流为主要方式的群体性社会交往活动。

二、广义会议和狭义会议

从严格意义上来说，上述定义属于狭义会议的定义。社会的不断进步和发展，促进了社会交往领域和交往需求的不断扩大。与之相适应，会议活动的功能与形式也在日益拓展，与其他社会交往方式的交汇融合越来越紧密，新的会议活动样式层出不穷。比如，在举办一些展览、节庆、表彰、宴请、表演、比赛乃至宗教活动时，人们常常把会议的要素融入其中，创设出或典雅庄重或绚丽多彩或简约质朴的开幕式、闭幕式、欢迎宴会、颁奖仪式、庆祝典礼等活动。这些活动没有特定的议题，也不要求与会者围绕议题进行专门的报告、讨论、审议、质询、表决，不符合上述狭义会议定义中的议题性和以口头交流为主的特征，因此不属于狭义会议的范畴。但由于这类活动样式源自于狭义会议，也具有目的性、组织性、口头性和群体性这些会议的主要特征，而且又往往是会议活动的重要组成部分，因此我们将其列入广义会议的范畴。概括起来说，凡是围绕特定目的开展的、具有一定组织形态的、使用口头交流方式的群体性活动，都属于广义会议的范畴。

在会议管理的实践中，判断一次活动是狭义会议还是广义会议，首先是看其有无特定的议题。目的明确并且具有特定议题，同时符合组织性、口头性和群体性特征的活动，就属于狭义会议范畴，如报告会、研讨会、工作例会等；有目的而无特定议题的活动，只要符合组织性、口头性和群体性的特征，就属于广义会议范畴，如开幕式、闭幕式、颁奖仪式、开业仪式等。其次是看其是否以口头交流为主要方式。以口头交流为主要方式的活动只要符合目的性、议题性、组织性和群体性的特征，属于狭义的会议，而以展览、演示、宴请、观摩、表演、签约、颁奖为主要方式的活动，只要其中安排围绕一定目的的致辞、讲话，就属于广义会议的范畴。

当然，广义会议与狭义会议这两个概念并不构成外延相互排斥的矛盾关系或反对关系，二者之间是包含与被包含关系，也就是说，广义会议包含狭义会议，狭义会议属于广义会议的一部分。

将会议定义为广义会议和狭义会议，不仅可以从理论上进一步明确会议学的研究对象及其范围，而且可以更加清楚地认识和把握不同类型会议的具体性质、特点和功能以及组织管理的规律，使会议管理更具有针对性和科学性，从而切实提高会议管理的效率。

三、会议与相关概念的关系

（一）“会议”与“会展”的关系

有人认为，会展是会议、展览和节事的合称，因此会展是属概念（上位概念），会议是种概念（下位概念），意即会展的概念包含会议的概念。这一观点的错误之处在于认为会展就是会议、展览和节事的简单相加。会展是指以追求经济效益为主要目的，以市场运作方式提供社会化服务，以会议、展览和节事为主要形式的集体性的信息和物质交流活动。从会展的这一定义可以看出会展具有以下特征：

首先，会展是一种经济性的活动。在我国，会展作为一种新兴产业和经济增长点，是20世纪80年代以后的事情。说得更明确一点，会展这一名词从它出现的第一天起，表达的就是一个崭新的经济概念。它与普通的会议、展览、节事的不同之处就在于，后者是实现管理控制或宣传教育目的的手段。很多会议、展览、节事的主办者或者承办者，并不以赢利为目标，活动过程也不产生任何直接的经济效益，甚至要消耗一定的费用。比如，一个单位为实施内部管理和对外沟通，利用本单位的场馆举行会议，期间既无任何直接的服务性收入，也不产生任何间接的赢利。这样的会议，只是一种管理和教育手段，显然不属于会展的范畴。

其次，会展是一种借助于社会化和产业化服务的活动。会展活动必须通过会展企业以主办者、承办者和服务商的身份创建社会化和产业化服务平台，将与会者、参展者和观众连接在一起进行交流、互动，从而达到沟通信息、宣传形象、招商引资、推广品牌、交流技术、洽谈合作等目的。而普通的会议活动则由一个单位自己组织，由内部成员参加，无须借助于社会化和产业化服务。

从会展的这两大基本特征可以看出，会议虽然是会展的形式之一，但不是所有的会议都属于会展范畴，而会展仅包括一部分借助于社会化和产业化服务并产生一定经济效益（这种经济效益可以属于主办方，也可以属于承办方或赞助方）的会议。由此，我们可以得出这样的结论：会展和会议不是同一个概念系统中的上位概念与下位概念，不存在相互包含关系，而是两个具有交叉关系的独立概念。

（二）"会议"与"会"的关系

"会"和"会议"这两个概念既有联系，又有区别，相互不能混淆。"会"在汉字中是一个会意字，从"合"，从"彡"。"合"表示会合、聚集的意思；"彡"表示众多的意思。因此，"会"的本义就是多人会合、聚集。凡是有特定目的的各种聚合、集会，都可以称为"会"。但是"会"的成分非常庞杂，除了会议外，还有舞会、宴会、庙会、展览会、展销会、运动会、演唱会等。这些"会"尽管也有既定的目的，也经过精心的策划和组织，但并没有特定的议题，除开、闭幕式外，也不安排口头交流，既不符合狭义会议的定义，也不具备广义会议的特征，因而不能纳入会议的范畴。

由于现代交往方式具有互渗性，上述舞会、宴会、庙会、展览会、展销会、运动会、演唱会等"会"往往穿插一些开幕式、闭幕式、颁奖仪式这类广义上的会议，有时也会举办一些专题论坛、圆桌会议这类狭义会议，但并不改变它们的非会议性质。

由上可见，"会"是上位概念，"会议"以及其他的舞会、宴会、庙会、展览会、展销会、运动会、演唱会则是下位概念。平时人们常说的"开会"一词，专指举行会议活动。有些专著和教材常常把单纯的舞会、展览会、运动会等也归入会议活动范畴，这是将"会"和"会议"这两个概念混为一谈，缺乏说服力。

第二节　会议学的研究对象、研究范围

一、会议学的研究对象

会议学是一门以会议活动及其规律为研究对象的学科。这里所说的会议活动，并不是个别的会议现象，而是作为一种特定社会交往方式所产生的各种规律性现象的总和，是会议过程中的主体与客体、信息与物质、内容与形式、目的与手段、环境与功能、历史与现实的辩证统一。

二、会议学的研究范围

会议学研究的具体范围包括以下几个方面：

（一）会议源流研究

会议源流研究即研究会议活动的起源和历史发展变革的一般规律。会议活动的起源、发展与人类社会文明的演进息息相关。毫无疑问，会议这种交往方式的出现是人类早期社会的生活和生产方式以及政治、宗教和文化等因素相互碰撞的结果，需要研究的是，社会生活和生产方式以及政治、宗教和文化等因素是如何、何时导致会议活动产生的，是如何推动会议这种交往方式的发展变革的，会议的历史发展变革又具有哪些规律。这种研究非常有价值，不仅可以廓清会议学作为一门独立学科的研究对象，吸收古代会议制度中有价值的成分，使今天的会议能够更好地发挥推动社会文明进步的作用，而且也可以促进相关学科的研究，如古代政治制度、古代宗教制度、古代礼仪制度等。会议源流研究的具体内容既包括中国会议史的研究，也包括外国会议史的研究。而中国会议史的研究，又具体包括中国古代会议史、中国近代会议史和中国现当代会议史的研究。

（二）会议要素研究

从系统论角度看待会议，我们不难发现，会议活动说到底，是一个由会议主体、信息、物质、形式、时间、空间等基本要素组成的运动系统。这些基本要素是会议策划、组织、管理的根本对象。任何一次会议活动，无一不是这些基本要素在会议管理系统的支持和推动下，相互联系、相互渗透、相互作用的过程。会议的策划、组织和管理都应当从这些基本要素出发，围绕这些基本要素展开，最终落实到这些基本要素，推动会议基本要素的整合和优化。

会议基本要素研究的目的和内容主要有两个方面：一是界定会议基本要素的范围，弄清会议基本要素究竟包括哪些方面，从而加深对会议现象和本质的认识；二是揭示会议各项基本要素的性质、内涵、作用以及相互关系，为会议的策划、组织和管理提供依据。

（三）会议功能研究

会议活动萌发于人类的早期社会，伴随着社会的发展而发展，并日益成为人类社会生产贸易活动和精神文化活动必不可少的载体与手段，越来越显示出巨大的社会功能。当今社会各种论坛如雨后春笋般出现，在国际对话、科技合作和人文交流方面扮演越来越重要的角色，就是最有力的证明。会议的功能是多样化的，也是随着社会的发展以及人们对会议认识的日益深化而不断拓展的，因此会议功能的研究应当结合相关学科的研究方法，从多个维度展开。比如，从政治学的角度研究会议的政治功能，从经济学的角度研究会议的经济功能,从信息学的角度研究会议的信息功能,从文化学的角度研究会议的文化功能,从领导学的角度研究会议的领导管理功能,等等。开展会议功能的研究,一方面可以深化人们对会议的认知,加强人们对会议的重视,使会议活动更好地促进社会的发展,另一方面也可以大大丰富会议学研究的视角,催生会议政治学、会议经济学、会议文化学、会议信息学、会议领导学等边缘科学。

(四)会议管理研究

会议管理也有狭义和广义之分。狭义的会议管理是指针对会议组织过程的管理。会议活动涉及的面相当之广,需要协调的关系非常之多。为了确保会议活动的协调、有序、高效,就必须建立强有力的领导管理组织机构和相应的规则、机制,对会议的资源进行合理的配置,对会议的组织和实施过程进行有效的管理。狭义会议管理研究的具体内容涉及会议的组织形态、会议的规则、会议的资源配置与优化、会议的宣传与公关、会议的接待与现场服务、会议的信息管理等多个方面。狭义会议管理研究可以使组织者对会议进行决策、规划、组织和控制具有科学性和高效性。

广义的会议管理包括政府和行业协会对会议产业的管理以及营利性会议企业和非营利性会议组织的内部管理。政府和行业协会对会议产业的管理属于宏观会议管理范畴,其任务主要是制定会议产业政策、发展规划和会议审批制度,规范会议行业的行为,协调业内关系等。开展宏观会议管理的研究,可以为会议活动和会议产业的发展创造良好的外部环境。营利性会议企业和非营利性会议组织的内部管理属于组织(企业)管理的范畴,涉及内部的决策管理、会议项目管理、人力资源管理、财务管理、会议营销管理等方面。开展这些方面的研究,有助于提升会议组织或会议企业的发展潜力和市场竞争力。

(五)会议实务研究

会议实务也就是平常所说的会务。会议管理活动最终必须通过具体的会议实务来实现。会议实务研究的目的是解决会务工作怎么做的问题,内容包括会务工作的各项具体程序、方法、技能。

第三节 会议学的学科特点、与相关学科的关系和研究方法

一、会议学的学科特点

(一)综合性

会议学是一门高度综合的学科。所谓综合性,是指会议学既不属于其他学科的一个分支学科,也不是与其他学科毫无关联的封闭学科,而是一门与众多学科交叉

复合、有机融汇而形成的综合性学科。会议学的综合性是由会议活动的综合性特征决定的。会议活动从策划到实施，是一项系统工程，涉及多个领域。研究会议活动，就必须吸收、借鉴管理学、领导学、决策学、策划学、信息学、经济学、协调学、公共关系学、市场学、设计学、写作学、档案学等学科的研究成果。

（二）应用性

会议学属于一门应用学科。会议学一旦脱离了应用性，便失去了它的全部价值。这就要求会议学的理论抽象和概括，必须以生动的会议活动实践以及由此产生的会议活动经验为基础。同时，会议学的理论原则必须在会议活动的实践中接受检验、加以修正和完善。

二、会议学与相关学科的关系

（一）会议学与展览学的关系

“展览”一词顾名思义，就是“将物品陈列、展出，供人们参观”。如果要给“展览”下定义的话，那就是“将物品陈列、展出，供人们参观的活动”。展览学就是一门研究各种展示参观活动及其规律的学科。可见，展览学与会议学在学科对象上有着明显的区别。但是，由于展览活动也具有目的性、集体性和交流性等特征，在组织方式上的许多方面也与会议活动相通，加之现代会议形式不断创新，会议和展览相互渗透、相互融合，会中有展、展中有会已经成为现代会议发展的一大趋势，因此笔者认为，会议学和展览学既相互独立，又相互交叉、相互借鉴，是关系最为密切的姐妹学科。

（二）会议学与会展学的关系

前面我们已经对会议与会展这两个概念的关系做了厘清和区分，指出会议与会展不是同一个概念系统中的上位概念与下位概念，不存在相互包含关系，而是两个具有交叉关系的独立概念。同理，我们不能把会议学简单地视为会展学的一个分支。由于研究对象的差异，会议学和会展学应当是两门不同的学科。当然不可否认，会议学和会展学有许多研究内容具有交叉性和复合性，在研究过程中应当相互借鉴，但不能因此而混淆二者的学科界限。

三、会议学的研究方法

会议学的研究方法具有多层次、多样化的特点，下面介绍几种常用的方法：

（一）事实积累法

科学事实，是科学抽象的依据和前提。会议学的应用性特点，决定了会议学的研究应当特别重视会议活动基本事实材料的占有。只有充分占有会议活动的事实材料,才能在此基础上进行整理、加工,揭示出会议活动的本质规律。事实积累法既可以是文献法(即从大量的历史文献和传记中收集材料,经过鉴别和整理,再加以研究),也可以是现状调查法(即对当前的各个种类的会议活动的现状进行调查,从中收集有价值的第一手材料)。

(二)案例研究法

会议学中的案例并不等于会议实务中的具体事例,必须具有客观性、代表性、针对性和经验性四个基本特征。案例研究往往能以小见大,以个别指导一般。一个典型的案例也往往能从不同的角度总结其经验教训,进而上升到理论层面。

(三)抽象—具体法

抽象—具体法即对具体可感的会议活动现象进行归纳演绎和深入的分析,揭示这些现象背后的本质,达到抽象的规定性,在此基础上建立会议学的基本概念。然后再运用综合的方法,把会议活动各方面的本质规定在思维中联结起来,形成一个完整的体系,使从具体的会议活动中抽象出来的每一个概念、判断、原理在这个体系中占有一定的位置,并且具体地、完整地再现出来。从抽象到具体的方法是建立会议学理论体系的重要方法。

(四)纵横比较法

纵横比较法就是运用比较研究的方法来研究会议活动。所谓纵向比较,就是比较不同时期会议活动的异同,从而找出会议发展的基本线索,揭示会议发展的规律,做到古为今用。所谓横向比较,就是研究不同国家、不同社会制度和不同文化背景下的会议活动的异同,以正确借鉴不同国家会议管理的先进经验。

(五)借鉴移植法

会议学的综合性特性,决定了会议学的研究必然要吸收和移植相关学科的成果,借鉴相关学科的研究方法,以便多角度、全方位地透视会议活动的现象,更加广泛而又深刻地揭示会议活动的规律,同时促进会议学的分支学科和边缘学科的发展,丰富会议学科的理论体系。

第四节　会议系统的基本要素

从系统论的角度考察,我们不难看出,会议活动实际上是一个若干要素相互关联、相互作用的动态系统。会议系统一般是由组织者、成员、信息、方式、时间、地点六个基本要素组成的,会议的策划和组织也主要是围绕这六个要素展开的。

一、会议组织者

会议是一种有目的的、高度组织化的社会活动,需要有人发起并出面组织和协调。我们把发起、策划、主办、承办、协办会议活动的机构或个人统称组织者。

会议的组织者可以是机构,也可以是个人。机构发起并组织会议必须具备合法的资格,个人发起并组织会议应当符合法律和法规。会议的组织者并非都是单一的机构或个人。在一些规模较大的会议活动中,组织者具有强大的阵容,相互之间也有不同的分工。一般而言,组织者由主办者、协办者、承办者组成。

二、会议成员

会议成员是指有资格参加会议的对象,是会议活动的主体。会议是否达成共识、形成决议,最终取决于会议成员的立场与态度,因此,会议成员是决定会议成功与否的重要因素。会议成员也是会议主办者管理和服务的对象,许多具体的会务工作就是围绕与会者展开的。会议成员的数量是衡量会议规模的主要指标,与会者数量越多,会议的规模就越大。会议的举办规模影响会议的效果、效率和成本,组织者必须加以重视。

会议成员的资格一般可分成正式、列席、特邀和旁听四种。资格不同,其在会议中的地位、权利和义务也不同。

三、会议信息

从信息学意义上考察会议活动,我们完全可以将会议活动看作是特定时间和特定地点的信息交流活动。会议中的报告、演讲、讨论、对话、展示,其目的都在于传播信息、获取信息。会议信息是会议内容的主要成分,体现了会议活动的目的和结果,贯穿会议的全过程。会议信息要素主要有三类:第一类是引导会议方向的会议目的、任务、议题、主题;第二类是通过与会者的发言所阐述的立场、观点、知识、政策、经验等,或者通过与会者的展示、演示所发布的技术、产品、形象等;第三类是记载会议过程和成果的简报、记录、纪要、决定、决议、公报、声明、协议、备忘录等。

四、会议方式

会议方式是指举行会议的方法和形式,是为实现会议目标、完成会议任务、提高会议效率服务的。任何会议的举行都要依赖一定的方式。会议的目标、任务和性质不同,会议的方式也不相同。研究会议方式,使之与会议的目标、任务、性质相适应,是开好会议的重要保证。会议方式要素主要由以下几个方面构成:

一是沟通方式。会议是人们相互沟通的特定形式,但具体到每一次会议,沟通的方式各种各样。比如,按信息沟通的反馈情况来分,可以分为单向沟通、双向沟通和多向沟通。单向沟通是指主持会议的一方或发言者向与会者发送信息，而不要求与会者反馈信息，如报告会、传达情况会、工作布置会、不接受提问的信息发布会等。双向沟通是指会议主持方或发言者不仅发布信息，还要求或允许与会者对发布的信息提出问题，发表看法，相互问答、磋商、对话，如调查听证会、咨询论证会、答辩会、质询会、双边联席会、双边谈判、记者招待会等。多向沟通是指与会各方都可以在会议上发送信息和反馈信息，与会者之间共同讨论、审议、协商和表决，如座谈会、恳谈会、讨论审议会、表决审批会等。

二是发言形式。发言是会议区别于展览、宴请等其他社会活动交往的重要特征。凡是会议总有一定的发言形式，如口头发言和书面发言、自由发言和指定发言等。采用何种发言形式，取决于会议的性质和目标。

三是座位格局。座位格局即会场内与会者座位安排的形状与结构。座位格局有专设主席台的上下相对式、不设主席台的围坐式、与会者分成若干组围坐的分散式等。座位格局的实质，是传递会议的性质，反映与会者的相互关系（如上下级关系、平等协商关系），对创设会议的特定气氛（如严肃庄重的、轻松和谐的）和引导与会者心理有一定的作用。

四是物质与技术手段。会议的物质与技术手段是指举办会议活动、传播会议信息所必须具备的场馆、仪器、设施、用品、动力、技术等。物质与技术手段是会议活动赖以进行的基本保障，会议的各项要素最终都要通过物质与技术手段才能相互结合、相互作用。比如，会议的信息必须通过有效的物质载体和技术支持才能在与会者之间传递、接收和反馈，与会者也只有在具备必要的设施、用品的场馆中才能举行会议。高科技对于会议的支持作用日显重要，多媒体、计算机、互联网、虚拟现实等现代科技在会议领域的广泛运用，使会议的方式与手段层出不穷，大大提高了会议的效率。

五、会议时间

会议是一种短时间的聚会活动，安排好会议时间对于开好会议意义重大。会议的时间要素包括以下三个方面：

一是会议的起讫时间，即会议开始和结束的两个时间节点，涉及会议举行的时机问题。举行任何会议都要考虑何时举行时机最佳。

二是会议的时间量，即会议从开始到结束所需的时间，又称“会期”，涉及会议的效率和成本等因素。确定会议的时间量，要从会议的实际需要出发。

三是会议的周期，即同一性质和同一系列的前后两次会议之间固定的时间跨度。比如，根据《中国共产党章程》的规定，党的全国代表大会每五年举行一次，也就是说，举行党的全国代表大会的周期是五年。

六、会议地点

作为一种集体性的社会交往活动，会议总是在一定的空间范围内存在的。所谓会议的地点就是指会议存在的空间。会议地点要素包括以下两个方面：

一是会议举办地，即会议现场所在的地理空间。会议举办地的策划要综合考虑会议的性质、主题、主办权、社会影响以及举办地的政治条件、经济实力、接待能力、气候环境等诸多因素。

二是会议场馆，即会议召开的具体场地，包括会场、住地及其配套设施。会议场馆是确保会议顺利召开的重要条件，会场的形状、大小、光线、设施、交通、周边环境等因素都是选择时必须考虑的因素。

第五节　会议的功能

会议与人类社会的物质和精神活动息息相关，在伴随社会发展的同时，也发挥着推动社会文明进步的功能。会议的功能可以从基本功能和拓展功能两个层面加以分析。

一、会议的基本功能——沟通信息

人们举行会议、参与讨论、聆听演讲，目的和动机可能各不相同，但是有一点是共同的，也是最基本的，就是传递或者获取有价值的信息。因此可以说，会议的基本功能就在于沟通信息，其他功能都由此派生。

人类社会的信息沟通具有多种形式，而通过会议的形式沟通信息具有以下优势：

一是信息沟通的集中性。会议是一种群体性的沟通活动。各种知识、各种观点、各种方案、各种人物汇集在一起，使会议活动成为一种高密度的信息平台。与会者既可以通过会议的平台发布信息，又可以从会议中获取自己所需要的信息。会议中各种信息的相互碰撞、相互融合，也会产生许多新的思想火花，形成新的理论，达成新的共识。

二是信息沟通的有效性。在会议以外的其他沟通形式中，信息常常需要借助书面文字等特定的载体和渠道进行交换，且环节繁多。而会议的信息沟通具有当面、直接、实时的特点，与会者可以面对面地进行对话、磋商、洽谈、交流，这不仅消除了信息沟通的时差，而且还因为减少了大量的中介环节，降低了传递过程中的干扰，使得信息的沟通更为方便、快捷、有效。

二、会议的拓展功能

（一）发扬民主

会议与民主是密切相关的。就二者的关系而言，会议是形式，民主是内容。通过会议活动来发扬民主，这是会议的一项重要作用。会议与民主的这种关系，可以追溯到早期的原始社会。那时生产力水平低下，人们必须相互协调、共同行动才能生存，于是产生了原始的会议民主。原始的会议通常采取席地而坐或者围立的形式，根据多数人意志选举氏族或部落的首领，制定共同遵守的规范，决定公共管理的事务，协调集体的行动。

现代会议活动是随着现代民主制度的产生而产生，发展而发展的。资产阶级的民主观导致产生三权分立的国家制度，并形成了在这一制度架构下的议事机构——国会。国会的基本活动方式就是举行各种各样的会议活动。

我国实行社会主义民主制度，人民群众享有广泛的民主权利，因而会议民主表现得尤为突出。各级人民代表大会、各级政治协商会议、各级党政机关、各种群众性组织都要经常举行会议，为人民群众参与国家管理、行使民主权利提供了广阔的政治舞台。

会议民主的实现主要基于以下三个方面：第一，会议活动起着上下沟通的作用，便于管理者直接了解下情和民意，使其做出的决策更加符合实际和民众的愿望，同时也使民众能够了解决策信息，保障了民众的知情权。第二，会议活动为现代民主制度中的集体领导、集体决策原则的实现提供了保障机制。集体领导、集体决策是现代民主社会的重要特征。现代社会的各种“董事会”“委员会”“理事会”“执委会”“代表大会”等组织机构，普遍实行集体领导原则，通过会议的形式集体讨论，投票表决，根据少数服从多数的民主原则做出决定，从而避免了个人滥用权力，确保集体领导和集体决策的民主原则得以实现。第三，会议可以发挥民主监督的作用。对权力进行民主监督，这是现代民主的重要原则。在我国，人民代表举行质询会，政协委员举行民主评议会，就是对政府机关的一种重要的监督形式。

（二）科学管理

任何一种组织都需要科学的管理。管理的核心是决策，决策贯穿于管理的全过程。从某种意义上说，管理就是决策。现代决策越来越依赖于集体的智慧，这里所指的集体智慧，不光是领导集体的智慧，更重要的是群众和专家的智慧。即便是在实行行政首长负责制的组织中，行政首长的决策也越来越多地由各种“智囊机构”和“智囊人员”先行谋划、酝酿、论证，有的还要征求群众意见，最后才由行政首长做出决断。现代决策活动的形式很多，其中最主要的便是会议的形式。在决策准备阶段，调查会、汇报会、研讨会、咨询会、论证会、听证会等会议，可以帮助决策者收集情况、发现问题、分析原因、确定目标、征询意见、形成方案；在决策制定阶段，辩论、审议、表决等会议形式，使决策更加民主；在决策实施反馈阶段，各种协调会、检查会、总结会、表彰会可以起到组织、指挥、协调、检查、总结、表彰、反馈的作用。

（三）宣传教育

会议的信息沟通基本功能，为发挥会议宣传教育的作用提供了可能。主办者投入一定的、甚至是大量的经费举办会议，其目的往往在于传播真理，普及知识，弘扬道德，树立正气。一场内容生动精彩的报告会、演讲会，往往会使与会者受到教育，让其辨明是非，振奋其精神，启迪其智慧。对于一个组织来说，当遇到重大危机时，及时举行新闻发布会、记者招待会、情况通报会，可以让公众及时了解真相，可以解释立场、化解误会，从而正确引导社会舆论，维护组织的形象。

（四）联络感情

会议的交往具有极强的互动性。这种互动不仅表现在思想上，同时还表现在增进与会者之间的感情上。事实上，人们举行各种形式的会议，除了体现民主、实施管理、进行宣传之外，有时，主办者还可以将联络感情作为会议的主要目的，比如通过举行联谊会、茶话会、团拜会、招待会等形式的会议，对内增强组织的凝聚力，对外联络公众的感情，从而创造良好的发展环境。

（五）树立形象

一次重大会议的成功举办，是主办者综合实力的体现。国际上一些重大会议，之所以会有很多国家或城市竞相争取主办权，除了能给主办者带来经济利益外，更主要的是能充分展示主办者的实力，提高主办国或主办城市的国际形象，有的还能提高主办国或主办城市在国际事务中的话语权和影响力。

从与会者的角度来说，参会不仅可以获得推动自身发展所必需的信息、技术、产品，开阔视野，更重要的是能够利用会议这一信息平台充分展示自身形象，宣传自己的品牌，扩大自身的影响力。在达沃斯世界经济论坛、博鳌亚洲论坛等世界知名论坛上，越来越多的国家、国际组织、企业和专家积极参与其中，就是最好的证明。

第六节　会议的分类

一、按会议的法律性质划分

（一）法定性会议

法定性会议即法律（广义上的法律，包括宪法、法律、法规、行政规章以及其他规范性文件）明文规定必须举行的会议，以及法定组织为履行法定职责而举行的会议。前者如各级人民代表大会、企业的董事会议和股东大会、职工代表大会等，后者如各种法定组织的领导人办公会议等。

（二）非法定性会议

非法定性会议即法定性会议以外的、依照法律程序审批通过的或不为法律所禁止的会议。各种组织举办的学术研讨会、新闻发布会、交流恳谈会、经贸洽谈会等，属于非法定性会议。

二、按与会者的相互关系划分

（一）纵向关系会议

纵向关系会议是指会议主持人（即主办方）同与会者之间具有上下级关系或行政上的管理与被管理关系的会议。如上级机关召集下级机关开会，布置工作、传达情况、总结表彰等，就属于纵向关系会议。在实行首长负责制的组织中，首长召开的办公会议、行政例会，也属于这一类会议。行政管理机关虽然与其管辖的组织不存在上下级领导关系，但在法定职权范围内具有行政管理上的相对关系，有关组织必须服从其管理。行政管理机关在职权范围内召集所管辖的有关组织开会，也属于纵向关系会议。

（二）横向关系会议

横向关系会议是指与会者之间（包括会议主持人同与会者之间）不是上下级关系或行政上的管理与被管理关系，而是相互平等或互不隶属的关系的会议。具体可分为三种情况：第一种，与会者在会内和会外的地位、身份完全平等，如国际上双边或多边的会议及会谈、国际组织框架内的成员体会议；第二种，与会者在会议之外的地位和身份不同，但在会议框架内却身份相同、发言权和表决权平等，如我国的各级人民代表大会和党代表大会以及实行集体领导的各种委员会、理事会会议；第三种，会议主办者同与会者之间身份不等，但会议的目的是平等沟通和协商，如新闻发布会、记者招待会、工作协调会、联谊招待会等。

三、按会议是否以营利为目的划分

（一）营利性会议

营利性会议是指主办者通过合法举办会议而达到赢利目的的会议。营利性会议具有以下特征：主办者是具有举办会议经营资质的营利性组织；通过市场运作吸纳与会者；以收取会务费或注册费以及提供有偿服务作为主要的赢利手段。

（二）非营利性会议

非营利性会议是相对于营利性会议而言的。对于会议主办者来说，不以赢利为目的的会议都属于非营利性会议。由于非营利性会议也可以走市场化的道路，委托营利性的组织具体承办,因此对于承办者来说,承办非营利性会议也可以获得赢利。

四、按与会者所属地域范围划分

(一)国际性会议

国际性会议是指与会者来自两个及两个以上国家或地区的会议。这里所指的地区是指国际上的地区而非国内的地区。

(二)全国性会议

全国性会议即与会者来自全国各地或各条战线的会议。

(三)区域性会议

区域性会议即与会者来自一个国家的同一区域的会议。这里的“区域”,既可以是行政区域,也可以是自然区域或经济合作区域。

(四)单位性会议

单位性会议即特定组织内部召开的会议。

五、按会议的周期划分

(一)定期性会议

定期性会议即会期或会议周期固定的会议,如联合国大会于每年9月第二周的星期二开幕、博鳌亚洲论坛每年举行一次年会。各种组织领导人的办公会议、公司的年度或季度销售会议、法定的代表性会议、组织内部的年终茶话会、团拜会等,一般都有固定的会期或会议周期。

(二)非定期性会议

非定期性会议即根据政治需要或工作安排不定期召开的会议,如世界人权大会和世界妇女大会就是不定期举行的。专题工作会议、座谈会、研讨会都可以不定期举行。非定期性会议在特殊情况下也可召开临时性会议或紧急会议。

六、按会议的保密程度划分

(一)保密性会议

保密性会议是指会议内容涉及国家秘密或商业秘密,必须采取保密措施的会议。保密会议要求将与会人员和传达范围控制在一定的范围之内，并且确保会议基本信息（如时间、地点、参加人员、会议内容）不泄露。

（二）内部性会议

内部性会议即会议内容虽不涉及国家秘密或商业，但属于组织内部事项，不宜公开报道，根据需要在组织内部进行传达的会议。

（三）半公开性会议

有些会议允许公众或记者旁听部分内容，或允许公开报道其中一部分信息，但对涉及机密或敏感的问题，则采取保密的或不公开的措施，这种会议属于半公开性会议。

（四）公开性会议

公开性会议即允许公众旁听，允许记者自由采访并公开发表最后文件的会议。

七、按会议的职权和功能划分

（一）法定代表性会议

法定代表性会议是指会议成员按法定程序产生并代表一定选区的会议。法定代表性会议具有以下特征：与会者具有法定代表资格和法定的权利义务，议事有明确的法定规则，会议的结果具有法定效力。我国各级人民代表大会、职工代表大会等组织所举行的会议，就属于法定代表性会议。

（二）管理决策性会议

管理决策性会议即由各级各类的机关、单位的领导班子内部召开的、由全体成员出席的、研究日常工作并作出决策的会议，如办公会议、常务会议、行政例会等。

（三）专题工作性会议

专题工作性会议即围绕某项重要工作进行专题研究讨论，统一思想，明确目标、任务和政策的会议，如教育工作会议、营销工作会议等。

（四）审批鉴定性会议

审批鉴定性会议即对一些重大的请示事项或申请项目举行的专门的审批会议，或者对一些科技成果召开的专门的鉴定会，如入党审批会、项目鉴定会等。

（五）咨询论证性会议

咨询论证性会议即在重大决策之前，邀请有关专家对决策目标和方案进行咨询、论证的会议，如投资咨询会、建设项目论证会等。

（六）研讨对话性会议

研讨对话性会议即围绕特定主题展开研讨、切磋、对话、交流的会议。这类会议的主题广泛，可以是学术研究的课题，如“孔子教育思想学术研讨会”，也可以是各方共同关注的政治、外交、商贸方面的问题，如“中非论坛”、“博鳌亚洲论坛”等。

（七）学习培训性会议

学习培训性会议即为学习知识、培训业务而举行的会议，如专业知识讲座、业务专题报告会等。

（八）传达布置性会议

传达布置性会议即传达有关精神、通报有关情况、布置有关工作的会议，如文件传达会、工作布置会等。

（九）总结交流性会议

总结交流性会议即在工作过程中或任务完成后，对工作中的情况、问题和经验进行总结交流的会议，如工作总结大会、经验交流大会等。

（十）宣传教育性会议

宣传教育性会议即通过各种报告、讲演的形式发挥宣传教育功能的会议，如形势报告会、事迹报告会等。

（十一）沟通协调性会议

沟通协调性会议即以沟通信息、调解矛盾、协调工作为目的的会议，如协调会议、联席会议等。

（十二）调查听证性会议

调查听证性会议即目的在于了解情况、听取意见、获得证据的会议，如调查会、听证会等。

（十三）庆祝表彰性会议

庆祝表彰性会议即为庆祝重要节日和重要的工作成果、表彰做出突出贡献的人员的会议,如庆祝教师节大会、优秀工作者表彰大会等。这类会议也可以和总结交流性会议合并举行。

(十四)纪念追思性会议

纪念追思性会议即为纪念重大历史事件、重要历史人物或者追悼、追思已故人士的会议,如纪念会、追悼会、追思会等。

(十五)谈判商洽性会议

谈判商洽性会议即旨在达成合作事项、签订合同协议的会议,如各种会见、会谈、订货会、洽谈会等。

(十六)信息发布性会议

信息发布性会议即为发布信息而举行的会议,如新闻发布会、记者招待会、情况通气会等。

(十七)交友联谊性会议

交友联谊性会议即为联络感情、广交朋友而举行的会议,如茶话会、恳谈会、团拜会等。

(十八)仪式性仪式

仪式是指郑重举行的、程式化较强的会议,如各种开幕式和闭幕式、签字仪式、开工仪式、竣工仪式、剪彩仪式、开学典礼等。

思考与练习

1. 试述会议的特征。
2. 如何区分广义会议和狭义会议?
3. 试述会议学的研究对象、研究范围和学科体系。
4. 试述会议系统的基本要素。
5. 试述会议的功能。
6. 法定性会议与非法定性会议、横向性会与纵向性会议怎样界定?它们相互之间有哪些区别?

第二章　会议管理

第一节　会议管理的含义和原则

一、会议管理的层次性和含义

（一）会议管理的层次性

会议管理分为宏观会议管理和微观会议管理。所谓宏观会议管理，即由政府机关或者有关主管部门对会议行业和会议活动实施的行政管理，如制定促进会议行业发展的政策、规范会议行业的行为、审批会议等。所谓微观会议管理，即会议的组织者对会议活动实施的过程管理。本书重点讨论和介绍会议的微观管理。以下提到的“会议管理”一词主要是指对会议活动实施的过程管理。

（二）会议管理的含义

任何会议，其召开时间少则几分钟，多则数月，虽然时间不太长，但毕竟是一种有目的、有组织的集体性交流活动，涉及的面相当之广，需要协调的关系非常之多。为了确保会议活动的协调、有序、高效，就必须实施会议管理。会议管理就是指会议组织者运用科学的决策、规划、组织、指挥和协调手段，以最优的服务、最低的成本和最高的效率，合理配置会议资源，实现会议目标的过程。会议管理的过程渗透到会议的策划、报批、申办、筹备、接待、举行、主持、总结、评估、反馈等各个环节。

二、会议管理的原则

（一）依法规范原则

会议是人们社会交往的一种方式，举行会议是法律赋予公民和合法组织的权利。但是，任何人和任何组织在行使举行会议的权利时，必须遵守法律、法规和规章。强调依法规范原则，意味着既要维护公民和合法组织举行会议的权利，又要明确相应的义务，将各种会议活动纳入法制化和规范化的轨道。我国现行的法律体系对各级人代会、职代会、公司董事会、股东大会、听证会等法定性会议的举行和程序都有比较完善的规定，各种社会组织内部也建立了比较完善的会议规则，在举行相应的会议时必须严格遵守。

对于营利性会议的组织者来说，除应遵守有关的法律、法规和规章外，还应当在举办会议时制定相应的管理制度和规则，一方面实行自律，向与会者提供优质规范的服务，另一方面规范与会者的行为，维持会议的良好秩序，确保会议安全，维护与会者的合法权益，从而树立会议品牌形象。

（二）准备充分原则

任何一次成功的会议都是建立在充分准备基础上的。准备充分原则的具体要求包括：

1. 思想准备。会议组织者和会务工作人员在接到任务后，必须首先从思想上动员起来，认真学习相关的法律、法规、规章和上级的政策，明确会议管理的目标和要求，为投入紧张的会议管理工作做好思想上、心理上的充分准备。

2. 信息准备。会议信息既是会议领导管理机构决策的依据，同时也是向与会者提供服务的重要内容。具体来说，会议举行之前需要准备的信息包括：

（1）议题性信息。这是指需要列入会议议程，进行讨论、研究或需要解决的问题和工作。议题性信息的收集对于确定会议的主题和具体议题以及制定会议议程具有关键性意义，是会议信息管理的重要环节。

（2）指导性信息。这是指对确定会议的内容与形式，办好会议具有指导意义的信息，如党的方针政策、有关的法律法规、上级机关的有关精神等。

（3）参考性信息。这是指围绕会议所收集的背景性、资料性信息，包括下级机关、人民群众围绕即将召开会议所形成的意见、建议、要求，社会舆论的动向，国内外同行举办会议的经验和教训，能够帮助说明和阐释会议文件的有关资料以及与会者需要了解的信息等。

（4）会务方面的信息。在会议准备阶段，及时准确收集会务方面的信息，对于搞好会议筹备工作意义重大。比如，要做好会议的接待工作，就必须事先收集与会者的相关信息；要做好会议的宣传工作，就应当事先掌握前来采访的媒体和记者的情况；等等。

3. 物质和技术准备。现代会议活动离不开物质和技术支持，即便是最简单的会议，至少也要准备纸和笔以便作会议记录。至于召开大型的现代化会议，没有高科技会议设施的支持几乎难以想象。

4. 方案准备。会议活动的各项具体安排事先要有周密的方案，如实施方案、应急方案。方案要尽可能多备几套，以适应客观情势的变化。重要的会议活动方案还应当展开咨询与论证，使其更具有科学性和可行性。

（三）分工协调原则

会议管理是一项系统工程，各个管理部门之间既要有明确的分工，又要做到相互配合与协调。分工协调原则的具体要求有以下两点：

1. 分工明确。会议活动的每一项组织工作、会议管理的每一个环节都要落实到人,做到岗位职责明确、任务要求明确。

2. 统筹协调。会议管理涉及工作之间、部门之间、利益之间的关系,矛盾和冲突在所难免,统筹协调不可缺少。要通过建立协调机制,明确协调责任,强化协调意识,使会议管理机构及其各个工作部门成为一个相互协调、相互配合的团队,使会议管理的各项分工、各项具体工作合成一个有机的整体,促进管理效益的提高。

(四)服务周到原则

从某种意义上说,会议管理就是会议服务。良好的会议服务,能为会议的成功举办提供强有力的支持,也能给与会者留下深刻难忘的印象,提升组织者以及会议品牌的形象。服务周到原则要求做到:

1. 服务要周到细致。会议服务涉及接站、注册、文件分发、住宿、餐饮、观光、出行等许多方面。凡与会者提出的合理需要,组织者要尽可能满足,并努力做到周全、细致,让与会者时时放心、处处称心、事事暖心。因条件的限制暂时无法满足与会者某些方面要求时,要耐心做好解释工作,取得与会者的谅解。

2. 服务要主动及时。会议组织者要想客人之所想,急客人之所急,主动了解与会者的需求,尽快满足他们的愿望。反应迟钝,服务滞后,必然会给与会者留下不愉快的印象。

(五)确保安全原则

安全是会议成功的充分必要条件。这里所指的"安全"包括:

1. 人身安全。人身安全是会议管理的重中之重,涉及消防、交通、场馆、防疫、饮食、自然灾害、恐怖袭击、医疗救护等方面的安全管理。其具体要求如下:

(1)要事先编制各项应急预案,配全相关器材,明确安全责任,培训有关人员,进行应急演练,确保紧急遇险时各项应急预案能发挥效果。

(2)加强对场馆的安全评估和检查,保证有足够的安全设备和安全通道,同时配备医护人员和救护设备,确保发生紧急情况时能及时救护和疏散。

(3)集体就餐以及举行宴会,要采取严格的卫生措施,防止集体食物中毒,确保饮食安全。

(4)用车辆接送参加对象,要事先对司机进行安全行车的教育,并切实做好车辆检查,及时排除安全隐患,保证行车安全。

2. 信息安全。举行涉密会议,要从会场的安排、设备的使用、文件的印发和保管、人员的进出等方面采取严格的保密措施,防窃听、防文件丢失、防外人混入会场,确保信息安全。

（六）环保节俭原则

会议活动能够创造一定的经济效益和社会效益，但其本身也消耗一定的资源。贯彻环保节俭原则，不仅能降低会议的成本，提高会议的经济效益，更重要、也更有意义的是给会议本身树立一种良好的社会形象，为环保事业做出贡献。贯彻环保节俭原则要求做到：

第一，严格执行财务预算，加强资金监管，努力降低成本，提高会议的经济效益。

第二，采取切实有效的措施，科学合理地配置和最大限度地利用资源，并从制度上厉行节约，杜绝浪费，实行绿色办会。

下例为贯彻环保节俭原则案例：

北京奥运会筹备期间，为了体现“绿色奥运”的筹办理念，使北京奥组委成为绿色办公的典范，北京奥组委向全委各部门印发了《北京奥组委“绿色办公”指南》。这份指南从绿色管理、绿色行为、绿色活动三个方面对北京奥组委的办公、日常活动等方面做出了规范性的提示，包括垃圾分类、办公器材的选用、报纸回收、无纸化办公等，甚至包括“多走楼梯，少坐电梯”等细节。组委会内部文件用纸都双面复印，以保证纸张的充分利用，达到节约纸张的目的。另外，组委会内部使用的信封也都是重复使用。在无纸化办公方面，组委会各部门之间的文件往来多采用电子邮件形式，尽量避免使用纸张。在办公器材的选用上，复印机直接连接电脑，省去打印环节，达到节能、节纸的目的。在组委会办公大楼内只要有电器开关的地方，都会有一个醒目的“节约用电”的标志，在洗手间这样的场合，也有许多提醒人们节约资源的标志。组委会还制作了一套宣传“绿色办公”的屏幕保护程序，使组委会的工作人员每天都能受到环保教育，让每个人都能从身边的小事做起，参与到“绿色奥运”工程中来。

第二节 会议组织者

一、会议组织者的含义和构成

会议组织者是指发起、策划、主办、承办、协办会议活动的机构或个人。组织者可以是单一的机构或个人，也可以由若干机构或个人组合而成。在规模较大的会议活动中，组织者分为主办者、承办者、协办者等。

（一）主办者

主办者是指对会议活动的组织、管理、协调负主要责任的机构或者个人，是会议活动最重要、最关键的组织者，在会议举办过程中起决定性的作用。

1. 主办者的主要责任。具体如下:

(1)制定会议的目标和任务,并使其成为全体会议成员的共识。

(2)根据会议的目标和任务确定会议的主题以及具体的议题、议程和日程,必要时提交会议成员审议通过。

(3)制定会议的各项规则,必要时提交会议成员审议通过。

(4)筹建会议领导机构(如主席团、组委会)和会务工作机构(如秘书处),必要时将组成人员名单提交全体会议或预备会议通过。

(5)确定协办者、承办者和其他合作伙伴。

(6)制订会议的各项工作预案,领导各项筹备工作。

(7)主持会议,掌控、协调会议进程,确保会议目标和任务的实现。

(8)总结会议工作经验,做好会务方面的善后工作。

(9)落实会议的议定事项。

(10)对会议活动负法律或行政责任。

2. 主办者的类型。具体如下:

(1)具有领导和管理职权的机关。从管理学的角度看,会议是实施管理的一种手段。负有领导和管理职权的机关在实施领导和管理的过程中,往往需要通过会议了解信息、征求意见、研究决策、传达指示、通报情况、布置工作、总结表彰。这类会议主办者同与会者之间具有上下级关系或管理上的相对关系。社会组织的内部会议以及公共管理机关在自己的管理权限内举行的会议,其主办者属于这一类情况。

(2)会议活动的发起者。一些协作性、交流性的会议,如论坛活动、多边会谈等,以及以营利为目的的会议,往往由某个或若干个机构发起,发起者承担主办会议的责任。如 2010 年 4 月在美国华盛顿举行的有 47 个国家的领导人或代表及国际和地区组织负责人出席的首届全球核安全峰会,就是由美国发起并主办的。

(3)特定组织的成员。很多合作性和学术性组织都有召开经常性会议或例会(如年会)的制度,每一个成员(包括国家、地区或非政府组织)都有主办会议的权利或义务。如亚太经济合作组织(APEC)每年召开的领导人非正式会议,就是由各成员轮流主办的。发起并经营营利性会议的机构必须获得法定的经营资质。

(4)通过一定的申办程序获得主办权的组织。有些重大的会议活动,由于具有较大的政治、经济、学术等方面的影响,同时也为了提高会议的质量,往往通过申办竞争程序来确定主办者。一般先由有意向的国家或城市、机构提出主办会议的申请,经有关机构审查并通过表决来决定会议的主办者。如 2007 年在北京召开的第 15 届国际分子筛大会的主办权,就是在 2001 年第 13 届国际分子筛大会上表决通过的。用这种办法确定主办者,应当事先制定相应的章程或规则,明确具体的申办条件和决定程序,以保证公平和公正。

3. 共同主办。有的会议可以采取由若干机构共同主办的模式。共同主办可调动更多的资源,整合更多的力量,也可以平衡有关各方的利益,但相互之间必须要有协议,明确各方的权利和义务。

(二)承办者

承办者即具体承担会议组织和管理工作的机构或个人。一般的会议,主办者可以直接承担会议的组织和管理工作,无须另外确定承办者。而有些会议,因主办者缺乏具体承办的能力,或者因会议的某些特殊需要,主办者可以将会议的具体组织和管理工作交给承办者。会议主办者与承办者的关系有两种情况:一种是上下级的领导与被领导关系,即上级机关把承办会议的任务下达给某个下级机关,下级机关在上级机关的领导下开展会议的各项组织和管理工作;另一种是合同关系,即主办者把会议的全部或部分组织和管理工作以签订合同的形式委托给承办者,而承办者则获得相应的报酬。随着会议服务行业的发展,有越来越多的主办者将会议的策划、筹办、现场服务等工作委托给提供会议服务的企业(如会展公司、会议中心、酒店等),促进了会议业的形成和发展。但不管二者的关系性质如何,承办者都必须对主办者负责,并承担相应的法律或行政责任。承办者的具体职责由主办者决定或通过协商谈判后以合同或协议书的形式加以确定。

(三)协办者

在组织会议的过程中,主办者可以根据需要,确定若干协办者。协办者就是协助主办者做好会议组织和管理工作的机构或个人。专门设总承办者时,协办者协助总承办者做好组织和管理工作,但对主办者负责。主办者和协办者之间必须以协议的形式明确相互关系、权利和义务。

一般情况下,协办是有偿的。协办者也可以要求在会议活动的有关广告、海报、会标以及其他会议资料中宣传自己,作为有偿的形式。

1. 会议协办的主要方式。具体如下:

(1)经费资助,即协办者向主办者提供一定的经费支持。

(2)名义使用,即协办者允许主办者使用自己的名义。这类协办者一般具有较高的知名度和美誉度,他们参与协办,能大大提高会议活动的影响力。

(3)智力支持,即协办者向主办者提供咨询、策划等智力支持。

(4)物资援助,即协办者向主办者提供举办会议必需的物资。

(5)人力协助,即协办者向主办者提供举办会议所需的会务人才支持,包括临时借调工作人员、招募志愿者等。

(6)工作分担,即协办者分担主办者的一部分组织和管理工作。这种情况下,主办单位与协办单位的分工必须明确。

(7)宣传造势,即协办者运用自身的宣传优势为会议做宣传。比如媒体参与会议的协办,一般都依靠自己的宣传优势。

2. 协办者与共同主办者的区别。有时,会议的主办方为了增强名义上的组织阵容，邀请一些机构作为会议的共同主办方。这类共同主办者实际上也只是提供名义支持而已，在参与方式上与协办者相似。但协办者与共同主办者是有性质区别的，这主要是看二者所承担的法律责任。主办者是会议活动的行为主体，会议中出现的问题以及由此引起的法律和行政责任（违法违规、民事纠纷等），由主办者解决和承担。共同主办的会议，共同主办的任何一方都必须承担相应的法律和行政责任。而协办者则根据其参与协办的具体情况确定是否需要承担连带责任。

二、与组织和管理工作相关的机构

与组织和管理工作相关的机构是指不直接参与组织和管理工作，也不直接承担会议的法律或行政责任，但对会议的筹备和举办具有直接或间接帮助的机构。

（一）赞助者

“赞助”一词原意是“支持和帮助”，而在现代经济和社会生活中，则专指对特定的对象提供资金和实物支持的行为，其实质是双方资源或利益的交换与合作。举办大型会议，尤其是一些具有公益性质和品牌效应的会议活动，赞助是获取经费和实物支持的有效办法。赞助者可以是国际组织、政府机构、企事业单位、非政府组织，也可以是个人，又称赞助商、合作伙伴等。

其实从广义上说，赞助也是一种协办。之所以要把二者区分开来，主要有三点原因：一是赞助更强调资金或实物（包括场地、设备和其他会议用品等）的支持；二是赞助者不同于协办者，它并不参与会议的具体组织和管理工作，不属于组织者；三是协办者和赞助者在法律责任上应有所区别，前者根据其参与协办的具体情况可能需要承担一定的法律和行政责任，后者则不需要承担任何责任。

会议赞助的性质分为两种：一种是单务赞助，即赞助者在提供赞助后，只要求享有赞助者的荣誉，不要求有其他回报，这种赞助实际上是一种捐赠行为；另一种是双务赞助，即会议主办者（有时也可以是承办者）与赞助者之间本着互利互惠、互有所得的精神进行协商，赞助者向会议提供一定的赞助，同时获得一定的回报，如获得会议的冠名权，会议名称、会徽、吉祥物等无形资产的使用权以及在会刊上和会场中免费发布广告的权利。

（二）支持者

支持者也叫支持单位，其模糊性较大。从广义上看，协办者和赞助者都可以看作是支持者。但从狭义上看，支持者一般为无偿支持，或者因身份特殊不宜叫作协办者和赞助者时，则均可称为支持者。政府机关、媒体、非政府组织等都可以作为支持单位。从会议运作角度而言，支持者对会议的举办可以发挥一定的具体作用，如新闻报道，也可以仅仅借助其名义来提升会议的影响力。

（三）东道主

东道主即会议举行地的主人。在主办者所在地举行会议，主办者就是东道主。在承办者所在地举办会议，承办者为东道主。东道主也可以是提供会议活动场所、协助会议现场接待和管理的协办者或赞助者、支持者。

第三节　会议管理机构

会议管理对于任何一种会议都是必需的，但管理的组织形式却因活动规模大小而异。规模较小、内容单一的会议活动，组织工作较为简单，由主办单位或下属的秘书部门直接负责即可，无须另外建立专门的会议管理机构。而规模较大的会议活动由于涉及范围广，组织工作繁重，必须建立专门的会议管理机构，以确保各项组织工作的落实和活动目标的顺利实现。

一、会议管理机构的类型

（一）按设置的时间来分

1. 常设性会议管理机构。常设性会议管理机构是指在时间上和组织形式上相对稳定的会议管理机构。组织化、系列化、定期化的会议一般都需要建立常设性会议管理机构。这类会议管理机构又可分成两种情况：

（1）纵向性会议管理机构。纵向性会议大都是法定组织内部常设的领导机构为解决本组织内部或属于本机构职权范围的问题而召开的，该组织的领导机构就成为会议的主办者，同与会者之间具有领导与被领导或管理与被管理的关系。

（2）横向性会议管理机构。随着国际和国内的政治、经济、文化等方面的横向合作日益增多，以对话、沟通、磋商为目的的横向性会议大量涌现，如博鳌亚洲论坛、中非论坛、达沃斯世界经济论坛等。这类会议活动都具有组织化、系列化、定期化的特征，需要建立常设性的管理机构进行策划、筹备、协调和具体落实。如“博鳌亚洲论坛”是一个非官方、非营利性、定期、定址的国际组织，设理事会和秘书处作为会议的常设性管理机构。横向性会议管理机构同与会者之间不是隶属关系或管理与被管理关系，而是合作、对话、交流、协商的关系，会议管理的过程主要体现在对会议的各项组织工作上。在闭会期间，这类管理机构还要管理该会议组织的日常事务。

2. 临时性会议管理机构。临时性会议管理机构是指存在时间较短，仅对一次特定的会议实施管理的组织形式。临时性会议管理机构按其责任期限可分为三种：

（1）全过程管理机构。这类管理机构既要对会议筹备阶段的各项组织工作实施领导，又要对会议举办期间的各项服务工作进行管理和协调，还要在会议结束后做好各项善后工作，其名称一般为组织委员会或指导委员会。

(2)筹备阶段管理机构。这类管理机构一般叫作筹备工作领导小组或筹备委员会,负责会议筹备阶段的组织工作,会议正式开始后,使命即告完成,其职责移交给由会议选举产生的领导机构。

(3)举办期间管理机构。这类管理机构仅负责会议举行期间的领导工作,如会议主席团、大会理事会等。

(二)按管理的职权来分

1. 领导机构。领导机构对会议负有领导责任,其职责是制定会议管理的目标和任务、决定会议管理的重大事项。组织委员会、筹备委员会、主席团属于会议的领导机构。

2. 会务执行机构。会务执行机构简称会务机构或会务部门,负责执行领导机构做出的各项决定,具体落实各项会议的策划、准备和服务等工作。执行委员会、秘书处、办公室属于会务执行机构。

二、会议的领导机构

(一)组织委员会

规模较大的、非法定性的会议,如大型国际论坛、经贸洽谈会等,组织工作较为复杂,主办单位可以成立组织委员会(简称组委会)作为会议的最高管理机构。

1. 组委会的职责。组委会对主办者负责,对会议活动实施全面和全过程的管理。由于各种会议在内容和活动方式上差异较大,组委会的具体职责也各不相同。组委会的共同职责主要体现在以下几个方面:

(1)确定会议的内容,包括会议的目标、任务、主题、议题、议程、程序。

(2)确定与会对象的范围、规模、规格。

(3)确定会议的举办时间和地点。

(4)确定会议的总体方案和专项方案,并组织实施。

(5)组建会务工作班子,任命工作人员,明确分工,做好统筹协调工作。

(6)领导会议公关和宣传工作,扩大会议的影响。

(7)审查和批准会议的预算,开发会议的资源,筹措经费,管理财务。

(8)掌握和协调会议进程,确保会议顺利进行和圆满结束。

(9)根据主办者的授权对有关问题做出决策。

(10)领导善后工作,总结会议工作经验。

(11)处理相关的法律事务,承担相关的法律责任。

2. 组委会的人员组成。组委会由主办单位依据精干高效和有利工作的原则,从有关方面抽调精兵强将组成。在人员组成上,组委会一般要包括以下几方面的人员:

(1)主办单位人员。组委会应以主办单位为主体组成。会议由多家单位联合主办的，根据责任的主次或通过协商确定组委会的名额分配和人员组成。重要会议应当由主办单位的主要领导亲自挂帅。此外，主办单位的有关职能部门也应派人参加组委会的工作，以便协调处理相关的组织工作。

（2）相关单位人员。会议的具体承办单位、协办单位也应当参加组委会的工作。支持单位、赞助单位是否参加组委会，可根据实际情况确定。

（3）专家和社会知名人士。举行专业性较强或者社会影响较大的会议，专家和社会知名人士加入组委会，可以充分发挥他们的智慧和影响力，给会议活动提供巨大的智力支持和名人效应。

3. 组委会的组织架构。具体如下：

（1）决策层。决策层设主任（主席）、副主任（副主席）、秘书长等职务。主任由主办单位出任，副主任若干人，协助主任工作。副主任也可由承办单位出任，必要时可设常务副主任或者专职副主任。秘书长参与决策并掌管和协调组委会的日常工作。

（2）名誉层。有时根据实际需要，可在组委会中设名誉主任。名誉主任可以是主办单位现任领导人，也可以是上届组委会的领导人，或者邀请德高望重的知名人士担任。名誉主任一般只设一名，特殊情况下也可设若干名，但不宜过多。

（3）顾问层。有时也可以聘请知名度较高的专家、社会人士或领导干部为顾问，向组委会提供信息咨询和技术指导。顾问层也可以由若干顾问单位组成。

（4）委员层。组委会设委员若干名，分别由主办单位、协办单位、承办单位以及其他专家和相关人员组成。由于组委会既是一个组织工作的决策机构，又是一个下设具体执行部门的管理体系，因此，委员的人数和职责的分工可根据组织工作涉及的范围来确定。委员可以设专职和兼职两种，专职委员可以兼任组委会下设的职能部门的负责人。

（5）执行层。在组委会下面可以设执行机构，一般称为执行委员会（简称执委会）或秘书处，也可以称作办公室。执行机构的职责是：向组委会负责，贯彻组委会的各项决策，具体落实和协调各项组织工作。执行机构下面还可设若干职能部门。也有的组委会在执委会下面设秘书处或办公室，作为执委会的综合辅助机构。

（二）筹备委员会

筹备委员会简称筹委会，规模较小的会议活动则称之为筹备工作领导小组，简称筹备组。

筹备委员会与组织委员会虽然在职责和组织架构上没有很大的不同，但在性质上和名称的使用上却存在显著区别。筹备委员会的职责使命只限于会议的筹备阶段，一旦会议产生领导管理机构，筹备委员会的使命也就完成，机构自动解散。而组织委员会则属于实行全过程管理的机构，因此，当需要对会议的组织工作实行全过程管理时，设置的管理机构应当称作组织委员会。凡是在会议期间必须经全体成员选举或协商产生领导管理机构的会议,在筹备阶段设置的管理机构只能称作筹备委员会。比如,某公司要举行首届职工代表大会,由于会议的主席团和秘书处尚未产生,因此先设立筹备委员会,为会议的召开做好各项准备工作。当预备会议产生大会主席团和秘书处后,筹备委员会的全部管理职能便自动转到了主席团和秘书处。

(三)主席团

主席团是在会议举行期间按照议事规则和既定的程序主持会议,决定会议期间的重要事项,对会议活动实施集体领导的机构。

1. 主席团的产生。主席团是一种常见的会议领导机构形式,常用于代表性会议。主席团由全体成员大会(预备会议或第一次全体会议)根据组织的章程或专门的议事规则选举或协商产生,至会议结束时完成使命。

2. 主席团的一般职责。由于各种会议的性质和任务不同,主席团的具体职责也不尽一致。一般而言,主席团的主要职责包括以下几个方面:

(1)根据既定的议程和日程召集并主持会议。

(2)审查各项议案(包括动议)并决定是否列入会议议程。

(3)组织与会者讨论或审议会议的各项报告和议案。

(4)提出并组织代表审议通过大会的选举办法和表决办法。

(5)提出需提交大会进行选举的有关候选人建议人选,并根据多数与会者的意见确定候选人。

(6)起草大会的有关决议草案,提请大会审议通过。

(7)讨论决定会议的有关重大事项。

(8)决定由会议议事规则或会议授权的其他事项。

3. 主席团的组织架构。主席团设主席一名和副主席若干名。规模较大的主席团可设常务主席若干名或设主席团常务委员会。举行全体大会时,主持会议的主席称为执行主席。主席团成员的构成应当具有广泛的代表性,人数应根据组织章程或会议规则确定。

主席团产生后,筹备委员会及其下属会务机构的任务终止。

(四)学术委员会

学术性会议为了体现会议的学术性和权威性,往往成立由专家组成的学术委员会,作为会议的学术权威机构,有的国际性学术会议将其称为“程序委员会”。

1. 学术委员会的职责。学术委员会的职责主要有以下几个方面:

(1)确定会议的主题和议题。

(2)鉴定、筛选报名者提交的论文、报告和其他研究成果,以确定报名者的参会资格并编辑出版会议论文集。

(3)选拔大会交流发言的对象。

(4)根据议事规则通过表决裁定有关争议。

2. 学术委员会的产生。学术委员会的产生有两种情况:一种是学术组织中的常设性学术委员会,一般要通过全体会员大会或会员代表大会选举产生。当该组织举行学术会议时,常设性学术委员会便自然成为会议期间的学术权威机构。另一种是举行单一性学术会议时,由会议的主办者临时聘请专家组成学术委员会。

3. 学术委员会的组织架构。学术委员会一般设主任(或称主席)、副主任、名誉主任和副主任、若干委员,规模较大的学术会议还可设秘书长和若干学术秘书。

(五)资格审查委员会

资格审查委员会负责对会议正式代表的资格进行审查并提出审查报告。代表性会议,尤其是法定性代表会议,为了保证出席会议的代表符合会议规则的要求,需要设立专门的资格审查机构,按照组织章程和会议规则中有关代表资格的规定,对与会者中的正式代表进行资格审查,并向全体大会审查报告。如我国的各级党代表大会、人民代表大会以及企业的股东大会等都设立资格审查机构。法定性代表会议的资格审查机构的组成人员名单必须经预备会议表决通过。在一些政府间的国际会议中,资格审查机构又称全权证书资格审查委员会。

三、会务执行机构

会务执行机构在秘书长领导下执行具体的会务工作,一般称为秘书处,直接对组委会、筹委会和主席团负责。有些综合性较强的大型会议的组委会直接下设执委会,在执委会下面再设秘书处或办公室,作为执委会的综合会务执行机构。

(一)会务的含义

会议活动只有通过严格的组织、管理和高效的服务才能有序、顺利地进行。会议的规模越大,具体的组织、管理、服务工作就越多、越复杂。我们把会议管理过程中决策、指挥行为以外的各项具体组织、管理和服务工作统称为"会务"。概括地说,会务是会议活动过程中(包括准备、举行、善后三个阶段)事务性、辅助性工作的总称,是整个会议管理的重要组成部分,其工作质量和效率对会议的成败具有直接影响。

(二)会务执行机构的主要职责

会务执行机构的主要职责如下:

1. 提供信息和建议,为会议的领导机构确定会议的目标、任务和议题起参谋作用。

2. 根据会议领导机构确定的会议的目标、任务和指导思想,起草会议的具体方案。

3. 起草会议的报告、讲话以及决定、决议等最后文件，审查与会者提交的会议发言材料。

4. 落实并布置会场。

5. 做好会议的邀请和接待工作。

6. 做好会议的各项记录。

7. 做好会议对内和对外的宣传工作。

8. 做好会议精神的传达和反馈工作。

9. 处理好代表的提案、议案和各项书面建议。

10. 总结会务工作的经验、教训。

11. 做好会议文件的立卷归档工作。

12. 搞好会议活动的综合协调，及时处理各种突发性事件，保证会议顺利进行和圆满结束。

（三）会务执行机构设置的要求

会务执行机构的设置关系到会议的效率，甚至关系到会议的成败，必须高度重视，具体要求是：

1. 适应需要。会务执行机构的设置，应当从实际需要出发，与会议的目标、性质、形式、规模相适应。由于各种会议差异较大，因此会务执行机构的设置、分工情况乃至名称都不尽相同，没有固定的模式。如组织内部举行的工作会议，会务工作较为简单，由公司的行政部门临时配备若干会议秘书即可。而规模较大或组织工作较为复杂的会议，一般都要建立专门的会务工作机构，并下设若干部门，分别承担具体的会务工作。有时还要根据实际情况设置一些专业性较强的会务工作机构，如场馆工程建设招投标部门、志愿者招募培训部门、法律事务部门等。

2. 机构精干。会务执行机构的内设部门以及工作人员的组成一定要精干。机构过于庞大、管理层次过多或者存在冗员，都会增加会务执行机构的内部摩擦和内耗，造成工作职责的重叠和形式化，降低工作效率。

3. 责任明确。会务执行机构的各部门要有明确的责任，具体地说，就是把会务工作的目标和任务分解成各部门、各成员的具体目标和任务，明确干什么、为什么干、怎么干和何时干，不允许出现名义上共同负责，实际上职责不清、无人负责的混乱现象。会务执行机构的分工应尽可能按专业化的要求来设计，对于一些专业性较强的会议活动来说更应如此。

4. 相互协调。在明确责任的同时，还必须加强各会务工作部门和工作人员相互间的协调。协调应当具有层次性，即实行分负责的原则，矛盾和问题出现在哪一级，就应当由哪一级实施协调。比如，部门内的矛盾和问题由部门负责人协调；部门之间的矛盾和问题由主办部门负责召集协办部门进行协调；主办部门和协办部门之间无法达成共识的，则由秘书长出面协调。

5. 制度健全。会务执行机构内部要建立一套完整的工作制度和行为规范，以保证各项会务工作的规范性和有序性。这些工作制度和行为规范包括会务工作人员的职权范围，会务执行机构及其工作人员的工作守则，会务工作的流程和规则，会务工作人员的录用、培训、考核、晋升、辞退的制度等。

（四）秘书长

秘书长既是会议领导机构的成员，同时又是会务执行机构的最高首长。

1. 秘书长的设置。秘书长的设置分为两种情况：一种是会议组织的常设性秘书长，既负责会议的组织、筹备工作，又要管理闭会期间该会议组织的日常工作。如博鳌亚洲论坛属于一种国际会议组织，其秘书长一职就是常设性的。另一种是临时性、单一性会议的秘书长，仅负责领导会议筹备阶段和举行阶段的会务，每次会议一结束，其使命即告完成。在法定性代表会议中，秘书长在预备会议上和主席团一起产生，会议结束后，和主席团一起完成使命。必要时可设副秘书长数人，协助秘书长工作。

2. 秘书长的职责。一般说来，会议秘书长具有以下几个方面的职责：

（1）在筹备阶段，协助会议领导机构开展工作，执行会议领导机构的各项决定和决议。

（2）根据会议领导机构的授权，审查批准会议活动的各项具体预案，并组织落实、检查指导和统筹协调。

（3）向会议领导机构及时汇报筹备工作的进展情况，提出改进建议和措施。

（4）法定性代表大会的秘书长在预备会议之后主持召开第一次主席团会议，选举或协商产生主席团常务主席和执行主席。

（5）领导会议秘书处的工作，处理会议举办期间的日常工作，签发有关会务工作的文件。

（6）负责协调会议的善后工作。

3. 秘书长产生的程序。秘书长产生的程序，应当在会议活动规则中做出明确的规定，一般有以下几种：

（1）法定性代表会议的秘书长人选由上一届会议选举产生的领导机构提名，在本次会议的预备会议或者第一次全体会议上以适当的方式（如举手或按表决器）通过。

（2）由一方主办的会议，秘书长由主办单位任命。

（3）多方联合主办的会议，协商产生秘书长。

（五）会务执行机构的内部架构

会务执行机构内部可以根据会议的规模和会务工作的实际需要设置具体的工

作部门,分配具体的工作职责。

1. 中型会议的会务执行机构的内部架构。以中型会议为例,会务执行机构可分为:

(1)秘书组。秘书组负责各种会议文件的准备、起草、印发、清退、立卷归档工作,做好主席团会议记录,落实会议决定办理的事项,承办大会主席团、秘书长交办的事项。

(2)组织组。组织组承办代表资格审查工作,起草代表资格审查报告,编制代表名册、选举程序和选举办法,设计和印制选票,印发候选人情况介绍或简历,负责代表签到,向执行主席报告代表出缺席情况,安排代表座次及在主席台就座人员位次。

(3)联络组。联络组主要负责会议主席团与各代表团之间的传达、反馈等联络工作,如了解各代表团、组的讨论情况,综合反映讨论中反映的突出问题和意见。

(4)提案(议案)组。提案(议案)组主要负责受理会议期间与会者提出的各种提案或议案,如收集、整理代表提案(议案)和意见、建议,综合反映提案(议案)中的突出问题和建议,草拟提案(议案)处理办法,向大会主席团提出提案(议案)和意见、建议处理意见的报告(草案)和有关议案的决议(草案)。

(5)宣传组。宣传组主要负责会议的对外宣传工作,包括制定会议的宣传与公关工作计划并组织实施,组织、安排、协调记者的采访活动,统一向媒体提供会议的新闻稿,承办新闻发布会或记者招待会,负责会议音像资料的录制和管理工作等。

(6)简报组。简报组主要负责编写和印发会议简报、快报。

(7)总务组。总务组又称行政组,主要负责会议的接站、报到、签到、票务、食宿、参观游览、文娱活动、车辆调度、会场安排与布置、设备保障、用品发放与管理、经费预算与筹措、财务管理、现场急救等方面的工作。

(8)保卫组。保卫组主要负责会议期间会场、住地的保卫工作和交通安全工作。

图 2-1 所示为会务执行机构结构图。

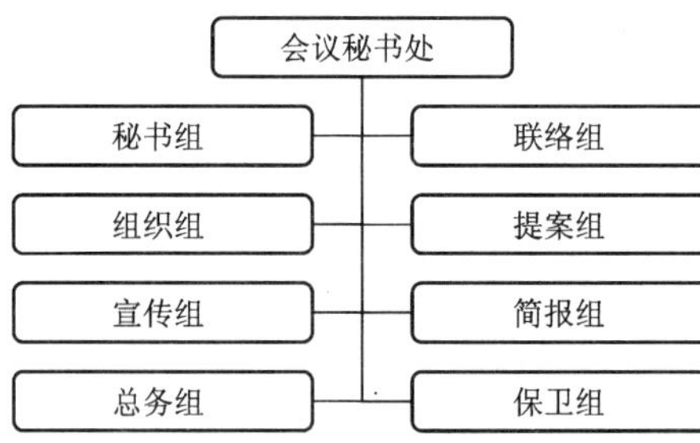

图 2-1　会务执行机构结构图

上述分工可根据会议的需要作适当的增减、合并和调整,工作部门的名称也可根据实际分工来确定。工作部门之间既要有分工,又要有合作。

2. 会务执行机构的内部架构示例。图 2－2 所示为全国政协举行全体会议时会务执行机构的设置与分工，对其他大型会议具有一定的参考借鉴价值。

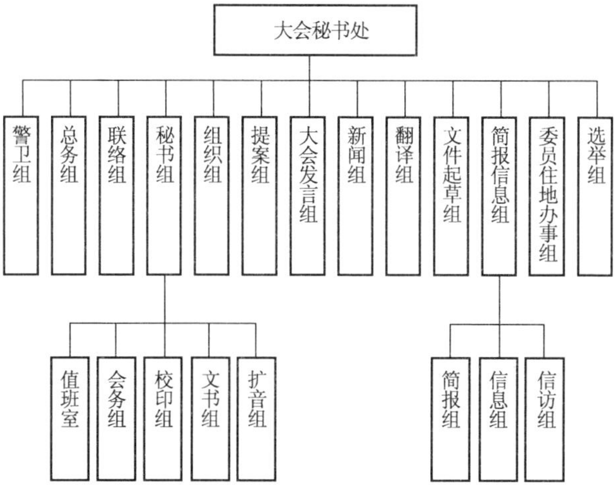

图 2－2 全国政协全体会议会务执行机构的设置与分工

(1)秘书组。秘书组负责大会秘书处举行的各委员小组召集人、小组长会议的通知和组织工作，负责委员报到、编排会议议程和日程及分组、安排座次等事项。

(2)组织组。组织组负责有关与会委员名单的事宜，并接转委员中的中共党员的组织关系，安排委员中的中共党员的组织活动等。

(3)简报信息组。简报信息组负责小组讨论时委员发言的记录和简报编写，受理委员反映的意见、建议，受理委员和人民群众来信。

(4)提案组。提案组负责受理委员提案。

(5)新闻组。新闻组负责安排委员接受记者采访。

(6)委员住地办事组。委员住地办事组负责委员有关食宿、出行等生活事宜。

(7)总务组。总务组负责会议用品发放和管理、会场布置。

(8)联络组。联络组负责秘书处与各委员小组之间的信息沟通。

(9)大会发言组。大会发言组负责受理委员要求在大会上口头发言的请求和提交的书面发言。

(10)翻译组。翻译组负责为少数民族委员提供翻译服务。

(11)文件起草组。文件起草组负责各项会议文件的起草。

(12)选举组。选举组在换届选举时，负责有关选举的事宜。

(13)警卫组。警卫组负责会议的安全保卫工作。

第四节　会议规则

一、会议规则的含义和作用

会议规则是指为实现会议的目标依法制定的,供主办者和全体会议成员共同遵守的各项会议制度的总称。制定会议规则是会议管理的重要内容,其作用包括以下几个方面:

(一)体现组织的宗旨和原则

对一个法定的会议组织来说,会议规则是要求全体成员共同遵守的行为准则,因而是该组织基本原则的体现。比如,博鳌亚洲论坛这一国际性会议组织的宗旨之一是"立足亚洲,促进和深化本地区内和本地区与世界其他地区间的经济交流、协调与合作",这一宗旨在博鳌亚洲论坛的历次会员大会上得到了充分的贯彻和体现,使论坛的影响力日益提升,会员数越来越多。又如,"少数服从多数,个人服从组织,下级服从上级,全党服从中央",这是中国共产党的基本组织原则,同时也是各级党组织举行会议必须遵循的重要规则。

(二)规定对象的权利和义务

会议成员的权利表现在主办、参会、知情、发言、提案、质询、表决等方面。会议成员虽然资格有所区别,有正式、列席、旁听和特邀之分,有些实行会员制的会议组织还将与会者分为基础会员、荣誉会员等,但任何一种会议成员都有各自的基本权利,同时也应当履行相应的义务。会议规则的作用就在于将各种会议成员的权利和义务以法定的形式加以规定,或者以契约的方式加以明确,这是现代会议,特别是国际性会议的一个显著特征。

(三)保障会议民主

会议活动是现代政治民主、管理民主和社会民主的重要形式。同理,会议民主也是现代政治民主、管理民主和社会民主的重要保障。在某种意义上,没有会议民主就不可能实现政治民主、管理民主和社会民主。会议民主理念的实质是尊重多数、保护少数。将会议民主的理念融入会议规则中,以会议活动的程序化、规范化来体现和保障会议民主,这是现代会议发展的必然趋势。会议规则虽然会限制会议的领导者、组织者的一些权力,造成一些不便,但恰恰是这些限制和不便使会议民主有了可靠的保证。

（四）维护会议秩序

会议是一种群体性交流活动，与会者往往来自不同的国家、地区，代表不同的政府、党派、阶层、公司以及其他利益集团。如果没有一套完整系统的规则，很难想象会议举行时会发生怎样的情况。会议的成功离不开合理的规则，这些规则一旦制定，组织和参加会议的任何一方都必须严格遵守。会议中如果对程序性安排产生争议，会议规则便是仲裁的依据，这样既避免了组织者在处理会议事务时的主观性和随意性，体现了会议的公正和公平，同时也确保了会议不受非正常因素的干扰，能够按既定目标发展。

（五）提高会议效率

影响会议效率的因素众多，但制定科学合理的会议规则对于提高会议效率无疑具有重要意义。如果没有规则，会议的议题和议程将因众说纷纭而无法确定，会议的发言将因没有时间限制而无法截止，会议的表决也将因各执一词而永远没有结果，这样的会议概无效率可言。当然，这并不是说会议规则越多、越复杂就越好。强调会议效率有时会同发扬会议民主发生冲突，在制定会议规则时应当力求二者的平衡、合理。

二、会议规则的种类

（一）按会议规则的存在形态划分

1. 法定式会议规则。这是指以法定程序确立或制定的程序合法的书面形式的会议规则，具有庄重、正式、稳定的特点。根据适用的对象、范围和效力层次，这类会议规则分别属于法律、行政法规、行政规章和组织内部规章。如《中华人民共和国全国人民代表大会常务委员会议事规则》属于法律，《博鳌亚洲论坛章程》属于组织的内部规章。属于组织的内部规章性质的会议规则必须合法。一般情况下，会议活动都应当制定成文式会议规则。

2. 约定式会议规则。这是指在长期的会议实践中自然形成或约定俗成的不成文的会议规则，又称惯例式会议规则。约定式会议规则较多地用于纵向性会议，具有针对性强、容易操作的优点，但由于未成文，在执行中往往容易受会议主持人个人权力和领导风格的影响，缺乏稳定性。

3. 临时商定式会议规则。会议过程充满各种不确定的因素，任何成文的或惯例式的会议规则都不可能解决会议中的所有问题，于是就需要根据具体情况制定一些临时的规定，作为正式会议规则的补充。这些规则一般是由会议主办者决定的，也可以由主办者提出经全体会议成员讨论通过，只对本次会议有效。

（二）按会议规则的内容集中与否划分

1. 集中式会议规则。这是指对会议管理的各项规定进行全面、集中表述的会议规则，其名称为“议事规则”、“组织法”、“章程”等。

2. 分散式会议规则。这是指涉及会议活动的具体规定性条款分散在各种法律、法规、规章、组织章程和内部文件中加以表述的会议规则。如《中华人民共和国公司法》是一部规范公司活动的法律，其中部分条款是对各类公司的董事会、监事会、股东大会的主要议事规则做出的法律上的规定。此外，各公司的章程中也必须对上述几种会议的议事规则做出具体的规定。

（三）按会议规则的适用范围划分

1. 一般性会议规则。一般性会议规则适用于同类性质、同一级别的所有会议。如《全国人民代表大会议事规则》就适用于全国人民代表大会所举行的会议。

2. 专项活动规则。这类规则主要是针对会议中的某些特殊活动做出的规定。如举行某项选举时需要制定专门的选举办法，举行重要表决时需要制定专门的表决办法。

三、会议规则的制定与修正

（一）会议规则的制定与修正的程序

会议规则制定与修正的程序如下：

1. 法定性代表会议（各级人民代表大会、各级党的代表大会、职工代表大会），根据法定的程序制定或修正相应的会议规则。

2. 横向性、合作性会议，会议规则的制定和修正，须经全体成员表决通过或协商一致。如《博鳌亚洲论坛章程》就是由理事会会议一致通过修改稿并提交会员大会表决通过的。

3. 纵向性会议，会议规则由会议的领导机构或行政首长确定。

（二）制定会议规则应当注意的问题

制定会议规则时应当注意以下问题：

1. 内容合法合规。会议规则的内容不仅要符合宪法、法律、法规，而且还要符合组织内部的章程和相关的制度。

2. 充分发扬民主。会议规则不仅要在具体内容条款上维护和尊重现代会议的民主价值理念，而且应当在自身制定程序上积极实践会议民主。事实上，没有制定程序的民主，就不可能形成一套维护和尊重会议民主的议事规则。具体地说，会议规则的制定应当经过反复的酝酿协商，广泛听取各方面意见，最后由全体会议成员表决通过,使其真正代表绝大多数人的意志。

3. 条款清楚合理。会议规则的条款过于简单或模糊不清,不利于执行和监督;过于烦琐,则束缚手脚,妨碍会议效率的提高。因此,会议规则在制定时一定要做到条款具体、清楚、合理,便于理解、执行和监督,在实践中要不断加以修正、改进和完善。

四、会议规则的基本内容、格式和写法

(一)会议规则的基本内容

会议规则的基本内容如下:

1. 制定的目的、依据。

2. 会议的名称、性质和宗旨等。

3. 会议的举行。具体包括会议由谁主办和召集,会期和会议周期,在什么情况下可以举行临时会议或特别会议等。

4. 会议的组织机构。具体包括会议所设组织机构的名称、职权、组成人员、分工、下设部门、任期、产生办法和程序等。

5. 会议的成员。具体包括会议成员的名额分配、资格、与会条件、权利和义务等。

6. 议题和议程。具体包括哪些成员或组织可以提出议案和动议,议题和议程的确定应遵循哪些程序等。

7. 发言。具体包括会议成员要求在会上演讲、报告、辩论、质询、答辩的申请程序和形式,会议发言的时间限制和顺序安排规则等。

8. 表决。具体包括表决权的分配(如一人一票制、加权表决制,有无否决权)、表决的方式(如投票、举手、鼓掌等)、表决的程序、表决的有效性、表决通过规则(如绝对多数制、相对多数制、特定多数制)、表决结果的公布等。

9. 会议文件。具体包括最后文件的效力、会议记录的审查和签字等。

(二)会议规则的格式

在格式上,会议规则应包括以下内容:

1. 标题。标题由会议名称加上文种组成。如:

××大学院系党政联席会议议事规则

2. 稿本。如果提交某次会议或一定范围内征求意见,应在标题后面或正下方用圆括号标明“讨论稿”或“征求意见稿”;如提交会议审议表决,则标明“草案”二字。通过后不再标注稿本。

3. 题注。如果已经在会议上通过,则注明通过的会议名称和日期,并加上“通过”二字。题注要用圆括号括入,如(××会议××××年×月×日通过)。

4. 正文。一般采用条款式表述。内容较为复杂的,可以分章分节。正文分为三部分:

（1）总则。写明制定规则的目的、依据。分章的会议规则，第一章的标题为“总则”。不分章的会议规则，第一条直接写制定的目的和依据，不一定要写明“总则”二字。

（2）分则。具体表述规则各项内容条款。分则可以分成若干章，也可以直接设条表述。

（3）附则。写明解释权、生效时间等事项。有的情况下也可省去这部分内容。

5. 制定机关。由组织者制定的会议规则，如“会议须知”等，应当在正文右下方标明制定机关的名称。会议通过的规则不必标明制定机关。

6. 制定日期。由组织者制定的会议规则，应写明正式发布的日期。会议通过的规则，已经标明了题注的，不必再写制定日期。

【议事规则例文】

上海市人民代表大会议事规则（节选）

（1990 年 4 月 30 日上海市第九届人民代表大会通过　根据 1993 年 1 月 9 日上海市第九届人民代表大会第六次会议《关于修改〈上海市人民代表大会议事规则〉若干条款的决定》第一次修正　根据 1998 年 1 月 14 日上海市第十届人民代表大会常务委员会第四十一次会议《关于修改〈上海市人民代表大会议事规则〉的决定》第二次修正　根据 2001 年 10 月 24 日上海市第十一届人民代表大会常务委员会第三十二次会议《关于修改〈上海市人民代表大会议事规则〉的决定》第三次修正）

第一章　总　则

第一条　为了保障市人民代表大会依法行使职权，提高议事效力，根据宪法、地方各级人民代表大会和地方人民政府组织法、全国人民代表大会和地方各级人民代表大会选举法和市人民代表大会的实践经验，制定本规则。

（第二条和第三条略）

第二章　会议的举行

第四条　市人民代表大会会议每年至少举行一次。每年的例会一般于第一季度举行。

市人民代表大会常务委员会认为有必要，或者有五分之一以上代表提议，可以临时召开市人民代表大会会议。

（第五条略）

第六条　市人民代表大会会议必须有三分之一以上的代表出席，始得举行。

（第七条至第二十二条略）

第三章　议案的提出和审议

第二十三条　主席团、市人民代表大会常务委员会、市人民代表大会各专门委员会、市人民政府、市高级人民法院、市人民检察院可以向市人民代表大会提出属于市人民代表大会职权范围内的议案，由主席团决定列入会议议程。

第二十四条　市人民代表大会代表十人以上联名，可以向市人民代表大会提出属于市人民代表大会职权范围内的议案，由主席团决定是否列入会议议程，或者先交有关的专门委员会或议案审查委员会审查，提出审查意见，再由主席团审议决定是否列入大会议程。

代表联名提议案，应当在市人民代表大会常务委员会做出召开市人民代表大会会议决定之日起至主席团决定的代表议案截止之日之前提出。

（第二十五条至三十七条略）

第四章　工作报告、计划、预算的审查

第三十八条　市人民代表大会每年举行例会的时候，常务委员会、市人民政府、市高级人民法院、市人民检察院应当分别向会议提出工作报告，经各代表团审查后，由会议做出相应的决议。

（第三十九条至第四十一条略）

第五章　选举、罢免和辞职

（略）

第六章　询问和质询

（略）

第七章　调查委员会

（略）

第八章　发言和表决

（第六十四条略）

第六十五条　代表要求在进行大会审议的全体会议上发言的，应当在会前向秘书处报名，由大会执行主席安排发言顺序。在进行大会审议的全体会议上临时要求发言的，经大会执行主席许可，始得发言。

代表在每次全体会议上发言的，每人就同一议题可以发言两次，第一次不得超过十五分钟，第二次不得超过五分钟。

（第六十六条和第六十七条略）

第六十八条　列入会议议程需要表决的议案和决议、决定草案，在进行大会表决的全体会议召开前，应当经过充分审议讨论。代表在审议中对议案和决议、决定草案有重要不同意见的，经主席团提出，由出席会议的代表过半数同意，可以暂不交付表决。

较多的代表对提请表决的议案、决议、决定草案中的部分条款有不同意见的，经主席团决定，可以将部分条款分别付诸大会全体会议表决。

在进行大会表决和选举的全体会议上，代表不进行大会表决。

第六十九条　大会全体会议表决议案和决议、决定时，有修正案的，先表决修正案。

表决结果由会议主持人当场宣布。

第七十条　会议表决议案和决议、决定，采用投票方式、举手方式或者其他方式，由主席团决定。

第九章　附　则

（略）

第五节　会议管理的主要内容

一、会议效率管理

会议具有一定的社会功能，但不是万能的法宝，运用不当或者管理不善，也会产生负面效应。会议效率管理就是运用有效的控制手段，端正会风，提高效率，使会议朝着正确的方向发展。

（一）会议内容控制

会议内容控制包括对会议的目的、任务、议题和发言内容的控制。具体要求是：

第一，开会前一定要明确会议的目的和任务，目的不明确、可开可不开的会议坚决不开。

第二，可用电话、传真、计算机等现代通信手段联系解决问题的会议不必开。

第三，条件不成熟、准备不充分的会议推迟开。

第四，内容相关的几个会议合并开。

第五，议题过多的会议分段开。

第六，发言不允许脱离议题，“无轨电车”不准开。

（二）会议规模和范围控制

会议规模和出席范围同会议的效率有着密切的关系。规模和出席范围合理，就

能提高会议效率;规模失控,范围过大,会议效率就会下降。因此要做到:

第一,确定参加对象的范围和规模要合理,与会议目的和议题无关的、对会议议题以及相关情况不了解的、缺乏代表性的、不具备基本议事能力的人员,不列入参加范围。

第二,能以局部性会议解决的问题,就不要召开全局性会议。对确实需要召开的全局性会议(如全国性会议、区域性会议)和邀请上级主要领导出席的会议,要建立报请审批制度,克服动辄召开全局性会议和凡会必请主要领导到场讲话的倾向。

第三,建立候会制度。有些工作会议往往议题较多,涉及面较广,需要请有关方面的人员参加。如果从会议一开始便通知所有涉及的单位和人员参加,而真正讨论每一单位的事项所花时间并不多,就会造成不必要的陪会,而且容易使会议的内容相互扩散。为此,有必要实行候会制度。具体做法是:事先了解会议的议题和议程,估计每项议程开始的大致时间,通知有关单位的人员提前在休息室等候,当会议讨论到该议程时,再通知其进入会场。候会制度既保证每个所涉及的单位和人员及时参加会议,又消除了不必要的陪会现象,从而提高了会议的效率。

(三)会议时间控制

会议的时间同会议的效率成正比例关系,同样的会议结果,时间越短,效率越高。会议时间控制要做到:

第一,会前要做好会期的测算,在确保会议效果的前提下,尽量做到长会短开。

第二,准时开会,准时散会,制止任意迟到、早退的现象。

第三,必要时对发言的人数和时间进行适当的限制。

第四,一般性的会议交流,如已分发书面文件,就不必照本宣读。

二、会议经费管理

会议经费管理就是通过对会议经费的预算、决算和在使用过程中的严格监管,努力降低会议的成本,以最少的会议成本换取最大的会议效益。

(一)会议成本的构成

会议成本由显性成本和隐性成本两部分组成。

1. 会议的显性成本。会议的显性成本是指在会议过程中实际支出并消耗的费用,因为可以在账面上反映出来,因此叫作显性成本,如会议交通费、食宿费、场地费、文件材料费等。

2. 会议的隐性成本。会议的隐性成本是相对于显性成本而言的,虽然账面上显示不出,但确实存在。会议隐性成本包括所有与会人员以及会务工作人员在参加会议这段时间内,在其本职岗位上本来可以创造的价值,以及因参加会议中断工作所造成的相关损失的价值。

长期以来，在我国的会议观念中成本意识淡薄，即使注意到会议成本，也仅仅是显性成本部分。而实际上，隐性成本在会议成本中占有绝对大的比重。应当引起重视。

会议成本的公式为：

$$会议成本 = X + 2 \times 3G \times R \times S$$

式中，X 是指会议的显性成本（即实际支出的经费）；$2 \times 3G \times R \times S$ 是会议的隐性成本。其中，常数 2 表示每一个会议成员和工作人员因参加会议中断原来的正常工作而造成相关经济损失的系数；G 是会议成员和工作人员在一定的单位时间内的工资额，常数 3 表示工资额的 3 倍，目前国外通常用此系数乘以工资额来计算个人在单位时间内的实际劳动所创造的总值；R 代表会议成员和工作人员的人数；S 代表会议成员和工作人员为参加和筹备会议所花的时间，单位内部的会议可按会议的预计时间计算，跨区域的会议还应当计算会议成员花在路程上的时间，会务工作人员由于会前要做会议的准备工作，会后要做会议的善后工作，因此应当根据他们所花的实际时间来计算。

用上述公式计算会议成本，可以大大改变人们的会议观念，提高人们的会议效率意识，从而有效地实行会议控制。

（二）会议活动经费支出预算

1. 会议活动经费支出的项目。会议活动经费支出是指显性成本部分，即举办一次会议所支付各项费用的总和。其主要由以下几个方面构成：

（1）场地费。场地费即租借会场的费用。要根据会议规模来确定场地的大小和多少，会场越大、越多，费用越高。

（2）装饰费。装饰费即布置会场内部以及周边环境的费用，如制作或购买会标、会徽、吉祥物、花卉、彩旗等装饰物的费用。

（3）设备费。设备费包括购买或租借印刷设备、视听设备、通信设备、计算机设备、运输设备的费用。

（4）人工费。人工费包括邀请报告人、专家的费用以及工作人员工资外的补贴、特殊情况下发给与会者的补贴等。

（5）交通食宿费。交通食宿费包括由组织者承担的与会者的旅费和接待、参观游览所需要的交通费和食宿费，工作人员所需的交通费和食宿费，会议期间的茶水、毛巾及相关服务费用，会议茶歇费用。

（6）文具资料费。文具资料费即制作各类文件、证件、指示标牌、宣传手册、签到簿以及购买会议中易耗文具用品的费用。

（7）公关宣传费。公关宣传费即因会议公关和宣传需要而支出的费用，如广告、礼品、新闻发布会和酒会的费用等。

（8）观光娱乐费。有些会议活动为了吸引与会者，安排一些文体娱乐活动。

这部分费用一般由与会者自己承担，但组织者要承担报告人和特邀嘉宾的费用。

(9)其他费用。这主要是指一些事先无法预计的临时性支出。

2. 会议活动经费支出预算的原则。会议活动经费支出预算应遵循以下原则：

(1)科学合理。会议活动经费的预算要严格遵循勤俭办会的宗旨，根据实际需要科学合理地分配各项开支。

(2)总量控制。一次会议活动的经费预算和执行应当有一定的限度，原则上不能突破预算，更不能无限制地追加预算，为此必须加强预算总量控制，将所有的支出都控制在适度范围之内。

(3)确保重点。在实行总量控制的前提下，要确保重点，把有限的经费确实用在"刀口"上。

(4)精打细算。对会议的每一项支出都要严格审核，能减则减，能省则省，在做到科学合理的同时，尽可能节省经费。

(5)留有余地。会议活动难免会有一些临时性的支出和事先无法预计的费用，因此，在预算时要适当留有余地。

(三)会议活动经费的筹措

会议的性质、类型不同，经费来源的渠道也不同。有的会议活动经费渠道虽然单一，却有保障，有的则需要组织者多方筹集。一般说来，会议活动经费的筹集有以下几种渠道和办法：

1. 行政经费划拨。党政机关以及其他事业单位召开的会议，可以从日常行政经费中开支，或者争取财政支持。

2. 主办者分担。由几个单位共同主办的会议，可通过协商分担经费。举办营利性会议，联合主办的各方可通过协商确定出资比例。

3. 与会者承担。与会者承担费用有以下方式：

(1)与会者自理交通费、食宿费等个人发生的所有费用。

(2)与会者承担部分个人发生的费用，其他费用由主办方资助。

(3)向与会者收取会务费、注册费、报名费、讲座费、入场费等。

4. 社会赞助。通过有效的会议公关，从企业、社会团体及个人获得赞助资金或物资。

5. 转让无形资产使用权。无形资产是指特定主体所控制的，不具有实物形态，对生产经营长期发挥作用且能带来经济利益的资源。一些大型的会议活动由于意义重大、影响深远、知名度高，具有多种无形资产。充分有效地开发和利用会议本身的无形资产，使其转化为合法的有偿转让行为，不仅可以使商家因获得这种无形资产而受益，而且还可以为会议活动筹得可观的资金，带来丰厚的经济利益。

会议无形资产包括会议的名称、会徽、会歌、口号、吉祥物形象等。其转让方式有：

(1)用于商品、商品包装或者容器上。

(2)用于商品交易文书上。

(3)用于服务项目中。

(4)用于广告宣传、商业性展览和演出以及其他商业活动中。

(5)用于会议指定使用的商品。

(6)用于销售、进口、出口含有会议标志的商品。

(7)用于制造或者销售会议的标志。

6. 开发广告资源。会议活动的广告资源十分丰富,开发得好,可创造十分可观的经济效益,如:

(1)会议证件广告,包括证件吊带广告。

(2)会议入场券广告。

(3)会刊广告,包括参会组织名录、广告插页。

(4)会场广告,包括充气拱门、空中舞星、气球、气模、巨型布幔、普通墙面布幔、灯杆、旗杆、地面、大会签约台、柱面、大屏幕、电子触摸屏等广告载体。

(5)手提袋广告。

(6)会议专用信封、信纸广告。

(7)会议名称冠名赞助。

三、会议保密管理

(一)会议保密管理的含义

秘密是指在一定时间内只限一定范围内的人员知悉的事项。凡涉及国家秘密和商业秘密的会议,应当采取保密措施。会议保密管理就是指会议的组织者为保守会议的秘密所采取一切手段和措施。

(二)会议秘密的种类

1. 按秘密的性质分,会议的秘密可分为:

(1)国家秘密。国家秘密是关系到国家的安全和利益,依照法定程序确定,在一定时间内只限一定范围的人知悉的事项。

(2)商业秘密。商业秘密是指不为公众所知悉、能为权利人带来经济利益、具有实用性并经权利人采取保密措施的技术信息和经营信息。商业秘密受法律保护。有些商业秘密同时也是国家秘密。

(3)组织内部秘密。组织内部秘密是指特定组织内部在一定时间内只限一定范围的人知悉、不对外公开的事项。

2. 按秘密的等级分,会议的秘密可分为:

(1)绝密级秘密。这是指国家的核心秘密,一旦泄露会给国家的安全和利益造成特别严重的损害。其保密期限不超过30年。

(2)机密级秘密。这是指国家的重要秘密,一旦泄漏会给国家的安全和利益造成严重损害。其保密期限不超过20年。

(3)秘密级秘密。这是指国家的一般秘密,一旦泄露会给国家的安全和利益造成一定损害。其保密期限不超过10年。

以上属于国家法定的秘密等级。

(4)内部秘密。内部秘密包括商业秘密和组织内部秘密,密级和保密期限由特定组织自行确定。

3.按秘密存在的方式分,会议的秘密主要有:

(1)口头类秘密。如会议上口头传达的、需要保密的精神,涉密的讲话、发言等。

(2)文献类秘密。如会议中记载秘密信息的文件、资料,谈判中涉及商业秘密的记录、合作意向书、贸易合同等。

(3)声像类秘密。如涉密会议中的录音、录像、摄影的各种介质。

(4)电子类秘密。这是指通过计算机系统和网络传递、接收、处理、存储的秘密。

(三)会议保密管理的内容

1.会议文件保密。这是会议保密的重点,包括属于秘密范围的各种文件的草案或讨论稿、备选的决策方案、会议记录、不能公开发表的最后文件、涉密会议期间产生和使用的各种程序性和会务管理性的文件(如会议通知、议程、出席名单)、洽谈会上当事人要求保密的商业性文件等。

会议文件的保密要求做到:

(1)及时准确定密。需列入保密范围的会议文件,应在其产生的同时,由制文机关或单位确定密级和保密期限。

(2)正确标志密级。密级和保密期限应在文件首页的右上角做出明显并易于识别的标志。国家秘密的标志格式为“密级★保密期限”,如“机密★15年”。其他秘密可标“内部文件”等字样。文件、资料汇编中有密级的,应当对各独立的保密件的密级和保密期限做出标志,并在封面或者首页以其中的最高密级和最长保密期限做出标志。摘录、引用密件中属于秘密的内容,应当以其中最高密级和最长保密期限做出标志。文件中只有少量内容属于秘密的,除在文件首页标注相应的密级外,还可以直接在应保密的段落之前标明密级,或者以文字指明哪些内容属于秘密事项。

(3)指定专人处理。涉密文件的拟写、审核、打印、校对、复制、收发、承办,应指定专人。打印、复印保密文件时产生的废纸、校样等应彻底销毁。印刷、校对、保管涉密会议文件的场所要确保安全。

(4)确保安全传递。会前会后需要分发涉密文件的,应当通过机要交通传递。传递时,信封上必须标明密级并加盖密封章。通过电话传达的,必须使用保密电话。用传真机和计算机传递的,应采用加密装置。绝密级的会议文件应当派专人传递,不得用传真机和计算机进行传输。

（5）严格签收、登记、清退。涉密会议文件应实行严格的签收、登记、清退制度。签收、登记时，要核对份号（印制顺序号）是否准确。签收人应当对文件的保密负完全的责任。需要清退的保密文件，应在分发的同时附上一份文件清退目录，在会议结束后按目录清退，任何人不得擅自将文件带走。

2. 场馆保密。场馆保密包括会场保密和住地保密。具体要求做到：

（1）场馆地点保密。这是指不公开会场和住地的地址。

（2）会场环境保密。这是指应当选择具备保密条件的场馆举行涉密会议，不得在接待外国人的宾馆、饭店、招待所举行涉密会议。如遇特殊情况必须召开的，应采取保密措施。

（3）会场设施保密。举行涉密会议的现场必须具有良好的隔音和屏蔽效果，以免声音和信号外泄，并能有效防止扩音设备产生寄生振荡泄密。

（4）会后清场保密。会议结束后，工作人员要对会场和住地进行保密检查，看有无遗失的文件、笔记本等。

3. 会议器材保密。扩音机、录音机、录像机、照相机、电话机、传真机、计算机、签到机、复印机等是现代会议所必备的器材。但举行涉密会议时，就必须对这些器材采取保密措施，具体要求做到：

（1）实行专人专管。用于涉密会议的器材应当有专人管理和使用，实行谁管理谁负责。

（2）进行保密处理。涉密会议中使用的器材要在会前进行防窃密、防泄密检测。传递涉密会议信息时必须使用具有保密功能的电话机、传真机和计算机。录音机、复印机、传真机、数码照相机和摄像机等使用后要及时删除涉密信息。

4. 会议时间保密。这是指除了与会者和必要的工作人员外，不向外公开会议的具体时间，包括开始和结束时间。

5. 会议人员保密。这里的人员包括与会者和必要的工作人员。会议人员保密要求做到：

（1）根据会议需要确定参加人员的范围。如举行涉及绝密级事项的会议，与会人员必须指定。

（2）对涉密会议的工作人员要进行严格审查，确保可靠。

（3）无关人员严禁进入涉密会议现场，更不得列席或旁听会议。确需列席会议的人员，应将名单呈报主管会议的领导审定。

（4）除了会议的领导和少数重要的工作人员外，其他与会者和工作人员会前不得了解和打听参加会议的对象有哪些，会后也不得自行公开。

6. 会议传达和宣传保密。涉密会议如果需要传达和宣传会议精神，应当做到：

（1）事先确定传达和宣传的口径、程度、方式和范围。

（2）严格按规定的范围、规定的内容和规定的方式进行传达。如确需扩大传达的范围和内容,应报请上级机关批准。未经批准,不得擅自向外透露会议的内容。

(3)对于半公开会议,可以适当宣传报道,但对宣传报道的新闻稿或简报要严格审查、把关,避免因文字疏忽导致泄密。

(四)会议保密管理的原则

1. 领导重视。会议保密事关重大,主办单位的领导人思想上一定要高度重视,切实把会议的保密管理作为会议管理工作的重要方面来抓。会前要认真研究、制定并布置落实保密措施,会中要经常检查、督促,会后要总结经验教训。

2. 加强教育。事实证明,会议内容的泄密,往往是与会者保密意识不强、警觉性不高造成的。因此,会前加强教育,会中反复提醒,是防止会议泄密,确保会议安全的有效手段。

3. 健全制度。会议保密必须依靠健全的制度。这些制度主要包括:

(1)入场检查制度。进入涉密会议的会场,人人都要接受检查。检查的项目包括:禁止带入会场的物品,如与会者随身携带的微型录音机、移动电话机、手提电脑等,这类物品应主动交给工作人员临时保管;与会者必须携带的证件,如会议通知、单位介绍信、代表证等,无证件者原则上不得进入会场。

(2)文件签收制度。涉密的会议文件应当实行严格的签收制度,实行谁签收谁负责。

(3)文件清退制度。涉密会议文件有的可以带回,有的必须清退。如需清退的,会议结束后要严格清退,不留死角。

(4)人员注册制度。举行涉密会议时,与会者和工作人员都必须履行报到注册手续。

(5)离会清场制度。会议结束后,工作人员应立即进行清场,清场范围包括会场和与会者住宿的房间。

(6)器材专用专管制度。涉密会议使用的器材应当符合保密要求,由可靠的专人使用和管理,使用前必须经过严格的安全检查,使用后要清除所有记录信息。

(7)报道审查制度。在对外进行宣传报道时,要指定专人对所有的宣传报道文稿进行统一审查把关,统一宣传报道的口径,严防报道泄密。

四、会议突发性事件和危机管理

(一)会议突发性事件和危机的含义

会议突发性事件是指由自然或人为因素造成的、突如其来的、对会议造成影响的事件或事故,其中对会议造成较大损失和压力的事件或事故称为会议危机事件。由于会议活动涉及面广、参加人员复杂,导致突发性事件和危机的自然或人为的因素事先难以完全预见和克服,任何会议在任何时候都可能出现突发性事件或者面临重大危机,因此,会议突发性事件和危机管理是现代会议管理必须正视的重要课题,也是实施会议管理控制无法回避的重要环节。

(二)会议突发性事件和危机的特点

1. 意外性。会议突发性事件和危机的发生常常出人意料,突如其来,令人猝不及防。如果事先缺乏思想准备、心理准备和物质准备,突发性事件和危机一旦发生,组织者往往仓促上阵,被动应付。

2. 危害性。会议突发性事件一般都具有危害性,危机事件的危害性更大,有的可能导致会议无法正常进行,甚至危及组织者的形象和会议的品牌生存。

3. 紧急性。会议突发性事件和危机都具有起事急、波及快的特征,如果不及时妥善处理和应对,事态会迅速扩大、蔓延。

4. 不确定性。对会议突发性事件和危机,往往无法准确预料其发生的具体时间、地点、范围和程度,甚至一旦发生后也很难判断其危害的程度。

(三)会议突发性事件和危机的类型

1. 按发生的原因分,会议突发性事件和危机可分为:

(1)内源性突发性事件和危机。这是指因会议内部管理不善、服务欠周到,或者因内部工作人员违反会议管理制度或工作失误造成的危机,如餐饮食物中毒、行车安全事故、设备损坏事故、踩踏事故等。

(2)外源性突发性事件和危机。这是指由外界自然灾害、疫情、战争、恐怖主义活动、社会动乱、公共政策变化、合作伙伴违约等各种因素造成的危机,如场馆遭到破坏、人员伤亡、传输信号中断等。

实际上许多突发性事件和危机的产生往往是内因和外源相互作用的结果,因此在判断时,既要深入分析又要注意综合考虑。

2. 按发生的性质分,会议突发性事件和危机主要有:

(1)政治性突发性事件和危机,如社会动乱、恐怖袭击等。

(2)治安性突发性事件和危机,如抢劫、偷盗、纵火、投毒等。

(3)自然性突发性事件和危机,如地震、水灾、台风、泥石流、病疫等。

(4)责任性突发性事件和危机,如行车事故、设备损坏、食物中毒、泄密、失火、建筑物坍塌等。

(5)冲突性突发性事件和危机,这类危机是由于组织方和与会者,或者与会者之间的相互冲突引起的。例如,营利性会议的组织方未按事先的承诺提供会议服务或者会议活动缩水,引起与会者的不满和投诉。又如,有的会议出现与会者之间相互争执甚至斗殴的情形,造成会议被迫中断。

（四）会议突发性事件和危机管理原则

1. 高度重视，加强领导。会议突发性事件和危机事件往往涉及面广、影响和危害性大，一旦处理不慎，就会造成重大损失，甚至导致会议失败。因此，会议领导机构一定要树立忧患意识，对会议突发性事件和危机保持高度的警惕性和敏感性，采取切实措施加强对会议突发性事件和危机管理的领导。会议突发性事件和危机发生后，要迅速建立危机处理的决策指挥机构，实行统一部署、统一指挥，口径一致，不得政出多门、各行其是，确保信息和政令的畅通。重大会议在会前就要设置专门的机构应对可能发生的突发性事件和危机。

2. 科学预测，积极防范。会议突发性事件和危机管理的重点在于预防危机。“居安思危，未雨绸缪”是会议突发性事件和危机管理的核心。一般情况下，虽然无法准确预料突发性事件和危机发生的具体时间、地点、范围和程度，有些外源性的突发性事件和危机也常常无法抵御，但总是有相当一部分会议突发性事件和危机的发生有一定的规律可循，可以预测和防范。实践证明，确实有许多会议突发性事件和危机可以通过会前制订详尽的预案做好预防工作，从而降低发生的概率。即使发生突发性事件和危机，也可在平时充分准备、训练有素的基础上，迅速采取有效措施，将损失和危害降到最低点。

3. 快速反应，准确判断。会议突发性事件和危机管理的关键是捕捉先机，在其危害产生之前或刚刚开始就对其实施控制。会议突发性事件和危机发生后，有关责任人员必须在第一时间到位，领导要靠前指挥，迅速弄清情况，准确判断性质，采取果断措施，防止事态扩大。

4. 坦诚公开，及时沟通。会议突发性事件特别是危机事件一旦发生，必然成为与会者乃至社会关注的焦点，隐瞒、遮盖不仅会助长流言和谣传，造成公众的紧张恐慌心理，于事无补，甚至还会损害组织者的公信力。因此，除了秘密信息外，应当及时通过适当的传播渠道和手段（如举行新闻发布会、接受记者采访、发表声明或公告等）将危机发展的态势以及已经采取和将要采取的措施予以公开，和与会者以及公众进行有效的沟通，该道歉的要诚恳道歉，该承担责任的要主动承担责任，同时澄清事实、制止谣传，以缓解公众的情绪，消除公众的疑虑，争取公众的谅解和支持。

5. 稳妥善后，认真反思。会议突发性事件和危机事件的善后工作包含两个方面：一是积极慎重、依法合理地做好损失补偿工作，尽可能避免留下后遗症；二是通过认真反思，总结经验教训，重建形象。首先，要通过周密的调查和认真的分析，找出引起会议突发性事件和危机的各种原因；其次，要对会议突发性事件和危机管理工作进行全面的评价，详尽地列出预警系统的组织和工作程序、处理计划、危机决策等方面工作存在的问题，举一反三，亡羊补牢，防止类似的危机再次发生，或者在危机发生前有充分的准备，将危机造成的损失降到最低程度。

第六节　会前检查、协调与会议值班

一、会前检查与协调

(一)会前检查与协调的作用

会前检查与会议协调是会议活动各项筹办工作的落脚点,是保证会议性活动顺利举行的必不可少的环节,其作用主要是:

1. 发现问题。会议前期准备工作任务重、头绪多、事务杂,工作人员责任性再强、工作再细致,也难免会考虑不周,出现一些纰漏和差错。而会前检查与会议协调则可以及时发现问题,及时加以纠正,有效地将问题解决在萌芽状态,确保会议活动顺利进行。

2. 调整计划。会议策划和预案只是会前的一种设想。再好、再全面周到的策划和预案,也只能建立在策划当时的预测基础上,而会议的各项筹备工作一旦实质性启动,就可能会遇到新情况,出现新问题,原来的计划、方案就可能变得不适应,需要做出某些调整。会前检查与会议协调可以及时发现原定计划方案的问题,及时加以调整,使会议活动的各项准备工作臻于完备。

(二)会前检查与协调的内容和重点

1. 会前检查与协调的内容。会前检查与协调要以原定方案为依据,并结合准备工作的实际情况。检查的内容包括:

(1)场馆落实情况。这包括场馆的建设质量、进度,主会场与分会场的安排,会场和展馆的布置情况等。

(2)经费筹措和使用情况。这包括经费筹措的渠道是否合法、是否畅通有效,各项预算是否得到严格执行,执行中有无违规现象,有何新的问题等。

(3)会议文件准备情况。这包括会议文件的起草、征询、定稿的程序是否合法合规,必需的会议文件种类是否齐全,印制是否规范,分发是否到位等。

(4)会议发言的落实情况。这包括主持人、报告人、交流发言人、讲话人是否落实,发言内容是否经过审核等。

(5)会议各种配套活动情况。这包括时间安排是否恰当,地点有无冲突,参加各种配套活动的主持人和领导人是否落实、有无冲突。

(6)会议物品和设备的准备情况。这包括必需的物品是否准备齐全,设备是否已经安装到位并调试正常等。

(7)安全措施落实情况。这包括证件的申领、登记、发放、检查等制度是否落实,保密、消防、防盗、用电安全、饮食卫生以及紧急情况处置等方面的措施是否落实,有无安全隐患和死角等。

(8)会议通知和邀请工作情况。这包括参加对象的确定是否合理,通知和邀请信息的发布和传送是否及时到位。

(9)接待工作的准备情况。这包括接待的宾馆饭店是否落实,参加对象的饮食交通问题是否得到妥善安排,接站、报到、签到工作是否有专人负责,信息、金融、通信、观光旅游、文化娱乐等服务是否准备就绪等。

(10)宣传报道的组织与安排情况。这包括会议新闻中心是否能够按时运行并向记者提供服务,记者采访和报名的审批工作是否稳妥有序,准备邀请的媒体沟通渠道是否畅通,内部宣传的各项措施是否有效等。

(11)与周边地区的协调情况。举办大型会议活动,还要注意与周边地区的社区、公安、交通等管理单位搞好协调,争取支持和协助,为会议活动创造一个良好的周边环境。

2. 会前检查与协调的重点。会前检查与协调工作主要包括下面两个重点:

(1)会议文件准备情况。会议文件既是会议活动的目标、主题和结果的体现,又是领导和管理会议的依据。会议文件如有差错,小则影响会议活动的进程,大则产生严重的政治后果和经济损失。因此,要重点加强对会议文件准备工作的检查落实,不仅要检查会议的主报告、议案、决议草案、合同草案等可能成为会议的最后文件的准备情况,而且还要对会议规则、选举程序、表决办法以及签到簿、登记表之类的管理性文件进行仔细的检查,确保各项文件表述准确,提出的程序规范,校对、印制无误和分发及时到位。

(2)场馆准备情况。场馆是会议活动能够正常和顺利进行的基本物质保证。场馆出问题,会议活动就无法举行。场馆检查的范围包括主场馆、分场馆以及与会者的住地;检查的内容主要包括场馆等基本设施是否符合会议活动的需要,会场布置是否体现会议的主题等。此外,还要重点检查场馆的安全措施。近年来我国一些地方的会议场馆因安全隐患未及时消除,造成重大人员伤亡的报道常见诸报端,应引以为戒。

(三)会前检查与协调的方式

1. 电话了解与沟通。一般情况下,会前可以通过电话了解、沟通和指示,既方便,又快捷。

2. 书面报告与批示。这要求承办单位和部门以及承办人员以书面的形式写出工作报告,以便让主办单位和领导决策机关掌握情况,并以领导人书面批示或下达正式文件的形式指导各项筹备工作。

3. 会议汇报与协调。由组委会、执委会、筹委会等会议领导管理机构召开汇报会、协调会,认真听取会务工作部门的汇报,然后集体讨论、协商,形成决议,作出指示。一些涉及全局的重要会议活动,可由党政领导机关出面召开会议,进行检查和协调。

4. 实地检查、协调与落实。会议活动的领导人应亲自到会议现场进行实地检查,或举行现场工作会议,当场发现问题,及时指出、及时纠正。

二、会议值班

(一)会议值班的含义和作用

1. 会议值班的含义。会议值班是指会议举行期间成立专门机构或安排专门人员处理临时性会务,满足参加对象(包括记者)的临时性需求,确保会议信息畅通的一项综合性服务工作。

2. 会议值班服务的作用。在会议活动中,常态性的会务工作是由各个会务工作部门承担的,而临时的事项,特别是休会期间的临时性事务以及一些难以划分职责的会务工作事项,就必须由会议值班机构或值班人员来完成。因此,除了一些小型的或者时间较短的会议活动外,其他会议活动在举办期间都要安排一定的人员值班,确保会议活动顺利进行。

(二)会议值班的分类和职责

1. 按值班服务的岗位层次分,可分为:

(1)总值班。总值班是对会议活动举行期间的值班工作负全面责任的岗位,一般应当安排会议秘书处的领导人担任该岗位的职务。在规模较大、配套的板块活动较多、场馆分散的会议中,总值班工作可以采取多级管理,即大会总部设一名最高总值班,每个场馆或每个配套活动项目设二级总值班。总值班的主要职责是:

①决定会议期间临时性、突发性事项的处置方法;

②协调好会务工作部门之间的关系,避免相互扯皮,提高会议服务的效率;

③根据组委会或秘书处的授权处理值班期间的日常事务。

(2)部门值班。这里的部门是指各个具体的会务工作部门。在特殊情况下和休会期间,各部门应当指定值班人员,以保证各项服务工作的连续性。部门值班的主要职责是在本部门的分工范围内完成上级机关交办的事项、向参加对象及时提供有效的服务,及时排除故障。对重大的突发性事件,一方面要根据预案及时应对,另一方面要立即向上级报告。

2. 按值班的性质分,可分为:

(1)安全值班。安全值班的主要职责包括:

①入场时检查会议证件,防止无关人员进入会议现场;

②随时指挥和安排好参加对象(包括记者、会议工作人员)用车的进出与停放,保证会议期间行车和停车安全;

③定时对会议现场和住地进行各项安全巡查;

④组织安排防疫和医疗救护人员现场值班,并配备必需的医疗急救器械和药品,随时应付可能出现的公共卫生和医疗急救事件。

⑤事先制订各种突发性事故或事件的应急方案,准备好相应的器材和物资,落实并培训专门人员。

(2)会议用品和设备管理值班。会议开幕后,尽管会场布置已经告一段落,但也会出现一些用品和设备方面的临时性需求,需值班人员及时提供服务。会议设备在使用中也难免出现一些技术问题,需在场的技术人员及时解决。

(3)接待服务值班。会议开幕后的接待服务工作主要有以下几个方面:

①安排好参加对象临时租用的会议室、会客室;

②安排好参加对象的临时用车;

③安排好参加对象的临时用餐和住宿;

④为参加对象的出行、旅游、购物提供咨询和必要的帮助;

⑤帮助参加对象解决好个人生活上的特殊困难。

(4)综合服务值班。综合服务值班主要有以下几个方面:

①完成会议领导管理机构和领导人临时交办的事项;

②制发会议活动期间临时性的会议和活动通知;

③采办会议活动急需的物品;

④随时为参加对象提供文印服务;

⑤及时向参加对象印发决议草案、会议简报、会议服务手册和其他资料;

⑥协调处理会议活动期间各项工作的关系。

3.按值班的地点分,可分为:

(1)场内服务值班。场内服务是指在会议举行期间和会议活动的现场提供的服务。场内服务值班的主要职责是:

①掌握参加对象迟到和提前离退场的情况,并做好记录,以便会后联系补会;

②会议期间要防止无关人员进入会议场馆;

③保密会议要做好会场保密工作;

④安排好会议期间的茶水、毛巾、午餐等服务工作;

⑤检查各种仪器设备的使用和运行情况,及时排除故障;

⑥为参加对象提供信息咨询和临时性服务;

⑦随时准备应付可能发生的突发性事故或事件,一旦遇到紧急情况,要确保有人指挥、有人抢险、有人急救,现场人员能及时安全地疏散。

(2)场外服务值班。场外服务是指在会议举行期间和会议活动现场的周围提供的服务。场外服务值班一般在举行大型会议活动时才安排,主要职责是:

①会同有关部门开展会议场馆周边地区的环境整治,在会议举行期间,管理好场馆外围的社会秩序,为会议活动的举行创造一个良好的地区环境;

②维持好场馆周边的交通秩序,保证市民正常出行以及会议行车的畅通;

③重要会议举行期间，通过与有关方面的协调，防止场馆周边区域因施工、打桩、车辆鸣号引起的噪声干扰，必要时派值班人员巡视检查，保证会议周边环境的安静。

（3）住地值班。住地值班的主要职责是：

①随时检查住地的各项安全保卫工作，杜绝安全隐患；

②检查督促餐饮部门采取严格的卫生措施，防止发生饮食安全事故；

③为参加对象的临时出行提供咨询和必要的帮助。

④协助解决参加对象生活上的特殊困难，尽可能满足他们的临时需求。

（三）会议值班工作的要求

1. 认真负责。会议值班工作具有加强同各方联络、及时满足会议对象的需求、有效应对紧急情况等重要作用，也是会议服务的一扇窗口。因此，搞好会议值班工作意义重大。会议值班服务人员思想上应当高度重视，以认真负责的态度做好值班期间的每一项工作。

2. 热情接待。在会议值班期间，值班人员经常要接待来访、接听电话，要做到待人热情、说话和气、举止文明、急人所急，尽一切所能给参加对象提供帮助，给参加对象留下良好印象。

3. 健全制度。会议值班工作应当制度化、规范化，值班人员应当遵守制度，按章办事。这些制度包括：

（1）岗位责任制度。无论是常设性值班还是临时性值班，值班人员都要明确岗位职责，坚守岗位，不得擅离职守，这是会议值班工作最基本的制度。

（2）报告请示制度。会议值班期间，值班人员一旦掌握重要信息，应当及时向领导报告；没有把握答复处理的事项，必须立即请示领导；遇到紧急情况可以一边按既定的预案处理，一边向领导报告。

（3）保密制度。涉密事项，必须按保密规定办理。

（4）安全制度。要制定并严格遵守各项安全制度，并完善各项预警机制，及时应对各种可能发生的安全事故。

4. 做好记录。会议值班记录是保存会议值班信息的重要载体，既可用于交接班，保证值班工作的连续性，又可作为将来查考的依据。会议值班记录有以下几种：

（1）电话记录。电话记录的内容包括来电人单位、来电人姓名、来电时间、来电内容、回电号码、记录人姓名、处理结果。

（2）接待记录。接待记录的内容包括来访人单位、来访人姓名、来访时间、来访要求、联系方法、接待人姓名以及办理结果。

（3）值班日志。值班日志是对值班期间接收的信息和办理事项的全面记录，包括接到的电话、电报、传真、信函，接待的来访，领导要求办理的临时事项等。

思考与练习

1. 试述会议管理的含义和原则。

2. 会议的主办者、承办者、协办者、赞助者、支持者相互之间有哪些区别?

3. 主办者的主要职责有哪些?

4. 主办者与承办者是什么关系?

5. 会议协办的方式有哪几种?

6. 组织委员会与筹备委员会之间的区别是什么?

7. 组织委员会有哪些职责？它一般由哪几方面的人员组成?

8. 会议主席团如何产生？它有哪些职责?

9. 会务执行机构的主要职责是什么?

10. 试述会议规则的基本内容和格式,并试写一份会议规则。

11. 试述会议的效率管理、经费管理、保密管理、突发性事件和危机管理的内容、原则和方法。

第三章　会议策划

第一节　会议策划的含义、意义和原则

一、会议策划的含义和意义

（一）会议策划的含义

会议策划有广义和狭义之分。凡是与会议产业发展战略和会议活动实施方案相关的谋划、创意、设想的过程都属于广义的会议策划，如会议产业发展战略规划、会议组织（包括营利性会议组织和非营利性会议组织）的品牌策划、会议市场营销策划、会议活动策划等。

狭义的会议策划专指围绕特定会议项目的策划。从策划学的角度给狭义的会议策划下定义，可以这样表述：会议策划是围绕会议的目标，在充分占有并全面、深入分析信息的基础上，运用科学的策划方法，围绕会议的组织者、与会者、信息、方式、时间、地点等基本要素及其相关背景和条件，制订会议项目最佳方案的过程。本书主要介绍狭义的会议策划。

（二）会议策划的意义

狭义会议策划的意义主要表现在两个方面：

1. 为主办者的决策提供依据。决策是对未来行动方案的抉择，有好的方案才会有好的决策。会议策划的目的就是寻求最科学、最合理、最有效的方案，为主办者决定是否开会、怎样开会提供决策依据。

2. 为会议的成功提供保障。会议的成功举办需要强有力的保障体系。会议的保障体系涵盖信息、资金、物质等各个方面，涉及邀请、接待、礼仪、服务、安全等各个环节，如果没有前期具体、详尽、周密的策划，就可能在实施过程中因某一小小的考虑不周而妨碍会议的正常进行，甚至还可能导致会议失败。实践表明，任何一项成功的会议都是科学合理和具体周密的策划结出的硕果。

二、会议策划者和策划的原则

（一）会议策划者

一般情况下，会议的策划工作是由主办者承担的，即“谁主办，谁策划”，我们把

这称为“主办者策划”。主办者策划又分为两种方式:一种是由主办者常设的会务部门(一般设在办公室或秘书处之内)负责提出具体的会议预案,组织内部具有例行性质的会议基本如此;另一种是成立专门筹备策划机构进行策划,形成会议方案,这种策划方式常用于一些较为重要的会议。

随着会议服务不断走向市场化,会议策划作为一项专业化的服务工作已经成为会议业的重要领域,形成了会议策划多元化的格局。一个组织如要举行会议,既可以自行策划,也可以委托专门的策划机构进行策划。我们把后一种策划方式称为“专业策划”。专业策划机构由于具有更为丰富的经验和更为专业的技术,越来越受到众多社会组织的青睐。将一些具有较大社会影响的重要会议委托给专业策划机构进行策划、“包装”,业已成为许多公司、社会团体乃至政府机关举办会议时的首要选择。

选择专业策划方式时,专业策划机构即成为会议的承办者或协办者。主办者与策划机构之间应当通过订立协议明确双方的权利和义务。

(二)策划的原则

无论是主办方策划还是专业策划,都必须遵循以下原则:

1. 目的性原则。会议策划是追求最佳会议方案的过程,其目的是为主办者的决策以及会议的成功举办提供依据和保障。会议策划自始至终必须紧紧围绕这一目的,把是否符合主办者的决策目标、是否有助于会议的成功举办作为判断会议策划正确与否的基本标准。

2. 科学性原则。会议策划是一门科学。只有建立在科学方法基础上的会议策划,才能为会议主办者提供科学的决策依据,才能划实保障会议的成功举办,“拍脑袋”和“闭门造车”的做法是行不通的。坚持科学性原则,要求策划者尊重客观实际,一切从实际出发,运用科学的策划方法,使会议的方案从无到有,从朦胧到清晰,从感性到理性。

3. 创新性原则。与一般的计划工作相比,策划工作的不同之处就在于更强调、更追求创新。创新是会议策划的生命,特色是会议成功举办的要诀。尤其是对于会议企业来说,在会议业竞争日趋激烈的今天,唯有不断创新,突出、强化特色,才能扩大影响、提升实力,始终保持领先地位。

4. 可行性原则。创新是会议策划的生命,但创新又必须建立在现实的、可行的基石之上。脱离了可行性这块基石,创新就会变成“作秀”,其结果是虚耗资源,损害会议的形象。

5. 周密性原则。会议策划是一项创新工程,需要发散性思维,但同时也是一个理性思辨的过程,需要运用收敛性思维,注意事物的普遍联系,使会议策划的每一个细节、会议活动的每一个环节相互衔接、相互照应、相互协调。

第二节　会议目标和任务策划

一、会议目标和任务的含义及其相互关系

会议的目标是指会议组织者策划、组织会议的预期目的。会议的任务是指一次特定的会议为实现既定目标所承担的具体责任和所要完成的具体工作。二者的关系可以这样表述：会议目标是会议各项具体任务的指针，会议任务则是实现会议目标的具体步骤。下面是某网络运营公司为年度工作会议确定的目标和任务：

会议的目标：

动员全体员工振奋精神，扎实工作，完善改革，聚精会神抓效益，齐心协力谋发展，加速建成亚洲一流通信运营企业。

会议的任务：

一是制订年度预算计划；

二是确定年度市场营销目标；

三是明确深化运营体制改革思路；

四是提出全面提高服务水平的措施；

五是落实各项管理责任。

二、会议目标和任务策划的意义

（一）明确会议的目标和任务

会议是一种目的性很强的集体性社会交往活动，人们举行会议无不为了达到某种目的，完成一定的任务：或沟通交流，或达成协议，或做出决策，或布置工作，或联络感情……总而言之，开会只不过是实现组织者预期目标的手段而已。会议目标和任务策划的首要意义就是解决为什么开会这一最基本的问题。

（二）制约会议的议题和议程

会议的目标和任务不是空洞虚幻的口号，在会议举行过程中，它必须落实到具体的会议议题和议程上。议题和议程是为目标和任务服务的，并为目标和任务所制约。有什么样的会议目标和任务，就会有什么样的会议议题和议程。

（三）决定会议的成员和规模

会议由哪些人参加，会议的规模需要多大，这必须根据会议的目标和任务要求来确定。比如，要制定党的路线、方针，就必须召开党的全国代表大会或党的中央全

会;要制定国家的法律,就必须举行全国人民代表大会全体会议或全国人大常委会会议。

(四)影响会议的方式

会议采用何种方式,使用哪些技术手段,必须有利于会议目标的实现和会议任务的圆满完成。比如,为了开展平等对话,加强国家和地区之间的合作,促进共同发展,以论坛的形式举行会议就较为合适。

(五)引导会议的进程和结果

如果说会议目标属于动机的话,那么这一动机就应当与效果相统一。换句话说,只有当会议的最终结果与会议的预期目标相一致时,会议才能算得上是成功的。正确合理的目标和任务以及为实现这些目标和任务而制定的议题、议程、规则、程序和有效的会议策略,能创造一种良好的会议氛围和给予会议正确的导向,并让与会者产生积极的心理定式,影响与会者对问题的认识和判断,甚至影响他们的立场和态度,从而引导会议沿着预先设定的方向发展,最终取得与会议目标一致的结果。

三、会议目标和任务策划的要求

(一)会议目标和任务要明确、切实

举行任何会议一定要事先明确会议的目标和任务。目标不明确或者可开可不开的会议坚决不开。要明确会议目标和任务,就必须深入调查研究,充分掌握信息,全面客观地分析机遇和挑战、经验和教训、成绩和问题,在此基础上提出会议的目标和具体任务。

会议目标和任务的制定一定要从实际出发,切合工作实际和人们的思想实际,切忌好高骛远和目光短视。会议目标定得过高或者太低,或者目标空洞、任务含混,不仅无助于会议的成功举办,而且还会对会议产生负面影响。由于会议的目标和任务往往是会议组织者在会前确定的,难免存在主观性和片面性,因此,必须接受会议的过程和社会实践的检验。

(二)实现目标和完成任务的条件、时机要成熟

会议目标和任务的策划还要认真考察实现会议目标、完成会议任务的各方面条件和时机是否成熟。有时虽然需要解决的问题已经非常清楚,但与会各方对问题的认识和立场差距太大,缺乏沟通的可能性,或者解决问题的客观条件暂不具备,时机暂不成熟,在这种情况下,就不能匆忙应付,仓促开会。只有当客观条件具备、与会各方具有沟通的愿望时,会议才可能获得成功。

（三）处理好目标层次之间的关系

会议的目标根据实际需要可以是一个，也可以是多个。具有多个目标的会议，要处理好目标层次之间的关系。

1. 处理好总目标与具体目标的关系。有的大型会议需要解决的问题较多，在总目标之下需制定若干具体的目标。总目标往往表现为会议的主题，具体目标则往往表现为具体议题。总目标与具体目标之间的关系是统帅与被统帅的关系。总目标统帅具体目标，具体目标必须服从于总目标；反过来，总目标又必须细化为具体目标。在这方面，中国共产党第十三次代表大会就是一个典范。大会确定的总目标是：加快和深化改革。大会确定的具体目标是：总结经验，坚持和发展十一届三中全会以来的路线，进一步确定今后的经济建设、经济体制改革和政治体制改革的基本方针，确定在改革开放中加强党的建设的基本方针。根据大会的总目标和具体目标，大会确定了会议的主题、议题和议程。

2. 处理好主要目标和次要目标的关系。有些工作性会议常常需要讨论解决几个不同性质的矛盾和问题，以减少召开会议的次数，提高会议的效率，因而会议的目标多而且杂。举行这类会议首先要明确会议的主要目标，处理好主要目标与次要目标之间的关系。同时还要适当控制次要目标的数量。实践证明，会议的目标越集中，会议的议事质量就越高，与会者对会议结果的印象就越深刻，贯彻会议的精神也就越顺利。反之，会议目标庞杂，主次不分，势必造成议题杂乱无章，与会者精力分散，议事质量下降，会议时间无效延长，甚至会出现会议越拖沓，与会者就越疲劳，与会者越疲劳，议事质量就越下降，问题就越难解决，决策就越容易失误等恶性循环。

3. 处理好显性目标与隐性目标的关系。会议目标从是否公开表述来分，可以分为显性目标和隐性目标。所谓显性会议目标，是指主办者向与会者或社会公开表述的目标。显性目标可以通过会议通知、邀请函或者领导人的讲话、致辞向与会者明确表达，也可以通过召开新闻发布会或直接向媒体提供新闻通稿向社会宣示。显性目标体现了会议主办者的决心，具有凝聚与会者以及达成对会议目标共识的作用。

隐性会议目标则是指不宜向与会者或社会公开宣示的、只由主办者自己掌握的目标。隐性目标实质上反映了会议主办者的真实意图和动机。当会议用作沟通和管理的手段时，其真实意图和动机并非需要全部公开。设立隐性目标，有时反而更加有利于会议的沟通，也更有利于达到管理的目的。

正确合理地区分显性目标和隐性目标并处理好二者的关系，是会议策划与管理的一门艺术。凡是有利于凝聚共识、振奋人心的会议目标应当大书特书，对于比较敏感、公开后容易产生误解、不利于开展沟通的目标，则不作公开，或者采取曲折表述、模糊表述的策略。

第三节　议题、议程和程序策划

一、议题策划

(一)议题的含义及其相关术语

议题是根据会议目标确定并付诸会议讨论或解决的具体问题,是会议信息要素中核心的部分,也是区别广义会议和狭义会议的重要标志。

一般情况下,凡在会议期间讨论、审议的问题都称为议题,但有的会议可能同时出现诸如“会议主题”、“中心议题”、“动议”等与议题相关的术语。这些术语都属于议题的范畴,但与一般意义上的议题又有一定的区别,是从某个特定的角度对议题的表述。

1. 会议主题。会议中贯穿各项议题的主线叫会议主题,主题是相对具体议题而言的。并非任何会议都必须设置主题。一般性的会议,尤其是一些研究日常工作的会议,由于具体议题多且分散,并无必要设置主题。但举行研讨、交流、对话性质的会议,有一个鲜明的会议主题,就能更加清晰地突出会议的目标,更容易吸引社会的关注,更能够让与会者达成共识。

2. 中心议题。会议的目标有主次轻重之分。目标的主次轻重决定了议题的主次轻重。中心议题就是体现会议中心目标或主要目标的议题,因此又可称为主要议题,是相对于次要议题而言的。

3. 动议。在会议期间临时提出的议题,称为动议。动议所涉及的事项一般都较为紧急,常常是针对某项已经列入议程的议案而提出的修正性或者反对性议题。比如,在2001年4月18日联合国人权委员会第57届会议上,美国不顾中国在人权领域取得的举世瞩目的成就,提出了所谓“中国人权状况议案”,作为L13号决议草案列入了会议议程。当会议主席宣布开始审议该议案后,美国首席代表宣读了美国独家炮制的这一反华议案。美国代表讲话一完,中国代表团团长乔宗淮大使当即予以驳斥,并根据联合国宪章及有关规定,向大会提出对美国提出的L13号议案不予审议和表决的动议,得到了大多数国家的支持。根据规则,反对性动议先于原动议表决。经唱名表决,中国的动议以绝对多数票获得通过,第十次挫败了美国在人权问题上的反华阴谋。

(二)议题的作用

议题的作用主要表现在以下几个方面:

1. 体现会议目标和任务。“议什么”和“为何议”,这是任何会议的基本问题。“议什么”在于明确议题,“为何议”在于明确目标。会议的目标和任务一旦明确,就要通过主题和各项具体的议题来体现并通过围绕议题的各项活动来完成。在会议活动中,不存在无议题的会议目标和任务,也不允许脱离会议目标和任务的议题存在。不能反映目标和任务或者与目标和任务无关的议题必须坚决舍去。

2. 引导会议的信息交流。在会议中,议题是与会者沟通、交流的共同指向,引导并直接制约与会者的报告、演讲、讨论、质询等发言活动。会议中的一切发言都必须紧紧围绕议题,凡是与议题无关的发言都应当制止。一个好的议题往往能起到启迪智慧、集思广益、促成共识的作用。而议题含糊不清,角度选择不当或者不合时宜,就会造成与会者之间的沟通障碍,从而影响会议的议事效率。

3. 扩大会议的影响力。任何会议总有其特定的影响力。研究表明,会议影响力的大小,与有无会议的主题或者主题表达是否鲜明有直接的关系。对于需要设置主题的会议来说,主题越是突出、鲜明,就越容易引起媒体和社会的关注,会议的影响力就越大。

(三)议题策划的要求

高质量的议题,在吸引社会关注、提高会议效率、实现会议目标等方面都具有重要意义。有些会议组织者对安排议题的重要性缺乏认识,会前不认真研究,到时随便凑几条,这样的会议要么大而化之,不着边际,解决不了实际问题,要么事无巨细,样样都谈,成了“婆婆”会,不开则已,一开则车轮大战,无休无止,反而影响工作的正常进行。因此,议题策划应当做到以下几个方面:

1. 服从目标和任务。前面我们已经讨论了会议的目标和任务同议题的关系,得出了会议目标和任务决定会议议题的论断。既然会议的议题是由会议目标和任务决定的,那么毫无疑问,会议的议题就应当根据会议的目标和任务来确定,与会议目标和任务无关或者偏离会议目标的议题都应当撤去。但议题也并非是完全被动的。一般情况下,会议的议题是由主办者确定的,但也可以由主办者与会议成员共同确定,有的会议还允许会议成员在会议中提出临时动议。在会议进行过程中,议题也可能深化、拓展,新的议题也会不断提出。因此,主办者和会议成员都可以围绕目标和任务补充新的议题或修正原来的议题,甚至依据会议的规则提出反议题——针对某项议题的反对性动议。

2. 做到务实性和前瞻性相统一。作为一种内部管理和外部沟通的手段,会议的主办者必须考虑议题的务实性和前瞻性,并将二者有机统一起来。所谓务实性,是指议题必须立足现实,正视当前面临的问题和挑战,反映会议成员共同关注的问题,具有达成共识、实现会议目标的可行性。所谓前瞻性,就是要求议题策划者应当具有超前意识,把握时代的脉搏和发展趋势,在务实的基础上,运用科学的分析预测方法,提出一个组织、一个国家乃至国际社会将要面临的问题和挑战。务实性和前瞻性是有机统一的,不可相互割裂。务实性是前提,前瞻性必须建立在务实性基础之上。脱离务实性而片面追求前瞻性议题,就会使会议误入歧途。当然,根据会议的目标和具体任务的不同,而使议题在务实性和前瞻性二者之间有一定的偏重,是完全合理的。

3. 把握好主题与议题的关系。会议主题具有突出会议的目标、吸引社会关注、凝聚与会者共识等作用。当需要设置会议主题时,应当处理好主题与议题的相互关系。主题与议题的关系可以比作"纲"和"目"的关系。主题是纲,是贯穿于各项议题的红线,是对议题的高度提炼和集中体现。议题是目,是对主题的具体拓展和演绎。主题之下,不应当出现与主题无关的议题。但是,主题又是一种抽象化的议题,在表达上比较概括。光有主题,没有具体的议题,与会者的发言难以找到切入点,会议也无法展开具体有效的沟通和交流。因此,主题一定要通过议题加以细化,使之具有明确的针对性和可讨论性。同理,主题性会议的每项议题都应当紧紧围绕会议的主题,具体演绎主题的内涵。2010 年博鳌亚洲论坛的主题和议题策划就是一个典范。这届论坛是在 2008 年全球金融危机之后,亚洲已经率先从危机中复苏的背景下举办的,主题确定为"绿色复苏:亚洲可持续发展的现实选择"。这一主题体现全球对亚洲经济发展方向和方式的关注,具有现实意义,表达也非常清晰明了。在这一主题之下设置了"从 G8 到 G20:全球经济治理的新架构、新原则、新力量"、"海外并购:现实与目标的差距"、"未雨绸缪:企业的反周期战略"、"低碳能源:亚洲领先世界的机遇"、"消费:亚洲经济的软肋"、"后危机时代的企业经营环境"、"放松管制:民营经济和民间资本的力量"、"经济结构调整与地产定位"、"亚洲区域金融合作的创新思路"、"新兴经济体比较:借鉴与合作"、"全球金融监管的新格局"、"公司治理:危机的教训"等若干议题。这些议题紧紧围绕"绿色低碳"、"从金融危机中复苏"、"亚洲的可持续发展"等主题,是对会议主题的具体演绎和拓展。

4. 符合会议权限。任何会议都有特定的权限范围。特定的议题只能在会议的特定权限内讨论或做出决定。因此,议题的内容必须与会议的权限相符,议题策划不能超越"红线"。

5. 有利于提高会议效率。议题策划同会议的效率有着直接的关系,策划时要注意以下几个方面的问题:

(1)分清议题的主次轻重。会议的议题是反映会议的目标和任务的,会议的议题也总是有主次轻重之分的。分清议题的主次轻重,确定中心议题或主要议题,实际上就是明确会议的主要目标和任务,抓工作中的重点和难点,合理分配会议的时间资源,保证与会者把主要时间和精力集中于最重要和最需要思考和解决的问题上。判断议题主次轻重的标准主要是看某项议题与当前的中心工作以及面临的重大问题的关系。凡是反映当前中心工作以及应对重大问题的议题,应当列为中心议题(或称主要议题)。

(2)议题数量要适度。一次会议议题的数量一定要适度,避免因议题过多导致会议时间冗长,会议效率下降。如果需讨论的议题确实较多,可采取分段开会的办法,以控制一次会议的议题数量。

（3）相关材料要齐全。议题准备一定要充分。在提出议题的同时，还要提交相关的背景材料，有的还要形成两个以上解决问题的备选方案，以便在讨论和决策时参考。这样既可以节省会议时间，也可以最大限度地提高会议的决策质量。

（4）议题内容要集中。对内容相关的议题要适当归并，避免重复讨论。

（四）议题的提交、受理与审查

1. 议题提交的时间。议题提交的时间分为以下几种：

（1）会前提交。议题一般都应当在会议正式举行之前提交，以便会议的相关机构进行审核，决定是否列入会议议程。

（2）限期提交。有些会议的议题要求在限定时间内提交，如法定性代表会议就规定了提交议题（即议案）的截止时间。

（3）临时提交。动议一般都是在会议召开期间临时提出的。动议的提交必须符合会议的有关规则。

2. 议题提交的形式。一般情况下，会议议题的提出和确定都应当采用书面形式，以示郑重，也便于与会者仔细研究、推敲。议题的提交形式主要有以下几种：

（1）议案。正式成员或相关的法定组织以书面形式向会议提出的单项议题（包括动议）称为议案。重要的会议，特别是制定重要法律、法规、规章或制定重大决策的法定性会议，如人代会、职代会等，议题应当以议案的形式正式提交。议案提交后需经过一定的审查程序并获得通过才能转化为会议的正式议题，列入会议的议程。

（2）草案或讨论稿。会议的最后文件在提交会议正式通过之前称为草案或讨论稿（草案和讨论稿是有区别的，详见第十二章第一节“会议文案概述”），如决议草案、法律草案、协议书草案、意见讨论稿等。有时文件草案或讨论稿可以作为议案的附件提交会议表决通过或讨论决定。

（3）议程表。议程表是确定多项议题讨论顺序的书面形式。有些研究工作的内部性会议（如领导办公会议）或协调性会议，可以直接用议程表的形式表述各项议题。会议如果需要形成最后文件，也可以把最后文件的草案或讨论稿作为议程表的附件一起提交。

（4）提纲。提纲一般用于无严格会议程序的讨论会、学习会、调查会等，如讨论提纲、调查提纲等。

（5）议题审批表。有些决策审批性的会议，对需要提交会议审查批准的议题，可采取填写议题审批表的方式，层报有关领导签字确认，列入会议议程。

3. 议题的受理。小型会议的议题可以由主持会议的领导人直接受理。规模较大或者较为重要的会议，议题由会务部门统一受理。会务部门受理议题时，要做好登记、汇总工作。

4. 议题的审查。会议的组织者在将有关的问题正式作为会议议题之前，或在收到会议成员及相关组织的议案后,应对该议题进行审查。议题的审查可以委托会务工作机构进行,必要时可设立议题审查委员会,专门负责议题的审查工作。议题审查的重点是:

(1)提案人是否具备提案权,提出的程序是否符合有关规定。

(2)该议题及针对该议题可能做出的决定是否符合组织的管理目标,是否属于会议的职权范围。

(3)该议题主题是否鲜明,提交的理由是否充分,相关材料是否可靠。

(4)讨论该议题的时机是否成熟,是否必须在本次会议上讨论。

(5)议题之间是否存在内容重叠的情况,能否合并整合。

(五)议题的确定以及未确定议题处理

1.议题的确定。议题经过初步审查后便进入确定环节。议题的确定包括两个方面:一是确定正式议题,二是确定议题付诸讨论或审议表决的先后顺序,即确定会议的议程(请参见“二、议程策划”)。议题的确定要依据相应的会议规则:

(1)纵向性会议或者由一个单位发起并主办的会议,直接由主办会议的领导机关或领导人确定。

(2)实行表决制的会议,必须提交全体与会者表决方能确定。如会议设有主席团,经由主席团表决通过方能确定。

(3)实行磋商机制的会议,如双边或多边会谈或联席会议,必须通过磋商达成一致才能确定。

(4)有成文会议规则的,按既定规则确定。

2.未确定议题的处理。确定后的正式议题将列入会议议程提交会议成员讨论或表决,不能确定的或者经审查未能通过的议题,可按下列办法处理:

(1)否决。凡不符合本组织管理目标、不能体现会议目标任务或不符合上级领导机关及本级领导机关有关政策和精神的议题,应当予以否决。

(2)撤题。在分管领导或部门职责范围内可以决定或者不需要拿到会上讨论的事项,应当撤回。

(3)转会。对不属于本组织或本次会议权限或职责范围研究决定的议题,应将其转给相关的领导机关或相关的会议去研究处理。

(4)缓议。对那些情况复杂,一时难以搞清楚,解决问题的时机尚未成熟,或者相关材料准备不足,需要充实情况的议题,可以采取缓议的办法,等时机成熟后再议,或退回有关部门进行补充后提交下一次会议讨论。

(5)整合。如果议题之间内容交叉重叠,可考虑加以调整合并,然后再重新提交审查。

(6)协调。对内容涉及诸多部门和单位的议题,应在会前充分协调,使各方的立场趋于一致,并能形成一个初步方案,再提交会议正式通过。议题的协调是一项十分重要的工作，是会议取得成功的关键。具体的方法要视会议的性质而定。

二、议程策划

(一)议程的含义

会议期间的活动大体可以分为两类：一类是议题性活动，即围绕会议事先设定的各项议题所展开的报告、讲演、辩论、磋商、讨论、审议、选举和表决等活动；另一类是仪式性活动，即为举行颁奖、授勋、签字、揭幕、剪彩、奠基、升旗等仪式而举行的活动，属于非议题性活动。议程是针对议题性活动而设定的程序，由议题和围绕议题的相关活动组成，它反映的是每项议题及其相关活动在会议中的地位、次序以及相互之间的逻辑关系。

使用议程这一概念，要注意下列几点：一是议程仅用于事先设定议题并以讨论、交流、发布、表决、磋商、谈判为主要方式的会议，而不用于以仪式性活动为主的会议，以仪式性活动为主的会议活动顺序安排应当使用“程序”(详见三、“程序策划”)；二是议程必须涵盖会议的全部议题；三是议程的安排常常是原则性的，必要时可以用“会议日程”加以细化。

(二)议程的作用

1. 赋予议题合法性。会议讨论什么，不讨论什么，必须要有一个约定，否则会场就成了茶馆。根据一定的规则并通过一定的程序确定会议的议题，就从法定的意义上确立了会议的正式议题。议题一旦以法定的程序通过，便转化为法定的议程，不能随意更改。

2. 确认议题性活动的方式及其次序。举行会议，不仅要事先明确讨论什么、不讨论什么，而且还要解决先讨论什么、后讨论什么以及如何讨论的问题。会议议程就是对议题性活动及其次序排列在法定意义上的确认。议程一旦确定，与会的任何一方不得随意变更，法定性会议和横向性会议尤其如此。

3. 维持会议的政治秩序。会议活动往往是各种组织、各种利益集团进行政治较量的舞台，没有一套既定的、为各方接受的议程，会议活动必然会出现混乱甚至无法收拾的局面。制定议程能有效地制约与会各方，维持会议的政治秩序。从某种意义上说，议程的制定也反映了主办者对与会各方利益诉求的协调能力以及对会议进程的驾驭能力。

(三)议程的确定规则和程序

议程的确定规则与议题的确定规则基本一致。不同的会议，议程的确定程序也不相同。

下面是中国人民政治协商会议全体委员会议议程确定的程序，可供其他会议参考借鉴：

首先，由大会秘书处提出关于议程的建议方案；

其次，提交主席会议通过；

再次，主席会议通过后，提交常务委员会会议通过；

最后，全体委员会议开幕时，提交全体委员会议通过。

由于全国政协会议与全国人大会议差不多同时召开，因此大会秘书处在提出建议方案之前，还需就日程安排问题同人大有关部门进行协调。

（四）安排议程顺序的方法

一般情况下，总是先确定议题以及相应的活动，再安排议程的先后顺序。当然，有时确定议题和安排议程的先后顺序也可同时进行。

安排议程的顺序要以会议的性质、议题和相关的规则为依据，通常有以下几种安排方法：

1. 先主后次。如果次要的议题数量较多且需要花较多的时间讨论研究，或议题较多但会议时间有限，可采取先主后次的安排方法。会议的第一个议题相对于后面的议题，更能引起与会者的重视，因此，先安排讨论研究主要议题，不仅能避免因先讨论次要议题占去太多时间而导致主要议题草草了事，而且还能充分利用会议一开始与会者精力较为充沛、注意力较为集中的有利时段，提高议事的质量。

2. 先次后主。如果次要的议题数量较少，而研究主要议题可能要花较多的时间，可采取先次后主的方法，即会议开始后先将一些次要的议题讨论解决，然后集中精力讨论研究主要议题。

3. 先报告，再审议，后表决。对需要提交会议表决的议题，一般应当先向大会报告或散发书面决议草案，再组织与会者审议、辩论、磋商、修改，最后付诸表决。

4. 先总结，再表彰，后交流。总结表彰交流会，一般应先对某项工作或某项活动作总结性报告，然后宣布表彰决定和表彰名单并颁奖，最后进行交流发言并安排领导讲话。

5. 按议事规则排列。如已制定会议的议事规则，则议程顺序的安排应当遵守其规定。

（五）议程的结构和写法

1. 标题。由会议全称和“议程”二字组成。

2. 稿本。须提交预备会议或在一定范围内通过的议程，应在标题后面或者下方居中用圆括号注明“草案”二字。

3. 题注。经会议通过的议程，要在标题下方注明通过的日期、会议名称，并用圆括号括入。由主办者确定、无须会议通过的议程，可注明会议的起讫日期，如2010年3月5日—3月8日，也可注明会议的主办单位等信息。有些在一定范围内通过后还要提交更大范围通过的会议议程，要同时标明稿本（草案）和题注。

4. 正文。议程的正文有两种写法：一种是全文用序号简要概括地说明每项议题性活动的顺序，法定性代表会议的议程大多采用这种写法；另一种是先介绍会议的主办单位、时间、地点、主题等基本信息，再列出各项议程，这适用于各种研讨会、报告会、发布会、座谈会等会议。议程写作较多采用动宾结构的短语，句末不用标点。有些大型会议的议程，需要将每项议程的时间、地点、报告人、报告主题加以综合介绍，可以采用表格的形式，起到一目了然的效果。

5. 署名。由会议主办者确定、无须会议通过的议程，应当在正文的右下方标明主办者或组委会的名称，也可写会务部门的名称。已写明题注的议程因已写明通过的会议名称，则不用再写署名。对外公布或者已经包含在总体方案中的议程，也可省略署名。

6. 制定日期。凡不标明题注的议程，都应当在署名下方写明具体的制定日期，以备日后查考。已写明题注的议程因已写明通过的日期，则不用再写制定日期。对外公布或者包含在总体方案中的议程，也可省略制定日期。

【议程例文1】

十一届全国人大三次会议议程

（2010年3月4日第十一届全国人民代表大会第三次会议预备会议通过）

一、听取和审议国务院总理温家宝关于政府工作的报告

二、审查和批准2009年国民经济和社会发展计划执行情况与2010年国民经济和社会发展计划草案的报告

批准2010年国民经济和社会发展计划

三、审查和批准2009年中央和地方预算执行情况与2010年中央和地方预算草案的报告

批准2010年中央预算

四、审议全国人民代表大会常务委员会关于提请审议《中华人民共和国全国人民代表大会和地方各级人民代表大会选举法修正案（草案）》的议案

五、听取和审议全国人民代表大会常务委员会委员长吴邦国关于全国人民代表大会常务委员会工作的报告

六、听取和审议最高人民法院院长王胜俊关于最高人民法院工作的报告

七、听取和审议最高人民检察院检察长曹建明关于最高人民检察院工作的报告

八、其他

【议程例文2】

20××年广东省教育部科技部产学研结合工作会议
新闻发布会议程

（20××年6月25日）

时　间：20××年6月25日15:00

地　点：广东省人民政府迎宾厅

主持人：教育部新闻发言人 ×××

发布人：广东省人民政府副省长 ×××

其他发布人：

广东省人民政府副秘书长 ×××

广东省科技厅厅长、省部产学研办主任 ×××

广东省科技厅副厅长、省部产学研办副主任 ×××

教育部科学技术司高新技术处处长 ×××

内　容：介绍广东省、教育部、科技部产学研结合工作进展情况暨即将召开的“20××年广东省教育部科技部产学研结合工作会议”的有关情况

议　程：

一、广东省人民政府×××副省长介绍广东省、教育部、科技部产学研结合工作情况，通报即将召开的“20××年广东省、教育部、科技部产学研工作会议”的有关情况

二、回答记者提问

三、程序策划

（一）程序的含义

无论什么样的会议，从开始到结束，都是由一系列的活动环节组成的。比如，讨论工作、研究问题的会议一般包括宣布会议开始、报告会议出席情况、依照既定议程逐项讨论或审议每项议题、进行表决等活动环节。在一些以仪式性活动为主的广义会议中，活动形式丰富多样，活动环节精巧复杂，如升旗、奏国歌、致辞、揭幕、启动、剪彩、颁奖、授勋、签字、交换礼物等，有时还穿插文体表演。这些活动环节都需要一定的程序加以组合，使之前后相连，融为一体。将一次会议中各项活动的具体环节组合连接起来并确定先后顺序，就形成了会议的“程序”。

（二）程序与相关概念的区别

1. 程序与议程的区别。程序和议程都是涉及会议活动顺序的概念，但二者有着

明显的区别，使用中不应混淆：

（1）对象不同。程序是对会议中所有活动的具体环节进行的排序，既包括报告、讨论、提问、审议、表决等议题性活动，也包括升旗、奏国歌、致辞、揭幕、启动、颁奖、授勋、签字等非议题性活动，因此无论是狭义会议还是广义会议，都可以制定程序；议程只是对会议中的议题以及围绕议题展开相关活动进行排序，一般不涉及非议题性活动，因此只适用于狭义会议。开幕式、闭幕式、签字仪式、颁奖仪式、启动仪式等属于广义会议范畴的各种仪式、典礼，应当制定“程序”而非“议程”。

（2）具体程度不同。同样是对会议活动顺序作安排，二者在具体程度上并不相同。程序是一种详细的活动环节和流程安排，要具体反映活动的细节，而议程就比较原则，只需大致反映议题性活动的先后次序即可。以纪念性、追思性会议为例，如果只举行自由演讲、报告、座谈，制定议程即可，但如果还需要安排奏国歌或会歌、全体肃立默哀、献花圈、嘉宾致辞、以投票或举手方式通过倡议书或宣言等活动，那就需要另外制定程序。由于程序内容上包含议题性活动的全部流程，反映活动的环节比议程更为详细、周全，因此一般情况下的会议只需制定程序。有些配套活动或单元活动较多的会议（如大型论坛、洽谈会等），或者必须依照法定程序举行的会议（如人代会、职代会、股东大会等），既需要制定会议的总体议程，也必须为每次配套活动或单元活动（如开幕式、选举大会、颁奖仪式等）各制定一套程序。

2. 程序与流程的区别。目前很多组织把程序称为“流程”，或者用“流程”一词代替程序。其实“流程”一词意义更为广泛，除了包括会议正式举行中的程序之外，还包括会前会后的接待环节。比如，会议的流程就包括会议开始之前的签到注册、礼仪引导等接待环节，会见、会谈、宴会的流程就包括迎宾、送客等环节。在一次会议正式举行期间各项活动具体环节的顺序安排并形成的书面文件，只能叫作“程序”，不能叫作“流程”。

（三）程序的作用

会议程序的作用主要体现在以下几个方面：

1. 方便主持人或司仪掌握会议的活动内容及其顺序。主持人主持会议以及司仪主持仪式，一般依据程序即可。

2. 为撰写主持词提供依据。有些重要的会议或者仪式，主持人或司仪不能即兴发挥，必须根据主持词来主持。主持词是根据会议程序来写的，只有确定了会议程序，才能形成主持词。

3. 为会务服务提供机会点。在会议举行过程中，会务服务应当跟进到位。有一份完整的会议程序表，会议工作人员就可以了解哪一环节、哪一时段应当提供哪些服务。比如，主持人宣布仪式开始后工作人员要播放背景音乐，领导人上台剪彩时礼仪人员要递上金剪等，这些现场服务事项都要依据事先确定的程序。

4. 让与会者和记者知情。会议程序表也可以分发给与会者和记者，便于他们详细了解会议各项具体活动的内容及其顺序，也有利于相互沟通与协调。

（四）确定程序的规则和要求

会议的程序一般由组织者确定，无须提交全体会议成员表决或协商通过。如果是由某个策划团队策划的，则需提交会议的领导机构根据一定的规则来确定。

狭义会议的程序安排要与议程安排保持一致。法定性会议的程序安排应当符合相关的法律、法规和规章的要求。比如，在人代会、职代会正式开始前，主持人必须先报告出席情况，这一环节必须写进会议的程序。

（五）会议程序的结构和写法

1. 标题。标题由活动名称加上“程序”组成，不能将“程序”写成“议程”或“日程”。

2. 题注。题注写明活动的时间、地点、主题、主办单位等信息，以便于散发或刊登宣传（标题中已显示的信息可省去）。

3. 正文。程序的正文有两种格式：

（1）序号式。这是指用汉字或阿拉伯数字标引各项具体活动环节和步骤的名称、内容，要求详细、明确。

（2）时间序列式。这是指把各项活动环节和步骤以较为精确的时间排列先后，其优点是容易控制活动的时间，保证活动按预定时间结束。

程序正文写作要做到详尽具体，从活动开始到结束的每个环节和细节，如宣布活动开始、升国旗、奏国歌、致辞、颁奖、献花、剪彩、宣布活动结束等，都要明确列出；致辞人、发言人、颁奖人、剪彩人的身份和姓名、发言题目和发言顺序、所颁奖项的名称和等级、领奖人的姓名等，要具体、准确。

4. 署名和制定日期。署名一般署主办单位或会议秘书处的名称。署名和制定日期也可省略。

【程序例文】

××公司20××年度先进集体和先进个人颁奖仪式程序

（20××年12月30日）

一、司仪宣布：请参加今天颁奖仪式的领导上主席台

二、司仪宣布：今天的颁奖仪式由公司副总经理×××主持

三、主持人宣布：××公司20××年度先进集体和先进个人颁奖仪式开始，全体起立，奏国歌

四、公司总经理、党委副书记×××作主题讲话并宣读《××公司关于表彰20××

年度先进集体和先进个人的决定》

五、公司董事长、副董事长、总经理、工会主席向先进集体颁发奖状和奖杯

六、青年女员工向获奖集体献花

七、公司董事长、副董事长、总经理、工会主席向先进个人颁发奖状和奖杯

八、青年女员工向获奖个人献花

九、先进集体代表×××发言

十、先进个人代表×××发言

十一、公司董事长、党委书记×××讲话

十二、主持人宣布:××公司20××年度先进集体和先进个人颁奖仪式结束

第四节 会议成员策划

一、会议成员的含义和资格

(一)会议成员的含义及其策划的任务

会议成员是指有资格参加会议的对象。会议成员策划的任务是依据会议的目的、性质、议题确定参加会议的范围、规格、资格、规模以及具体名单。

会议成员和与会者这两个概念有一定的区别,不能混淆。会议成员具有会议资格,但不一定实际参加会议。实际参加会议的会议成员才称为与会者。

在会议的组织和举办过程中,会议成员既是会议活动的主体性要素,具有相应的权利和义务,他们的立场与态度决定会议的成败,同时又是会议管理和服务的对象。在一些营利性会议中,会议成员还是各公司之间相互竞争的市场要素。

记者往往是会议活动的常客,他们在会议活动中的身份比较特殊,是否属于会议成员,应当根据会议的性质来界定。一般情况下,担负采访任务的记者不属于会议成员,只有应邀参加新闻发布会和记者招待会的记者以及经大会同意并受邀作为旁听代表的记者才属于会议成员。需要强调的是,记者虽然不属于会议成员,但却是不可忽视的服务对象,因为记者的采访报道对于宣传会议精神、扩大会议的影响、树立会议活动的形象起着极其重要的作用。

(二)会议成员的资格

按资格划分,会议成员一般可分成正式、列席、特邀和旁听四种类型。资格不同,其在会议中的地位、权利和义务也不同。

1. 正式成员。正式成员是指具有正式资格,有提案权、发言权和表决权,必须遵守会议决议、履行相应义务的会议成员。正式成员是会议的主要成员,对会议的结果具有直接的影响。法定性会议的正式成员参加会议的权利受法律、法规和有关议

事规则的保障。一般情况下,会议的主办者或主办方的代表具有正式的参会资格并主持会议。

2. 列席成员。列席成员是指不具有正式资格、无表决权,但有一定的发言权的与会者。正式成员和列席成员的最大区别是有无表决权。所谓“一定的发言权”,意思是列席代表是否能在会议上发言,要看会议的章程或议事规则是如何规定的,未设置章程或议事规则的会议,则要看主办者是如何安排的。一般情况下,列席成员可以在会议上发言,但在发言的顺序或发言的时间限制上与正式成员有一定的区别。

不同组织举行会议时,列席成员的提案权也不尽相同。有的会议规定列席成员有提案权,如我国的公司法规定,监事可以列席董事会会议,并对董事会会议决议事项提出质询或者建议,监事会也可以直接向股东会会议提出提案。而一般情况下,列席成员是没有提案权的。

组织内部举行的会议,如党委会议、行政办公会议等,列席成员虽然无表决权或提案权,但必须执行会议通过的有关决议。而在合作性组织(如世界贸易组织、上海合作组织等)所举行的会议以及各种多边会议活动中,列席成员不受会议最终决议的约束。

会议是否安排列席成员参加,哪些对象作为列席成员,列席成员参加会议中的哪些活动,这些都由会议的主办者根据会议的需要来确定,或者通过制定相应的规则加以明确。

3. 特邀成员。特邀成员是指由会议的主办者根据会议的需要而专门邀请的成员,如主办单位的上级机关领导人、兄弟单位的代表、社会知名人士、外国来宾、报告人等。这类成员的地位较特殊,有的要在会上作重要讲话,有的具有表决权和选举权(如中国共产党举行全国代表大会时,特邀代表具有表决权和选举权),有的则只是象征性地到会。他们在会议中的权利和义务可由会议主办者或会议领导机构来确定。

4. 旁听成员。旁听成员是指受邀参加会议,但不具有正式资格,既无表决权,也无发言权和提案权的会议成员。也就是说,旁听成员除了可以旁听会议之外,没有其他权利。邀请旁听成员参加会议,是立法和行政决策民主化、透明化的重要举措。如我国许多地方人大都建立了公民旁听会议的制度,每次会议举行前,由市民自由报名,从中随机遴选一定数量的市民作为旁听成员。

(三)与会议成员相关的术语

1. 代表。在我国,人们习惯上把参加会议的成员都称为“代表”,各种会议报道、简报甚至会议正式文件都是如此。而严格说来,会议活动中的“代表”一词具有以下特定的含义:一是指由一个国家或一个地区或一个组织正式委派的与会人员。联席性会议、双边或多边会谈以及国际会议的出席者,便属于这类“代表”。如联合国安理会举行会议,由 15 个成员国派遣各自的常驻代表参加。二是指由一定范围的选民通过一定的程序选举产生的与会代表,如我国各级人民代表就是由基层群众通过逐级选举产生的。三是在一定范围内协商产生的与会代表,如劳模代表大会的代表。四是指由个人授权的与会代表。比如,股份制企业举行股东大会,股东可以委托他人参加会议并代其履行权力。在组织重要会议时,应将代表和非代表这两种会议成员作明确的区分。

2. 观察员。观察员是国际组织中的一种特殊身份。当国际组织举行会议时,观察员相当于列席成员。享有观察员身份的国家、地区或机构可以派代表参加会议,有时也可以在会上发言,提出建议,但无表决权,也不受会议决议的约束。比如,我国在 2001 年 12 月 11 日正式成为世界贸易组织成员之前,就是以观察员的身份参加世界贸易组织的会议。

二、会议成员策划的要求

会议成员策划涉及会议成员的权利和义务,关乎会议形象,影响会议的结果,策划时要注意以下几个方面:

(一)确定的程序要合法合规

确定会议成员的程序要合法合规并同会议的性质相一致。具体来说,确定会议成员的程序大致有以下几种:

1. 领导确定。这是指先由策划部门提出会议的参加范围和初步名单,最后由会议主办方的领导确定,或者直接由主办方的领导确定。纵向性会议都是如此。有些由主办方发起并组织的、对与会各方无法定约束力的横向性会议,如学术研讨会、经贸洽谈会、调查会、联谊会等,其会议成员也可以由会议的领导者确定。

2. 规则确定。这是指参加会议的范围和对象是由法律、法规以及会议的章程或议事规则所规定的。各种法定性会议(如党代表大会、人民代表大会、政府会议、董事会议以及各种国际性会议组织等)的会议成员都是根据组织章程或议事规则确定的,他们享有参加会议的基本权利,非经必要程序,不得取消他们的与会资格。

3. 磋商确定。这是指由会议的发起者、主办者或成员根据会议目的和议题,通过平等协商确定各方参加会议代表的级别、人数和人选。会谈和谈判、国际多边会议即如此。

4. 选举确定。这是指根据一定的办法和程序,选举产生会议成员。各种法定性代表大会的成员都要通过选举产生。

(二)参加的范围和对象要合理

一次会议的参加范围涉及会议成员来自的国家、地区、行业、界别、所代表的组织以及会议成员的规格和资格等多个方面。所谓参加的范围和对象要合理,指的是在确定哪些地区、哪些方面和哪些人员参加会议时,应当从法理依据、现实需要以及有利于提高会议效率出发,通盘考虑,合理安排。对于必须参加会议的单位和个人,一个不能遗漏,而对于可参加可不参加会议的单位和个人,则不应当列入参加范围。

确定参加会议的范围和对象要充分注意以下几个方面:

1. 根据会议的目的确定范围和对象。凡对实现会议目标有帮助的对象,应当列入邀请范围。例如,由联合国举办的"反种族主义世界大会"的主要目标是:"审查自通过《世界人权宣言》以来在反对种族主义和种族歧视方面取得的进展,并评估妨碍这方面取得进一步进展的障碍及克服这些障碍的方法;就如何通过旨在与种族主义和种族歧视作斗争的方案增强联合国的活动和机制的效力问题拟定具体建议。"为了实现这样的目标,大会要求联合国所有组织和机构并邀请各国政府、各国际和区域组织及非政府组织参与会议筹备进程,为会议做出贡献。

2. 根据会议议题确定范围和对象。会议的议题所涉及的有关组织、单位或个人,应当出席或列席、旁听会议。可参加可不参加的,不列入参加范围,以控制会议的出席人数。

3. 根据会议的性质和功能确定范围和对象。会议的性质和功能与会议对象也有一定的相关性。如记者招待会、新闻发布会应当邀请记者参加;表彰大会应当以表彰对象为主角,同时要求有关方面出席。

4. 根据会议的公关需要确定范围和对象。有时主办者为了获得某些方面的支持,或者为了感谢某些单位的帮助,可以邀请他们作为嘉宾参加会议。如大型活动的开幕式、闭幕式,各种庆典活动等,可以邀请上级领导、政府代表、协办和赞助单位、东道主以及群众代表参加。

5. 根据参加对象的相互关系确定范围和对象。一次会议哪些人参加,哪些人不参加,往往是一个非常敏感的问题,处理得好,有助于增进与会者之间的信任和友谊,提高会议效率,处理不当,会影响会议的正常进行,甚至影响会议目标的实现。会议策划者和组织者应当在会前了解每位潜在对象的立场、态度以及相互关系,对他们参加会议的利弊做出评判,然后再确定参加的范围和具体名单,这样做既可以避免会议成员之间因关系紧张不合作而导致会议流产,又可以防止会议成员之间碍于情面不能充分发表意见或者因关系过于密切相互利用影响会议目标的实现。

6. 根据会议的规则确定范围和对象。凡享有法定或组织章程规定的与会权利的对象,必须列入参加会议的范围。法定性会议参加对象的资格必须合法,非经必要程序,不得擅自扩大参加范围(包括列席和旁听范围)。

(三)参加对象的规格和资格要明确

规格和资格是会议成员的两项重要的身份标志,也是策划会议成员时必须明确的两个重要方面。

1. 参加对象的规格要明确。会议参加对象的规格主要表现在职务和级别两个方面。比如,有的会议规定必须是正职负责人才能出席,有的会议要求分管某项业务的负责人参加,有的会议则规定必须是一定级别以上的干部参加。

2. 参加对象的资格要明确。有些会议可能会同时邀请多种不同资格的对象参加会议。每一个对象以何种资格参加会议,这是会议策划阶段就应当加以明确的。对象的身份不同,参加会议的提法也不一样:正式成员参加会议称为"出席";列席成员参加会议称为"列席";旁听成员参加会议称为"旁听";特邀成员参加会议可以称为"出席",亦可称为"列席",视其具体的权利而定。以上四种资格的成员同时参加会议,如需在宣传中淡化资格之间的区别,也可以通用"参加会议"一词。发送给会议成员的邀请书或通知,一定要写明具体的资格,或以"出席"、"列席"、"旁听"区分,以免造成误会。

与会者以代表的身份出席重要会议,必须符合会议的相关规则,并具有证明其合法性的文件,如代表证、委托书、授权证书等。

(四)参加对象要有一定的代表性

参加对象的代表性是指其结构比例能反映特定的阶层、界别、群体的利益和诉求,能满足会议沟通的需要。比如,举行各种代表大会、情况调查会、立法和决策听证会,就要考虑代表的比例结构是否合理,每位与会代表是否具有真实的代表性,这关系到会议能否真正反映民意、发扬民主、集思广益。

(五)会议的规模要适当

决定会议规模的核心指标是参加对象的人数。策划会议的规模必须综合考虑以下几个方面的因素:

1. 效果因素。会议的规模与会议的效果是密切相关的。不同性质和目的的会议对会议的规模要求不同。有的会议要求造成声势,扩大影响,需要达到一定的规模才能产生效果。有的会议保密性较强,必须严格控制与会人数,以防会议内容扩散。因此,不能简单地处理会议规模和会议效果的关系,更不能盲目追求会议规模。会议的规模只有与会议的预期效果相适应,才是最合理的。

2. 效率因素。会议的规模直接制约会议的效率。会议人数越少,会议在讨论发言上所花的时间就越少,相对而言,也越容易达成共识,效率就越高。反之,会议人数越多,意见越不容易集中,会议时间就越长,效率就越低。管理学家经研究发现,出席会议的人数超过 12 人,其中就可能出现懒于思维者。因此,除了法定性会议和必须举行的大规模会议之外,要尽可能地控制与会人数。

3. 场地因素。一般来说,规模决定场地。但由于受场地客观条件的制约,规模必然相应地受到限制。因此,决定会议规模之前应当先考察场地条件。

4. 成本因素。会议规模与会议成本二者构成正比关系。规模越大,动用的人力、物力、财力就越多,会议成本也就越高。因此,在确定会议规模时,先要"摸摸口袋",做到量力而行。

第五节　会议发言、分组和专题活动策划

一、会议发言策划

（一）会议发言的含义

发言是会议成员以口头、书面或其他方式发表意见的过程。有无发言活动，是区别会议活动与非会议活动的基本标志。是否以口头发言为主，是区别广义会议与狭义会议的基本标志。会议期间与会者的演讲、报告、讨论、提问、作答，都可以称为发言。

（二）会议发言的作用

会议发言主要有以下几个方面的作用：

1. 传递信息。这是会议发言的根本作用。如果把会议看作一个信息交流和共享的平台的话，那么发言就是信息传递的载体。与会者借助发言向其他与会者表达对议题所持的立场和态度，或传播知识、发布信息，这是任何与会者发言的基本动机。

2. 增进了解。会议发言在相互传递信息的同时，还能够促进与会者之间的彼此了解和感情交流，以便达成共识、协调关系、共谋发展。

3. 体现权利。发言是会议成员的一项基本权利，俗称"发言权"。哪些会议成员有发言权、哪些情况下可以发言、发言的时间和次数以及发言的方式等，往往需要通过制定会议规则加以明确，以保护会议成员的发言权，同时也避免发言权被滥用。

（三）会议发言的方式

1. 按载体形式划分，会议发言的方式可分为：

（1）口头发言。口头发言是会议沟通交流的主要形式，包括现场口头宣读发言稿和即兴发言两种具体形式。

（2）书面发言。书面发言是指发言者只散发书面发言稿，不进行口头发言。安排书面发言，一是为了节省时间，提高会议效率，二是为了照顾一些特殊情况，如列席成员的一些建议就不一定安排口头发言，只散发书面发言稿。凡需要在会议上发表的致辞、交流的经验、讨论的文件，已经散发书面发言稿的，都可以不再安排口头发言。

（3）录音和视频发言。这两种发言需要事先录制，适用于会议成员无法到场但又必须发言的情况。

2. 按发言者同与会者的关系划分，会议发言的方式可分为：

（1）传达布置式。在这种发言方式中，发言者或其代表的一方同其他与会者或

其代表的一方之间属于上级对下级的领导关系，或二者之间虽无领导关系，但存在管理、指导关系。如组织内部传达精神、布置工作等。

(2)汇报陈述式。在这种发言方式中，发言者或其代表的一方同其他与会者或其代表的一方之间存在下级对上级的被领导关系，或前者向后者负责，前者受后者管理、指导、监督的关系。如政府向同级人代会做工作报告、干部在有关会议上述职或汇报工作等。

(3)审议审查式。在这种发言方式中，发言者或其代表的一方依据法律法规有权对审议审查的对象提出批评、指正、修改的意见。如人民代表审议政府工作报告、大会议案和决议草案，审查政府有关部门提交的计划、方案等。

(4)对话磋商式。在这种发言方式中，与会者之间以平等的关系和合作的态度交换意见，沟通立场，相互磋商，谋求共识。如双边或多边谈判、战略对话等。

(5)研讨交流式。以这种方式发言的目的是研究问题、讨论工作、交流经验、互通情况、切磋学术。如工作会议上讨论将要出台的文件、学术会议上的论文交流、总结会议上的经验介绍等。

(6)质询提问式。在这种发言方式中，发言者依法有权向质询的对象提问，要求对方如实回答。一般用于人民代表在质询会上向政府官员提出质问。

(7)发布问答式。在这种发言方式中，发言者或其代表的一方向与会者发布信息，与会者也可以在主持人允许的情况下向发布信息者提问，形成问答式发言。发布问答式与质询提问式的区别在于，前者属于法定范畴，质询者提问后，被质询对象必须回答问题；后者则属于非法定范畴，回答问题是自由的，不受法律法规约束，如新闻发布会和记者招待会就采用这种发言方式。

(8)表态表决式。表态表决也是发言，其形式可以是口头的，也可以是书面或体态的。在一些需要表决或表态的会议中，有表决或表态权的与会者可以以会议确定的形式对某项议题明确表明赞成、反对或者弃权的态度。

会议发言的种类繁多，以上划分和归类难免挂一漏万。在策划发言方式时，既可以采用单一方式，也可多种方式并用。

选择和确定合适的发言方式对于保证发言的合法性和提高发言的有效性是非常重要的。比如，人民代表大会是国家的权力机关，各级人民政府是国家权力机关的执行机关并向同级人民代表大会负责，因此，在人民代表大会上，政府机关必须采取汇报陈述式的发言方式向人大代表报告工作。召开记者招待会，则采用发布问答式的发言方式较为合适。

(四)会议发言的申请和确定程序

会议发言的申请和确定程序大致有以下几种：

1. 会前报名。这是指由与会者事先提出发言请求，由会议的组织者或领导者根据议事规则或会议实际情况确定发言程序。法定性代表会议的发言，必须在会前向秘书处报名,并填写发言登记表,写明发言的内容要点、发言方式(口头或书面)。联合发言或代表单位发言者要注明宣讲人姓名。有时也可以要求在大会口头发言或书面发言的代表规定的截止时间内,向大会秘书处递交发言稿。

2. 临时申请。这是指在会议进行过程中提出发言的请求。临时要求发言的,应经会议主席允许。

3. 领导指定。这是指由会议的组织者在会议召开之前指定发言者的名单,也可以在会议上由主持人点名发言。

4. 自由发言。这是指在会议期间与会者可以自由发言,无须事先提出申请或由领导指定。

(五)安排会议发言顺序的方法

安排会议发言的顺序要综合考虑议程和程序、礼宾次序、会议规则等方面的因素。有时发言顺序是一个十分敏感的问题,安排不恰当,会造成一些不必要的麻烦。下面几种安排发言顺序的方法可供参考:

1. 按确定的议程或程序安排发言的先后顺序。

2. 按报名的时间先后安排发言的先后顺序。

3. 按身份从高到低或从低到高安排发言的先后顺序。一般情况下,开幕式上的致辞身份从高到低,闭幕式上的致辞身份从低到高。有些情况下,也可以采取两头高、中间低的顺序安排发言。

4. 按发言者的姓氏笔画或组织名称、代表团名称的笔画安排发言的先后顺序。国内会议可按发言者的姓氏笔画或组织名称的笔画来安排,国际会议则按英文国名的当头字母顺序来安排。

5. 通过抽签决定发言顺序。这种安排方法主要用于辩论会或演讲比赛活动。

6. 随机指定。由会议主席在会上临时点名指定顺序。

7. 发言者自由决定发言顺序。座谈会的发言往往运用这种方法。

以上发言顺序的安排方法可以混合使用。比如,学术报告会可以先根据议程的先后顺序制定主要报告人的发言顺序,然后留出一定的时间给其他与会者自由发言。

(六)安排会议发言要注意的问题

1. 尊重与会者的发言权。与会者的发言权应当受到尊重。一般来说,正式成员都具有发言权;列席成员具有一定的发言资格,视会议的具体情况而定;旁听成员则无发言权。出席法定性会议的正式成员,其发言权受法律保护,任何人不得剥夺。

2. 对发言内容要严格把关。首先,会议上任何人的发言,其内容必须符合会议的目标并严格限制在议题范围之内,否则,发言就成了失去控制的“无轨电车”,不仅影响会议的效率,还会使会议偏离既定目标。因此,会前或发言前依照会议的规则对与会者的发言内容进行审核是完全必要的。其次,要精心选择发言的内容,注意内容的思想性、先进性和典型性，各种学术研讨性、经验交流性会议尤其应当如此，必要时可委托专家或授权专门的机构（如学术性会议的学术委员会）进行遴选、把关。

3. 注重发言人的能力素质。发言人的能力素质包括口头表达能力、思辨能力和临场应变能力等综合素质。发言人能力素质高下，关系到能否准确表达立场和观点并有效地说服和感染他人。因此，选择能力素质较高的发言人，确保会议发言的水平，也是提高会议的议事质量和会议效果的重要因素。

4. 照顾发言人的代表性。在会议中，不是人人都有机会发言，特别是大型会议，由于参加会议的人数较多，相对来说每个人发言的机会更少。要使少数人的发言能最大限度地反映全体与会者的意志和诉求，就必须在安排发言时，考虑发言人的代表性，尽可能照顾到不同地区、不同单位、不同群体、持不同观点的与会者。

5. 合理控制发言的人数。发言的人数同发言人的代表面以及会议效率有密切关系。发言人数太多，尽管可以照顾到多方面，但效率下降；发言人数太少，虽然可以减少会议的时间，但发言的代表面则较窄，不能满足交流的需要，容易造成信息沟通不充分。因此，合理控制发言人数，既能够满足会议沟通的需要，又能够提高会议效率。在法定性会议中，控制发言的人数不能以牺牲与会者的发言权为代价。

6. 适度限定发言的时间。适度限定个人发言时间是提高会议效率的有效措施。限定发言时间应当坚持公平、公正原则，并在会议规则中做出明确规定。在时间有限的会议中，限定个人的发言时间就是保护和尊重所有人的发言权。

7. 准确使用与发言相关的术语。主持人在介绍会议发言人时以及在会议简报和新闻报道中，经常要用到“发言”、“讲话”、“报告”、“致辞”等相关的术语，应当辨清这些术语相互之间的一些区别，切忌混淆。

（1）发言。发言一词属于中性词。一般而言，凡在会议中以各种形式发表意见都可以叫作发言。但如果是针对某个特定会议的特定发言者，则发言一词仅用于身份平等的与会者之间的交流沟通，如联合国大会进行一般性辩论时各国代表的发言，组织内部经验交流会上各位代表的交流发言。

（2）讲话。讲话一词带有较强烈的感情色彩，一般用于领导人的重要发言。

（3）报告。一般情况下，报告一词属于中性词，意指向特定对象汇报、陈述工作或者情况，提出意见或者建议，如工作报告、述职报告等。有时报告一词也带有一定的感情色彩，如邀请领导人或嘉宾做形势报告、学习报告时，应使用报告一词。

（4）致辞。致辞一词也具有较强烈的感情色彩，用于各种仪式和典礼上领导人和来宾的发言。

什么情况下用“发言”和“报告”，哪些人的发言属于“讲话”或者“致辞”，要根据会议的性质、功能以及发言者的身份和发言的内容具体而定。

二、分组活动和专题会议策划

(一)分组活动和专题会议的作用

规模较大而且需要安排专题研讨、分组审议等活动的会议,可以将与会者分成若干活动单元,这种活动单元既可以以小组或代表团的名义活动,也可以是一次大型会议中的各种专题会议。分组活动和专题会议有以下作用:

1. 提高机动性。在规模较大的会议中,长时间的全体会议显得臃肿和笨重。分组活动后,大会小会有分有合,大大提高了会议的机动性。

2. 扩大发言面。实际上,每次全体会议上的发言总是有限的,这在很大程度上限制了与会者之间的相互交流。分组活动必然使与会者的发言机会大大增加,意见表达更为充分,发言权更有保障。

3. 加深研究度。分组活动后,特别是按专题分组后,与会者可以围绕某个专题进行深入细致的探讨,对问题的研究度就会明显加深,提出的意见或者方案的质量就会大大提高。

(二)分组活动策划

1. 分组的方法。常见的会议分组方法有以下几种:

(1)按与会者所在的单位编组。这是指把来自同一个单位的会议成员编成一个小组。组织内部召开大会,可以按下属的单位编组。

(2)按与会者所在的行业或系统编组。这是指把来自同一个行业或系统的会议成员编在一个小组。如全国、全省性大会可以按农业、工交、教育卫生等行业或系统分组。

(3)按与会者所在的地区编组。这是指把来自同一个地区的与会者编在一个小组。这里的地区概念,既可以是行政区划,也可以是自然区域或经济区域。

(4)按界别编组。这是指把职业的性质相同或相近的会议成员安排在一个小组。如我国的政协开会,就是按文艺界、学术界、企业界、体育界、宗教界等界别进行的分组。

(5)按法定规则分组。有些法定性会议,有关法律或法规对分组有规定的,要按法律或法规执行。比如,根据《中华人民共和国全国人民代表大会组织法》,全国人民代表大会代表按照选举单位组成代表团,因此代表团就是全国人民代表大会举行会议期间的法定分组,下面可再分小组,代表团具有法定的提案权和发言权。

(6)混合编组。这是指不按上面介绍的几种方法编组,而是有意让不同单位或地区、不同行业或系统、不同界别的与会者交叉混合编组。这种编组的方法有利于扩大与会者的视野,有利于与会者接触和了解多方面的信息,广泛结识朋友。

2. 分组的要求。会议分组策划要注意以下几个方面的问题:

(1)组的数量和规模要适中。组的数量和规模是成反比的。在与会人数不变的情况下，分组越多，各组的人数就越少，反之亦然。组的数量过多，过于分散，则不便于管理。组的规模过大，机动性就不足，发言也会不够充分。可见，控制好分组的数量和规模，对于提高分组的效果具有很重要的意义，是会议分组策划的关键因素之一。

(2)为了加强对各组的领导，应当指派组织和协调能力较强的人担任组长或召集人，并建立组长或召集人会议制度。法定性代表大会的代表团团长应当根据有关规定由代表民主选举产生。

(3)会议的领导机构可向各小组或代表团派出联络员，以便及时沟通信息，掌握会议动向。联络员的工作由会议秘书处统一管理和协调。

(三)专题会议策划

专题会议有时也叫作配套会议，这是当前大型会议、特别是国际性大会常见的活动形式。

1. 专题会议的种类。专题会议种类繁多，可根据大会的目的和与会者的需要进行策划。这里简略介绍以下几种：

(1)专题报告会，也可称专题论坛、专题演讲，由会议主办者指定的发言者介绍自己对相关专题的分析以及研究成果。报告后也可安排提问。

(2)专题座谈会，也可称专题圆桌会议、专题讨论会。与会者均可自由发言。

(3)专题发布会，也可称新闻发布会、情况通报会、政策说明会、成果(技术)发布会等。专题发布会既可以采取单向发布的方式，不安排提问，也可以采取双向沟通的方式，即在发布后接受与会者的提问并作回答。

(4)专题演示会。这是指现场演示并介绍有关的产品和技术的专题会议。

(5)专题洽谈会。这是指与会者之间就共同感兴趣的专题洽谈合作意向，签订有关协议的专题会议。

2. 专题会议策划的要求。专题会议策划要注意以下几个方面的问题：

(1)设计好专题会议的主题(即大会的分主题)，并与大会主题配套。

(2)适当控制专题会议的场次。过多的专题会议可能会冲淡大会。

(3)协调好各场专题会议的时间，尽可能减少撞车，以便让与会者有更多的选择。

(4)专题会议的会场不要远离主会场。

第六节　会议时间和地点策划

一、会议时间策划

(一)会议时间的含义和相关术语

会议的时间是指会议的时机、会议的起讫时间、会议的时间量和会议周期。策划会议时间必须弄清以下相关术语的含义：

1. 会期。会期这一术语一般是指会议从正式开始到结束所需要的时间，但有时也指系列性、周期性会议召开的固定时间。比如，我国的全国人民代表大会每年3月5日举行。又如，联合国大会的会期一般从每年9月第三周的星期二至12月20日左右。

2. 会议周期。会议周期是指同一性质和系列的前后两次会议之间固定的时间跨度，如年会、月会。会议周期不能简称为会期。

3. 会议日程。会议日程是指会议的各项活动按日期和时间先后的具体安排。凡时间满一天的会议，都应当制定日程。

4. 休会。休会一般是指会议过程的中止或会议期间的休整。具体来说有三种体会情形：一是会议活动受到外界因素的影响或会议暂时无法达成协议而被迫中断活动的过程，直至复会；二是为了让与会者有足够的时间来进行会外的研究、沟通和磋商，以便会议的最后文件获得顺利通过，宣布休会，这种休会是一种积极的休整，体现了会议的主持艺术；三是会议期间的正常休息，目的是消除与会者的疲劳，提高会议效率。

5. 复会。复会专指会议在休会之后的继续，因此又称续会。

6. 闭会。与休会不同，闭会是指在正常情况下完成各项议程后结束会议。大型会议的闭会可称为闭幕。同一性质和系列的两次会议之间的正常间隔期称为闭会期间。

（二）会议时间策划的要求

1. 把握会议的时机。所谓会议的时机，是指会议的有利条件成熟，举行会议正当其时。把握会议的时机要做到两个方面：

（1）要正确分析判断举行会议的有利时机。举行任何会议的时机必须成熟。也就是说，如果说会议的目的是为了讨论问题、解决问题，那么讨论、解决这些问题的时机成熟是否，就是会议的组织者在策划会议时间时必须首先考虑的因素。会议只有在讨论、解决问题的条件充分具备时举行，才能水到渠成，瓜熟蒂落。时机未到，条件不具备，宁可推迟会议，否则，会议的效果就得不到保证，甚至还会适得其反。

（2）要及时抓住有利时机。会议的时机一旦成熟，会议就应当及时召开。问题迫切需要解决，条件亦已具备，时机已经成熟，这样的会议如果拖而不议，就会错失良机，延误工作。

2. 合理选择具体时间。会议时机成熟后，还要合理选择举行会议的具体时间，以取得最佳的时间效果。合理选择会议的具体时间要做到以下几个方面：

（1）会议的时间要富有意义，能烘托会议的主题。比如，纪念性会议放在纪念日举行最能突出其主题；庆祝性、招待性会议安排在相关节日前夕召开效果最佳。

（2）会议的时间要有利于工作。比如，总结工作、安排计划的会议应当在工作完成之后、计划开始之前举行；每周的工作性例会，如行政办公会议等，一般安排在周一或周五举行，有利于工作安排。

（3）会议的时间要符合人的生理规律。科学家研究表明，人的精力、体力每天呈规律性变化，其高峰出现在上午10时和下午4时左右。这时，人的思维最清晰、情绪最饱满、精力最充沛、注意力最集中，工作效率最高，是安排重要会议活动的最佳时段。

（4）会议的准备时间要充分。既要给主办者足够的时间完成会议的各项组织筹办工作，又要给与会者足够的时间准备提交相关文件或发言材料。

3. 根据需要确定会议的时间量。会议的时间量要根据会议的实际需要来确定，一般要考虑以下几个问题：

（1）会议发言的人数和时间是否得到保证，发言共需要花多少时间。

（2）会议是否安排仪式性和参观、考察、娱乐等辅助性活动，每项仪式性和辅助性活动大致需要花多少时间。

（3）会议中是否允许提出临时动议，如有动议，大致需要花多少时间进行讨论和表决。

（4）是否安排休息时间。

（5）是否需要留出一定的机动时间。

4. 处理好时间量与会议成本和效率的关系。会议时间量与会议成本和效率密切相关。一般情况下，会议的时间越短，成本越低，效率越高，反之亦然。因此，在满足会议需要的前提下，适当、合理地压缩会议的时间，是降低会议成本、提高会议效率的有效手段（具体要求参见第二章第五节“会议管理的主要内容”）。

5. 协调、协商好会议的具体时间。会议活动是领导活动的主要形式之一。策划会议时间，一定要确保会议的主要领导、嘉宾和报告人能在预定时间出席会议，同时还要注意协调好领导人之间参加会议的时间，以免相互冲突。如果是多边会议、联席会议，或者是共同主办的会议，还应当与其他方面协商确定举行会议的具体时间。有时，会议的具体日期还要避开政治、外交、宗教、民族风俗的敏感时间，避免造成误解或纠纷。

6. 会期和会议周期要符合有关法律、法规和会议规则。法律、法规、组织章程和会议规则对会期或会议周期有明确规定的，应当严格照办，非特殊情况，会期不得提前或推迟。如《中国共产党章程》明确规定：“党的全国代表大会每五年举行一次，由中央委员会召集。中央委员会认为有必要，或者有三分之一以上的省一级组织提出要求，全国代表大会可以提前举行；如无非常情况，不得延期举行。”

（三）会议日程的策划

1. 会议日程的特点。与会议的议程和程序相比较，会议日程的特点是：

（1）内容全面。在内容上，日程应当包含会议期间所有活动的安排，不仅要写明报告、对话、座谈、谈判等议题性活动，也要写明开幕式、闭幕式、颁奖等各项仪式性活动，有时还要写明报到注册、茶歇、招待会、参观、考察、娱乐、离会等辅助性活动。

(2)以半天为单位时间安排活动。会议日程的安排均以上午、下午为单位时间，必要时，中午和晚上也可以作为单位时间充分利用。

2. 会议日程的作用。在会议时间策划中，会议日程是一种常用的工具，其作用是：

(1)保证会议议程的具体实施。会期较长的会议，其议程往往较为原则、概括，具体实施时必须将其时间化。会议日程将议程的各项内容落实到具体的时间节点，这就对圆满完成全部议程起到了保证作用。

(2)方便与会者了解会议的具体安排。由于会议日程详细反映会议各项活动的内容、时间、地点、出席范围等信息，一目了然，为与会者了解会议的具体安排提供了极大的方便。

(3)提高会议的效率。科学的会议日程能够使各项会议活动形成一个和谐有序的整体，能够充分激发与会者的热情和斗志，帮助与会者合理分配精力和注意力，同时也能对各项活动的时间做必要的限制，最大限度地节省会议的时间和费用。因此，制定会议日程是提高会议效率的重要手段。

3. 确定会议日程的要求。会议日程策划要注意以下几个方面：

(1)全面准确地把握会议的议题性活动、仪式性活动和辅助性活动的关系。一般来说，狭义会议的日程安排应当突出议题性活动，围绕议题性活动安排仪式性和辅助性活动；广义会议的日程安排，往往以仪式性活动或辅助性活动为主。

(2)既要贯彻精简、高效的原则，又要科学、合理，做到紧中有松，劳逸结合，符合人体生理和心理活动的规律，以提高会议活动的质量。

(3)重要会议的日程应当与议程一起提交全体成员或主席团表决通过。

4. 会议日程的书面结构和写法。会议日程的书面结构和写法如下：

(1)标题。标题由会议全称或规范化简称和“日程”或“日程安排”、“日程表”组成。

(2)稿本。会议日程如果需要在全体会议或主席团会议上通过，提交时应写明“草案”，并用圆括号括入，放在标题之后或者下方居中。

(3)题注。经会议通过的会议日程，要在标题下方注明通过的日期、会议名称，并用圆括号括入。由主办者确定、无须会议通过的会议日程，可注明会议的起讫日期，也可注明会议的主办单位等信息。有些在一定范围内通过后还要提交更大范围通过的会议日程，要同时标明稿本(草案)和题注。

(4)正文。会议日程正文部分有两种形式：

①表格式。表格式的优点在于会议活动的各项安排清晰明了，适用于需要交代各项具体信息的会议。横向一般要设活动的时间、名称、内容、主持人(召集人)、参加对象、活动地点、活动要求(备注)等项目。纵向则以日期和单位时间的先后为顺序设项目。单位时间一般写明上午、下午、晚上。每个单位时间可再分成几段，以适

应不同会议活动的需要。

②日期式。日期式是指按日期先后排列会议的各项活动。每项单元活动名称前标明日期、上下午和具体起止时间。

(5)署名。由会议主办者确定、无须会议通过的会议日程,应当在正文的右下方标明主办者或组委会的名称,也可写会务部门(如办公室或秘书处)的名称。已写明题注的会议日程因已写明通过的会议名称,则不用再写署名。对外公布或者包含在总体方案中的日程,也可省略署名。

(6)制定日期。凡不标明题注的会议日程,都应当在署名下方写明具体的制定日期,以备日后查考。已写明题注的会议日程则不用再写制定日期。对外公布或者包含在总体方案中的日程,也可省略制定日期。

【表格式会议日程例文】

20××中国国际教育信息化应用论坛日程

(20××年7月21日—23日)

日　期	时　间	会议的内容与形式	报告人
7月21日	7:00—22:00	会议报到; 已报到代表参观“全国教育科技发明创新产品展评暨IT产业与教育互动成果展览”	
	19:00—21:00	“20××中国中小学信息技术创新应用示范学校和创新管理校长”获奖代表持票参加第五届“全国中小学信息技术创新与实践活动”颁奖闭幕式	
7月22日上午	8:30—9:00	致开幕词/致欢迎词/致贺词	全国组委会领导/重庆市领导/教育部领导
	9:00—9:30	全体合影	
	9:30—10:30	主题报告:提高自主创新能力,建设创新型国家从青少年教育抓起	邢×× 国家知识产权局副局长
	10:30—11:00	技术报告/区域报告	
	11:00—12:00	主题报告:“十一五”教育部关于基础教育信息化发展的指导意见	李×× 教育部基础教育司副司长
7月22日下午	13:30—18:00	专题对话会:创新管理校长圆桌会议 议题1:信息技术环境下学校的创新管理与教学应用 议题2:学校信息化建设优化解决方案 议题3:架设通往世界的桥——全球范围的分享、合作与交流	

续表

日　期	时　间	会议的内容与形式	报告人
7月23日 上午	8:30—9:10	主题报告:国际视野下的信息化应用	蔡××新加坡华文学习研究院
	9:10—9:25	技术报告/区域报告	
	9:25—10:05	主题报告:信息化教学创新	史××东北师范大学
	10:05—10:20	技术报告/区域报告	
	10:20—10:35	会间休息	
	10:35—12:00	专题会议 议题1:Moodle教学应用(上海师范大学黎××教授主持) 议题2:教育Blog的深入发展(苏州市电教馆金×馆长主持) 议题3:教育游戏	
7月23日 下午	13:30—14:55	专题会议 议题1:基于网络的教科研/校本教研(湖北教科院叶×研究员主持) 议题2:小学语文阅读和写作能力的培养(深圳南山实验学校张×校长主持) 议题3:基础教育信息化的区域推进/农远工程	
	14:55—15:10	会间休息	
	15:10—15:50	主题报告:国际视野下的信息化应用	待定
	15:50—16:05	技术报告/区域报告	
	16:05—16:45	主题报告:集体智慧教育时代的到来	黎××上海师范大学教育技术系
	16:50	大会闭幕	

【日期式会议日程例文】

APEC 20××年CEO峰会日程

10月18日:

1. 开幕式

2. 中国专题会议

以加入WTO为标志,中国将全面融入世界经济。中国经济在21世纪将如何发展？如何才能取得可持续发展？中国的“十五”计划和西部开发计划将给国际商界带来何种机会？

午宴

3. 新世纪香港的发展战略

4. 新世纪中的澳门

5. 主题报告：新经济与全球化对亚太地区的机遇与挑战

10 月 19 日：

6. 21 世纪的增长行业

7. 全球经济中企业的责任

8. 全球化的双刃剑：怎样取得效率与公平的平衡？

午餐会

9. 亚太地区的未来趋势和问题：对商界的战略影响

10. 在知识经济时代竞争，需要具备哪些条件？

11. 管理变化，培育创新

12. 俄罗斯对 21 世纪亚太地区的作用与责任。

10 月 20 日：

13. 墨西哥与亚太地区不断增长的联系

14. 分组会议——使世界改变面貌的科技

15. 分组会议——新经济问题

午宴：APEC 对于商界的意义

16. eAPEC 展示

17. 新经济展望

18. 在全球化中共同发展

19. 全球金融体系的未来：前景如何？

20. 多边经贸体系的未来：前景如何？

二、会议地点策划

（一）会议地点的含义和相关术语

会议的地点是指会议存在的空间，包括会议举办地和会议场馆两个方面。策划会议地点必须弄清以下相关术语的含义：

1. 会议举办地，即会议现场所在的地理空间。会议举办地的策划不是一个单纯的选择会议现场放在什么地理位置的问题，它涉及会议的性质、主题、主办权、社会影响以及举办地的政治条件、经济实力、接待能力、气候环境等诸多综合因素。在现代，一些重要会议举办地的选择往往超越了会议本身的意义，越来越具有浓厚的政治和经济色彩。2009年12月,《联合国气候变化框架公约》第十五次缔约方会议选择在丹麦首都哥本哈根举行。这次事关全球未来发展的联合国气候变化会议之所以选在哥本哈根召开,其主要原因是丹麦是欧洲新兴的自行车“王国”,风能发电比比皆是。在过去25年间,丹麦经济增长了75%,而能源消耗总量却基本保持不变,为全球的节能减排做出了表率。选择这样的国家作为世界气候大会的举办地,具有非常特殊的意义。

会议举办地可以分为本地、异地两种。本地即会议主办者所在地。在本地举行会议,主办者就是东道主。会议也可以异地举办。异地举办的会议,举办地的承办者是东道主。有些双边或多边会议(包括会见和会谈),举办地设在哪一方都比较敏感,这时就可以选择异地(有时也称第三地)举行。比如,1991年10月30日,划时代的以色列和阿拉伯国家之间的中东和平会议在西班牙首都马德里举行(史称“马德里和会”)。这次会议没有选择双方的任何一个城市作为举办地,而是选择了第三地,这是因为双方经过了40多年交战状态,还未相互承认,选择双方的某个城市举行会议,会给任何一方造成政治上的被动。可见,举办地的策划与选择对于会议的成功召开具有重要意义。

2. 主会场。主会场有两种含义:一种是指大型会议活动的主要场馆,是相对于会议的辅助场馆(如分组讨论的会场、会议的新闻中心、会议秘书处所在地以及与会者和工作人员住宿的宾馆等)而言的。会议活动的开幕式、大会报告、投票选举、闭幕式等主要议程和活动都安排在主会场。二是指中心会场,是相对分会场而言的。当会议规模较大而无适当的会场时,或者需要举行广播会议、电话会议、电视电话会议、网络视频会议时,就必须设中心会场和分会场。出席会议的主要领导、嘉宾、主持人、报告人以及一部分与会者安排在中心会场,其他与会者可按单位或地区分别就座于分会场。

3. 分会场。分会场是相对于主会场(中心会场)而言的。分会场的设置有以下几种情况:一是当主会场的容量不足时,通过设分会场来解决;二是当一个会议由多方共同主办时,除设主会场外,可在其他主办方分别设分会场;三是举行广播会议、电话会议、电视电话会议、网络视频会议等现代化远程会议时,主会场以外的与会各方应设分会场。

4. 虚拟会场。传统的会议需要把与会者召集起来进行面对面的交流沟通,这样的会议必须依赖于实地会场。计算机技术和通信技术的发展,使电话、视频会议实现了虚拟化,与会者只需要配备通信系统的终端,在网络覆盖的任何一个地方都可实时参加会议。虚拟会场使会议的举行更为灵活自由,人们参加会议也更加方便快捷,大大提高了会议的效率,降低了会议的成本。

(二)会议地点策划的要求

会议地点策划包括两个方面的含义:一是选择合适的举办地,如国际性会议要

考虑选择在什么国家、地区、城市举行;二是选择合适的场馆(包括会场、住地及其配套设施等)。具体要求有以下几个方面:

1. 综合考虑会议举办地的政治经济环境。事实上,随着世界政治经济的发展,现代会议举办地的选择已经超越了会议本身的意义,而越来越具有浓厚的政治和经济色彩。一些影响重大的国际会议往往会给主办者和承办者带来巨大的政治利益甚至经济效益,极大地提升主办者和承办者的国际地位。如1995年我国挫败国际反华势力,在北京成功举办第四次世界妇女大会,大大提高了我国在国际上的威望。正因为如此,许多国家积极申办一些重要的国际性会议。从某种意义上说,国际会议的申办已经成为国际政治较量和经济竞争的焦点之一。

从主办者角度来说,会议放在哪里举行才能产生最好的政治和经济效果,这是会议地点策划首先要考虑的问题。下面的案例颇有启发:

2001年11月9日至13日,牵动全球经济增长神经的WTO第四次部长级会议在波斯湾西南岸的石油小国卡塔尔举行。会议的结果将对新一轮的多边贸易谈判进程产生重大影响,直接关系到全球化发展的得失。

推进全球化一直是WTO发达成员政府的基础性目标,有关全球化事务和启动新一轮多边贸易谈判的各类重量级会议也往往选择在发达成员的经济中心城市举行。然而最近几年来,全球范围内的反全球化运动不断,一些重要的由西方发达成员承办的全球性会议已经连续不断地成为示威者的目标。除了WTO第三届部长级会议在西雅图中途破产外,在魁北克举行的美洲国家组织会议、在哥德堡举行的欧盟首脑会议以及在热那亚举行的八国首脑会议,都因示威群体造成的混乱与冲突,让东道主城市脸面丢尽。

分析表明,反全球化的主要力量和示威的组织者们恰恰来自于发达成员内部。在世界经济的"冬天"降临之际,发达成员内部的贸易保护主义思潮又有所抬头,全球化进程出现了变数。

然而,发展中成员在推进全球化进程方面正表现出前所未有的积极姿态,它们提出的建设性主张也逐渐被证明可以成为全球经济发展新秩序的重要组成部分。

卡塔尔是发展中国家经济增长的佼佼者,更是全球化进程中的优等生。人口约60万的卡塔尔,不仅是世界上重要的天然气和石油产区,而且已经成为海湾地区的贸易和航运枢纽。卡塔尔还一直愿意在推进跨国经济合作中发挥积极作用,海湾地区共同关税和统一货币的理念,就是由卡塔尔率先提出的。加上卡塔尔的人均GDP早已超过1万美元,周边国家也是福利待遇优厚,被认为是没有反全球化群众基础的地方。何况WTO还想证明自身的一个理想,那就是小国也是大有作为的。这样,卡塔尔也就成了新世纪头一次部长会议的首选之地。

资料来源:《龙永图解析博鳌亚洲论坛主题变化》,新华网(www.xinhuanet.com),2006年04月21日。

上述案例证明,在一些国际会议中,地点的选择已经成了一个十分敏感和棘手的问题。为了找到一个与会各方都能接受的会议举办地，常常需要进行艰苦的谈判。而一旦选择了合适的地点，就能为会议营造一个良好的政治经济环境。

2. 符合会议主题的需要。现代会议地点的选择与会议主题不无关系。理想的会议地点不仅能够吸引与会者，而且可以突出会议的主题，提高会议的效果，有利于实现会议的目标。具体可以采取以下几种办法：

(1)选择与会议主题相关当前事件现场。如在创造先进经验和发生重大事故或事件的现场举行会议，通过现场观摩和察看，使与会者产生深刻的印象，从而强化示范或警示的作用，如“经验交流现场会”、“安全生产现场会”等。

(2)选择与会议主题相关的历史遗址。选择与会议主题密切相关的历史遗址举行会议，使会议更具有教育意义和纪念意义。如 1937 年 7 月 7 日，日本帝国主义在卢沟桥发动全面侵华战争，中国抗日军队在此打响了全面抗战的第一枪。卢沟桥因此成为我国抗日战争全面爆发的历史遗址和爱国主义教育的基地，每年 7 月 7 日，社会各界都会在此举行各种纪念仪式。

(3)选择与会议主题相关的工作现场。在工作现场召开办公会议或协调性会议，是领导干部改进作风、深入实际的科学领导方法。选择这样的会议地点，能够帮助领导干部及时了解第一手情况，当场解决工作中的问题，提高会议及工作的效率。

3. 营造良好的会议气氛。合理选择会议举办地，还会对会议的气氛产生良好的影响。比如，我国在举办 2001 年 APEC 贸易部长会议时，对会议的举办地进行了一番别有深意的策划。上午的会议安排在上海国际会议中心举行，下午则移师被誉为“中国第一水乡”的周庄，在一艘名为“周庄舫”的大型湖船上继续举行。据参加会议的中国原外经贸部副部长龙永图说，周庄是一个历经千年沧桑的古镇，依然保存着“小桥、流水、人家”的典型水乡风貌，已被联合国教科文组织列入世界文化遗产保护预备名单。选择周庄作为 APEC 贸易部长会议的另一个会址，一方面可以向世界显示，一个国家在积极参与经济全球化和对外开放的同时，仍然可以很好地保留民族文化、民族传统和民族的价值观念。另一方面，在美丽的周庄开会，气氛很轻松，在这样的氛围中讨论比较重大和困难的问题，可以更容易达成共识。龙永图的话不无幽默，但这次会议的选址，对于营造良好的会议气氛无疑是成功的，也给与会者留下了深刻的印象。

4. 满足会议的实际需要。现代会议对举办地和场馆的需要是多方面的，策划时要重点考虑以下几个方面的问题：

(1)会议举办地是否具有足够的接待能力。如举行大型会议就必须考察举办地是否具备会议接待必需的场馆、住宿、餐饮、交通等条件。

(2)会议的场馆及其周边环境是否能够确保会议的安全，包括人身安全、信息安全和财产安全。

(3)会议举办地和场馆的环境是否适宜，包括气候条件、空气质量、噪声大小等因素。

(4)会场大小是否适中,会场过大或太小都会影响会议的气氛和效果。

(5)会场内的设备(如电梯、音响、空调、照明、同声翻译等设备)是否能够满足会议的实际需要。

(6)会议所在地是否具备必要的通信设施以满足新闻采访和报道及时性的要求。

(7)会场距离是否适当。会场距离一是指主办者驻地与会场之间的距离,一般说来,主办者离会场太近,会议容易受主办单位内部事务的干扰,太远则照顾会议不便,因此以适中为好;二是指会场与住宿的宾馆之间、主会场与分组讨论的会场之间的距离,这种距离当然是越近越好。

(8)会场规格是否适当。会场规格主要体现在会场的设施和服务功能上。规格越高,支出的费用越大,直接影响会议的成本。因此,要切实从会议本身需要出发并依据经费预算来确定会场的规格,提倡节约简朴,反对奢侈铺张。

第七节 会议形象策划

一、会议形象的含义

所谓会议形象,是指社会公众按照一定的标准和要求,对特定会议的总体评价和综合印象。会议形象是一个系统,包括会议的内在形象和外在形象。内在形象包括会议的文化形象(会议的宗旨、会议的精神等)和品牌形象(会议的学科属性、会议信息的层次、会议服务的水平等);外在形象由会议的名称、会徽等要素构成。

会议形象的树立需要运用公共关系和适当的宣传手段。本节主要介绍会议的名称、会徽、公关和宣传策划。

二、会议名称策划

(一)会议名称的作用

会议的名称是会议活动特有的信息标志,其作用体现在以下几个方面:

第一,揭示会议活动的基本特征,如主题、范围、届次、性质、形式等,以区别于其他活动。

第二,用于制作会标,形成活动现场的视觉中心,增强现场气氛渲染的效果。

第三,便于各类媒体的宣传,吸引公众的注意和兴趣,激发公众的参与热情。

第四,便于会议文件的记述。如会议预案、会议通知、会议记录、会议决议等会议文件经常要记述会议名称,以体现会议文件的严肃性和权威性。

第五,便于会议文件的立卷归档和今后的查考利用。会议文件是按会议名称立卷并归档的,如无名称,则会给立卷归档以及今后的查考利用造成不必要的麻烦。

第六,有的大型会议的名称,尤其是国际会议和涉及港澳台会议的名称,还是上报有关机关审批的必备项目。

(二)会议名称的内容

会议名称的内容应当揭示特征性信息。这些特征性信息通常包括:

1. 主题信息。主题信息是会议名称中最显眼、最惹人注意的要素,应当重点加以突出。如"××江水体污染治理情况说明会"这一名称就凸显了说明会的主题——"××江水体污染治理情况"。

2. 主办者信息。在会议名称中突出主办者信息,有助于树立主办单位的形象。如:"××商厦'迎国庆'百万大酬宾活动启动仪式"这一名称,就向公众直接传递了主办者"××商厦"的信息,同时也是一种形象宣传。

3. 功能信息。任何会议总有一定的社会功能,如表彰、总结、交流、研讨、发布、洽谈、联谊、庆祝等。如"××公司成立十周年庆祝大会"中的"庆祝"一词,就点明了这一会议的功能。

4. 与会者身份信息。有些会议活动对与会者的身份和规格有一定的要求,如"首脑会议"、"高峰论坛"、"党员大会"、"记者招待会"等会议,名称中就需要写明与会者的身份或规格。

5. 地域范围信息。会议策划常常需要考虑与会者的地域范围。凡举行跨单位、跨区域以及国际性的会议,都应当写明与会者的地域范围,如"中国—东盟高级防务学者对话"、"第四次世界妇女代表大会"、"国际金融危机防范国际学术研讨会"。在活动名称中写明参加者的地域范围不仅可以规定与会者的必要条件,同时也是对活动主题的补充说明。

6. 年度和届次信息。凡属于同一系列的连续性或定期性会议,应当在名称中写明举行的年份或届次。如"2010 年××市先进工作者表彰大会"这一名称揭示了年度特征,"第 65 届联合国大会"、"国务院第 22 次常务会议"揭示了届次特征。

7. 举办地信息。在会议名称中突出举办地信息,有助于宣传东道主的形象。当会议在一个特定的城市举行并且对这一城市具有特殊意义时,活动名称中就应当写明举办城市的名称,如"博鳌亚洲论坛"。

8. 活动方式信息。会议活动的方式多种多样,如论坛、座谈、茶话、会见、会谈、展示、宴会等,只要是为达到一定的会议目的的活动形式,都可以写入活动名称,如"××××座谈会"、"××××茶话会"、"××××现场会"、"××××电视电话会议"等。

一次会议的名称所揭示特征性信息的多寡,应当根据会议的目的、性质和要求来确定。目的、性质和要求不同,会议名称所揭示的特征也各有侧重。如"第 21 次上海市市长国际企业家咨询会议"这一名称就揭示了会议的主办者(上海市市长)、与会者身份(企业家)、范围(国际)、届次(第 21 次)、会议的功能(咨询会议)等若干特征。有的会议名称较为简洁,包含的信息较少,其他信息可以在会标中加以补充。

(三)会议名称的表述形式

会议名称一般采取两种表述形式:

1. 单行形式。这是指将各项特征性信息融合在一句短语中。如:

××集团公司 2010 年度"十大明星员工"颁奖仪式

2. 双行形式。这是指把活动的主题置于会议名称的上方,予以重点突出,下一行揭示会议的届次、范围、功能、方式等信息,如"中国—东盟高级防务学者对话"于 2008 年 3 月 12 日在北京举行,是中国与周边国家的一次重要军事对话活动。为了突出这次对话活动的主题——"军队现代化和地区互信",活动的名称采用了双行标题的写法,即:

军队现代化和地区互信

——中国—东盟高级防务学者对话

会议名称的策划与写作要符合会议的目的和具体性质。一般而言,狭义会议的名称写作要求严谨规范,联谊、节庆等广义会议活动的名称则应当新颖活泼、富有感染力。

(四)会议名称策划的注意事项

首先,正式场合中提及会议名称或者需要归档的会议文件,应当用会议全称,以示庄重,也便于日后查考。

其次,在会议简报和宣传报道中可以使用会议简称,但必须是规范化的惯称,如"十一届三中全会"。滥用会议简称会造成不同会议名称的重复甚至误会。

再次,反映主题信息的词语要简洁明了,避免名称冗长。

最后,两项会议活动合并举行时,两个名称之间可用"暨"字连接,如"《中韩两国政府间青少年交流协议》签字仪式暨新闻发布会"。

三、会徽策划

(一)会徽的含义和作用

会徽即体现或象征会议精神的图案性标志,又称会议徽志(LOGO)。会徽具有以下作用:

1. 体现或象征会议精神的作用。如亚欧会议的会徽由具有亚洲特色的毛笔笔画"丿"和简化的拉丁字母"E"交织而成,整体造型既像英文字母"A"(代表亚洲),又像字母"E"(代表欧洲),寓意为亚欧交流合作,如图 3－1 所示。会徽体现了东西方两种不同但紧密相连的文化努力寻求相互了解和融合。会徽的红、蓝两种颜色分别代表亚洲和欧洲。

图3－1

2. 会议形象的视觉识别作用。会徽是会议视觉识别系统（VIS）的核心要素，是系列性和永久性会议组织所独有的一套识别标志。会徽与会议精神理念的关系是：会徽是会议精神理念的外在表现，会议精神理念是会徽的实质内涵。没有精神理念，会徽只能是简单的装饰品；没有会徽，会议的精神理念也无法有效地表达和传递。

3. 凝聚和激励作用。举行重要会议时，将会徽（如党徽、国徽）悬挂在主席台的天幕中央，能形成会场的视觉中心，产生较强的凝聚人心和激励斗志的作用。

（二）会徽的来源和设计要求

会徽一般有两种来源：一种是以本组织的徽志作为会徽，如党徽、国徽、团徽、警徽、司徽等；另一种是向社会公开征集，选择最能体现或象征会议精神的图案作为会徽。

会徽设计的一般要求是：

第一，体现会议的宗旨。

第二，适合于各种场合和长期固定使用。

第三，图案新颖独特，寓意深刻，色彩明快，易于识别，引人注目，具有时代感。

第四，便于对其进行平面图像或立体表现形式的复制，便于相关载体的生产、加工，便于组委会对其进行开发、使用或采取保护措施。

四、会议公关和宣传策划

（一）会议公关和宣传策划的意义

会议的公关和宣传是会议组织工作的有机组成部分，也是会议取得成功的重要保证。做好会议的公关和宣传工作的意义有以下几个方面：

第一，及时传递会议信息，增强会议透明度，尊重人民群众的知情权，体现政治民主和管理民主。

第二，使会议的目的和意义深入人心，调动广大人民群众的积极性，为贯彻落实会议精神及各项决策创造良好的舆论环境。

第三，通过各种有效的公关活动，广泛争取社会各界从经费、物资、智力和人力（志愿者）等方面为会议提供有力的支持和赞助。

第四，举办大型会议活动可能会给部分周边群众的日常生活乃至周边组织的日常工作造成某些不便，通过主办者的正面宣传，可以争取群众的理解和支持，化解矛盾，为成功举行会议创造良好的社会环境。

第五，通过对会议成功举办的宣传，树立主办者良好的社会形象，提高会议知名度，创造会议的品牌效应。

（二）会议公关和宣传的时段

会议的公关和宣传分为会前、会间、会后三个时段，不同的时段具有不同的目的和不同的宣传效果。

1. 会前公关和宣传。党代会、人代会、职代会等重要会议以及规模较大的国际性会议，会前公关和宣传的主要目的是让与会者和群众了解会议的目的、性质和意义以及会议的筹备情况等，以形成正确的、健康向上的舆论氛围，积极争取社会支持，为会议的成功举行鸣锣开道。

涉及投资、贸易、技术交流等方面的商务性会议以及以营利为目的的会议，会前公关和宣传的主要目的一方面是争取本地群众的理解和支持，另一方面是通过宣传，扩大社会影响，增加与会人数，争取社会赞助和支持。

2. 会间公关和宣传。会间公关和宣传的主要目的是让群众了解会议的进展情况，特别是报告、审议、辩论、投票表决的过程，提高透明度，使群众能直接了解决策的过程，接受群众监督，促进与群众的联系。

3. 会后公关和宣传。会后公关和宣传的主要目的是让群众了解会议取得的成果，鼓舞士气，提高斗志，树立主办者的形象。

（三）会议公关和宣传的方法

1. 媒体沟通法。注意与媒体沟通，是会议公关和宣传主要的、也是首选的方法。具体办法是：

（1）设立会议新闻中心或新闻发言人，择机召开新闻发布会或记者招待会，邀请各新闻单位和有关方面参加，向外界发布信息，并回答记者的提问（新闻发布会和记者招待会的组织工作详见第十三章第七节“发布会”）。

（2）由会议秘书处拟写新闻通稿，供媒体选择编发。也可由会议秘书处直接撰写新闻稿，送请有关媒体编发。

(3)邀请媒体前来采访会议。会前要对各类媒体的宣传效果进行评估,有选择地邀请。

2. 广告发布法。有些需要扩大影响的会议,或者需要招徕与会者的会议,如经贸洽谈会、产品发布会等,可以采取广告的形式进行宣传。广告发布法包括在媒体上刊登会议广告或邀请函、在户外张贴会议海报和宣传画等方法。

3. 内部宣传法。内部宣传即运用组织内部的宣传渠道和宣传形式进行宣传,如通过单位内部的广播、有线电视、内部计算机网络、简报、内部刊物等载体宣传会议的精神。

4. 群众工作法。群众是会议公关和宣传的主要对象。做好会议期间的群众工作,有利于加强与群众的密切联系,调动群众的积极性,扩大会议的影响力。具体做法有:

(1)邀请群众旁听会议。近年来,邀请群众旁听立法会议、决策会议和调查听证会议的做法受到广泛的欢迎和好评,收到了很好的社会效果。这种做法本身既是有关法律法规的要求,也是行之有效的会议公关和宣传手段。

(2)认真慎重做好会议期间的信访工作。有些会议(如人民代表大会、职工代表大会)在举行期间,群众的参与热情高涨,围绕会议活动的来电、来信、来访和电子邮件会明显增多,主办单位可设立专门的会议信访工作部门,积极、认真、慎重地受理群众的来电、来信、来访和电子邮件,解答群众提出的问题,满足群众的合理要求,接受群众的正确意见和建议,解决群众的实际困难。这样做不仅有助于开好会议,同时也是在履行会议的职责。

5. 活动渲染法。活动渲染即在会议举行前和会议举行过程中,通过策划一系列的活动,宣传会议的主题和意义,渲染会议气氛。如在大会开幕前围绕如何开好大会举行研讨会、组织有关人士发表文章、开展向社会征集会徽和会议口号活动等。

第八节　会议策划方案

一、会议策划方案的含义、作用和种类

(一)会议策划文案的含义和作用

会议策划方案是在举办会议之前,对会议的内容、形式、时间、地点、接待、现场管理、经费筹措与使用、会议形象等各个方面进行总体策划和具体安排而形成的建议性文案。会议策划方案具有以下作用:

1. 决策依据作用。决策是对未来行动方案的抉择,有好的方案才会有好的决策。会议策划的根本目的就是寻求最合理、最经济、最有效的方案,为会议决策提供科学依据。在会议决策前,会议策划方案属于决策的备择方案。建立在科学分析和

大胆创意基础上并且经过必要的咨询、论证程序的会议策划方案，是会议决策机构决策的重要依据。

2. 指导执行作用。会议策划方案一旦经决策机构确认定案，就从备择方案转化为实施方案，对会议的各项组织筹备工作具有指导作用。各筹备部门在工作中应当切实贯彻方案的意图，坚决落实方案的各项要求。

3. 扩大宣传作用。会议策划方案经决策机关审定后，通过报纸和网络等媒体公开发布，可以发挥宣传会议形象、扩大会议影响的作用。

（二）会议策划方案的种类

1. 按名称分。会议策划方案的名称包括会议策划书、会议筹备方案、会议预案、会议计划等，名称不同，适用的情况也不一样，写作上也有一些特殊的要求。

（1）会议策划书。会议策划书是偏重于创意、提供给主办单位作为决策参考的建议性文案，其本身并无约束性，只有被采纳确定转化为正式方案后才具有约束性和指导性。需要在内容和形式方面有所创新的会议活动，特别是仪式性、典礼性的活动，可以采用策划书这一名称。策划书在内容上不仅可以对一次具体的会议活动的各项组织工作进行策划，也可以对会议品牌和会议形象进行战略策划。在内容上，策划书不仅要说明“做什么”和“如何做”，还要阐明“为何而做”、“为何必须这样做”以及“这样做的效果和特色”，有时还要作横向的比较，以显示自身的优势。

（2）会议筹备方案。会议筹备方案又称会议方案，是为筹备一次具体的会议所制订的工作方案。一些法定性的会议，或者气氛较为严肃、程序较为规范性的会议，一般采用会议筹备方案的名称，而不宜使用会议策划书的名称。会议筹备方案在内容上应当明确筹备工作的目的、任务、原则、方法和步骤，要突出重点，常规性的筹备工作可以简略带过。

（3）会议预案。会议预案即会议的预备性方案。会议预案有两种：一种就是筹备工作方案，即平时所说的“会议预案”；另一种是为应对会议活动中可能出现的紧急情况而预先制订的应急方案，这种预案往往要根据实际情况准备多套，比如停电事故预案、火灾事故预案、紧急疏散预案等。预案在写作内容上要写清具体操作步骤，必要时可以列表、配图加以说明。

（4）会议计划。计划是在任务、要求、时间进度等方面较为详细具体的操作方案。策划书、筹备方案、预案相对来说较为宏观，具体操作时还需要制定详细的计划。因此，计划是对策划书、筹备方案、预案的具体展开和细化，其在写作内容上要突出完成各项任务的时间要求。

2. 按会议策划方案的内容覆盖面分。按内容覆盖面来分，会议策划方案可分为总体方案和专项方案。

（1）总体方案。总体方案即针对特定会议的基本要素以及会议的营销、邀请、接待、服务、宣传等进行全方位的策划而形成的方案。会议总体方案是相对于会议专项方案而言的。对于一些规模较大、内容丰富、配套活动较多的会议活动，制订一份总体方案很有必要，其作用在于规划会议活动全局性的蓝图，为各项具体的组织筹备、现场管理和善后工作以及制订各项具体方案和实施计划指明方向、确定原则、奠定基调、构建框架。因此，会议总体方案要有总揽全局和综合协调的意识，做到目标清晰、主题鲜明、分工明确、步骤合理、措施可行。总体方案的内容表述可粗可细。粗线条表述的，需要专项方案配套。

（2）专项方案。专项方案即针对特定会议的某一方面活动而制订的具体工作方案，如邀请接待方案、广告招商方案、会场布置方案等。专项方案应当根据总体方案的原则和框架制订，并作为总体方案的配套方案。

二、会议策划总体方案的基本内容

会议策划总体方案的内容可以表述为5W、2H和1E。5W包括：What（策划的目的与内容）；Who（策划方案实施者、策划者、参与者）；When（实施的时机）；Where（实施地点）；Why（策划的缘由和意义）。2H包括：How（策划的方法和实施形式、步骤）；How much（经费预算）。1E即Effect（效果预测）。当然，并不是所有的会议策划总体方案都必须具备以上内容，不同的会议可以根据实际情况加以选择。

（一）会议的背景、目的和指导思想

任何会议都有其鲜明的目的，而这种目的只有通过对特定背景的系统深入的分析，依据一定的指导思想才能确立。这部分内容写作的核心任务就是要回答“为什么要举办这次会议”、“举办一场什么样的会议”的问题，换句话说，也就是要阐明会议策划的逻辑起点和策划缘由这两个任何会议策划都不能回避的关键问题。一份会议总体方案，无论是全新策划还是依照惯例的，都应当用适当的篇幅对上述问题予以分析、阐述。少了这部分内容，会议策划就成了“无源之水”、“无本之木”。如果会议策划方案是由专门的策划公司为客户撰写的，则更应当重视这部分内容的写作，因为这样可以帮助客户全面了解策划的意图、思路和依据，更容易接受策划方案。从某种意义上说，这部分内容的写作，是对作者观察事物的眼光、分析问题的思路、把握机遇的能力以及整体策划功力的检验。

这部分内容的表述应当把握好两点：一是要对组织所面临的形势、社会热点、会议成员的期待、会议召开的时机展开客观、具体的分析，有的还需要运用一定的数据来说明问题、论证观点，为确定会议的目的和指导思想提供科学的依据；二是要从实际情况出发，提出会议的目的，阐明会议的实际意义、效果以及必须遵循的指导思想。以上两点是相互联系、不可分割的，表述时必须把二者有机地结合起来。会议的目的有时可以分为总体目的和具体目的，具体目的也可能会有主次之分，要注意分清层次。

(二)会议的名称

会议策划总体方案中的名称表述必须规范,正文中第一次出现时应当写全称,以后可以写规范化简称,但必须在全称后出现。会议名称的表述方法前面已有详述(请参见本章第七节“会议形象策划”)。

(三)会议的主题、议题、议程和程序

1. 主题。在主题性会议中,主题是主办者向与会者和社会公众传播的会议信息的核心,它像一条红线,贯穿会议的所有内容和具体环节。在会议策划方案中,主题的表述包括两个方面:一是主题词;二是对主题含义和创意的阐释。

(1)主题词的表述形式和要求。会议主题词是对会议主题内涵的概括表述。鲜明而又精彩的主题词,通过电视、广播、报刊、海报、会标、会议文件等载体准确、形象地传达会议的主题信息,能唤起与会者的参与热情,引起社会公众的关注,有利于实现会议的目的。在会议策划方案中,会议主题词的表述形式有以下几种:

第一种是单词式,可以是一个单词,也可以是多个单词,中间用顿号、连接号、间隔号均可,也可以不用标点符号,中间空一字距,较多的用于仪式性活动,如“青春·动感”。

第二种是短语式,可以是一个短语,也可以是几个短语的复合,如“戒烟与健康”、“参与,合作,共享发展”。

第三种是句子式,可以是一个单句,也可以是复句,如2010年达沃斯世界经济论坛的主题为“改善世界状况——重新思考,重新设计,重新建设”。

会议主题的用词要恰如其分地体现会议的性质和主题策划的意图。不同性质的会议具有不同的主题,表述的手段和要求也不尽相同。宣传推广性会议的主题词可以采用比较生动、形象、活泼或富有寓意的词语,以增加感染力。如某汽车制造企业在某大学举办一次汽车文化节时,将主题表述为“青年·时尚·人生”。其中“青年”一词体现了这次活动的对象,即喜爱汽车、充满青春气息的大学生;“时尚”一词是对越来越多的青年大学生把喜爱汽车当作时尚加以追求的赞美;“人生”一词则把青年大学生喜爱汽车的时尚提升为热爱生活、渴望主动把握自己命运的积极向上的人生态度。三个主题词意义上相互关联,层层推进,浑然一体,表达了深厚的文化内涵。在表达形式上采用单词并列式,简洁、有力、富有节奏感,是十分难得的佳句。狭义会议的主题词则应当严谨、准确,如第三届中国公关节的论坛的主题词为“新媒体、新传播、新公关”。

(2)主题的含义及其创意阐释。会议策划总体方案的主要作用是提交给有关领导或客户作为决策的备选方案,它属于建议性文案。为了帮助有关领导或客户全面把握会议的主题创意,策划方案不仅要在主题词的写作上下功夫,而且要对

主题的创意及其含义做出清晰的说明。这部分内容主要包括主题创意的依据，主题词的含义、特色和亮点等。有时，大型会议活动还有其他配套活动，在总主题下面还可能会设若干分主题，在策划方案中要阐明总主题与分主题的相互关系。

2. 议题。需要在策划方案中单独写明议题的，主要是需要围绕具体议题展开对话、交流、研讨、辩论、磋商、表决的会议。这类会议如设有主题，议题必须服从主题，并与主题一起阐述。

3. 议程。一般情况下，凡事先设定议题并以讨论、交流、发布、表决、磋商、谈判为主要方式的会议，需要在策划方案中写明议程。议程可以作为策划方案正文的一个部分来写，也可以以附件的形式单独出现。单独写作的议程，格式必须规范（详见本章第三节“议题、议程和程序策划”）。

4. 程序。以议题性活动为主的会议和以仪式性活动为主的会议都可以制定程序。程序可以作为策划方案正文的一个部分来写，也可以以附件的形式单独出现。单独写作的程序，格式必须规范，而且要与议程相区别（详见本章第三节“议题、议程和程序策划”）。

（四）会议的主办者、承办者及其组织机构

会议策划总体方案必须清楚交代会议由谁主办、由谁承办、由谁主持。如果还有协办、支持、赞助单位或个人，还需设立会议主席团、组织委员会、执行委员会、学术委员会、秘书处、筹备组等组织机构，这些机构也需要一一加以说明。

（五）会议的参加对象

参加对象包括拟邀请的有关领导、贵宾，出席、列席、旁听会议的人员。参加对象的表述需要说明三项内容：一是参加对象的规格。有的会议有一定的规格要求，需要写明参加对象必须具备的职务或身份。二是参加对象在活动中的资格。资格不同，参加对象所享有的权利及扮演的角色也不同。三是参加对象来自的范围和领域。四是会议的规模。

（六）会议的时间

在策划方案中，要说明会议时机选择的理由、意义以及具体时间的安排。对具体时间的表述要写明会议开始和结束的年、月、日、时、分，并写明“会期共 × 天”或“共 × 小时”。需要提前报到注册的会议，要写明报到的具体日期和时间。会期满一天的会议还要在方案中写明具体的日程安排，或者将日程安排单独成文作为策划方案的附件。单独成文的会议日程，其格式要规范。

（七）会议的地点

会议的地点要说明选择举办地和具体场馆的理由和意义。在对场馆的表述上，

要写明场馆的名称,有时还要写明详细地址。如活动分散在不同场馆举行,要写明每一场馆的名称和地址。

(八)会议的形式

会议的形式要写明会议的沟通方式、发言形式、分组情况。如果还安排开幕式、欢迎宴会、主题演讲、圆桌切磋、专题交流、新闻发布、参观考察、闭幕式等配套活动,要写明每项活动的名称、分主题、报告的题目、报告人的姓名和身份。

(九)会议的现场管理与服务

会议现场管理与服务包括礼仪接待、现场布置等。礼仪接待包括嘉宾的接站、接机、食宿、观光等方面的安排。现场布置包括舞台(主席台)和观众座位格局的设计、座次安排、展台搭建、音响效果、设备安装、现场气氛渲染等方面。现场布置的内容和形式能够营造特定的活动气氛,调动参与者的情绪,提高会议活动的效果,因而常常是会议策划方案的重要内容。必要时可画出会场布置的效果图作为总体方案的附件。对于一些技术要求较高的视频连线活动、跨语言交流的国际性会议,还要说明必须配备的技术设备。

(十)会议的公关和宣传

关于会议的公关和宣传的内容,主要写明公关和宣传的目的、内容、媒介(如电视、广播、报纸、刊物、网站、广告、新闻发布会、展览、宣传单页、简报等)和方法,必要时可制订公关和宣传的具体计划。

(十一)会议的财务安排

会议的财务安排包括各项支出的预算以及资金筹集的渠道、方式。必要时可专门制作经费预算表作为策划方案的附件。

(十二)会议效果评估标准

策划、决策、实施、评估是构成会议管理系统的四大要素。通过评估,可以检验会议策划、决策和实施的效果,发现其中的问题,对于今后改进工作和进一步提高会议组织的水平具有重要意义。在会议策划方案中,评估标准的具体内容可依据活动的性质和目的来确定,但应当具有科学性、系统性和可操作性。

(十三)会议筹备工作流程

把各项需要落实的会务工作按时间节点的先后排列,就构成了会议筹备工作流程。会议筹备工作流程要按照会议召开的时间来安排,并留有一定的余地。必要的话可以采用计划表的形式,将各项筹备工作的内容、分工、责任人、完成的时间节点和质量要求一一列明。

由于会议种类繁多,因此会议策划总体方案的具体内容也不尽相同。以上所列项目只是基本内容,写作时可根据实际情况有所增减或侧重。

三、会议策划总体方案的格式与写法

(一)会议策划总体方案结构要素

会议策划总体方案的结构一般包括标题、主送机关、正文、附件、署名和成文日期等要素,实际写作时应根据策划方案的提交者与受文单位之间的相互关系具体确定。

1. 由主办单位的秘书部门提交给决策层审批,或者由下级机关提交给上级机关审批的会议策划方案,其文本结构由标题、主送机关、正文、署名和成文日期五个要素组成。如果会议策划方案是作为请示附件上报审批的,由于请示中已经写明发文机关(即提交者)、主送机关和成文时间,因此总体策划方案本身的结构可省略主送机关、署名和成文日期三项要素,仅写标题和正文两部分即可,但排版打印时必须将请示和策划方案合为一个文本。

2. 主办单位自行策划、自行实施的会议策划方案,其文本只需包括标题、正文、署名和成文日期四个结构要素,无须写明主送机关。

3. 由策划公司负责策划制作并提交给客户的会议策划方案,其文本应当包括标题、正文、署名和成文日期四个结构要素,无须写明主送机关。

篇幅较大、内容较多的会议策划方案,应设置封面,以示庄重,并设置目录,以方便查找。

(二)会议策划总体方案的写法

1. 标题。标题由会议的全称和文种(如“总体方案”、“策划方案”、“策划书”)组成。如:

第十四届中国兰州投资贸易洽谈会总体方案

2. 主送机关。总体方案如果直接报上级机关审批,应当写上级机关的规范化简称,如“董事会”、“总经理”、“市旅游局”。

3. 正文。正文的表述有两种方法:一种是详述法,详细表述会议活动的各项具体策划与安排,不再另外撰写具体实施方案;另一种是概述法,对会议活动的各项策划与安排仅作原则性阐释和说明,但必须依据总体策划方案另行制订各个专题实施方案。

正文的开头可先用一段文字写明制订方案的缘由。由策划公司提交给客户的,开头部分可以写成“前言”或者“序言”,说明受什么单位委托进行策划、参与策划和起草的人员名单以及分工等。开头部分也可以省略,直接进入主体部分。

主体部分应当逐项载明策划方案的具体内容。篇幅较长、内容较为复杂的，结构体例最好采用章条式，以方便查找；篇幅较短、内容较为简单的，一般采用序号加小标题的结构体例。

直接报请决策层或上级机关批准的总体方案，应当用“以上方案请审批”结尾。以请示附件的形式上报或者独立成文的，则省去结尾。

正文写作要求观点鲜明、材料翔实，有大量的数据支撑，做到观点和材料相结合，定性分析和定量分析相结合，提出问题和分析、解决问题相结合。语言既要严谨、精练，又要生动形象，特别是在阐释活动主题创意和现场气氛渲染的效果时，可以适当运用一些抒情、描写的表现手法。

4. 附件。总体方案如有附件，要在正文下方写明附件的名称和序号。

5. 署名。提交审批的方案一般署策划机构或部门的名称。如果方案是由具体承办人员策划并拟写的，可由承办人员署名。批准后需公开发布的方案，也可以以批准机关的名义正式发布。

6. 成文日期。报上级机关审批的方案须写明提交的具体日期，经批准下发的方案也可写明批准日期。

7. 封面。除作为请示附件外，篇幅较大、内容较多的总体策划方案，设置一个封面可以使文本显得庄重而又美观。封面中的项目包括标题、策划方案编号、策划机构名称或策划人姓名、成文日期。

8. 目录。目录一般写明章节的序号、标题，页数较多的，还要注明各章节所在的页码。

【会议策划方案例文 1】

××市 20××年教育工作会议筹备方案

一、会议的目标和指导思想

为认真贯彻党的“十七大”精神和全国教育工作会议精神，总结、分析本市教育改革和发展的成果、经验和问题，理清思路，确定 2011 年本市教育工作的目标和重点，并征求对《2011—2015××市教育发展五年规划（草案）》的意见，推动我市教育事业上新台阶，市委、市政府决定召开××市 2010 年教育工作会议。

这次会议的指导思想是：以邓小平理论和“三个代表”重要思想为指导，全面贯彻落实科学发展观，实事求是，团结鼓劲，进一步调动全市广大教育工作者的积极性。

二、会议的时间和地点

会议拟于×月×日—×日上午（会期共 2 天半）在××××饭店举行。×日下午和晚上报到。

三、会议的参加对象和会议规模

各区县局党政正职和分管教育的党政副职，各大专院校党政负责人，市教委正副书记、正副主任出席会议。

邀请市人大、市政协有关部门负责人列席会议。

会议规模为200人左右。

四、会议日程安排

第一天：上午由市长主持会议，市委书记传达中央领导同志关于教育问题的重要讲话和全国教育工作会议精神，市教委负责人作2010年本市教育工作的总结报告并提出2011年的工作要点。下午分组讨论。

第二天：上午，大会集中，由副市长×××主持会议，各组交流讨论情况，市教委负责人介绍《2011—2015××市教育发展规划（草案）》［以下简称《规划（草案）》］的总体思路和起草过程。下午分组讨论修改《规划（草案）》。

第三天：上午举行大会。由市委副书记×××主持会议，市长作会议总结，市委书记讲话。

五、会议准备

会议准备工作由市委秘书长×××负责，由市委办公厅、市府办公厅、市教委办公室抽调部分人员参与准备工作，并组成会议秘书处。

1. 会议文件工作由×××负责；

2. 会议分组联络工作由×××负责；

3. 会场布置及会议接待工作由×××负责；

4. 会议的安全保卫工作由×××负责。

六、会议宣传工作

会议第一天和最后一天的大会由市委宣传部落实宣传报道。分组讨论和大会交流不对外报道。

七、附件：

（略）

市委办公厅、市府办公厅

20××年×月×日

上述会议是党政机关常态化的工作会议，基本上每年都要举行，会议的许多筹备工作已经有案可援，因此方案较为简洁，突出了会议的目的、指导思想、参加对象、时间地点、任务分工等重点内容。

【会议策划方案例文2】

"中国西部论坛"总体工作方案

"中国西部论坛"定于20××年9月4日至6日在我省举行。这次论坛由国务院西部开发办、国家发展和改革委员会、商务部、国务院新闻办和陕西省人民政府主办，西部其他11个省、自治区、直辖市人民政府和新疆生产建设兵团协办,陕西省人民政府承办。为搞好各项筹备、组织工作,确保论坛取得圆满成功,特提出如下工作方案:

一、主题、宗旨

"中国西部论坛"的主题是:西部投资环境与对外开放。

"中国西部论坛"的宗旨是:宣传中央关于西部大开发的战略决策和方针政策,加深国内外对中国西部地区的了解和认识,研究西部大开发中出现的新情况、新问题,改善西部地区的投资环境,进一步扩大对外开放,推进西部大开发战略的实施。

二、组织机构

(一)成立"中国西部论坛"组委会

(成员名单略)

(二)成立"中国西部论坛"筹委会

(成员名单略)

(三)筹委会办公室工作机构及职责

1. 综合协调组(成员名单略)。主要职责:总体组织协调,安排论坛各项活动日程和会议议程,筹措资金,策划布置主、分会场,完善有关设施,协调、衔接配套活动,与国务院西部开发办进行联络,制定工作目标,督促检查落实情况。综合协调组下设会场、活动、联络、财务和商业运作五个小组(成员名单和职责略)。

2. 新闻宣传组(成员名单略)。主要职责:协助国务院新闻办举办新闻发布会,制订省内宣传方案(包括宣传画、张贴画的设计和审核)并组织实施,邀请、协调、接待各新闻媒体和记者。

3. 材料组(成员名单略)。主要职责:起草我省领导人讲话稿,收集、整理西部省、市、区和新疆生产建设兵团的各种材料,审核论坛文件和宣传新闻资料。

4. 邀请接待组(成员名单略)。主要职责:与国家有关部委共同联系、邀请代表,掌握邀请工作进度,协助活动组安排会议议程,负责制订礼宾接待方案并组织实施。

5. 投资洽谈组(成员名单略)。主要职责:负责在华外资企业再投资洽谈会的各项筹备工作,提出实施方案并组织实施,重点抓好我省洽谈项目的落实和洽谈企业的组织工作。

6. 安全保卫组(成员名单略)。主要职责:负责制订安全保卫方案并组织实施。

7. 环境整治组(成员名单略)。主要职责:负责制订论坛会议前、中、后西安市市容市貌特别是代表经过的主要路段、下榻宾馆以及会场周边的市容市貌整治方案并组织实施。

8. 信息组(成员名单略)。主要职责:编制会刊,收集、整理、编辑、翻译、发放及出版论坛期间筹委会交办的各种文字材料和音像资料;建立网站、网页;筹建论坛会场新闻中心。

三、主要活动(节录)

9月3日(星期一)

14:00—15:00　组委会新闻发布会

地　点:西安国际会议中心国际会议厅

……

9 月 4 日(星期二)

9:00—9:40　外商投资企业再投资洽谈会开幕式(外经贸部组织)

地　点:西安唐乐宫

10:00—10:50　参观西安投资贸易洽谈会展览

11:00—11:30　西安投资贸易洽谈会开幕式(西安市组织)

地　点:西安国际展览中心

……

17:40　党和国家领导人会见部分贵宾

地　点:省政府综合楼会见厅

18:00—19:30　开幕晚宴

地　点:省政府综合楼宴会厅

20:00—21:30　参加入城仪式(西安市组织)

地　点:西安市南门外广场

9 月 5 日(星期三)

8:30—10:00　主题论坛(一)

地　点:西安国际会议中心大会堂

……

15:30—17:20

A. 圆桌会议

地　点:西安国际会议中心腾龙阁

B. 专题论坛(分别在三个会场进行)

专题之一:投资软环境与体制创新

地　点:西安国际会议中心大会堂

专题之二:加入世贸组织后市场环境变化与对策

地　点:西安国际会议中心国际会议厅

专题之三:投资软环境与体制创新

地　点:西安国际会议中心多功能厅

18:00—19:30 西安市招待会

20:00—21:00 观赏仿唐乐舞

地　点:西安唐乐宫

……

四、会场、翻译

主题论坛、圆桌会议、专题论坛会场和新闻中心都设在西安国际会议中心。

1. 主题论坛会场配备电视大屏幕、多媒体投影、同声传译系统和音响。

2. 圆桌会议会场配备多媒体投影、音响控制系统。

3. 专题论坛会场配备多媒体投影、音响系统。其中,多媒体投影、同声传译系统、音响及控制系统、桌椅由西安市负责,会场组协调西安国际会议中心落实;电视大屏幕由活动组负责落实。

4. 新闻中心设在西安国际会议中心多功能厅,新闻中心指挥部设在多功能厅。新闻中心及指挥部建设由新闻组提出方案,省信息中心负责实施。西安市协调电信部门提供宽带网接口。

5. 为了便于新闻记者工作,宽带网接至西安国际会议中心大会堂两侧休息间,同时进入房间,具体由西安市负责,会场组协调西安国际会议中心落实。

6. 在西安国际会议中心大会堂两侧和前厅设立16个超大屏幕电视,供12省(市、区)、新疆生产建设兵团和湖南湘西、湖北恩施、吉林延边3个自治州展示投资环境,由活动组负责落实,会场组协调提供必要的电源接口并配合安装。

7. 论坛会场外设置会标、横标、悬挂气球,具体由活动组负责(会场外环境整治美化工作由环境整治组负责)。

8. 主题论坛、圆桌会议、专题论坛、新闻发布会会场的布置由活动组负责。

9. 开幕晚宴、闭幕冷餐会、午餐会、主题论坛、圆桌会议、专题论坛以及新闻发布会均设现场翻译,具体由省外办负责。同声翻译人员由省外办负责落实。

五、邀请与接待

(一)邀请工作

邀请的原则是:高规格、高层次,既要广泛,又要突出重点。

党和国家领导人由国家计委和国务院西部开发办负责邀请。

中央和国务院有关部委负责人由组委会负责邀请;外国政要、外国驻华大使及商务参赞、国际组织驻华代表、世界500强企业家、国外及港澳台知名企业家、在华投资的大企业高层管理人员由组委会邀请,国家计委外事司和外经贸部有关司局负责落实;国内大企业及行业代表由组委会邀请,国家经贸委负责落实;国内外著名学者、各省(市、区)代表由组委会邀请,陕西省政府负责落实。

国内外主要新闻媒体由国务院新闻办负责邀请。

邀请贵宾、嘉宾总规模控制在300~500人,新闻媒体记者总数控制在350人以内。

陕西省政府与国务院西部开发办协商,精选一批在国内外有重要影响的代表,进行跟踪式邀请,确保与会,确保论坛的高规格。

(二)接待工作

接待工作的原则是:热情、周到、得体、安全。

党和国家领导人由省委、省政府成立专门班子负责接待。

中央、国务院有关部委和各省市区负责人由省各厅局对口负责接待;外国政要、外国驻华大使及商务参赞、国际组织驻华代表、世界500强企业家、国外及港澳台知名企业家、在华投资的大企业高层管理人员由省外办、外经贸厅、贸促会、台办、对外开放办负责接待;国内大企业及行业代表由省内大企业负责接待;国内外著名学者由省教育厅、科技厅和相关高校负责接待。

新闻记者由新闻宣传组负责安排。

从9月3日到7日,组委会免费接待各省(市、区)及新疆生产建设兵团代表各10人,湖南湘西、湖北恩施及吉林延边自治州代表各5人。其他代表统一安排食宿,费用自理。

论坛活动期间,省内所有旅游景点凭贵宾证、嘉宾证、记者证免收门票。

六、宣传工作

宣传工作要紧扣主题、突出重点,综合运用报刊、广播电视、互联网等传媒手段,组织高潮迭起的集中宣传,形成广泛热烈的舆论氛围,扩大论坛在海内外的影响。新闻宣传组要制订详细的工作方案和实施细则,重点做好以下工作。

(一)举办新闻发布会

本次论坛开幕前在北京和西安各举办一次组委会新闻发布会,论坛期间安排西北片、西南片各举办一次新闻发布会。

(二)设论坛倒计时栏

从8月8日起,在《陕西日报》、陕西电台、陕西电视台等新闻媒体设"2001·中国西部论坛"倒计时栏。

(三)进行电视直播

论坛开幕晚宴及主题论坛等主要活动要在中央电视台、陕西电视台进行直播。开幕晚宴要上当日19:00中央电视台《新闻联播》。

(四)设立新闻中心

在西安国际会议中心设立新闻中心,为记者提供论坛的各种信息。主题论坛、圆桌会议、专题论坛会场要控制进入会场的记者人数。

(五)举办电视沙龙、专访

论坛期间,邀请部分贵宾到电视台围绕主题论坛举办几场有特色的电视沙龙;组织报刊、广播、电视对有重要影响的贵宾进行专访。

以上工作由新闻宣传组负责。

(六)建立网站、办好会刊

具体由信息组负责。

(七)投资环境展示

具体由省对外开放办公室负责。

(八)做好社会环境宣传及氛围的营造工作

具体由环境整治组负责。

七、安全保卫

安全保卫工作由省公安厅总负责,西安市政府配合,要周密部署、落实责任、精心组织、制订预案，确保万无一失。

（一）会场安全

会前要组织安全检查，各会场均设安检门，与会人员凭证进入会场，贵宾持证免检进入会场。

（二）住地安全

代表住地凭证件出入，注意防盗、防火。来访人员，未经本人许可不得入内。

（三）交通安全

要事先对代表途经路段进行检查、维修，对接送代表的车辆进行严格检测。活动期间，要求驾驶员不能离开车辆。

（四）做好群众来信来访工作

有关部门要掌握有关动态，及时化解矛盾，防止集体性上访事件发生。

（五）证件

本次论坛设贵宾证、嘉宾证、记者证、工作人员证及车辆通行证，分别由综合协调组和安全保卫组制作并安排发放。

（六）饮食安全

饮食安全由接待组负责，做好食品检疫工作。各有关宾馆饭店要实行专人定点采购，每顿饭都要留样，严防食物中毒。

八、市容环境整治、美化

从现在开始到8月底，突出抓薄弱环节，以整顿大街小巷环境卫生、规范重点路段沿街建筑主面、加快实施主要道路点亮工程、摆放花卉造型营造街景气氛、整顿食品卫生和交通秩序为重点，精化细化美化市容环境，营造浓重、热烈、高雅的喜庆气氛，充分展示西安良好的投资环境和旅游环境。

8月15日前，西安市要全部停止路面开挖；8月25日前，完成东新街、南环路等主要路段拓宽工程，恢复运行；8月底前，对市区主干线两侧建筑进行刷新，做好迎宾大道主要街道，雁南路、会展路及会场周围的美化工作。

九、经费

本次论坛经费要本着简朴节约的原则，少花钱、多办事、办好事。实行一支笔审批，财务组设审计员，严格把关，杜绝胡花乱支现象。

十、其他事项（略）

附：1."中国西部论坛"主要活动安排意见

2."中国西部论坛"宣传标语、口号

3."中国西部论坛"商业运作方案

"中国西部论坛"筹委会办公室

20××年8月3日

《“中国西部论坛”总体工作方案》采用了详写法，全文上万言。主要特色有以下几个方面：

第一，策划起点较高。西部开发是一项国家战略，“中国西部论坛”又是一项国家级的大型会议活动，起点高，政策性强，辐射面广，总体方案的写作必须适应论坛的这些基本特点。纵观全文，该方案在论坛的主题宗旨、活动安排、嘉宾邀请、现场接待、对外宣传等关键要素的策划上，起点较高，处处体现出对这次会议的宏观思考，提出的方案和措施能从大处着眼，有较强的全局意识。

第二，内容详尽周密。大型会议的策划涉及内容广泛，是一项极其复杂的系统工程，各项活动要素的策划都要反复思量，考虑周到，任何一个小小的疏漏都可能导致整体的失败。该方案既有对活动的主题、宗旨以及各专题活动的详细介绍，又有对确保论坛顺利举行所要采取的具体措施（如邀请、接待、宣传、安全、环境整治、经费等）的周密考虑，至于本方案无法一一细说的宣传标语口号、商业运作方案等，则以附件的方式加以补充和完善，通篇体现了作者系统、全面的策划能力。

思考与练习

1. 会议策划应当坚持哪些原则？
2. 试述会议目标和任务策划的意义和要求。
3. 试述会议议题的含义、作用和策划要求。
4. 试述会议议程的含义、作用、安排方法、结构和写法，并试写一份会议议程。
5. 试述会议程序的含义、作用、结构和写法，并试写一份会议程序。
6. 按资格划分，会议成员可分成哪几种？他们相互之间有哪些区别？
7. 会议成员策划的要求有哪些？
8. 试述安排发言顺序的方法和注意事项。
9. 试述会议时间和地点策划的含义和要求。
10. 会议日程有哪些特点？试写一份会议日程。
11. 会议名称包含哪些信息？它的表述形式有哪几种？
12. 试述会徽的含义和作用。
13. 试述会议公关和宣传策划的意义和方法。
14. 试述会议策划总体方案的基本内容和写法，并试写一份会议策划总体方案。

第四章　会议邀请与接待

会议邀请与接待工作直接面向全体会议成员和采访记者，为他们提供全面服务，在程序上前后相互衔接、关联，是会议组织管理过程中的重要环节。

第一节　会议通知和邀请

一、通知和邀请的含义和意义

（一）通知和邀请的含义

会议主办者向拟参加会议的成员以及采访记者发出会议的举办信息，通知或邀请他们到会，称为会议的通知和邀请工作。理解这一含义必须把握以下三点：

1. 发出通知和邀请的主体是主办者。也就是说，应以主办者的名义发出会议通知或者邀请，其他机构未经特许无权发出会议通知或邀请。会议组委会或筹委会由主办者组建并对主办者负责，可以代表主办者向与会者发出会议通知或邀请。

2. 举办需要对外宣传报道的会议时，通知、邀请的对象不仅是会议成员，还包括拟邀请的媒体记者。

3. 通知的对象和邀请的对象属于两种不同性质的对象，不能混淆，只是为了方便表述才统称为会议通知和邀请工作，实际操作时应当加以区别。受主办者领导或管理的会议成员，或者具有法定、当然资格的会议成员，属于通知的对象，书面通知时应当以“通知”或“公告”作为文种。不受主办者领导或管理的会议成员，属于邀请的对象，书面邀请时应当以“邀请函”、“请柬”或“海报”作为文种。

（二）通知和邀请的意义

通知和邀请工作对于会议的组织和管理意义重大，具体表现在以下几个方面：

1. 体现主办者召集会议的权利。谁主办，谁召集，这是会议的一般规则。除了主办者，其他会议成员无权召集会议。

2. 履行主办者的告知责任。对于一些法定性会议来说，参加会议是会议成员的基本权利。主办者向会议成员告知会议信息，是一种法定的责任，是对会议成员权利的尊重。不告知、漏告知或者延误告知的行为都是错误的，甚至是违法的。

3. 传递会议活动的有关信息，告知有关注意事项。这可以让参会对象做好充分的思想准备和物质准备，安排好工作，按时参加。

4. 确保会议规格。会议出席对象的层次决定会议的规格，而会议的规格直接影响到会议的影响力和品牌形象,因此高层次嘉宾的邀请是会议邀请工作的重中之重。邀请工作做得细致到位,高层次嘉宾的出席才会有保证。

5. 扩大会议影响力。通知和邀请工作也是会议前期公关宣传工作的组成部分。举办营利性会议或者宣传教育性会议,做好通知和邀请工作,让会议信息广为人知,还可以起到增强会议规模效应、扩大会议影响力的作用。

6. 向与会者提供参会凭证。会议通知、请柬和邀请函常常是会议成员参加会议的凭证,在国际会议中还是会议成员办理签证的必备文件。

7. 征集会议提案和交流文件。举办法定性会议,可以通过会议通知向会议成员征集提案、议案、书面建议以及对开好会议的意见。举办学术研讨或经验交流性质的会议,可以通过会议通知征集论文、研究报告或者需要在会议上进行交流的文件。

8. 反馈参会信息。通过会议通知、邀请函的回执,可以反馈参会者的基本信息,如姓名、性别、单位、职务、抵达时间、返程要求等,为会议的接待工作提供依据。

二、通知和邀请的方式

通知和邀请的方式多种多样,各有特点和适用范围。做好会议的通知和邀请工作,必须正确区分各种通知和邀请的方式。

(一)按通知和邀请信息的载体形态分

1. 口头形态的通知和邀请。当面通知和邀请、电话通知和邀请等均属于口头形态的通知和邀请。口头通知和邀请具有方便、快捷、即时的优点,但容易遗忘。其一般用于召开紧急会议或事务性会议,或用作在书面信息发出后的跟踪通知。如需要试探性邀请对方,也可先采用口头的方式。

2. 书面形态的通知和邀请。书面通知和邀请是指用纸质文书发出的通知和邀请,这需要书写、打印、分发、传递,手续较多,工作量较大,时间也较慢,但比较严肃、庄重,而且具有备忘和凭证的作用。重要的会议应当发送书面形态的举办信息。

3. 电子形态的通知和邀请。这是指通过短信、电子邮件、网站发出的通知和邀请,具有快捷、方便、灵活的特点,但需要手机、计算机和网络设备的支持。

4. 会议形态的通知和邀请。这是指通过新闻发布会、情况通报会和动员布置会的形式向社会公众或有关方面发布会议的举办信息并发出通知和邀请。这种方式具有传播面广、影响力大的特点,常用于大型会议活动。

5. 广告形态的通知和邀请。这是指通过电视、广播、报纸、刊物、招贴等广告媒介向社会公众或有关方面发布会议的举办信息并发出通知和邀请。这种方式同样具有传播面广、影响力大的特点,但成本较高,一般用于营利性会议。

(二)按通知和邀请的性质分

1. 预备性通知和邀请。其作用主要是请与会者事先做好参加会议的准备。凡需要事先征求与会者的意见，或者需要与会者事先提交论文、报告、答辩和汇报材料，或者先报名然后确定与会资格的会议，应当先发预备性通知或邀请函。

2. 正式性通知和邀请。正式性通知和邀请具有法定性和庄重性的特点，对会议活动的内容、形式、时间、地点、与会者及其资格、经费的表述必须明确。重要会议的通知和邀请应以书面形态发出，其他会议的通知和邀请也可视情况采取口头或电子邮件等形式发出。一般的会议只需发一次正式性通知或邀请，而需要广招会员的会议或者营利性会议，如贸易洽谈会等，则往往需要连续发布正式的通知或邀请。

（三）按通知和邀请文书的文种分

1. 通知。通知适用于主办者同会议成员之间具有上下级关系，或者是管理与被管理、指导与被指导关系的会议。具体的发送对象是：

（1）会议的当然成员或法定成员。如各种社会组织召开的理事会议、董事会议、委员会议、常务会议、办公会议以及各种代表大会的会议成员，都具有与会的当然资格或法定资格，对这些与会者只能使用通知。

（2）本组织内部的工作人员。凡组织内部召开工作性会议一律使用通知。

（3）下级所属单位。凡要求下级单位或个人参加的会议，应当使用通知。

（4）受本机关职权所管理的单位。如行政主管部门在自己的职权范围内召集有关企事业单位开会，应当使用通知。

2. 邀请函。邀请函一般用于横向性的会议活动，具有礼仪性，发送对象是不受本机关职权所制约的单位以及个人。召开学术研讨会、咨询论证会、技术鉴定会、贸易洽谈会、产品发布会等，由于参加的对象属于不受本机关职权所制约的单位以及个人，因此应当使用邀请函。

在会议活动中，邀请函与通知是两种不同性质的文种，不可混淆。二者的不同之处在于：邀请函主要用于组织者与参会者之间关系平等的会议，发送对象是不受本机关职权所制约的单位和个人，不属于本组织的成员，一般不具有法定的与会权利或义务，是否参加会议由邀请对象自行决定；而会议通知则用于组织者与参会者存在隶属关系或工作上的管理关系，或者与会者本身具有参会的法定权利或义务的会议，对于这些会议的对象来说，参加会议是一种责任，因此只能发会议通知，不能使用邀请函。学术性组织举行年会或专题研讨会时，要区别成员与非成员。对于组织成员应当发会议通知，而邀请组织外的成员参加则应当使用邀请函。邀请记者采访会议，也应使当使用邀请函。

3. 请柬。请柬是一种专门用于邀请贵宾参加仪式性、交际性、招待性活动的文书。邀请上级领导、知名人士、兄弟单位代表参加各种开闭幕式、开竣工仪式、签字仪式以及各种宴会、晚会等活动，应当用请柬。

邀请函与请柬都属于邀请客人参加会议活动的礼仪性文书，但适用的情况不同，其区别主要有两点：一是适用场合不同。邀请函多用于以口头交流为主要方式的会议活动，如邀请有关专家出席咨询会、论证会、研讨会，邀请记者和有关方面参加新闻发布会等，应当使用邀请函。而举行各类仪式和交际、招待活动，如开幕式、闭幕式、签字仪式、开工典礼、宴会等，则应当使用请柬。二是规格不同。如举行学术会议，对一般的与会者使用邀请函，而邀请上级领导、兄弟单位代表、社会名流参加开幕式，则应当使用请柬。

4. 海报。海报是一种公开性的、广而告之的会议邀请文书，通常采用招贴的方式，邀请对象具有不确定性，主要用于可以自由参加的会议活动，如学术报告会、论文答辩会等。

5. 公告。公告用于会议通知和邀请时，主要有两种情况：一种是根据公司法的规定，股份公司召开股东大会时，必须公开刊发公告，向全体股东发出召开股东大会的信息；另一种情况是当邀请的对象遍布各地，无法一一通知和邀请时，亦可使用公告。

6. 广告。会议广告主要通过媒体广告或者户外广告的形式发布，具有宣传范围广、辐射力强的特点，用于欢迎海内外和社会各界人士广泛参与的会议活动。

以上六个文种的适用场合和适用对象互不相同，不能混淆。例如：上海某科研机构经过多年努力，研究出一项新技术。为了使这项技术能得到专家的权威认定，该机构领导决定在正式申报专利前召开一次技术鉴定会，参加的对象包括本单位内部参加该项目研究的主要工作人员、国内其他研究机构和高校的有关专家、上级主管部门的领导。考虑到与会者的身份不同，而且与本单位的关系也不同，在发出会议通知时作了如下区分：发给上级主管部门领导人的用“请柬”，发给有关专家及媒体记者的用“邀请函”，而对本单位的与会人员则一律发“会议通知”。

三、通知和邀请文书的内容要素及其表述

除了户外广告的形式外，以其他形式发布的通知和邀请文书的内容要尽可能详尽、明确，一般应当载明以下几个方面的内容：

（一）会议的名称

会议的名称是通知和邀请文书中的关键性内容，显示位置和视觉效果一定要突出，要在标题和开头部分中写明，而且一定要写全称。如果名称较长，正文中第一次出现名称时必须写全称，后面用括号注明“以下简称××会议”。

（二）主办者

通知和邀请文书中一定要写明主办单位，既宣传主办单位的形象，也明示主办者的法律责任。主办单位名称一定要写全称或规范化简称。联合主办的会议，要写明每个主办者的名称。必要时还可简要介绍组委会、筹委会、执委会等组织管理机构的设置情况以及协办、支持、承办单位的名称，以显示组织阵容的强大。

（三）往届会议的情况

对历史较长的会议活动来说，往届会议的情况也是优势性资源。简要而又恰到好处地介绍往届会议的情况，有助于激发、提高通知和邀请对象的兴趣，增强其参会的信心和决心。

（四）会议的内容

会议的内容包括会议的目的、宗旨、主题、议题、议程、报告人及报告题目等信息。

（五）会议的形式

会议形式的表述分为两种情况：其一，属于单一性活动的样式，如座谈会、报告会、新闻发布会、电视电话会等，且已经在会议名称中写明活动样式的，不必另外再写。名称中没有写明活动样式的，应当专门加以说明。其二，如果举办大型综合性会议，由于配套性活动较多，要分别说明每项配套性活动的形式及其内容。

（六）参加对象

参加对象的表述有以下几种情况：

1. 通知或邀请的对象是单位的，应写明主送单位名称，并在正文中写明参加会议的人员的具体条件，如职务、级别、年龄等。参加对象需要逐级推荐的，要说明推荐的程序。有的会议为了达到一定的规模，通知中还规定每个单位参加会议的人数。

2. 通知或邀请的对象是个人的，直接写个人称呼。参加对象如资格不同，应分别用"出席"、"列席"、"旁听"、"特邀"等词语来对应，不能搞错。一般对正式成员和特邀成员用"出席"一词，列席成员用"列席"一词，旁听成员用"旁听"一词。会议成员之间不作资格区分的，可以一律用"出席"一词。区分有困难或较敏感的，也可一律用"参加"一词。

3. 举办洽谈会、学术报告会等广泛邀请并自由参加的会议活动，通知或邀请对象不确定，不写主送单位名称和个人称呼。正文中可根据会议的性质、类型规定参加对象的范围和条件。

（七）会议的时间

通知和邀请文书中要具体写明报到时间、会议正式开始和结束时间、会期。如会前需举行预备会议，还要说明预备会议的具体时间。时间表述应具体写明年、月、日、时、分。为方便与会者对照日期与星期，日期后面应注明星期几。

（八）会议的地点

会议的地点应具体写明举办地的地名、路名、门牌号码、楼号、房间号码、场馆名称，必要时画出交通简图，标明地理方位及抵达的公交线路，以方便与会者。

（九）参会费用

如需向与会者收取费用，要说明收费项目的名称（如会务费、注册费、资料费、食宿费等）、数额以及支付方式。如果费用是由主办者和与会者分担的，要写明分担的项目名称和各自分担的数额。

（十）报名的方式和截止日期

会议活动如需履行报名手续，应说明应提交哪些文件、材料，报名的时间、地点。有截止时间规定的，一定要写明截止日期和具体时间。书写时要注意“截止”和“截至”这两个词的区别。“截止”的意思是“（到某期限）停止”，“截至”的意思是“停止于（某期限）”。如“报名日期截至 12 月 5 日”也可表述为“报名截止日期为 12 月 5 日”，但不可写为“报名日期截止 12 月 5 日”或“报名日期截至 12 月 5 日止”。

（十一）其他专门事项

其他专门事项因“会”而异，如学术性会议的论文撰写和提交的要求，重要会议的入场凭证（如“凭入场券入场”、“凭本通知入场”），国际性会议所使用的正式语言和工作语言，会议期间观光旅游活动的安排，以及组织者认为必须说明的其他事项。

（十二）联络方式

如主办单位或会议组织机构的地址、邮编、银行账号、电话和传真号码、网址、联系人姓名等，均为联络方式。

以上内容要素可根据会议的实际情况做适当的增减。

四、通知和邀请文书的格式与写法

（一）正式文件式通知和邀请的格式与写法

重要会议的通知，应当使用正式文件的格式撰写和标印，并通过正式文件的传递渠道发送，其主体部分的结构要素和表述方法如下：

1. 标题。正式文件式通知的标题有以下几种写法：

（1）由主办者名称、会议名称和“通知”组成。标题中标明主办者的名称有助于突出主办者形象，并方便查找检索。基本格式为：

××（主办者名称）关于召开（或举行）××××会议的通知

（2）由会议名称和“通知”组成，用于多家单位联合主办的会议。由于主办者较多，都写入标题会使标题显得臃肿，可将主办者写入正文。基本格式为：

关于召开(举行)××××会议的通知

2. 主送机关。正式文件式通知一般都发给单位,故必须写主送机关,写法有以下几种:

(1)统称。通知和邀请对象是所有下属单位的,可以写统称,如“各省、自治区、直辖市人民政府”,“各直属院校”。

(2)单称,又叫特称。只需特定单位参加的会议,可分别在每份通知上写明具体单位的名称,如“×××公司”。

3. 正文。会议通知的正文部分可以按通知的内容分成若干层次和段落,一般分为开头、主体(指文章结构的主体,与文件格式中的主体属于不同的范畴)和结尾。这三部分有各自的表达功能,开头部分写明会议的背景和目的,然后用“现将有关事项通知如下”过渡到主体部分。主体部分写明通知的具体事项。事项较多的,可分项标号以使层次分明。结尾处写明联络信息和联络方式,也可用“特此通知”收尾或者省略结尾。

4. 署名。这是指会议的主办单位署名。标题中写明主办单位的,只需在成文日期上加盖公章,无须再标明主办单位。联合主办的会议,通知的标题中未写明主办单位的,每个主办单位都要署名并应当加盖公章,有时也可以以组织委员会、筹备委员会或秘书处的名义署名、盖章。

5. 成文日期。正式文件式通知和邀请须写明具体的年、月、日。

【会议通知例文】

中共××市委组织部文件

×组发〔2010〕15号

★

中共××市委组织部

关于召开××市2010年度组织工作会议的通知

各区、县、委、办、局党委或党组组织(干部)部门:

为认真贯彻党的“十七大”精神和全国组织工作会议精神,认真总结我市一年来组织工作的经验,布置今年组织工作的主要任务,决定于2010年1月15日至16日上午(会期一天半)召开××市2010年度组织工作会议,现将具体事项通知如下:

一、出席对象:各区、县、委、办、局党委或党组组织(干部)部门正副部长(处长)。

二、会议地点:××市××路××号××宾馆三楼会议厅。

三、会议时间:2010年1月15日(星期五)上午8:30报到,9:00会议正式开始。

四、日程安排:

1月15日上午:大会,市委组织部长×××代表市委组织部总结工作、提出任务,三个单位交流经验;

1 月 15 日下午：分组学习胡锦涛同志在全国组织工作会议上的重要讲话，讨论×××部长的工作总结和《××市 2010 年度组织工作要点》；

1 月 16 日上午：大会交流，市委副书记×××讲话。

五、郊区同志如需住宿，请报到后与会务组联系。

中共××市委组织部（章）
2010 年 1 月 5 日

主题词：组织工作　会议　通知

××市委组织部办公室　　　　　　　　　　2010 年 1 月 6 日发出

（二）信函式通知和邀请的格式与写法

以信函的格式写作的会议邀请函，既可以制作成书面形式（纸质文书）邮寄发送，也可以在报刊或网上公开发布。其主体部分的结构要素和表述方法如下：

1. 标题。由会议名称直接加“邀请函”组成。如：

×××××国际学术研讨会邀请函（书）

要注意的是，“邀请函”三字不能拆开写成“关于邀请参加××会议的函”，因为“邀请函”属于专用文种，与公文的“函”在性质上不同。

2. 称呼。邀请函的称呼有三种写法：

（1）个别发给与会单位的邀请函，应当写单位名称。由于邀请函是一种礼仪性文书，称呼中要写单位名称，不宜泛称（统称）“各单位”，以示礼貌和尊重。

（2）发给个人的邀请函，应当写个人姓名，前冠“尊敬的”敬语词，后缀“先生”、“女士”、“同志”等。

（3）网上或报刊上公开发布的邀请信，可省略称呼，或统称“尊敬的客户”等。

3. 开头应酬语。写给个人的邀请函，在称呼下面、正文之前应当写“您好”。写给单位的，则可省略应酬语。

4. 正文。正文应写明邀请的具体事项。会议邀请函正文的结构安排与会议通知大致相同。邀请函的正文一定要写明“特邀请您（贵公司）参加会议”之类的话，以照应称呼。正文的语气要委婉、恳切、得体。

5. 祝颂语。要根据邀请对象的身份以及与对象之间的关系选择合适、得体的祝颂语。祝颂语一般可写“此致 敬礼”，在正文下方空 2 字写“此致”，再另起一行顶格写“敬礼”。写给单位的邀请函，祝颂语也可省去不写。

6. 署名。邀请函的标题一般不标注主办单位名称，因此应在祝颂语的右下方署主办单位名称并加盖公章。写给个人的邀请函，还可以由主办单位的领导人亲自签署姓名,姓名前应写明职务。

7. 成文日期。邀请函应在署名之下写明具体的年、月、日。

【会议邀请函例文】

× ×市社会科学院

“知识经济与可持续发展战略”学术研讨会
邀　请　函

尊敬的×××先生:

您好!

以知识资本和知识产品的高增值为标志的知识经济的兴起,使知识成为最具扩展能力的资本和最具市场潜力的产品。为了探讨知识经济与可持续发展战略,我所定于2010年2月6日至10日在海南海口市召开“知识经济与可持续发展学术研讨会”,特邀请您出席。现将有关事项告知如下:

一、会议主题

知识经济与可持续发展

二、主要议题

1. 知识经济与人才发展战略

2. 知识经济与我国现代化进程的互动关系

3. 我国的科技、教育和经济如何应对知识经济的挑战

三、会议的参加范围和规模

本次会议邀请全国各社会科学研究机构、各高等院校的专家学者参加,会议规模约300人。

四、会期和日程安排

会期5天(含报到时间1天),2月6日报到,2月7日上午开幕。

会议日程安排(略)

五、会议地点

海南海口市××路××号××宾馆(电话:×××××××)。

六、有关事项

1. 与会者须提交论文,在2010年1月20日前邮寄或传真给会议秘书处1份,也可用电子邮件提交,由会议学术委员会审评确定大会交流的论文。

2. 与会者的交通费、食宿费一律自理,另交会务费×××元人民币。

3. 与会者务必将“报名表”填妥后同论文一起邮寄或传真给会议秘书处。

4. 2月6日在海口机场全天接站。

联系人:×××

联系地址：××××××××××××××
邮编：××××××
电话：××××××××
传真：××××××××
电子邮箱：(略)

××市社会科学院(章)
2009年10月12日

(三)请柬式通知和邀请的格式与写法

请柬的书写具体有两种格式：

1. 固定式。既可以按统一格式批量印制请柬，也可以用市场上销售的具有统一格式的请柬填发。这类请柬应当有信封，以示郑重。请柬的正文一般不用标点，也不提邀请对象姓名，而是将其姓名写在信封上，切不可将邀请对象的姓名写在文尾“恭请”的后面。最后填写主办单位名称并盖章，也可由主办单位领导人签名。

2. 书写式。这是指根据会议的具体要求和邀请对象的实际情况，专门拟稿打印的请柬。打印后要装入信封发送。具体格式如下：

(1)标题。一般仅写“请柬”二字，居中。重要的仪式性活动，也可采用活动名称+请柬的格式，但活动名称前不能加“关于”二字，写成“关于××××的请柬”。

(2)称呼。请柬称呼的写法和要求与信函式邀请函相同。

(3)正文。请柬正文写明活动目的、主办单位、内容、形式、时间、地点等。由于请柬发送的对象都是上级领导、兄弟单位、知名人士等，因此，语气一定要恭敬、委婉、恳切，用词应当准确、儒雅，不能采用“请准时出席”一类命令式的语气用词。请柬中所提到的人名、国名、单位名称、节日和活动名称都应用全称。正文之后另起一行前空2字写“恭请”、“敬请”，再另起一行顶格写“光临”、“驾临”等。如“恭请光临”与前文一气呵成，不分段，也可以以“此致 敬礼”作为祝颂语。“此致”前空2字，“敬礼”另起一行顶格书写。

(4)署名。以单位名义邀请的，署单位名称并盖单位公章，以示郑重。以领导人名义发出的请柬，由领导人签署，以表诚意。

(5)成文日期。请柬应写明发出的日期或领导签署的日期。请柬的成文日期可以用汉字书写，也可以用阿拉伯数字书写。

(6)附注。如果要确切掌握出席情况，可在请柬下方注上“请答复”字样，涉外请柬用法文缩写“R. S. V. P.”。如只要求在不出席的情况下答复，则注上“Regrets only”(因故不能出席请答复)，并注明回电号码。附注中也可说明桌次、从几号门进入等事项。

【固定式请柬参考格式及例文】

封面：

李　鸿　儒　先　生台启 第三届无锡国际茶叶博览会组委会

内页：

请　柬 为欢迎参加第三届无锡国际茶叶博览会的各国朋友谨订于二〇一〇年五月八日(星期三)下午七时正假李园大酒店举行欢迎酒会 敬请 光临 组委会主任：赵　伟　康　谨启 二〇一〇年五月三日 (请答复，电话：6564××××)

【书写式请柬参考格式及例文】

封面：

> “亚龙工业杯”20××年上海苏州河城市龙舟邀请赛
> 暨同济大学百年校庆海峡两岸及港澳地区大学生龙舟赛
>
> # 请　　柬

内页：

> 尊敬的：＿＿＿＿＿＿
>
> 兹定于20××年4月22日(星期日)下午一时十五分，在上海苏州河江宁路桥至昌化路桥段水域，隆重举行“亚龙工业杯”20××年上海苏州河城市龙舟邀请赛暨同济大学百年校庆海峡两岸及港澳地区大学生龙舟赛。
>
> 本次活动由上海市体育局、同济大学和上海市普陀区人民政府主办。届时，敬请光临，并请在蓝柬区就座。
>
> “亚龙工业杯”20××年上海苏州河城市龙舟邀请赛
> 暨同济大学百年校庆海峡两岸及港澳地区大学生龙舟赛
> 组织委员会
> 二〇××年四月十二日
>
> 注：1. 请从宜昌路66号梦清园大门进入
> 2. 请在指定地点停车
> 3. 附总示意图、停车证

(四)海报式通知和邀请的格式与写法

海报一般采用在公共场所公开张贴的方式广为传播，格式设计美观、醒目。

1. 标题。标题一般写“海报”二字。如果是系列性活动，也可把活动名称写在“海报”之上。

2. 正文。正文要写明活动的名称、主题(报告的题目)、报告人姓名和身份、时间、地点等内容要素,结尾处还应写上“欢迎踊跃参加”之类的话。由于海报常常是随手书写的,许多人习惯使用一些简称,稍不注意会造成误解,因此,要注意简称的规范性和通用性。

3. 署名。署名应写明主办单位名称。如正文中已写明主办单位,也可省去署名。

4. 成文日期。海报的成文日期一般写实际张贴的日期。为避免误解,成文日期应当具体,避免写成“即日”。由于海报的时效性较短,也可不写成文日期。

【海报参考格式及例文】

海峡两岸关系系列学术报告会之五

海　报

主题:ECFA 框架下海峡两岸关系的走向

报告人:××大学台湾研究所主任、博士生导师季××

时间:××××××

地点:××××××

主办:××大学政治学系

欢迎全校师生踊跃参加

(五)公告式通知和邀请的格式与写法

公告用作会议通知时,其格式由标题、正文、署名和成文日期四部分组成。

1. 标题。标题一般由主办单位名称、会议名称和公告文种组成。

2. 正文。正文一般包括会议的名称、目的、宗旨、内容、程序、时间、地点、参加范围、参加办法、联系方式等内容要素,表述要简洁明了、条理清晰。公告的最后可用“特此公告”、“现予公告”等词结尾,也可省去结尾用语。

3. 署名。署名应写明主办单位名称。

4. 成文日期。公告应写明具体的成文日期。

【公告例文】

上海××××股份有限公司

关于召开创立大会暨首届股东大会的公告

上海××××股份有限公司创立大会暨首届股东大会定于20××年2月22日在×××大酒店召开。

一、会议主要议程：

1. 听取关于公司设立和发展前景的报告

2. 审议通过公司章程

3. 选举产生公司董事会和监事会成员

4. 审议通过公司××××年度财务决算报告和××××年度财务预算报告

二、出席大会股东资格

1. 持有本公司A股社会法人股1万股以上(含1万股)的法人股股东和持有本公司A股社会个人股1千股以上(含1千股)的社会个人股股东。

2. 凡A股社会法人股持股权不足1万股、A股社会个人股持股权不足1千股，可分别按社会法人股每三万股、社会个人股每1千股自行协商产生一名代表，也可委托授权其他股东代表代为行使权利，股东代表不能出席大会可委托代理人出席。委托授权书样式附下。

3. 以上股数均按面值10元1股计算。

三、出席大会手续办理

凡符合出席大会股东资格者请于2010年2月10日、11日13:30—17:00前往×××大酒店××大堂办理出席会议登记手续(法人股股东凭单位介绍信及本公司股票认购缴款收据，个人股股东凭本人身份证及本公司股票认购缴款收据办理手续)。

联系人：×××

电话：(021)××××××××

传真：(021)××××××××

地址：上海市×××路××号

邮政编码：200020

上海××××股份有限公司
2010年1月30日

附委托授权书(略)

(六)表格式通知的写法

表格式通知具有清晰明了的特点，用于组织内部召开的例会。

【表格式通知参考格式及例文】

××××公司总经理办公会议通知

日　期	星　期	时　间	地　点
2002/2/4	周一	上午9:00—11:00	11楼第1会议室
主持人	总经理　　王思远		

续表

出席		列席	
张××	区××	朱××(销售部)	贾××(公关部)
王××	赵××	厉××(财务部)	
李××	钱××	齐××(保卫部)	
会议议程	1. ×××××××××××××××× 2. ×××××××××××××× 3. ×××××××××××××××××××		

(七)备忘录式通知的格式与写法

备忘录格式的会议通知内容较为简单,仅用于事务性会议或例行性会议,起提醒和备忘的作用。在格式上,可用"会议通知"作为标题,正文部分只要列明会议名称、时间、地点即可。

【备忘录式通知参考格式及例文】

> **会 议 通 知**
>
> ×××同志:
>
> 兹定于××月×日上午9:00—10:30在××会议室举行×××××会议,请准时出席。
>
> ××××办公室
>
> 20××年2月5日

五、回执、报名表和申请表

(一)回执、报名表和申请表的作用

1. 便于预计人数。寄回回执、报名表和申请表的对象一般具有参加会议的意向,会务工作机构可以以此为依据,预计参会的人数,做好接待的准备。

2. 便于反馈信息。通过回执、报名表和申请表,可以收集和反馈参加对象的基本信息和要求,以便安排好接待工作。比如,对象的性别、年龄和职务不同,住宿的安排就不同。又如,通过回执可以了解与会者抵达和离会的时间及乘坐的交通工具,以便安排人员和车辆接站,及时预订回程票。如果会议期间还举办展览活动,通过申请表可以掌握参展商的基本要求,便于有针对性地提供服务。

3. 便于确定资格。有些重要会议在确定与会资格之前,先要履行报名和申请程序,

主办者根据报名表和申请表提供的信息，依照会员条件或与会的要求确定与会资格。

4. 确认收到通知。法定性会议（如董事会会议、代表大会）为了保证会议通知发到每一位会议成员手中，要求对方收到通知后在回执上签字、盖章并寄回，相当于履行签收的手续。

（二）回执、报名表和申请表的区别

回执、报名表和申请表都具有收集或反馈通知和邀请对象信息的作用，而且都作为附件同通知、邀请函等一起发出，它们之间的区别在于：回执不仅可以反馈通知和邀请对象的信息，同时还具有确认对方收到通知的作用。报名表和申请表的制发对象事先往往是不确定的，需要履行报名手续才能确定。如果通知的对象本来就具有与会资格，就只能发回执，不能发报名表和申请表。比如，举行董事会议，秘书向董事们发会议通知的同时，可以要求对方填写回执并寄回，但绝不能用报名表和申请表代替回执。代表大会亦如此。但如果举行招商投资说明会或各种洽谈会，受邀对象可以自由决定参加与否，这种情况既可以附寄回执，也可以附寄报名表或申请表。按规定必须通过报名、申请程序来确定与会资格的会议或展览活动，就要求对方填写报名表或申请表。

（三）回执、报名表和申请表提交的方式和内容要素

回执、报名表和申请表提交的方式有电子邮件、传真、邮寄和网上登录，内容要素一般包括：

1. 参加对象的基本情况。以个人名义参加会议的，填写个人姓名、性别、年龄、服务单位、所任职务、职称、民族，必要时可要求随寄个人简历。以单位名义参会的，必须写明单位的法定名称、参加人员名单（包括参加人员的基本情况）。

2. 抵离情况。需要接机、接站的，可要求参加对象填写抵达的时间和乘坐的交通工具。需要预订回程票的，应写明预订回程票的具体要求。

3. 论文选题。学术性会议可要求通知和邀请对象提交论文或研究报告，在回执或报名表上填写论文或研究报告的题目，以便会议学术机构掌握情况。

4. 联系方式。要求通知和邀请对象填写工作单位地址、邮编、电话、传真以及个人手机、电子邮箱等信息。

5. 其他事项。如会议费用的缴付方式、参展事项、住宿和观光要求等。

（四）回执、报名表和申请表的格式与写法

回执、报名表和申请表的格式可以根据提交的方式确定。要求以电子邮件、传真、邮寄的方式提交的，格式如下：

1. 标题。标题写明会议的名称和“回执”或“报名表”、“申请表”。

2. 正文。正文采用表格的形式，以便于填写。正文中最好设备注一栏，可让通知和邀请对象说明特殊情况。

3. 署名。以个人名义参加的，由个人签名；代表单位参加的或按单位组团参加的，署单位名称并加盖公章。

4. 填写日期。要求通知和邀请对象填写具体日期。

【回执和报名表参考格式】

××××学术研讨会回执

姓　　名		性　　别		年　　龄	
民　　族		职　　务		职　　称	
工作单位				联系电话	
通信地址				邮政编码	
回程票预订	（请写明回程票的时间、班次、到站和具体要求）				
拟提交论文的题目					
备　注					

填表日期：　　年　月　日

中英工商峰会报名表

（请务必将中外文信息填写完整）

单位名称（中文）			
单位名称（英文）			
所属行业及业务范围（中英文）			
出席人员姓名（每单位限报1人）	职务（中文）		职务（英文）
届时四个分组会议将同时举行，请从以下选择一项			
1. 高端装备制造业			是□
2. 信息技术及数字经济			是□
3. 金融服务			是□
4. 低碳经济			是□
联系人		电话	
传真		手机	
E－mail			
详细邮寄地址及邮编			

请加盖单位公章

注：请填妥报名回执并于11月5日前传真至010－5205××××。

六、通知和邀请工作的基本要求

（一）符合规定

会议通知和邀请对象的主体是会议成员。在确定通知和邀请的范围、对象资格时，凡法律、法规、规章和会议规则有规定或者会议的组织领导机构已经明确的，必须严格遵守，任何人都不能擅自扩大或缩小范围，变更通知和邀请对象的资格。

（二）讲究礼仪

发出会议通知或邀请，往往是主办者在向特定对象表达友好善意。一个邀请电话、一次当面邀请、一封请柬或者邀请函，虽然语言简短，却渗透着主办者的一片热忱和欢迎之意，具有礼仪性。会议通知和邀请的礼仪表现在以下几个方面：

1. 邀请的名义要与邀请对象相对应。比如邀请重要嘉宾，邀请函和请柬应当以主办方或组织领导机构最高领导人的名义发出，并由最高领导人亲自签署姓名。

2. 正确使用通知和邀请文书的文种。不同的通知和邀请文书的文种具有不同的功能，适用于不同的对象。比如，邀请社会名流出席仪式类会议活动，就必须使用请柬，而不能用通知或者邀请函。

3. 请柬和邀请函的语言要恭敬、得体、儒雅。例如，请柬和邀请函的称呼应当前置敬语词“尊敬的”，称呼对方应当用“您”。要多使用具有书面语体的礼貌用语，以显示温文尔雅。

（三）灵活运用多种方式

会议通知和邀请方式多种多样，有当面邀请、电话通知、传真电邮、邮寄快递、招贴广播、刊登广告等，每一种方式各有特点。会务工作人员要根据会议的性质、参加的范围、时间的缓急和保密要求，选择恰当的方式做好通知和邀请工作，必要时可以同时使用两种以上的方式，以提高通知和邀请的有效性。

（四）注意发送的准确性

1. 重要会议的通知和邀请文书当面送达时，应请对方签收。由其他人代为签收的，通知人事后要追踪落实，确保通知到通知和邀请对象。通过传真或电子邮件发送的，应请对方收到后及时回复。

2. 采用邮寄快递方式的，填写信封时，要仔细核查信封上的收信人姓名或收信单位名称与通知和邀请文书上的对象是否相符，不能“张冠李戴”。

3. 凡个别通知和邀请的对象，都要仔细核对名单，避免遗漏和重复发送。

（五）把握好通知和邀请的时机

1. 根据会议的性质和要求确定发送通知和邀请文书的时间。如举办国际学术会议，其通知和邀请文书至少提前半年发出，以便与会者有足够的时间做好论文交流和办理护照、签证的准备。举办全国性学术会议，至少提前三个月发出通知和邀请文书。

2. 掌握好会议信息发布的连续性。对一些需要公众广泛参与的会议活动，应当有计划、连续性地发布会议信息，以强化公众的印象。

3. 举行重要会议，通知和邀请文书发出后，在召开之前，应再用电话逐一提醒与会者。

第二节　会议接待概述和准备

一、会议接待概述

（一）会议接待的含义

会议接待是指围绕与会者的迎送和吃、住、行、游、乐等方面所做的安排，是会务工作的重要组成部分。

（二）会议接待的作用

在会议活动中，接待的作用有以下几个方面：

1. 为会议活动提供保障。规模较大或者会期较长、需要住宿的会议活动都离不开接待工作。会议接待通过妥善、周到、细心的安排，给与会者提供各种方便，解除他们的后顾之忧，使他们事事称心、处处放心，全身心地投入会议活动，从而保障会议顺利进行，提高会议的效率，实现会议的目标。

2. 树立良好的社会形象。会议接待的过程也是主办者对外宣传、树立良好的社会形象的过程。会议接待人员热情友好的态度和礼貌优雅的接待风度，接待活动的合理安排和顺利进行，这一切都会给与会者留下美好而又难忘的印象，有助于树立主办者良好的社会形象，提高主办者在与会者和公众心目中的地位。出色的国际会议活动的接待，还有利于提高一个城市乃至一个国家的国际声望。

（三）会议接待的特征

1. 广泛性。会议接待的对象十分广泛。就一次具体的会议来看，接待对象不仅有正式成员（正式会员）和列席成员（非正式会员），还有特邀的嘉宾，甚至还有与会者的随行人员、前来采访的记者和其他旁听者；不仅有本单位的领导和群众，还可能有上级机关和主管部门的领导。国际性会议活动的接待对象更为广泛，不同国家和地区、不同民族、不同宗教信仰和文化礼俗、不同意识形态的与会者聚集在一起，构成一个复杂的接待对象群体。会议接待对象的广泛性特征要求会议的接待工作既要照顾大多数与会者的共性，又要兼顾少数人的特殊性。

2. 礼仪性。现代会议接待，特别是国际性会议接待，要非常注重礼仪和礼节。比如，接待仪式要体现庄重性，接待方式要符合国际惯例，接待规格要符合对等性，接待人员的言谈举止要符合一定的礼节。接待中的礼仪和礼节既反映了东道主对与会客人的基本态度，同时也在一定程度上体现了东道主的文明水准。因此，会议接待人员一定要掌握对内和对外接待的基本知识和方法，熟悉各种国际礼仪和礼节，努力提高自身的文化和礼仪修养，通过会议接待向与会者、向社会、向世界展示主办者文明礼貌的风采。

3. 服务性。接待的过程就是服务的过程。会议接待要为与会者（有时还包括随行人员、记者等）提供满意的服务，为他们提供一些方便，解决一些困难，为他们全身心参加会议活动创造安全、舒适、称心的会议环境。

（四）会议接待的原则

1. 热情友好，细致周到。在会议接待中，接待人员既要有热情友好的态度，处处替与会者着想，事事为与会者提供方便，尽可能满足与会者的需要和愿望，使他们有一种宾至如归的亲切感，又要有细致周到的工作作风。会议接待工作环节多、涉及面广，有时一个小小的差错就可能引起客人的误会或不愉快，影响会议活动的顺利进行，甚至产生不良的政治影响，造成一定的经济损失。因此，会议接待人员应当充分意识到接待工作的重要性，以饱满的热情认真做好每一项接待工作，通过周到的服务，保证会议活动的顺利进行。

2. 一视同仁，平等对待。现代会议接待对象的广泛性特征决定了接待人员必然要接待来自不同的国家、地区或组织，不同的种族或民族，具有不同的意识形态、宗教信仰、风俗习惯的与会者。由于与会者的身份职务不同，接待规格可能会有区别，但在接待态度上要一视同仁、平等对待。比如，举行迎送仪式、确定会议中的礼宾次序，要按照国际惯例或者约定的规则。任何出于国别、种族、性别的歧视，都必然会引起会议气氛和相互关系的紧张，不利于会议目标的实现。

3. 俭省节约，倡导新风。接待费用占会议成本的绝大部分，因此勤俭办会的关键之一就是会议的接待要注意俭省节约，无论是对内还是对外、对上还是对下的接待，都要坚持这一原则，反对讲排场、摆阔气、奢侈铺张、大吃大喝。

4. 加强防范，确保安全。会议接待，安全第一。没有切实的安全保证，就不会有成功的会议。会议接待的安全包括饮食安全、住地安全、交通安全等。要制订有效的预案，采取严格的防范措施，消除一切安全隐患，确保会议顺利进行。

二、收集与会者的信息

充分收集与会者的情况,是有针对性地做好会议接待工作的必要前提。

(一)收集与会者信息的范围

1. 与会者的基本情况。与会者的基本情况包括他们的国别、地区、所代表的组织机构、参加人数、姓名、性别、年龄、身份、职务、民族、宗教信仰、生活习俗、健康状况等。

2. 参会的目的、意图和背景。参会的目的、意图决定与会者在会议期间的立场和态度,也是制定接待方针的基本依据之一,主办方应当通过多种途径了解和掌握并收集相关的背景信息,加以综合,以便有针对性地做好接待工作。

3. 过去参加会议的情况。比如,了解和掌握与会者的参会次数,历次参会的动机,对哪些问题感兴趣,在接待方面曾经提出过什么要求和希望,同哪些人关系密切,参加过哪些项目,达成过哪些协议等。

4. 抵离时间和交通工具。要准确掌握与会者抵达和返离的具体时间和交通工具,以便安排人员和车辆到机场、码头、车站迎接和送别。

(二)收集与会者信息的途径与方法

1. 汇总回执、报名表和申请表。汇总回执、报名表和申请表,是了解和掌握与会者信息的主要途径和方法,据此可以了解与会者的职业、身份、职务、性别、年龄、民族等基本信息,预计参加人数,掌握与会者的组成结构和分布情况等信息。这些信息数据对于做好会议接待工作具有十分重要的价值。

2. 查阅历次会议活动的档案资料。历次会议活动的档案资料中保存了以往会议接待的记录,这对于掌握与会者的基本信息,了解其立场、观点、态度的变化以及其生活起居的特点有很大的帮助。

3. 请有关部门提供情况。为了全面了解与会者的情况,也可请有关部门协助提供一些情况。比如,举办国际性会议活动,可通过外国驻华使馆或领事馆了解与会国国旗悬挂的规则、特殊的礼仪与礼节等。

三、拟订会议接待方案

对重要会议,会务工作机构应当事先制订接待方案。接待方案经会议领导机构批准,即成为会议接待工作的依据。

(一)会议接待方案的表现形式

会议的接待方案有三种表现形式:第一种是在会议总体方案中对各项接待工作做出框架性安排,不形成独立文件;第二种是形成独立的综合性接待方案,作为总体方案的附件，内容涉及会议期间所有的接待工作；第三种是形成独立的专项接待方案，专门对特定对象或特定配套活动的接待工作做出安排，如记者接待方案、开幕式接待方案等。

（二）会议接待方案的基本内容

1. 接待工作的对象和指导思想。会议接待工作的对象和指导思想是相互关联、相互制约的。会议接待对象众多，可按身份、资格、区域、民族、与会目的、与主办单位的相互关系加以区分。接待对象不同，接待的具体目的和要求也会有所区别。因此，会议接待方案要对接待对象进行分析，为制定具体的接待要求、规格、方式提供依据。

会议接待的指导思想即接待工作的总原则，又称接待方针，应当根据会议的目标和会议领导机构对接待工作的要求以及接待对象的具体情况确定。

2. 接待规格。接待规格实际上是指与会者所受到的礼遇规格的高低，体现主办者对与会者的重视和欢迎的程度。接待规格要依据会议活动的目标、任务、性质、接待方针并综合考虑与会者的身份、地位、影响以及宾主双方的关系等实际因素来确定。确定接待规格要适当。涉外会议的接待规格应严格按有关外事接待的规定执行。会议的接待规格主要表现在以下几个方面：

（1）迎接、宴请、看望、陪同、送别与会者时，主办方出面的人员的身份。具体可以分为三种情况：一是高规格接待，即主办方出面人员的身份高于与会者，以体现对会议的高度重视和对与会者的高度尊重；二是对等规格接待，即主办方出面人员的身份与与会者相等；三是低规格接待，即主办方出面的人员的身份比与会者低。低规格接待只适用于会议中的事务性接待，如与会者前来了解会议的安排时，可由专门的会议工作人员负责接待。

（2）会议过程中主办方安排宴请、参观、访问、游览、娱乐活动的次数、规模和隆重程度。活动次数越多、规模越大、场面越隆重，说明规格越高，反之则越低。

（3）主办方确定的与会者的食宿标准。食宿标准越高则规格越高，反之则越低。

3. 接待内容和具体措施。会议接待的内容包括接机接站、现场引导、报到签到、食宿安排、欢迎仪式、设宴款待、看望拜访、会见会谈、翻译服务、文艺招待、参观游览、联欢娱乐、票务预订、返离送别等方面。接待内容的安排应当服从于整个会议活动的大局，并有利于与会者的休息、调整，使会议活动有张有弛，节奏合理，同时也能够为会议活动创造轻松、和谐的气氛。接待的具体措施包括接待人员的组织与培训、接待事务的联系与落实、确保接待对象安全的措施等。

4. 接待流程。接待流程应当写明每项接待活动的具体时间、活动名称、地点、接待方的出面人等事项。接待流程安排应当服从会议日程的整体安排，并在会议日程表中反映出来，以便与会者了解和掌握。

5. 接待分工。每项接待工作必须落实到部门和每个接待人员，大型会议的接待工作可在组委会下面设专门的接待工作机构，如报到组、观光组、票务组、保卫组等，分别负责各项接待工作。

6. 接待经费。接待经费是整个会议经费的构成部分，包括与会者的食宿、交通，与会者参观、游览、观看文艺演出，赠送与会者礼品等方面的费用。接待方案应当对接待经费的来源和支出做出具体说明。

（三）会议接待方案的格式与写法

1. 标题。会议接待方案的标题有两种写法：

（1）由会议名称＋“接待方案”组成，适用于大型会议的接待方案。如：

太原市招商旅游年暨纪念建城2500年系列活动接待方案

（2）由活动名称＋接待对象＋“接待方案”组成，适用于接待大型会议活动中的特定对象。如：

××博览会记者接待方案

2. 主送机关。直接报请上级批准的接待方案，应当写明上级机关的名称。如作为请示的附件上报，由于请示中已写明主送机关，则方案中不必再写主送机关。

3. 正文。会议接待方案正文的开头部分可先用一段文字说明制订该方案的目的和依据，如“为做好××会议的接待工作，根据《××会议总体策划方案》的基本原则和要求，制订本方案”，然后转入主体部分。主体部分一般采用序号加小标题的结构体例分别写明接待方案的各项内容。直接上报请求批准的接待方案，结尾处要写“以上方案妥否，请审批”等字样。作为请示或会议总体方案附件的接待方案可省去结尾。

4. 附件。接待方案如有附件，要写明附件的名称和序号。

5. 署名。上报审批的接待方案署提交部门的名称。如果接待方案是由会议策划人员拟写的，也可由其具名。接待方案经审批后也可以以审批机关的名义发布，或由审批机关批转下发。

6. 成文日期。接待方案应写明提交的具体日期。经批准发布实施的方案，也可写批准的日期。

【接待方案例文】

××市首届招商投资洽谈会接待方案

一、指导思想

本次招商投资洽谈会是我市建市10年来首次举行的大型涉外投资招商活动，届时，预计有500多个国内外企业和政府组织前来参加，接待人数预计达2 000多人，接待工作任务相当重。为了确保洽谈会的成功，接待工作一定要高标准，严要求，以热情、友善、真诚、周到的服务，使国内外来宾感到满意，从而赢得来宾的信任，树立我文明城市的形象，体现我市良好的投资环境。

二、接站

在机场、火车站设立接待站，张贴大幅欢迎标语，由专人负责接待。重要来宾抵达时，拟安排市领导迎接。

三、食宿安排

××宾馆、××饭店等10家星级饭店负责安排来宾的食宿。

四、招待活动

××月××日开幕式当天，举行欢迎晚宴，由市长主持，市委书记致欢迎词。

××月××日和××月××日分别由市政府和市对外友好协会出面举行招待酒会。

××月××日在××大舞台为来宾举行专场文艺招待演出。

××月××日下午闭幕式后，举行欢送宴会，由常务副市长主持，市长致欢送辞。

五、安全与交通

市公安局负责大会期间场馆安全保卫工作，确保场馆附近交通畅通。

市公用事业管理局负责大会期间接待用车。

六、翻译服务

为满足大会期间的翻译需要，由市外办负责抽调50名英、日、法三个语种的翻译人员。

七、经费

以上接待工作所需接待经费××万元。详细预算见附件。

××市首届投资招商洽谈会组委会
××××年××月××日

四、选派和培训接待人员

（一）接待人员的选派

会议接待人员是接待工作的具体实施者，是会务工作人员的组成部分。但是，会议接待人员与其他会务工作人员有一个工作方式上的区别，这就是直接面对所有的与会者，代表主办者直接为与会者提供全方位的服务。因此，组织好一支接待队伍对于搞好会议的接待工作意义重大。

就一个特定的会议而言，会议接待人员的组成包括：

1. 主办单位领导人。主办单位领导人是会议接待工作的最高责任者，对整个接待过程负有领导和指导的责任，负责确定接待的指导思想，制订和审批接待方案，必要时亲自出面接待。

2. 翻译人员。涉外会议或有少数民族代表参加的会议，要选派外语或少数民族语言翻译人员。翻译人员应当政治上可靠，业务上过硬。

3. 陪同人员。会议活动中安排参观、考察、游览活动的，要选派身份合适的人员陪同。专业性较强的参观考察，还应当选派懂业务的人员讲解介绍。

4. 现场接待人员。如接机接站人员、礼仪引导人员、会场服务人员等。

5. 会务工作机构的业务人员。涉及会议专门业务问题的接待，需要会务工作机构的有关业务人员出面或者参与。

（二）接待人员的培训

会议接待人员的礼仪素养和接待技能直接关系到接待的质量。在一些大型会议活动中，在接待工作第一线的往往是从各单位临时抽调的人员或者是由在校的学生和普通市民组成的志愿者，较缺乏大型活动接待的经验和知识。因此，组织接待人员进行业务培训，提高他们的业务水平，是做好会议接待工作的重要前提。接待培训的内容非常广泛，通常包括以下几个方面：

1. 本次会议的基本知识，包括会议的宗旨、目标、性质、特点、规则、议程、日程和程序等。

2. 接待对象的基本情况。接待的对象往往是多方面的，对象不同，接待的要求也不同，因此会议接待工作人员要根据具体的接待对象学习和掌握有关的接待知识和接待技能，以便有针对性地做好接待工作。例如，2001 年 11 月 27 日，由联合国倡议举行的阿富汗未来政府筹建磋商会议在德国波恩莱茵河畔彼得斯贝格镇上的国宾馆举行。虽然这座五星级的宾馆曾经接待过无数达官显贵，举办过无数次重要的国际性会议，服务人员可谓是见多识广，但这次还是碰到了新难题：如何为阿富汗客人熨烫缠头布，宾馆里居然没有人会收拾这东西，于是宾馆赶紧派人专门学习。饮食和礼拜也是不小的问题。由于当时正好遇上穆斯林的斋月，为了尊重穆斯林的习惯，宾馆在每天日出前为客人准备好早餐，日落后则提供自助餐。由于与会的阿富汗代表分别来自穆斯林的逊尼派、什叶派等不同的派别，宾馆分别为他们安排了不同的礼拜厅，并且提供了质量一流的传统伊斯兰风格的地毯。

3. 相关的接待知识。相关的接待知识包括世界历史地理，各国风俗习惯，国际礼仪规范，举办城市的交通、购物、观光信息，场馆内的各种设施的功能、使用方法和位置，等等。

4. 接待技能。接待技能包括服饰仪表、语言沟通、接机接站、引导指路、签到报到、翻译介绍、陪同出行等。

五、准备接待物品

（一）礼仪用品

会议礼仪用品种类繁多，应根据会议的性质和实际需要准备。常见的礼仪用品有敬献用的鲜花（花束、花篮、花环、花圈），佩戴用的胸卡、胸花、绶带，剪彩用的彩球、彩带、金剪，等等。

（二）茶水点心

茶水以及茶具是会议期间必备的物品。必要时还可准备一些点心和饮料，供与会者在茶歇时食用和饮用。

（三）交通工具

会议接待部门要配备一定数量的轿车、客车，保证会议接待用车。也可通过签订用车合同，把用车服务承包给信誉良好的出租公司。对所配备的车辆应进行安全检查，对司机应进行安全教育，确保行车安全。

（四）会议礼品

会议期间，主办者常常会赠送一些礼物给与会者作为纪念。准备礼物应注意以下几点：

1. 符合规定。世界上很多国家对赠送或接受礼品有法律规定，因此，赠送给与会者的礼物必须符合这些规定。
2. 体现民族特色和地方特色，或者体现主办者的形象，具有纪念意义和象征意义。
3. 尊重受赠人的习俗和爱好。

六、落实好食宿、安全保卫和新闻报道工作

会议开始前，要根据已经获得的与会者的信息、经费预算标准以及与会者的特殊要求，安排好就餐，预订好住房。如果安排宴请，要事先根据接待规格和人数，确定宴席的标准、地点和席数。

举办大型会议活动，要事先与卫生部门和交通管理部门联系，安排好公共卫生防疫和交通指挥、疏导工作。

对有重要人物参加的会议活动，应同安全保卫部门联系，做好安全警卫工作。

重要会议或者有重要对象参加的会议，如有需要，还要与新闻单位联系，准备采访和发布新闻消息。

第三节 接站与引导

一、接站

(一)接站工作的含义和意义

会议接待人员前往机场、码头、车站迎接与会者,这项工作统称接站,也可分别称为接机、接船、接车。接站是跨区域和国际性会议接待工作的第一道环节。优质的接站服务会给与会者提供极大的方便,对初次到访的与会者来说尤其如此,使他们一抵达会议举办地,就有一种宾至如归的亲切感。

(二)接站工作的程序及其要求

1. 掌握迎接对象的信息。会议接待人员要事先了解迎接对象的姓名、身份、国别、数量、抵达的具体时间以及乘坐的交通工具,以便安排相关的接站工作。

2. 确定迎接规格。接站前要根据迎接的对象确定相应的迎接规格。有重要人物前来参加会议活动,主办方应当指派有相应身份的人士前往机场、码头、车站迎接。迎接对象的身份高于主办方领导人身份的,主办方领导人应亲自前往迎接,也可委派接待官员接站,自己在会场或酒店门口迎接。必要时也可在机场、车站、码头组织一定规模的群众性欢迎队伍。

3. 通知迎接人员。迎接人员一定要提前到达迎接现场。

4. 树立欢迎标志。与会者集中抵达时,在出口处以及交通工具上要竖有醒目的接待标志,如“热烈欢迎参加×××会议的海内外来宾”。

5. 随时更新抵达信息。由于飞机、火车误点时常发生,接站人员要随时更新与会者抵达的信息,避免漏接。

6. 热情介绍。与会者到达时,迎接人员应迎上前去自我介绍,表示欢迎。如果领导人亲自迎接重要的与会者,且双方是初次见面,可由接待人员或翻译人员进行介绍。通常先向来宾介绍主办方欢迎人员中身份最高者,然后再介绍来宾。主客双方身份最高者相互介绍后,再按先主后宾的顺序介绍双方其他人员。这种介绍有时也可以由主方身份最高者出面。介绍时要注意以下几点:

(1)按职务和身份的高低顺序进行介绍。

(2)被介绍人的姓名、职务、职称、学衔要准确、清楚。

7. 主动握手。见面、介绍的同时双方要握手。主人主动、热情的握手会使对方感到亲切和感受到主方的诚意。

8. 献花。对重要的与会者可安排献花。献花必须注意以下几点:

(1)选择适当的花系和花语。一般以红花色系与紫花色系为佳,选择的花语以代表“友谊、喜悦、欢迎”的花材为主。对外籍与会者献花要尊重对方的风俗习惯,花的品种和颜色要根据不同的对象来选择,一般忌用菊花、杜鹃花、石竹花以及以黄色为主的花,因为菊花在法国、意大利等一些国家是用于治丧的花,黄色的花在许多国家和民族被视为不吉利而遭到厌恶。

(2)花束要整齐、鲜艳。

(3)安排好献花人选。一般安排女青年献花。如来宾夫妇同时抵达,一般安排少年儿童(一男一女)献花。女少年向男宾献花,男少年向女宾献花。有时也可由主方领导人亲自上前向来宾献花,以表示最诚挚的欢迎。

9. 陪车。陪同来宾乘车时要注意座位次序。小轿车座位的礼宾次序通常为“右为上、左为下;后为上、前为下”,即小轿车的后排右位为上座,安排坐来宾;后排左位为次座,安排坐主办方领导人;接待人员坐在司机旁的座位上。三排座位的轿车,最后一排为上座,中间一排坐翻译或秘书。接待人员单独陪来宾乘车时,坐在来宾的左侧。上车时,接待人员应打开右侧车门,请来宾从右门上车,自己从左侧门上车,避免从来宾座前穿过。如来宾上车后坐到了左侧,则不必请来宾挪动座位。来宾如有行李,接待人员应主动接过,在后车厢中放妥。陪车中,接待人员应主动与来宾交谈,介绍会议的安排情况、当地的资源环境和风土人情等。到达目的地后,接待人员应当先下车,为来宾打开车门用手挡住门框上沿,协助来宾下车,并主动提行李。

二、引导

(一)引导工作的内容和意义

会议引导工作的内容有三个方面:一是为与会者指路,二是为与会者引座,三是在仪式性活动中协助主礼嘉宾完成签字、剪彩、揭幕、颁奖、启动信号等仪式。引导工作的服务区包括会场和住地。做好引导工作的意义在于:

1. 为与会者提供方便。指路引座,看似小事,但却能及时为与会者提供方便,使他们感到亲切。

2. 展示礼仪形象。在仪式性活动中,引导工作具有强烈的礼仪性。礼仪引导人员身着鲜艳统一的服装,微笑服务,是会场上一道亮丽的风景线。

3. 确保重大仪式顺利进行。在仪式性活动中,礼仪人员的一项重要任务是协助领导人或嘉宾签字、剪彩、颁奖、授勋、通车、奠基、揭幕、揭牌、植树、启动信号等仪式的顺利进行。比如,在签字仪式中,礼仪人员充当助签人,帮助签字人员翻揭文本,指明签字处、吸墨并传递文本。在剪彩仪式中,礼仪人员要为剪彩嘉宾托好彩球,递上剪刀。可见,礼仪引导工作是仪式性活动圆满成功的重要保障。

(二)引导工作的要求

1. 做到全程全场服务。整个会议期间,与会者对引导服务的需求随时随处都会发生,因此引导工作必须贯穿于会议的全过程,覆盖到会议全场以及住地。

2. 实行全员服务。设专职引导人员(即礼仪人员)是做好引导工作的有效措施,但由于引导工作随时随处都会发生,因此每一位会务工作人员都应当履行引导的义务,实行全员引导服务。

3. 做到礼貌服务。引导人员要注意自己的仪容、仪态,注意观察与会者的服务需求,主动询问是否需要帮助,语言要文明礼貌,态度要温和亲切,符合礼仪规范。

4. 实现有效服务。引导人员要熟悉会议的具体流程,了解会场和住地的布局以及各种配套设施的情况,要重点掌握各种仪式的实施环节和技术要求以及主席台领导人座次的安排,必要时事先进行排练,确保提供准确、有效的引导服务。最好能掌握本地的交通、旅游、购物等情况,以备与会者随时咨询。国际性会议的礼仪人员还要能够熟练使用外语。

第四节　报到与签到

一、报到

(一)报到的含义和作用

与会者抵达会议现场或住地时,向组织者出示有效证件、办理登记手续、确认已经到会的手续称为报到,又称现场注册。报到的主要作用体现在以下两个方面:

1. 通过登记注册与会者的信息,便于组织者掌握与会者实际抵达的情况,以便做好相应的接待工作。

2. 通过汇总与会者的信息,建立与会者的数据库,为编制会议通讯录、总结评估会议、日后查考提供依据,为举办往后各届会议提供信息支持。

(二)报到工作的流程

1. 查验证件。查验证件的目的是确认与会者的参会资格。需查验的证件包括会议通知书或邀请函,有时也可要求出示单位介绍信、身份证和其他有效证件。

2. 注册信息。注册信息有两种方式:一种是由参加对象(包括媒体记者)手工注册,在报到注册表上填写个人和单位的有关信息,然后装订成册;另一种是先由参加对象手工填写个人和单位信息,然后由工作人员用计算机信息系统进行注册。由于实际到会的情况和根据回执或报名表统计的信息常有出入,因此最后的统计信息应当以报到时注册的信息为准。

报到注册表应该精心设计，信息要全面，填写要方便，必要时也可附带一些简便的问卷题目。报到注册表的结构与写法如下：

（1）标题。写明会议的名称和文种，如“报到注册表”或“注册登记表”。配套活动较多，与会者分别参加其中某项活动的，或者参加者数量较大，需要分类别报到注册的，可在标题中写明类别。

（2）正文。正文一般采用表格的形式。一般可设姓名、性别、年龄、学历、专业、职务、职称、国别（地区）、工作单位名称、单位性质、通信地址、邮编、电话、传真、电子邮箱、房间号码、报到时间、报到地点、报到编号、随行人员等项目。以上项目可根据实际需要选择设计制作。

【报到注册表参考格式】

××国际学术研讨会报到注册表

编号：　　　　　　　　报到时间：　　年　　月　　日　　时　　分

姓　　名		性　　别		年　　龄	
单位名称					
职　　务		职　　称		所在部门	
联系地址				邮　　编	
座　　机			手　　机		
电子邮箱					
房间号码					

请回答下列问题：

1. 您此前是否参加过我们的会议？

是□　　　否□

2. 您是如何知道本次会议的？

通过邮件□

通过同事□

通过广告□

通过其他方式（说明具体方式）____________________

3. 您是以个人身份参加会议，还是代表组织参加会议？

个人身份□　　　　　代表组织□

4. 您计划参加哪些会议活动？

科技圆桌会议□　　　主题报告会□

观　光　游　览□　　　招　待　酒　会□

3. 接收材料。与会者随身带来的需要在会上分发的材料，应当由会议工作人员统一接收，经审查后再统一分发。这样做一方面可以防止与会者在会场上自行分发而影响会议秩序，另一方面也可以防止材料未经审查可能造成的政治、外交和法律上的不良后果发生。

4. 发放文件。除了提前分发的会议文件外，其他文件应当在与会者报到时一并发给与会者。现场分发会议文件要注意以下几点：

(1)会议的主要文件及会务管理性文件，如工作报告、议程、日程安排、作息时间表等，要尽可能在与会者报到时分发。

(2)保密文件要履行签收手续。需要清退的会议文件要发放文件清退目录，要求签收者妥善保存，会议结束时退回。

(3)事先做好分发文件的各项准备。比如，将需要分发的文件按正式代表、列席代表、特邀代表、记者等不同身份分装，做到人手一袋，便于分发。

5. 预收费用。如需收缴会务费、食宿费、资料费等费用，报到现场要安排人员负责。如大会安排观光旅游项目，在报到时还要办理登记和收费手续。

6. 安排住宿。要根据与会者的身份和要求，在现有的条件下合理安排住宿。住宿安排好后，接待人员应当在登记表上标明每个与会者的房间号码，以便会议期间联系。

(三)报到工作的要求

1. 分工明确。会议报到工作头绪较多，如检查证件、登录信息、接收文件、分发文件、预收费用、安排住宿等，每项工作都要事先明确分工，责任到人。

2. 准确细致。会议报到工作直接面对每个与会者，接待的要求又因人而异，必须区别对象，按不同的资格、身份，提供有针对性的接待服务。检查证件、登录信息、分发文件、预收费用等工作还必须非常仔细，不能出现差错。

3. 服务到位。报到现场应有会议报到处的明显标志，并备有沙发和茶水，以便与会者集中报到时临时休息。报到工作人员态度要热情，语言要礼貌，要主动向与会者介绍会议的各种注意事项，耐心回答和解释与会者提出的各项问题。房间确认后，应派人帮助与会者提携行李，引导与会者入住房间，并向与会者介绍房卡的使用方法。如果与会者报到时已近会议开幕或者就餐时间，也可直接引导其进入会场或者餐厅。

二、签到

(一)签到的含义和作用

签到是指与会者每次出席会议进入会场时在专门的表单上亲自签字，证实已经到会的手续。

签到和报到都是指与会者到达会议举办地时所办理的手续，但二者属于两个不同性质的接待环节。二者的区别是：报到是指与会者在到达会议活动所在地时所办理的登记注册手续，但不一定证明其参加每一次具体的活动；签到则是与会者在进入会场时签名或刷卡，证明他参加了这一次具体会议活动。在一些法定性会议上，签到是一种法律行为。会期较短、无须集中接待的会议活动，一般只需办理签到手续，而会期较长、具体活动较多、需要集中接待的会议活动，不仅要求与会者签到，而且还要办理报到手续。

会议签到具有以下几个方面的作用：

1. 统计实到人数。实到人数往往是确定法定性会议有效性的必要条件。签到能够精确统计参加会议的人数，因而是法定性会议不可缺少的环节。一般的会议活动通过签到，统计出实到人数，可以为会议人气指数分析和效果评价提供依据。

2. 检查缺席情况。与会者的缺席，会影响会议精神的全面贯彻落实。签到能够准确反映缺席情况，以便及时通知有关人员到会，或通知缺席对象另行补会，防止会议精神在这些单位得不到及时传达和贯彻。

3. 留作纪念。庆典仪式、纪念性和追悼性会议活动的签到簿可以珍藏，留作永久的纪念。

4. 作为历史凭证。与会者的亲自签名是第一手签到记录，是其参加会议活动的书面证明，可为日后的查考提供历史凭据。

（二）会议签到的方式

1. 簿式签到。这是指与会者在工作人员事先准备好的簿册上签名，以示到会。簿式签到宜于保存，也具有纪念意义，常常用于各类庆典和仪式。会议活动规模较大、与会者较多并且集中到达时，可采取分头、分册签到的方法，以避免签到时产生拥挤的现象，影响会议活动按时进行。签到簿的封面或扉页上应当写明会议活动的名称、时间和地点，以便将来查考。有重要领导和嘉宾出席，可制作专门的签到簿，请他们题词留言。

2. 表式签到。这是指与会者在工作人员事先准备好的表格上签名，以示到会。通常情况下，会议活动都可以采用这种方式签到。签到表是重要的会议出席情况的记录，具有法定性。签到表上的会议基本信息要齐全，不能拿一张空白的纸让与会者随便签到，这样会给统计人数、检查缺席情况以及日后查考造成很多麻烦。

3. 电子签到。这是指采用电子签到系统签到。入场时，只需将签到卡放在签到机感应板上或采用非接触式扫描，电子签到系统会自动记录并显示与会者的信息，并自动统计出席、缺席等一系列数据。

（三）签到表（簿）的格式

1. 封面。需要收藏纪念的签到簿可设置精美的封面，标明活动名称、签到簿（签名册）、主办单位、时间、地点等信息。

【签到簿参考格式】

第九届上海国际汽车工业博览会 开　幕　式 签 到 簿 二〇一〇年四月十日 上海新国际博览中心

2. 标题。不设封面的签到表(簿)必须写明标题。普通的会议写“会议签到表”即可。重大的会议还应当写明会议的名称。经常性的会议,标题可以固定化,如:

××××办公会议签到表

3. 正文。正文一般制成表格,内容项目包括:

(1)会议名称。如标题中未写明会议名称,表格中必须写明。

(2)主办单位名称。标题中未显示主办单位名称的,必须在表格中写明。

(3)举办时间。写明举行会议的具体时间,要精确到时和分。

(4)举办地点。写明会场名称。

(5)应到单位名称或应到人姓名。应到单位名称或应到人姓名可事先填写或打印好,右侧留出签字的空格,由与会者在相应的空格内对号签名。这样做既可对缺席情况一目了然,又便于统计参加人数。会议如有正式代表与列席代表之分,应当分栏签到。

(6)签到时间。有的会议组织者还要求签到时注明签到时间,以便掌握签到者实际到会的确切时间。

【签到表参考格式】

××××××会议签到表

<table>
<tr><td>时　间</td><td colspan="3">年　月　日　时　分</td></tr>
<tr><td>地　点</td><td colspan="3"></td></tr>
<tr><td>出　席</td><td>签　名</td><td>列　席</td><td>签　名</td></tr>
<tr><td>张　维</td><td></td><td>李　明</td><td></td></tr>
</table>

续表

时　　间	年　　月　　日　　时　　分		
王 永 康		李　　伟	
王 善 祥		钟 杰 书	
施 福 生		× × ×	
× × ×		× × ×	
× × ×		× × ×	

（注:用于会议名称固定的例行性会议）

会　议　签　到　表

会议名称			
主办单位			
时　　间		会议地点	
出席单位	签　　名		
× × ×			
× × ×			
× × ×			
× × ×			
× × ×			
× × ×			

（注:用于需按单位签到的会议）

第五节　看望、拜访与合影

一、看望与拜访

（一）看望与拜访的作用

会期较长的会议，与会者和记者报到安顿好以后，主办方领导人及时出面看望或拜访，表示欢迎、感谢和慰问，这既是一种礼节，同时能够利用会议活动即将开始的机会，进一步同与会者进行沟通交流，增强会议的凝聚力，为会议活动的成功再添一块基石，因而也是会议活动的一种领导艺术和手段。看望和拜访是有区别的。看望是高级别人员会见低级别人员，而拜访是低级别人员会见高级别人员或同级别人员之间会见。

（二）看望与拜访的安排及其要求

1. 确定出面人。看望的出面人可按看望、拜访对象的身份来安排。身份高的，应当由主办方的领导人亲自拜访。其他对象,也可适当安排领导人亲自出面看望或拜访。如领导人抽不出时间,可委托其他有一定身份的人士前去看望、拜访。规模较大的会议活动,可安排多位领导人分头看望、拜访。

2. 安排时间和地点。看望、拜访的时间一般安排在报到之后、会议开始之前为宜,也可以安排在会议活动的前半段,但不应安排在即将结束时。看望、拜访的地点大致有三种安排方法:第一种是到与会者住宿的房间看望、拜访,气氛比较轻松随和;第二种是到会议分组讨论的会场看望,也可将领导看望和领导参加分组讨论结合起来;第三种是专门安排会客室进行会见,这用于拜访较重要的与会者。

3. 通知。领导人看望、拜访之前,工作人员应先口头或电话通知对方和己方的陪同人员。重要领导人出面的看望、拜访,可列入会议的日程表。

4. 翻译和记录。领导人看望、拜访与会者时,要有秘书或翻译陪同。秘书或翻译除向与会者介绍领导人和做好翻译工作外,还要做好记录。对领导人在看望、拜访时所做的指示要及时办理。

二、合影

(一)会议合影的作用

会议期间主办方领导和与会者之间或者会见、会谈期间宾主之间合影,既可以表示友好、增进友谊、珍藏纪念,也可以通过公开发布照片对会议、会见和会谈活动进行宣传报道。

(二)合影位置安排

1. 国内会议合影时,主办方身份最高领导人位居前排中间,其他人按身份高低先左后右、一左一右向两侧排列。合影人数较多时,应准备阶梯形合影架,使后排高于前排。如图 4－1 所示。

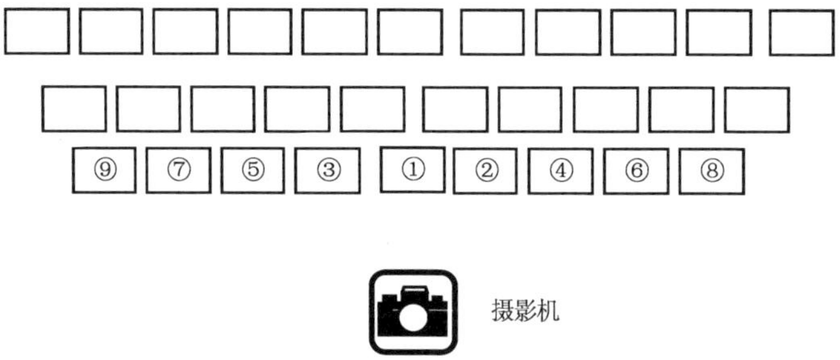

图 4－1

(注:序号表示合影者身份次序)

2. 国际会议合影时，主办方身份最高领导人位居前排中间，其他人按身份高低先右后左、一右一左向两侧排列。身份相同时，按以下情况处理：

（1）与会者代表国家或组织出席会议的，按国名或组织名称首个字母的顺序排列，一般情况下以英文为准，国际组织内部举行的会议则以该组织规定的官方文字为准。

（2）与会者以个人名义出席会议的，可按资历或姓名首个字母的顺序排列，也可由主办方确定排列的原则。

3. 国际性双边会议或会谈合影时，按主左客右的原则，以面向摄影机为准，主人居左，主宾居右，宾主双方其他人员按身份高低交叉排列。如合影人数为单数，也可由主方领导人居中，主宾居右，第二主宾居左。两端应由主方人员把边。如果主客双方交叉排列后出现客方人员站在边上的情况，应当将两端主客双方人员的位置对换，以确保由主方人员把边，但人数较少时，则不必如此。如图 4－2 和图 4－3 所示。

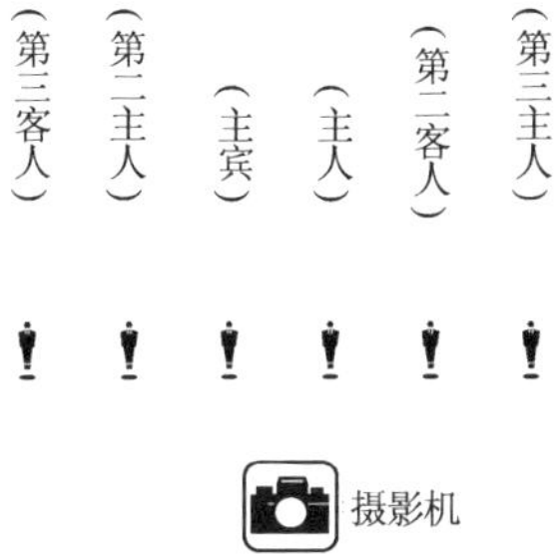

图 4－2

（注：双边会议、会见、会谈合影，宾主交叉排列）

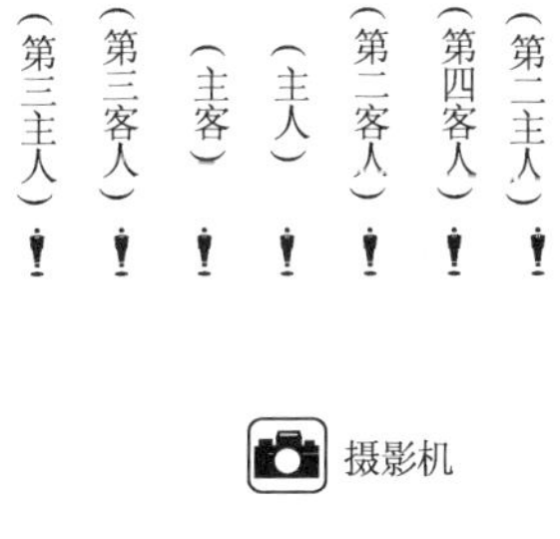

图 4－3

（注：双边会议、会见、会谈合影，主人居中，宾主交叉排列，两端由主方人员把边）

4. 双边会议、会见、会谈后如安排主人夫妇和主宾夫妇合影，位置的排法有多种方式：一种是按主左客右的惯例，主人夫妇居左，主宾夫妇居右，如图 4－4 所示；另一种是主人和主宾共同居中，主左客右，但双方的夫人交叉排列，如图 4－5 所示；还有一种是将主宾夫妇排在中间，主人夫妇排在外侧。

图 4－4

（注：适用于主人及其夫人会见主宾及其夫人后的合影，主人夫妇居左，主宾夫妇居右）

图 4－5

（注：适用于主人及其夫人会见主宾及其夫人后的合影，主人居左，主宾居右，主人夫人和主宾夫人交叉排列）

第六节　安排食宿、余兴活动和作息时间

一、安排饮食

（一）安排饮食的要求

1. 饮食卫生。饮食安排，卫生第一。只有清洁卫生的饮食才能使与会者吃得好、吃得满意。会议接待部门要按照有关食品卫生的要求和规定，采取有力措施，严格管理和监督，确保饮食安全，从而保证会议活动的顺利进行和圆满结束。

2. 规格适中。会议活动中的饮食一定要根据经费预算确定的就餐标准来安排。饮食标准应当由会议的领导机构确定，并贯彻勤俭节约的原则，反对大吃大喝和铺张浪费。

3. 照顾特殊。与会者中如有不同饮食习惯的少数民族代表、外宾或其他有特殊饮食要求的代表，要特别予以照顾，尽可能满足他们的需要。

（二）安排饮食工作的程序

1. 制订饮食工作的方案。会期较长的大型会议活动，要事先依据会议活动总体方案制订一套详细的饮食工作方案，主要内容包括：

（1）就餐人数。就餐人员包括与会者和工作人员。

(2)就餐标准。就餐标准要分解到早、中、晚三餐的具体支出。

(3)就餐时间。就餐时间要同会议活动的作息时间综合起来考虑。

(4)就餐地点。如果人数较多,要多安排就餐地点。

(5)就餐形式。就餐形式包括自助餐、个人分食、同桌共食等。

(6)就餐人员组合方式。就餐人员一般有两种组合方式:一种是自由组合,这种方式便于与会者利用就餐机会得到更加广泛的交流;另一种是按会议的固定编组就餐,这种方式较便于管理。

(7)就餐凭证。可以印制就餐券会前分发给与会者,也可以凭会议证件就餐。在住地宾馆就餐的,可凭房卡就餐。

(8)保证饮食安全的具体措施。

2. 预订餐厅。餐厅的选择要考虑以下几点因素:

(1)餐厅大小是否能够容纳会议全部就餐人员。

(2)餐厅的卫生条件是否达到规定的标准。

(3)餐厅与会场和代表住地的距离是否适当。

(4)饭菜品种和质量能否满足要求,价格是否合理。

3. 印制和发放就餐凭证。就餐凭证应在与会者报到时分发,并同时告知就餐时间、地点、形式、组合方式。

4. 统计就餐人数。就餐人数的统计要尽可能准确,统计偏多会造成浪费,偏少则会影响部分与会者的就餐。就餐人数的统计一般以会议签到的人数为依据。如会议不实行签到,则必须现场清点人数或先由各小组分别统计,然后汇总。

5. 商定菜谱。会务接待部门要十分重视菜谱的制定。要在经费预算的框架内,与有关餐厅商定一份科学、合理的菜谱,并尽可能满足某些与会者的特殊饮食需求。

6. 餐前检查。就餐之前,要对饭菜质量、份数、卫生状况等进行必要的检查,如发现问题,应及时解决。

7. 餐后反馈。与会者就餐后,要注意听取他们对饭菜质量以及餐厅服务态度的意见,以便及时改进服务。

二、安排住宿

(一)安排住宿的要求

1. 住地相对集中。住地相对集中,一是有助于会议期间的信息沟通和事务联系,从而有利于加强对会议的领导与管理,二是有助于休会期间与会者之间进行非正式的沟通和交流。

2. 距离会场较近。会议活动的住地要尽量靠近会场,最好是会场和住宿房间在同一个宾馆,这样既可以方便与会者,又可以节省时间和交通费用。

3. 设施齐全,确保安全。住地的生活设施要齐全,消防和安全设施的性能要可靠,确保住地安全。

4. 合理分配,照顾特殊。房间的分配有时较为敏感,因此要事先制定一套较为合理的房间分配标准。职务和身份相同的与会者,其住房标准要大体一致,以免产生误解。自费参加会议并对房间有特别要求的,应当尽可能予以满足。

5. 规格适中,勤俭节省。在会议活动费用中,住宿费用往往占很大比例,因此,贯彻勤俭办会的原则,关键之一是尽量节省住宿费用。要根据会议的实际需要来确定所住宾馆的规格,不要盲目追求高规格,动辄租借豪华宾馆。

(二)住宿安排工作的程序

1. 制订住宿安排工作方案。大型会议活动的住宿安排需要事先制订方案,内容一般要包括所住宾馆的地点、规格、费用、房间分配原则等。

2. 统计住宿人数。住宿人数的统计可分为两步,第一步根据会议通知或邀请函的回执、报名表、申请表统计到会的大致人数,并据此预算预订的房间数量;第二步是统计实际报到的人数,这一数字比较准确,是最后落实房间和床位的依据。住宿人数应当包括需要住宿的记者、与会者的随行人员以及会务工作人员。

3. 分析与会者的情况。在预订和分配房间之前,还要仔细分析与会者的基本情况,如与会者的性别、年龄、职务、职称、专业以及生活习惯、相互关系等。一般情况下,应当适当照顾女性、年长者和职务较高者。如果安排两人一间房间,专业相同或相近的与会者同住一间,会有利于他们之间进行交流。与会者如果带随行工作人员,可将他们安排在一起或相邻的房间,以便于他们开展工作,但有专门规定的除外。

4. 确定预订房间的数量。预订房间的数量既要考虑与会者的人数和他们的具体情况,同时也要考虑会务管理和服务的实际需要。比如,有时会务工作部门需要在宾馆设立值班室或临时办公室,或者与会者需要在宾馆内举行会见、会谈,就应当适当预订若干会客厅。如果分组讨论的地点安排在宾馆内举行,还应预订适当数量的会议室。

5. 落实宾馆和房间。落实宾馆和房间除了注意上面提出的几点外,还要考虑以下几点:

(1)该宾馆的房间数量能否容纳会议活动的住宿人数。如果是大型会议活动,住宿人数较多,一个宾馆容纳不下,还要预订多个宾馆,但宾馆之间的距离要尽量靠近,距离太远会给会务管理和服务工作带来诸多不便。

(2)房间的布局是否集中。房间过于分散不便于会务管理和服务。

(3)房间内的生活设施是否齐全并且完好。

(4)房间价格是否合理。

(5)适当多预订房间,留有一定的余地,以便遇到特殊情况时可以随时调剂。

6. 分发房卡。与会者办理报到手续并确认房间后,工作人员应将房卡同其他会议文件一并交付,同时告知房卡退还的方式。

三、安排余兴活动

（一）余兴活动的含义和作用

余兴活动是指会议期间举行的旨在增加与会者兴趣的活动，如参观考察、参加联欢晚会、观摩文体表演等，属于会议辅助性活动的组成部分。

会议期间组织适当的余兴活动，可以起到扩大与会者的视野、丰富与会者的业余生活、活跃会议气氛、增进与会者之间的沟通和友谊、营造团结和谐的氛围、消除开会的疲劳、提高会议效率等方面的作用。

（二）确定余兴活动的内容和形式

确定余兴活动的内容和形式要注意以下几点：

1. 配合会议活动的主题。余兴活动可分为两类，一类是宣传教育性的，另一类是娱乐休闲性的。安排余兴活动应紧密配合会议的主题，以宣传教育性的余兴活动为主。比如，纪检监察工作会议期间可安排观看反腐倡廉题材的节目和影片；召开安全工作会议可以组织考察在安全工作方面的正反典型。

2. 适当照顾与会者的兴趣。从某种意义上说，组织余兴活动是对与会者的一种慰劳，适当照顾他们的兴趣和要求也是理所当然的。要根据多数与会者的兴趣确定余兴活动的形式，如舞会、电影、体育比赛、文艺演出、参观游览等。

3. 尊重与会者的宗教信仰和风俗习惯。要特别注意审查节目、影片和考察项目的内容，避免因政治内容或宗教信仰、风俗习惯等问题而引起与会者的不愉快。

4. 体现民族特色和传统文化。国际性会议活动的文艺招待要尽可能选择能够体现主办国民族特色的节目。双边会议活动的文艺招待可适当安排客方国家的民族传统节目，以体现尊重和友好。

（三）安排具体时间

余兴活动时间安排一般应在会议方案中统筹考虑，会议开始后可根据实际情况作适当调整。余兴活动应尽可能安排在休会期间，如晚上或休息天，以不影响会议正常进行为原则。如安排参观考察活动，要事先确定参观考察的线路和制定具体时间表。

（四）做好组织工作

1. 余兴活动的计划确定之后，应及时与接待单位取得联系，以便提前做好接待、介绍的准备。组织观看电影、文艺表演的活动，要预订座位。自娱自乐的活动要准备好场地、器材等。

2. 组织外出的余兴活动应当集体行动。因此，要事先统计好人数，安排好来回接送的车辆,并注意上车后清点人数,避免漏接、漏送。人数较多时,要事先编组并确定组长,也可为每个小组配备一名会务工作人员,负责具体的事务工作。

3. 安排重要嘉宾外出考察、参观应当派有一定身份的领导人陪同。陪同外宾,应配备翻译。每到一处,被考察、参观单位应当派有一定身份的领导人出面接待欢迎并作概况介绍。介绍情况时,数字、材料要确切。向外宾介绍情况,要避开敏感的政治、宗教问题,保密的内容不能介绍。对外宾不宜用“汇报”、“请示”、“指示”、“指导”、“检查工作”等词语。

4. 参观施工现场,进入前要对与会者进行安全教育,遵守现场安全规定。

5. 时间较长的参观考察活动,要事先安排好食宿。

6. 准备必要的物品,如摄像机、摄影机、手提扩音机、对讲机、团队标志、卫生急救药品等,必要时应准备好一定数量的现金或银行卡,以备急用。

7. 通过旅行社安排外出参观考察,要选择信誉好、价格合理的旅行社,并签订合同。

四、安排会议作息时间

(一)会议作息时间的构成

会议作息时间是会议举行期间全体与会者生活起居和参加会议活动必须共同遵守的具体时间安排,一般由会务工作部门提出并经会议领导机构同意后印发作息时间表。

会议作息时间由以下几部分构成:

1. 就餐时间。就餐时间包括每天早、中、晚三餐的时间。

2. 开会时间。开会时间包括每天上午、下午会议开始、结束和会间(茶歇)时间。

3. 辅助活动时间。如晚上的娱乐活动时间。

(二)安排会议作息时间的要求

1. 服从会议任务的需要。会议作息时间是为完成会议的任务服务的,因此,服从会议的任务需要是安排会议作息时间的首要原则。当会议任务紧迫时,可以适当增加开会时间。

2. 劳逸结合。安排作息时间,一方面要有利于提高会议效率,另一方面也要保证与会者的休息时间,使他们有充沛的精力参加会议活动。

3. 及时通知。会议作息时间表应在与会者报到时就分发到手。作息时间如有变化应及时通知到人。

(三)会议作息时间表的格式与写法

1. 标题。标题由会议名称加“作息时间”或“时间安排”组成。

2. 有效日期。有效日期是指会议的起始和结束日期，位于标题之下居中，写明年份和开始、结束日期，外加圆括号。

3. 正文。会议作息时间表一般以时间为线索，写明就餐、开会、休息以及辅助活动的具体时间。

4. 说明或备注。如有特殊的时间安排，可以专门列出说明项或备注加以具体说明。

5. 署名。署名一般写"××会议秘书处"。

6. 成文日期。会议作息时间表的成文日期一般以实际发布日期为准。

【会议作息时间表参考格式】

××××国际学术研讨会作息时间

（2018 年 5 月 5 日—8 日）

7:00 - 7:45	早餐
8:00 - 9:45	举行会议
9:45 - 10:15	茶歇
10:15 - 12:00	举行会议
12:00 - 12:45	午餐
12:45 - 14:00	午休
14:00 - 15:30	举行会议
15:30 - 16:00	茶歇
16:00 - 17:30	举行会议
17:30 - 18:30	晚餐
18:30 - 21:30	电影、座谈、娱乐、自由活动

会议秘书处

2018 年 5 月 4 日

第七节　会议证件管理

一、会议证件的作用和种类

（一）会议证件的含义和作用

会议证件是会议期间供与会人员、会务工作人员、记者以及其他相关人员佩戴、出示和使用的书面凭证，其作用主要有：

1. 便于安全管理。会议证件是表明会议期间各种人员身份的凭证。所有人员佩戴证件，凭证入场，这对加强现场安全管理，维护现场秩序，保证会议活动期间的人身安全、信息安全极为重要。

2. 便于搞好接待。会议证件写明会议活动期间各种人员的姓名、身份、国别、单位,不仅便于加强现场人员管理,也便于工作人员有针对性地做好接待工作。会场中一旦出现意外情况,还可以凭证件及时同有关方面联系。

3. 便于交流联系。会议证件上标明的信息还有助于与会者相互辨认、联系和交流。

4. 便于加强监督。会务工作人员佩戴证件,一方面能起到强化服务意识的作用,另一方面也便于接受与会者监督,切实提高服务质量。

5. 便于统计人数。使用电子证件,可以及时统计实到会议的总人数和各类人员的数量,为分析预测和评估会议效果提供数据支持。

6. 便于留作纪念。能够参加一次高规格的会议活动,对于与会者来说是一种荣誉。会议证件能使这份荣誉成为一种永恒的记忆,起到纪念的作用。

(二)会议证件的种类

1. 出席证。出席证只能发给正式的会议成员。

2. 列席证。列席成员的证件称为列席证,与出席证相区别。

3. 旁听证。旁听成员的证件只能称为旁听证,同列席证应有区别。

4. 来宾证。来宾证用于特邀代表。

5. 记者证。记者证用于经批准或应邀前来执行会议采访任务的记者。

6. 工作证。工作证用于会务工作人员。

7. 随从证。随从证用于与会者的随从人员,如秘书、翻译、保镖等。

二、会议证件的内容和式样

(一)会议证件的内容要素

1. 会议名称。证件上的会议名称必须写全称。人代会、党代会、职代会等法定性会议通常使用比较严谨的字体,如黑体、标宋体等。其他会议活动可以使用具有艺术性的字体,如楷体、魏体。

2. 会徽。会议如有会徽,如党徽、国徽,可将其印在证件上。

3. 姓名。会议证件上应写明持证人的姓名,要写现名,不能写曾用名,外国人应写外文姓名。

4. 照片。为了便于检查、结识和监督,会议证件上应当印有持证人的照片,照片应半身、免冠。

5. 证件类别。会议证件应根据持证人的身份、资格标明“出席证”、“列席证”、“工作证”、“记者证”等,要用较大的字号醒目标志。

6. 所在代表团或工作单位名称。以国家或地区名义派出的代表团,会议证件上应写国家或地区的名称，单位派出的代表写单位名称，以个人身份参加的写明其国籍。

7. 证件编号。为便于登记、查找和管理，证件应统一编号。

8. 举行日期。会议证件应标明会议的起始和结束日期，一般置于会议名称下方居中。

9. 举行地点。会议证件应标明会议的举办城市名称。

10. 持证须知。为了加强证件管理，可以对持证人提出一些要求，如“不得转借”、“凭证入场”以及相关的安全注意事项等，一般印在证件的背面。

以上要素可根据会议性质和证件管理的需要加以选择。

（二）会议证件的式样及制作要求

1. 会议证件的式样通常设计成长方形的胸卡或襟牌，横式、竖式均可，大小要适中，质地要牢固，要能反复多次使用。

2. 会议证件的设计格调要与会议的性质相适应。比如，庆祝会、代表大会的代表证可以采用红色衬底，以体现喜庆的气氛，学术性会议可以采用蓝色衬底，以示理性。

3. 涉外会议活动的证件每个项目可用中文和外文两种文字标注，中文在上，外文在下。承办国际组织的会议，证件上的文字要以该组织的官方文字为主。

4. 不同种类的证件一定要采用不同的底色、字体、图案等作明显的区别，以便于识别和管理。

【会议证件参考式样】

第八节　返离工作

一、返离工作的含义和作用

所谓返离,即闭会后与会者的返回离会。返离工作包括预订与会者的返程票、费用结算、清场检查、文件清退和告别送行等方面的工作。返离工作是会议接待工作的最后一道环节,是会议接待工作有始有终、善始善终的体现。

二、返离工作的具体内容

(一)预订返程票

返程票是与会者最为关心的问题之一,因为这直接关系到与会者能否按时返回单位开展工作。提前做好这项工作,能解除与会者的后顾之忧,使与会者安心参加会议活动,有利于提高会议活动的效率。预订返程票要注意以下几点:

1. 在汇总回执、报名表和申请表的同时,详细了解并登记与会者对回程的交通工具(飞机还是火车)、返程日期、航班或车次、舱位或坐卧等级、目的地等的要求。

2. 根据初步统计的信息,同票务公司或有关部门联系订票事宜。

3. 与会者报到时,要求其确认订票要求。如有变化要及时与票务公司联系更改。如无变化,则当面交割回程票,做好交割记录。

(二)结算费用

报到时如预收了有关费用,在与会者离会之前,应按实际花费予以结算。结算时要列清每项开支,多退少补。如预收时曾出具收据,则应以收据换正式发票。

(三)清场检查

与会者离会时可能会在会场或房间里遗忘一些物品和文件,接待人员要仔细检查,一旦发现,应及时归还。属于保密文件和物品的,按保密规定处理。

(四)文件清退

要求清退的文件,在会议结束时或与会者离会前办理好清退手续。

(五)告别送行

如同接站一样,与会者离会时也要热情欢送,具体方法是:

1. 会议组织机构的主要领导人尽可能安排时间出面告别。告别的形式可以是到与会者住宿的房间走访告别,也可以是会议闭幕后在会场门口道别。身份较高的与会者还应当由领导人亲自到机场或车站送行。

2. 安排好车辆，将与会者送至机场或车站。与会者行李较多时，接待人员要主动为其提拿。

3. 进入机场、站台和码头送行的，当飞机、列车、轮船启动后，欢送人员应挥手向与会者告别，直至对方的视线看不见欢送人员。

第九节　会议接待人员的礼仪素养

一、仪容与举止

接待人员的仪容要求整洁、大方、得体。男士应当适时理发，修剪指甲，衣着整洁，参加涉外活动应着西装并结领带。如出席隆重的活动，应着深色的西式衣裤，上、下身颜色要一致。室内活动不能戴帽子。无论天气如何炎热，不能当众解开纽扣、松开领带、脱下衣服。女士应当着淡妆，但衣着不要千篇一律，不可袒胸露肩和穿超短裙。礼仪人员可着统一的礼仪服装。

举止应当文雅、庄重、大方。站立时身体不要歪靠一旁；不能坐在桌子上与客人交谈，坐时不要跷腿摇脚，坐在沙发上不要半躺；走路时脚步要轻，遇急事可快步行走，但不可慌张奔跑。在会议、会谈、会见中，会务工作人员如有急事通知与会者，不应大声叫喊，而应当轻轻走上前去耳语或递纸条告知。引导与会者时，应走在右侧稍前的位置，并侧着身体走路，拐弯时应用手示意，进门时应为客人打开门并让客人先进。平时和与会者同乘电梯、进门或入座时，应主动谦让。

二、约见

在会议活动中，主办方的领导往往需要出面看望与会代表，会务工作人员也常常因联系安排会议活动约见或拜访与会方的代表或随行人员。在主方的办公地点安排会见，主人应当提前在办公室或会见厅门口迎候。在第三地安排约会，主人应提前到达现场迎候。拜访和看望对方，应事先用电话约定，并按时抵达对方住所。过早抵达会使对方因准备未毕而难堪，迟迟不到则会因让对方等候过久而显失礼。因故迟到应向对方表达歉意。因故不能应邀赴约、取消或推迟约会，应尽早有礼貌地通知对方，并以适当的方式表达歉意。抵达时如无人迎候，进门前应先按铃或敲门，按铃时间不宜过长，敲门不应过急过重。经主人允许后方可入内。无人或未经主人允许，不得擅自入内。一般情况下，尽量不要在休息时间打扰对方。如因事情紧急，不得不在休息时间约见对方，应在见面时先致歉意并说明理由。谈话应在室内进行。但主人未邀请进入室内，则可退到门外进行谈话。无论是礼节性看望还是工作性拜访，谈话的时间不宜过长。告别时应有礼貌并感谢对方的接待。

三、称呼

国内会议接待,可称呼对方的职务、职称、学衔,也可称“同志”、“先生”、“女士”、“小姐”。涉外会议接待,对外国人的称呼应根据对方的习惯。一般对男子称“先生”、对已婚女子称“夫人”,对不了解婚姻状况的女子或未婚女子称“小姐”。有时也可以称呼对方的职务、职称、学衔、爵位,如“××大学校长斯特朗博士”、“杰克法官”。

四、介绍

会务工作人员需同与会者当面联系时,应先自我介绍。陪同领导人看望、拜访与会者时,应先将领导人介绍给对方,再将对方介绍给领导人。如前去看望与会者的领导人较多,可按身份高低的次序逐一介绍。在其他活动场合介绍他人时,应先了解双方是否有结识的愿望,不要贸然行事,尤其是涉外活动,更应谨慎。介绍时,应先把身份低、年纪轻的介绍给身份高、年纪大的,把男士介绍给女士。

介绍时互递名片,应用双手递接名片,名片不能倒递或反递。

五、握手

握手除了对客人表示欢迎、欢送外,还具有祝贺、感谢或相互鼓励的意义。年轻者对年长者、身份低的对身份高的,应稍稍欠身,也可用双手握住对方的右手以示尊敬。一般应由主人、年长者、身份高者、女士先伸手,客人、年轻者、身份低者、男子应先问候对方,待对方伸手后再与其握手。当多人同时向你伸手时,不要用双手交叉与人握手。握手时双目应注视对方,微笑致意,或者致以欢迎和问候。

六、致意与交谈

遇到与会客人,应说“您好”或点头微笑致意;对方主动问好,一定要礼貌回应。

与人交谈时,要表情自然,语言平易近人,表达得体,距离适中。说话时可适当做些手势,但不宜过多,动作幅度不要太大,不能摇头晃脑,更不能用手指指点点、拉拉扯扯、拍拍打打。

与会者相互交谈时,接待人员不要凑前旁听。如有要事需与某人说话,应待别人说完,不宜随便打断别人。与人交谈时,目光应注视对方,以示专心。谈话中遇有急事需要离开,应向对方打招呼,表示歉意。

对第三者参与谈话,应表示欢迎。多人谈话时,要照顾在场的所有人,不能只与一两个人谈话或只谈个别人知道或关心的事。如有人谈到一些不便谈论的问题,不应对此轻易表态,可转移话题或故意答非所问。谈话内容一般不要涉及疾病、死亡等不愉快的事情。与外国人谈话不要随便询问对方的履历、收入、家庭财产、衣饰价格等私人生活方面的问题,也不应随便询问外国妇女的年龄、婚姻状况。对方不愿回答的问题不要究根问底。对方对问题流露出反感时，应表达歉意或立即转移话题。不要随便同外国人谈论对方国内的政治、宗教、民族矛盾等问题。谈话时若要问候对方，应根据客人的习惯。对外国人一般不问"你吃饭了吗?"，"你到哪里去?"，而应使用"早安"、"晚安"等问候语。告别时可根据不同的对象选择不同的告别用语，如"很高兴与你相识，希望再有见面的机会"，"望今后多加联系"等。

七、迎送

举行仪式性活动时，礼仪人员分别站立于门的两侧，面带微笑，迎接与会者的到来。领导和贵宾进门后要主动上前引路，将其引至预订的座位。

会议结束时，礼仪人员应在门口立岗送客，面带微笑道别。会议颁奖或邀请嘉宾上台，由专门礼仪小姐引领。

八、帮助

要主动观察与会客人是否需要帮助。如看到与会客人迷路时，要主动为其指路。客人需要帮助时，要主动询问"您需要什么帮助吗?"或"我能为您服务吗?"。看到客人的行李较多或行动不便，要主动上前帮助提携行李或搀扶客人。

九、斟茶

给与会客人斟茶时应右手扶杯身，左手托杯底，双手奉上，并且要面带微笑。给主席台上的领导和贵宾添茶，应绕到领导右后方，不可站在领导前面，背向台下观众。提供茶水服务的顺序要根据会议的性质和会场情况确定。如果是给国内会议的主席台的领导和贵宾倒茶，应当从中间身份最高的领导人开始，先左侧后右侧按座位顺序斟茶。主席台上人数较多时，可安排两位礼仪人员从中间向两侧提供斟茶服务。如果举行双边会见或者会谈，斟茶的顺序为先主宾后主人，然后按顺时针方向提供服务。

思考与练习

1. 会议通知、邀请函、请柬、公告、海报的适用场合和适用对象有哪些区别?
2. 会议通知和邀请文书一般应当包含哪些内容? 试写一份会议通知和邀请文书。
3. 试述会议接待方案的基本内容和写法，并试写一份会议接待方案。
4. 试述接站和引导工作的要求。
5. 试述报到工作的流程和要求。
6. 签到和报到有何区别?
7. 签到的作用和方式有哪些? 试写一份签到表。

第五章　会场布置

第一节　会场布置的目的和作用

一、会场布置的目的

会场是与会者交流信息的空间，是会议活动的基本环境。作为一项重要的会务工作，会场布置的根本目的在于创设与会议目标、性质、主题相适应的环境和气氛，为会议的顺利进行提供保障。会场布置以会场内部为主，同时也包括会场周边环境的布置。

二、会场布置的作用

（一）提供条件保障

现代会议离不开技术与物质条件的支持。纸张、电脑、桌椅、照明系统、空调、花卉、音响设备、投影仪、电子表决器、同声翻译系统等物品或设备，往往是现代会议不可缺少的技术和物质条件。会场布置的任务之一，就是确保这些物品和设备得到及时安放、安装、调试，满足会议的需要，同时创造舒适的会议环境。

（二）体现会议秩序

会议是一种讲求政治秩序和礼仪次序的活动。这些秩序不仅要通过制定会议规则来保证，而且也要通过会场布置的形式来体现。比如，设置主席台的目的就是要强化会议的政治秩序和礼仪次序，主席台上的领导人座次的安排必须根据身份的高低，会议成员座区的划分应当根据成员的资格和分组的规则，在举行国际双边或多边会议时，会谈的座位格局必须符合主权平等的原则和国际礼仪的精神。

（三）营造会议气氛

会议气氛分为主观气氛和客观气氛。主观气氛是与会者之间情绪相互影响和作用的表现，如合作、对抗、缓和、紧张等；客观气氛则是会场环境布置和装饰对与会者心理产生的效应。在会议活动中，主观气氛和客观气氛相辅相成。主观气氛的需要决定客观气氛的类型，也就是说，反映会场客观气氛的各项安排、布置、装饰必须适应会议主观气氛的需要，为营造会议主观气氛服务。反过来，客观气氛布置得体、恰当，也会积极影响与会者的情绪，有利于创设良好的主观气氛。

第二节 会场座位格局设计和安排

一、座位格局的含义和作用

座位格局是指会场内与会者座位安排的形状与结构。设计并安排好座位格局具有以下作用：

(一) 体现与会各方的政治关系

会场的座位格局体现与会各方的政治关系。比如，“圆桌会议”这一提法，就是因会议座位的圆形格局而形成的。现在，“圆桌会议”已经成为各种力量平等对话协商会议的代名词。2001 年 11 月 27 日，联合国阿富汗问题会议在德国波恩市郊的彼得斯贝格国宾馆举行，来自阿富汗的四个主要派别共派出了 32 名代表出席会议。除开幕式因联合国派代表团参加外，四边谈判的座位格局均设计成正方形，以体现各派政治力量的平等。

(二) 形成特定的会场气氛和心理效果

不同的座位格局所形成的会场气氛和心理效果是不同的。比如，座谈会一般都采取围坐式格局，不设专门的主席台，主持人与其他与会者围坐在一起，会议气氛比较融洽；报告会则需专门设主席台或讲台，以突出报告人的主导地位并体现庄重的会场气氛。因此，座位格局的设计和安排是形成特定的会场气氛和心理效果的重要手段。

(三) 科学利用场地

会场大小和与会人数多少是制约会场座位格局设计和安排的两个重要因素。一般而言，会场小而人数多，可将座位适当安排得紧凑一些，反之，则可安排得宽松一些。在设计和安排座位格局之前，应实地考察会场，根据与会人数以及会场内必需的活动空间和安全性因素，确定座位的疏密程度和结构形状。在会场面积有限的情况下，通过科学合理地安排座位格局，既可以最大限度地利用会场，又能够确保与会者的安全舒适。

二、座位格局的类型

会场座位大体上可分为上下相对式、全围式、半围式、分散式和对等式五种格局。

(一) 上下相对式

上下相对式的主要特征是主席台和代表席采取上下面对面的形式，从而突出主席台的地位。由于专门设立了主席台,整个会场气氛就显得比较严肃和庄重。

上下相对式又可以分成礼堂形、“而”字形等。礼堂形的座位格局场面开阔,较有气势,适合召开大中型的报告会、总结表彰会、代表大会等,但其座位一般是固定的,因而无法作适当的调整。“而”字形的格局,一般安排在座位不固定的会议厅内,形式较为灵活,而且可以最大限度地利用会场面积。上下相对式座位格局如图 5 - 1 所示。

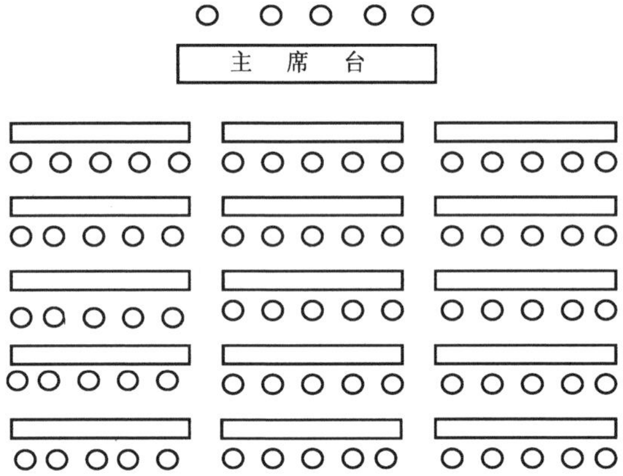

(a) 上下相对式•礼堂形

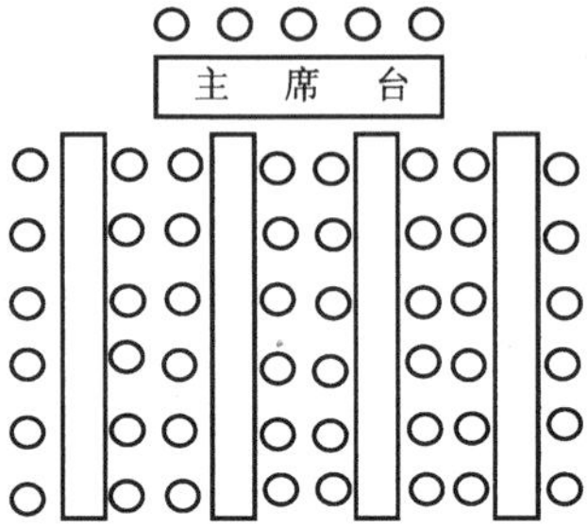

(b) 上下相对式•而字形

图 5 - 1　上下相对式

(二) 全围式

全围式的主要特征是不设专门的主席台,会议的领导和主持人同其他与会者围坐在一起,容易形成融洽与合作的气氛,体现平等和相互尊重的精神,有助于与会者之间相互熟悉了解和不拘形式地发言和插话,使与会者畅所欲言,充分交流思想、沟通情况,同时也便于会议主持者细致观察每位与会者的意向、表情,及时准确地把握与会者的心理状态,并采取措施引导会议向既定目标发展,或根据实际情况调整目标，从而保证会议取得成功。全围式格局适用于召开小型会议以及座谈性、协商性等类型的会议。全围式座位格局如图 5－2 所示。

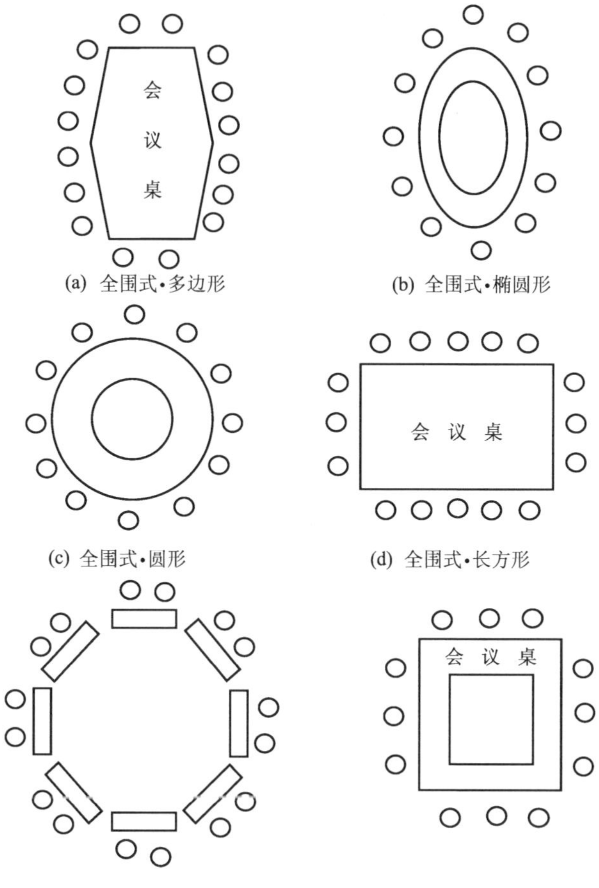

(a) 全围式•多边形　(b) 全围式•椭圆形　(c) 全围式•圆形　(d) 全围式•长方形　(e) 全围式•八角形　(f) 全围式•回字形

图 5－2　全围式

（三）半围式

半围式介于上下相对式和全围式之间，即在主席台的正面和两侧安排与会者的座席，形成半围的形状，既突出了主席台的地位，又增加了融洽的气氛。半围式适用于中小型的工作会议等。半围式座位格局如图 5－3 所示，其中，（b）桥形格局较特殊，适用于质询、述职、考评、听证、面试类的会议，桥面是会议主席或评委的座席，对面是质询、述职、考评、听证、面试对象的座位，形成半包围的态势，给对象的心理压力较大。

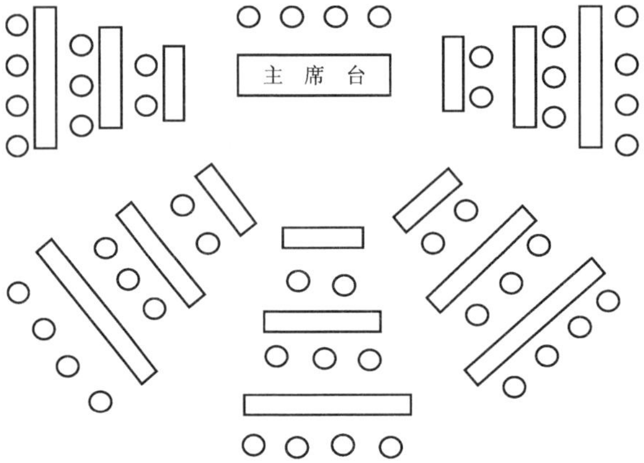

(a) 半围式• 五边形

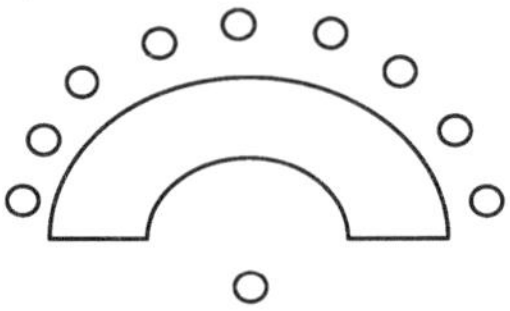

(b) 半围式• 桥形

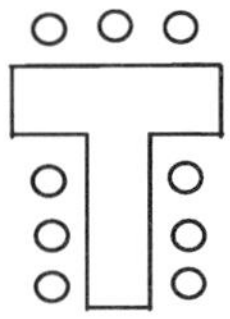

(c) 半围式• T字形

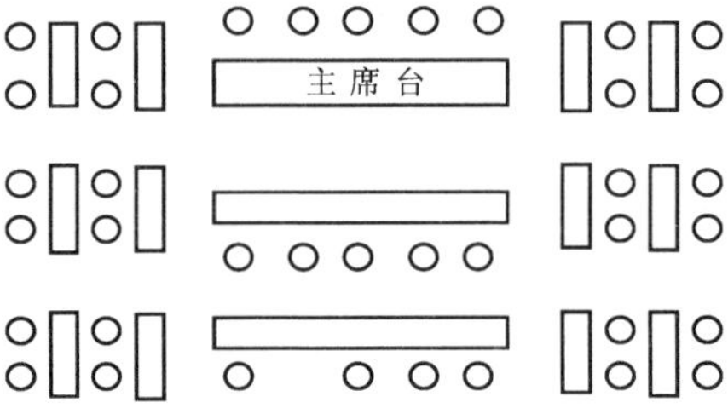

(d) 半围式• 出字形

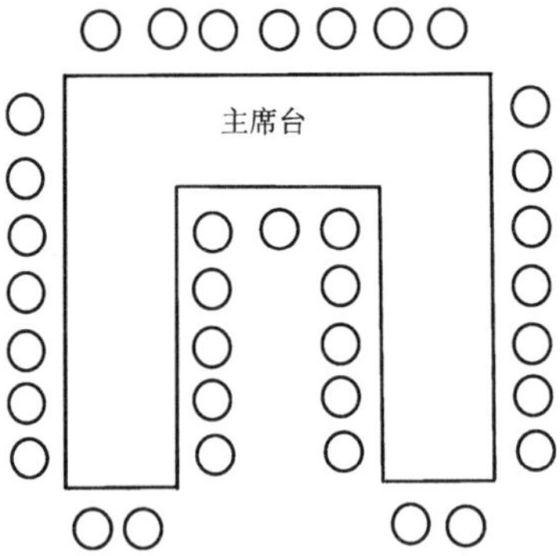

(e) 半围式• 马蹄形

图 5－3

(四)分散式

与前几种座位格局不同,分散式座位格局不止一个“中心”,而是有多个“中心”,即整个会场的所有座位按会议桌分成若干谈话交流“中心”,领导人分散就座,其中会议主席和主要嘉宾就座的桌席称作“主桌”,如图 5-4 所示。这种座位格局既在一定程度上突出主桌的地位和作用,同时也给与会者提供了多个谈话、交流的中心,

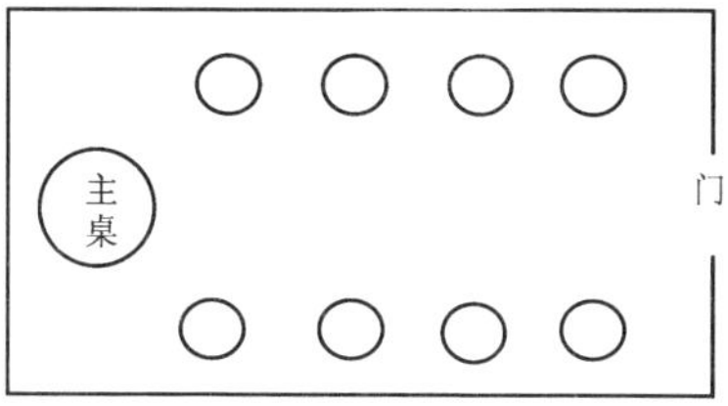

(a) 分散式· V字形

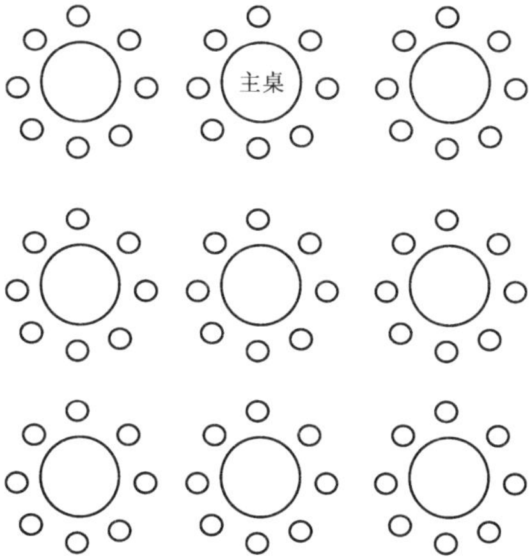

(b) 分散式· 圆桌形

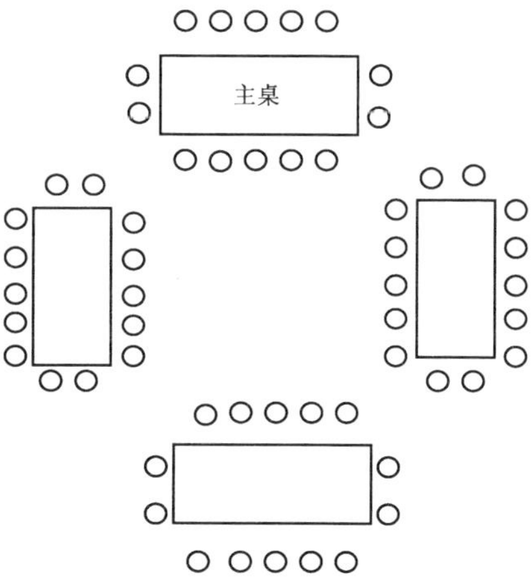

(c) 分散式· 方桌形

图 5-4

使会议气氛更为轻松、和谐，适合召开规模较大的联欢会、茶话会、团拜会等。

（五）对等式

对等式座位格局的特点是将会场座位排列成两边对等形状，主要用于举行双边会议、会见和会谈（详见第九章“会见、会谈和宴会”）。

第三节　会场环境布置

一、会场环境布置的含义和作用

会场环境布置是指根据会议性质和目标，综合运用文字、图案、色彩、造型、光线、音响、花卉等要素对会场的气氛进行烘托，其作用主要表现在以下几个方面：

（一）昭示会议主题

会标、标语等文字性装饰，具有直接昭示会议主题的作用；会徽、吉祥物等图案性、造型性装饰则形象地说明或间接烘托会议主题。

（二）渲染会议气氛

会议气氛分为主观气氛和客观气氛。文字、图案、色彩、造型、光线、音响、花卉等会场环境要素的有机组成，能渲染会议的客观气氛，并直接作用于与会者的感官，使人如身临其境，进而影响与会者的情绪和行为方式，达到营造会议主观气氛的目的。

（三）调节心理状态

大量的会议实践证明，与会者的心理状态对于会议结果的制约作用甚大，而与会者的心理状态又在一定程度上受会场环境布置的影响。比如，举行庆祝、表彰、誓师大会，鲜红的会标、鲜红的奖状、鲜红的旗帜等装饰物烘托了隆重、庄严、神圣的会议气氛，使人激动、感奋，给人留下深刻难忘的印象，从而产生极大的激励和教育作用。又如，举行协调性会议，以蓝色和白色作为会场的主色调，能起到缓解紧张气氛的作用。

二、会标与会徽

（一）会标的含义和作用

会标是在会场内面向与会者、揭示会议名称和会议主要信息、以文字为主的标志。会标有以下几个方面的作用：

1. 揭示会议的基本信息。会标的主要功能在于通过会议名称和附加文字直接揭示会议的主题、性质、主办者、时间、地点等基本信息，便于与会者和采访记者识别和了解会议。

2. 体现会议的庄重性。会标面向全体与会者，而且幅面巨大，是会场的视觉中心，在传递会议基本信息的同时，还增加了会议的庄重性。在笔者的一项非随机访问中，有 96% 的受访者认为会场内有会标要比无会标更能体现会议的庄重性。

3. 激发与会者的参与感。与会者对会议现场有无会标的感受有着明显的差异。在笔者的一项调查中，有 82% 的受访者感到在会标的视觉刺激作用下，对会议的认同感大大加强，从而激发了他们参与会议的积极性和责任感。

4. 有利于通过视频和图片等载体进行宣传报道。采用视频和图片的形式报道会议，会标是不可缺少的。会场内如无会标，视频和图片报道的效果就会大打折扣。

（二）会标与会徽的区别

关于会徽的含义和作用已在第三章第七节“会议形象策划”有专门的介绍，这里不再赘述。会标与会徽是两个不同的概念：会标属于某次特定会议的标志，同一系列不同届次会议的会标可以有所区别，而且只用于会场内的环境布置；会徽属于形象性和品牌徽志，具有无形资产性质，可以用做宣传和开发。会徽既可以与会标分开布置，也可以显示在会标中，作为会标的一个组成元素。

（三）会标的制作要求

1. 格调与主题相一致。会标的格调由色彩、字体、构图、材质等因素综合构成。会议的性质和主题决定会议的会标格调，如代表大会的会标格调应当凝重，联欢会的会标格调应当活泼。

2. 具有视觉冲击力。会标的制作形式和显示的位置应当醒目，有时也可以辅以背景性图案，使其具有较强的视觉冲击力，给人留下深刻的印象。室内会议的会标既可用横幅的形式悬挂于主席台上方的沿口，也可用投影仪映射于天幕上，或制作成巨幅布景展板面向与会者。庆祝类的会议可以将会标制成色彩鲜艳的充气拱门，以增强喜庆的气氛，如图 5－5 所示。

图 5－5

3. 体现会议的主要信息。如果会议名称揭示的主要信息较全面,可以直接作为会标的内容;如会议名称较为简洁,也可以在名称下面标出会议的主办者、承办者、赞助者以及会议的时间、地点。国际性会议的会标可以用中文和外文同时书写,也可以用会议规定的官方文字单独书写,如图5－6所示。

图5－6

三、标语

(一)会议标语的含义和作用

会议标语是指围绕会议目标和主题、用简短文字写出、醒目张贴或悬挂的、具有宣传鼓动作用的口号。会议标语是一种书面符号系统,与会徽、画像、旗帜等装饰物相比,能更直接诠释会议主题、彰显会议理念,因而更具有宣传会议精神、渲染会议气氛、激发与会者热情的作用。

(二)会议标语的种类

1. 主题性标语。这是指诠释、烘托会议主题的书面口号。如党的“十七大”召开时,在人民大会堂大礼堂二楼的围墙上横挂着醒目的标语:高举中国特色社会主义伟大旗帜,以邓小平理论和“三个代表”重要思想为指导,深入贯彻落实科学发展观,为夺取全面建设小康社会新胜利而奋斗!

2. 礼仪性标语。表达热诚欢迎和热烈祝贺之意的大幅书面口号即礼仪性标语,如“热烈欢迎参加××大会的国内外嘉宾”、“热烈祝贺××大会隆重召开”。

(三)会议标语制作和悬挂的要求

1. 切合主题。标语口号是为宣传会议主题服务的,制作时一定要切合主题,体现会议的目标。

2. 亲切感人。要使人们对标语口号产生认同感,很重要的一点就是标语口号要亲切随和，喜闻乐见。如“交通法规，生命之友”、“高高兴兴上班，平平安安回家”，这样的标语口号使人感到十分亲切，易于接受。而“严厉打击超生偷生”、“谁不遵守交通法规，谁就没有好下场”这样的标语口号虽然观点不错，但感情上却使人难以接受认同。

3. 号召力强。标语口号要有强烈的鼓动性和号召力，使人看了之后精神为之一振。

4. 简洁工整。实践证明，简洁的标语更能引起与会者的视觉注意，也更容易记忆和流传。此外，标语口号也要尽可能工整，富有节奏感，让人读起来朗朗上口，有助于扩大宣传效果。

5. 悬挂得体。标语的悬挂一定要得体，具体要求是：

（1）悬挂的数量要适当。标语数量太多不仅达不到好的宣传效果，反而会产生视觉污染，使人感到压抑和厌烦。

（2）悬挂的位置要恰当。会议标语一般悬挂在主席台周围和会场外面。如果主席台的天幕或者前沿横帘幕上已经悬挂了会标，则不宜再悬挂标语口号，以免冲淡会标的效果。礼仪性的标语应悬挂在会场的入口处，也可在与会者抵达的机场、车站作适当的布置。

（3）悬挂的方式要别致新颖。如可采用横幅、直幅、广告牌、气球、充气拱门等悬挂方式。

四、人物画像

（一）人物画像的种类

有些会议在会场内悬挂人物画像，可以烘托会议的主题和气氛。会议的画像主要有两类：一类是组织的领袖人物，另一类是庆祝、纪念或追思的对象。

（二）悬挂人物画像的要求

1. 符合需要。一般的会议并无悬挂人物画像的必要。特殊会议悬挂人物画像一定要符合会议的需要，体现会议的目标。如为庆祝或纪念某人的诞辰而举行会议，悬挂庆祝或纪念对象的画像，有助于突出会议主题，营造会议气氛。召开座谈会，画像一般悬挂在天幕中央，也可和会标一起设计。

2. 慎重对待。在会场内悬挂谁的画像、悬挂几个画像，有时非常敏感，因此一定要慎重对待。法律、法规或组织内部规章对此有规定的，应严格遵守。

3. 符合礼仪。如需悬挂多人的画像，必须事先确定先后顺序，然后根据顺序安排悬挂的位置。国内会议一般情况下可采取先左后右（以朝向为准）的方法确定悬挂的位置。

五、旗帜

(一)会场中的旗帜的种类

1. 国旗。重要会议的会场及其周围地区需悬挂主办国的国旗,有时还需要举行升国旗仪式。国际性会议应当同时悬挂各与会国的国旗。

2. 会旗。特定组织举行的会议,可以悬挂本组织的会旗,有时还需要举行升、降或者交接会旗的仪式。

3. 红旗。党代表大会、人民代表大会、政协会议等气氛庄严的会议,往往在会徽两侧各用5 面红旗加以衬托。

4. 彩旗。彩旗有两种,一种是单色的彩旗,另一种是印有会议的吉祥物、会徽、口号等会议标记的彩旗。庆祝性、表彰性的会议可在主席台及会场内外悬挂彩旗,以增加会议隆重、热烈、喜庆的气氛。

(二)国旗悬挂的要求

1. 两国国旗并挂的规则。在中国境内举办双边活动需升挂中国和外国国旗(包括联合国国旗)时应当做到:

(1)旗幅一致。这是指两国国旗应按照各国规定的比例制作,尽量做到旗的面积大体相等。

(2)主左客右。举行国际性双边会议、会谈或仪式性活动,以旗的正面为准,左方挂主方国旗,右方挂客方国旗。这里所谓的主方和客方,不是以活动在哪个国家举行为依据,而是以由谁主办活动为依据。例如,东道国举行欢迎宴会,东道国为主方,东道国的国旗置于左侧;来访者在东道国举行双边活动,来访者是主方,东道主是客方,东道国的国旗应置于右侧。

2. 在中国境内需同时悬挂多国国旗的规则。在中国境内需同时悬挂多国国旗时,必须做到:

(1)同时悬挂中国国旗。

(2)在室外或公共场所,只能升挂与中国建立外交关系的国家的国旗。如要升挂未建交国国旗,必须事先征得省、自治区、直辖市人民政府外事办公室批准。

(3)旗杆高度应该划一,但中国国旗应置于荣誉地位,具体办法如下:

①一列并挂时,以旗面面向观众为准,中国国旗在最右方,其他国家的国旗按顺序从右向左排列;

②单行排列时,中国国旗在最前面,其他国家的国旗按顺序从前向后排列;

③弧形或从中间往两边排列时,中国国旗在中心位置,其他国家的国旗按顺序从中间向两侧先右后左排列;

④圆形排列时,中国国旗在主席台或主入口对面的中心位置,其他国家的国旗

按顺序从中间向两侧先右后左排列。

(4)升旗时，必须先升中国国旗；降旗时，最后降中国国旗。

3. 排列各国国旗的先后顺序应依据相关国际组织或主办方事先确定的规则。属于国际性组织举行的会议，根据该组织官方文字，按成员国名称的第一个字母的顺序安排国旗顺序。例如，上海合作组织举行会议时，会场内一列并挂 7 面旗帜，以朝向为准，最右面上海合作组织旗，其余 6 面成员国国旗按俄文名称第一个字母的顺序排列，从右向左依次为哈萨克斯坦国旗、中国国旗、吉尔吉斯斯坦国旗、俄罗斯国旗、塔吉克斯坦国旗和乌兹别克斯坦国旗。如图 5－7 所示。

图 5－7　上海合作组织会议中各与会国国旗排列顺序

4. 悬挂国旗一般应以旗的正面面向观众，不能随意交叉悬挂、反挂、竖挂，更不得倒挂。如有必要竖挂或使用国旗的反面，必须按照有关国家的规定办理。如有的国家规定，国旗如需竖挂，必须另外制旗，将图案或文字转正。不加注意随便竖挂或反挂某一国家的国旗，会产生外交麻烦。比如，2000 年 2 月 23 日法国总理若斯潘率政府代表团访问以色列时就差点因国旗的竖挂产生麻烦。当时，为欢迎若斯潘的到访，耶路撒冷的市政工人连夜在该市的主要交通干道上悬挂起红、白、蓝三色旗。23 日一早，立即有熟知各国国旗的人士提出质疑：明明是法国总理来访，为何要挂荷兰国旗？原来法国国旗和荷兰国旗都是由红、白、蓝三色条纹组成，所不同的是，法国国旗的三色条纹是纵向排列，而荷兰国旗的三色条纹却是横向排列。耶路撒冷大街上飘扬的都是横向排列的荷兰国旗。于是，耶路撒冷的市政工人不得不紧急出动，进行紧张的、工程浩大的“换旗”行动。事后，以色列方面将责任推到了法国驻以大使馆身上,说他们在向法国使馆就国旗问题进行咨询时,使馆光说是红、白、蓝三色,却没有提醒条纹的排列方向,结果才会闹出如此笑话。可见,当需要竖挂或反挂有关国家的国旗时,一定要向有关方面问清楚细节,千万不可粗心大意。

六、模型标志

模型标志是一种矗立在会场内或会场周围、象征会议精神、表达深刻寓意、具有较强的视觉冲击力的立体造型。比如,第一届中国艾滋病性病防治大会为了宣传防治艾滋病的重要性以及突出防治艾滋病的有效方法,特地在会场上竖立起一个高约5米、用黄色塑料制成的安全套模型。由于采用了拟人化的表现手法,该模型生趣盎然,寓意深刻,有力地烘托了会议的主题,是会议模型标志的成功典范。见图5-8。

图5-8

七、花饰

会场内外适当布置鲜花,能衬托会议主题,点缀会议气氛,给人一种清新、活泼的感觉,也能减轻与会者长时间开会的疲劳。布置花饰要注意以下几个问题:

(一)花饰的格调和意蕴

花卉的品种与颜色要符合会议的整体格调。如气氛热烈的庆祝会以红、黄等颜色较为浓烈的花为主,如圣诞红、月季、玫瑰等;庄重严肃的会议应当以常青观叶类花卉为主，如君子兰、棕榈、万年青等；座谈会等气氛比较轻松的会议，可摆放月季、扶桑等观赏性花卉和米兰、白玉兰、茉莉等赏香型花卉，以增加和谐融洽的气氛。

（二）花饰的形式

花饰的形式有花篮、花环、花圈、盆花等。花篮主要表达庆贺的意思，用于开幕、开张等仪式。花环主要表达欢迎的意思，用于欢迎大会。花圈表达哀悼的意思，用于追悼纪念仪式。盆花主要起点缀气氛的作用，各种会议均可使用。

（三）花饰的位置

花饰布置的区域包括主席台台口、天幕下方、讲台、会议桌、会场入口处等。其中，主席台台口、会场入口处是花饰布置的两个重点区域。

八、灯光

灯光的强、弱、明、暗及颜色，会给会场带来不同的视觉效果。灯光布置要注意以下几个问题：

（一）光色

一般性会议，宜使用白炽灯或日光灯作为会场的照明光源。而喜庆色彩较为浓烈的会议，或者以晚会形式举行的颁奖仪式等，可适当使用彩色灯光。

（二）主席台上与台下的光强比例

丰席台是会场的视觉中心，其照射光线的亮度应当比主席台下稍强些，以利于集中与会者的视线，突出主席台的地位。由于会议活动是一种互动的交流方式，主席台的领导要随时了解台下的情况和反应，因此台上台下的光线反差不能太大，这一点与舞台演出时的灯光布置有明显的不同。

（三）灯光的投射角度和受光效果

会议主席台的灯光布置和舞台演出时的灯光布置有很大的差别。如投射在主席台后面天幕上的光线不能太亮，否则会使主席台处于逆光的效果，造成主席台上领导人正面形象的模糊，同时也容易使主席台下的与会人员产生视觉疲劳。一般不要开启低角度的光源，因为低角度的光源会改变或者夸张人物的形象。

九、色彩与色调

不同的色彩与色调能对人产生不同的心理感受。比如，红、橙、黄等颜色给人以热烈、辉煌、兴奋的感觉，青、绿、蓝等颜色给人以清爽、娴静的感觉。因此，时间较长的会议，会场可用绿色、蓝色的窗帘，布置绿、蓝色的花草、树木等，以消除与会者的疲劳。代表大会、表彰庆祝大会,会场的色调布置要鲜亮、醒目一些,以显示热烈、庄严、喜庆的气氛,如在主席台摆一些五彩缤纷的鲜花,两侧顺列鲜艳的红旗,周围悬挂一些红底黄字的标语。在我国,一般认为:红色象征着火热、豪迈、奋进;黄色象征着温暖、高贵、辉煌。当人们走进用这样的色彩、色调布置的会场时,就会精神振奋、情绪激昂,就会很快将自己的感情融进会议的气氛中。其他一般性短会,不必作特殊布置。

第四节　主席台布置、座次排列和座区划分

一、主席台布置

(一)主席台的含义和作用

主席台是会议领导人、主席团成员、主要嘉宾、报告人集中就座的区域,其作用主要有以下几个方面:

1. 便于主持和领导会议。会议领导人或主席团全体成员集中就座于主席台上,既便于主持会议,也便于对会议中的突发性事件及时进行集体商量,做出决定。

2. 形成会议中心。在设有主席台的会场中,所有的报告、发言、讲话、演示都在主席台上进行,形成会议中心,使会议的信息沟通与交流更有秩序、更有效。

3. 增强会议的庄重气氛。一般而言,设有主席台的会场,气氛比较庄重,而不设主席台的会场,气氛较为轻松。

(二)主席台布置的内容和要求

主席台是会场视觉的中心,受众人瞩目,也是媒体宣传报道的焦点,因此,主席台的布置在整个会场的布置工作中占有突出的地位,应当高度重视。

主席台布置除了会标、会徽、画像、旗帜、花卉、灯光等会场环境要素外,还包括座位格局、讲台、话筒、揭幕架等。

1. 主席台的座位格局。同会场座位格局相比,主席台的座位格局可以选择的形式较少,一般都采取横式。应根据主席台上就座的人数多少来确定主席台的长短和座位排数。主席台的座位可以是一排,也可以是多排,除前排必须通栏外,后排也可分栏,中间留出通道。主席台上每排桌椅之间要空开适当的距离,以方便领导人入席与退席。如图 5 -9 所示。

2. 讲台。讲台是供主持人主持会议以及报告人做报告用的。设置专门的讲台,有助于突出报告人的地位,显示报告的重要性,也体现出会议气氛的庄严和隆重。因此,重要的代表大会、报告会等均需设置专门的讲台。一般情况下,讲台只设一个,可设在主席台中央,也可设在右侧(以主席台的朝向为准),如图 5 -10 所示。设

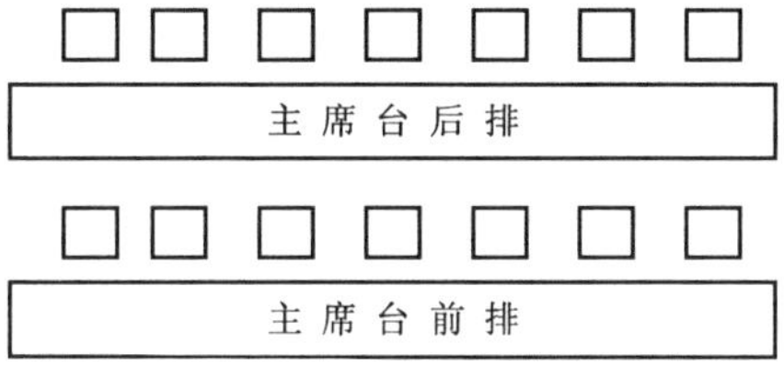

(a) 横式· 通栏形

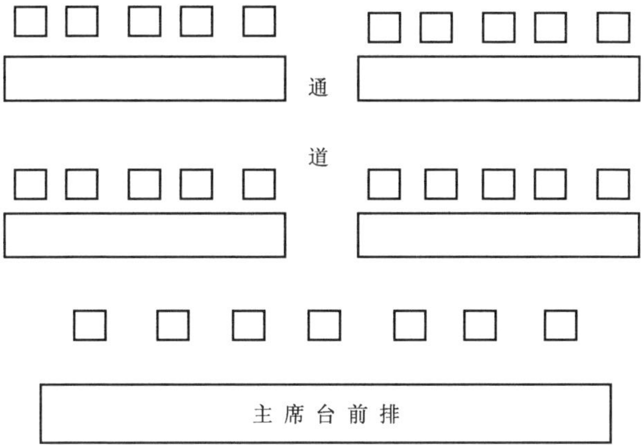

(b) 横式· 分栏形

图 5－9　主席台座位格局

在中央的，位置应低于主席台前排的位置，以免报告人挡住主席台上领导人的视线。较大的会场也可在主席台的两侧设置讲台，以方便台下的与会者上台发言。一些特殊的会议（如报告会、记者招待会等）可不设主席台，只设讲台。讲台上可放置鲜花，但以低矮型为宜。讲台正面可镶会徽。

(a)

(b)

图 5－10　讲台位置示意图

3. 话筒。话筒的安装要根据会议的需要。为便于领导人讲话、插话,主席台前排的每个座位都可安装话筒。讲台上必须安装话筒。

4. 揭幕架。会议活动中如穿插揭幕仪式(如揭碑、揭牌、揭像等),可在主席台的左侧设揭幕架,与讲台对称,也可将揭幕架放在主席台的中央。揭幕架上事先放置好所要揭幕的碑、牌、像等,用色彩相宜的揭幕布遮住。如图 5－11 所示。

图 5－11

二、座次排列

(一)座次的含义和座次排列的作用

座次是指按一定规则和方法排列的与会者的座席位次。排列座次的作用在于体现会议的礼仪。座次排列是会议礼仪工作重要的组成部分,应符合会议的礼仪规则。座次排列的重点是主席台。毋庸讳言,主席台的座次排列是一个非常重要和敏感的问题,有时甚至是一个严肃的政治问题,会务工作人员必须极其认真地对待。有的会议对主席台下的与会者也需要排列座次。

(二)与会者排序的规则

座次是根据与会者的排序安排的。因此,排列座次之前要先确定每个与会者的排序。与会者排序的常用规则有以下几种,无论采用哪一种规则都必须由会议领导机构或领导人最终确认。

1. 按与会者职务高低排序,同一职务可按资历高低排序。
2. 按与会者姓氏笔画排序。
3. 按上级批复或任命通知中的名单次序排序。

4. 派代表参加时，可按所代表的单位名称笔画排序。如参加会议代表的职务高低不等，也可先按职务高低排序，再按单位名称笔画排序。

5. 国际性会议则按国际礼宾次序排序，详见第四章“会议邀请与接待”。

（三）安排座次的方法

与会者排序确定后，再根据排序安排每个与会者的座位。国内会议和国际会议排列座次的方法不同。我国实行的是以左为尊的礼节，而国际礼仪则通行以右为尊。

1. 国内会议排列主席台座次的方法。具体如下：

（1）名单上排在第一位的领导人或来宾安排于主席台前排中央就座。

（2）其他领导人或来宾以主席台的朝向为准，按先左后右、一左一右的顺序排列。

（3）主席台上就座人数为偶数时，前两位领导人共同居中，第一位领导人坐在第二位领导人的左侧，第二位领导人坐在第一位领导人的右侧，余类推。

（4）主持人按其排序安排座次。

如图 5 – 12 和图 5 – 13 所示。

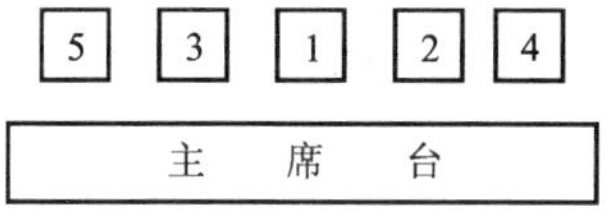

图 5 – 12

（注：主席台领导人为单数，序号表示领导人身份的高低）

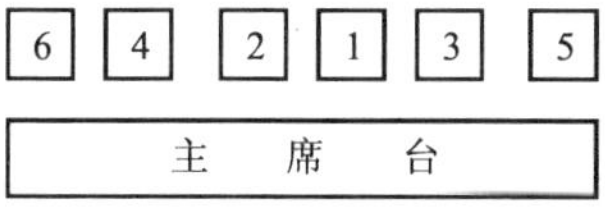

图 5 – 13

（注：主席台领导人为双数，序号表示领导人身份的高低）

2. 国际性会议主席台座次安排。在国际性会议主席台的座次排列中，一般由大会主席或者主办方身份最高的出席者居中，其他来宾按身份高低先右后左交替向两边排开。这一点与国内会议先左后右排列方法正好相反。出席者代表国家且身份相等时，一般按国家英文名称的字母顺序排列，有时也要综合考虑其他因素，采取特殊但各方都能接受的方法。例如，1998 年 3 月在英国举行的亚欧论坛，由于与会者都是政府首脑，所以就以任职时间的先后确定座次。有时，在安排主席右方首席座次时，可以通过抽签或协商决定领先的字母，再按字母顺序安排座次。在召开双边国际性会议时,双方身份最高的领导人共同居中,主左客右,交叉排列。

主席台布置案例如下:

2008 年 1 月 18 日,“中英工商峰会”在北京人民大会堂隆重召开,主席台成为各大媒体关注的焦点。幅面巨大的会标,占据主席台上的整个天幕,气势恢宏。会标采用青绿色为底色,镶嵌白色的文字,给人以典雅、清新、自然的视觉感受。会标的最上方按主左客右的国际礼仪悬挂中英两国的国旗。两面国旗均按照各自规定的比例制作,但旗幅大致相等,符合国际惯例。国旗下方用特大的黑体字书写会议的名称“中英工商峰会”和会议主题“创新促进合作”,十分醒目,标志作用显著。会议名称下面分别标注主办、承办、举办时间和举办地等会议的主要信息,展示了主办者和承办者的形象。所有的信息均用中文和英文书写,中文在上,字号稍大,英文在下,字号稍小,符合国际交往中在先权的规则。会标的中央,隐隐显示出一幅双方握手的底图,象征中英双方的友好与合作,也衬托了“创新促进合作”的会议主题。

主席台上的嘉宾按身份高低、主左客右和交叉排列的原则就座,既符合国际礼仪,又体现了双方的友好关系。中国国务院总理温家宝和英国前首相戈登·布朗共同居中,以主席台朝向为准,温家宝位于左侧,布朗位于右侧。中国商务部部长陈德铭和英国贸易和投资国务部长迪戈比·琼斯勋爵按宾主交叉的排列方式坐于两侧。峰会主持人是中国商务部副部长于广洲。

主席台布置简约、明亮。中间是座椅和茶几,茶几上面匀称摆放着鲜花和茶具。主席台右侧的讲台上垂挂着鲜艳、盛开的鹅掌红。主席台的沿口鲜花簇拥,与主席台上的红地毯相映生辉。这一切,给会场增添了温馨和谐的气氛。见图 5 – 14。

图 5 – 14

三、座区划分

（一）座区的含义和座区划分的作用

座区是指主席台以外的座席按一定规则和方法划分和安排的区域。规模较大、人数较多、资格不同，或者以团组、单位的名义参加的会议，往往需要将会场中的座席划分为若干个区域，让与会者按代表团、小组、单位或者按资格分区集中就座。

座区划分的作用体现在以下几个方面：

1. 所有的与会者按规定的座区和座席就座，便于维持会场的秩序。

2. 便于在会议现场分团组或单位统计实到会议的人数。

3. 便于在会议现场按团组或单位对会议的临时动议进行讨论或磋商。

4. 便于会议领导机构与各团组或单位之间以及团组之间、单位之间进行现场交流和沟通。

5. 便于在会议现场分发和清退会议文件。

（二）座区划分的原则

座区的划分应当坚持以下原则：

1. 遵守规则。会议规则对座区的划分有明确规定的，应从其规定。未制定相应规则的，应事先确定划分座区的原则。

2. 区别资格。与会者的资格有区别的，应按照资格划分座区。

3. 符合礼仪。举行礼仪性的活动，座区的划分应当符合礼仪要求。

4. 体现公平。座区的划分总会有前与后、中间与两侧的差别，如会场较大，不同的座区与主席台之间距离就会相差很大。为体现公平，使同一性质的每个代表团、小组或单位都有机会安排在中间或前面，可采取轮换座区的办法。

（三）座区的划分和安排方法

1. 按与会者的资格划分和安排。凡有不同资格的与会者参加的会议，应当首先将所有与会者按正式、列席、特邀、旁听的资格加以划分，然后再按资格分别安排座区。一般做法是：

（1）正式代表的座区在前或居中。

（2）列席代表安排在后排或两侧。也可将正式代表安排就座于一楼，而将列席代表安排在二楼就座。例如，全国人民代表大会举行开幕式时，全国人民代表大会代表按代表团就座于人民大会堂主会场的一楼，全国政协会议代表作为列席代表就座于主会场的二楼。

（3）特邀的嘉宾，人数较少时，就座于主席台上；人数较多时，主要的嘉宾就座于主席台上，其他应安排就座在前排。

(4)如允许旁听和记者采访,则在会场两侧或后排专设旁听席和记者席。

2. 按团组划分和排列。需要分组的会议,首先要按一定的原则确定团组排列的先后次序,然后再按一定的方法确定每一团组的具体座区。

(1)确定团组次序的方法。确定团组次序要依据会议的规则,未制定规则的,由会议的领导机构或领导人确定排列先后顺序的原则。具体方法有以下几种:

①按《中华人民共和国行政区划》规定的顺序排列,用于全国性的、按地区编组的会议。

②按各代表团、小组、单位名称的笔画多少确定先后顺序排列。首字笔画数相同的,根据汉字部首的先后顺序排列。首字相同的,根据第二个字的笔画数确定先后顺序,余类推。

③按代表团、小组、单位名称的汉语拼音的字母顺序来确定先后顺序。第一个字母相同的,根据第二个字母确定先后顺序,余类推。

④国际性会议则按国际礼宾次序确定先后顺序,详见第八章第六节“国际性会议的礼宾次序”。

(2)排列团组座区的方法。具体如下:

①横向排列法。这是指把每个代表团、小组、单位的座席从前向后排成纵向的一列,再按组别顺序以代表座席的朝向为准,从左到右依次横向排列。如图 5 - 15 所示。

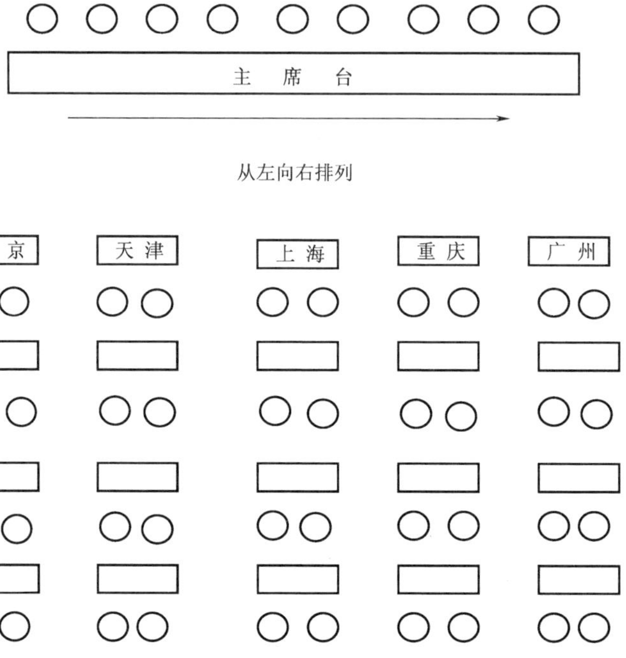

图 5 - 15

(注:代表团顺序为:北京、天津、上海、重庆、广州)

②纵向排列法。这是指把每个代表团、小组、单位的座席排成横向的一行，再按团组顺序从前向后依次纵向排列。如图5－16所示。

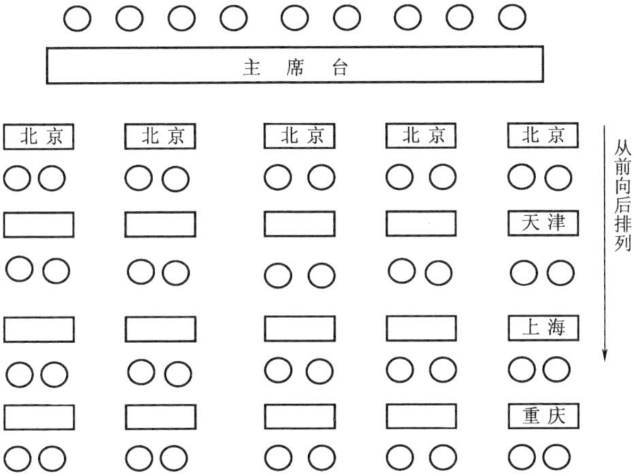

图5－16

（注：代表团顺序为：北京、天津、上海、重庆）

③左右排列法。这是指把代表团、小组、单位的座席安排成纵向的一列，以会场的中心线为基点，将顺序在前的排在中间位置，然后先左后右向两侧横向交错扩展排列其他团组。如图5－17所示。

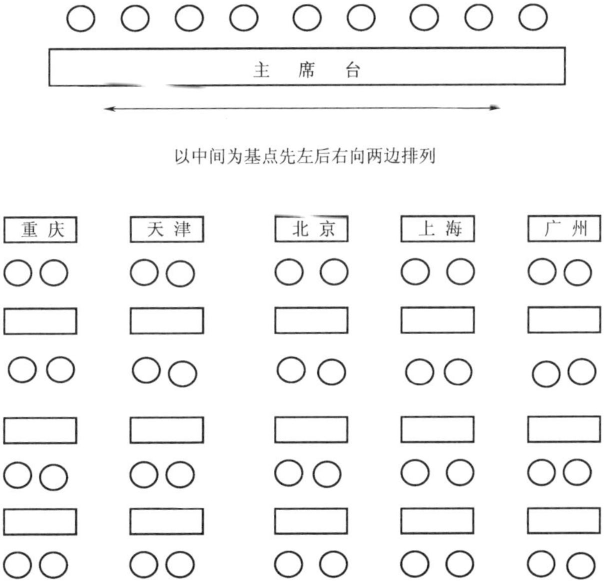

图5－17

（注：代表团顺序为：北京、天津、上海、重庆、广州）

④纵横排列法。当会议规模和会场较大、团组数量和会议人数较多时,如单纯按上述三种方法排列,可能会出现一个团组的代表座位排得过于横宽或狭长,不利于现场管理。这时可将会场划分成若干个矩形座区,每个团组集中就座,再按照团组顺序采取上述三种排列法(或先横后纵或先纵后横或左右展开)依次排列每个团组的座区。见图5-18。

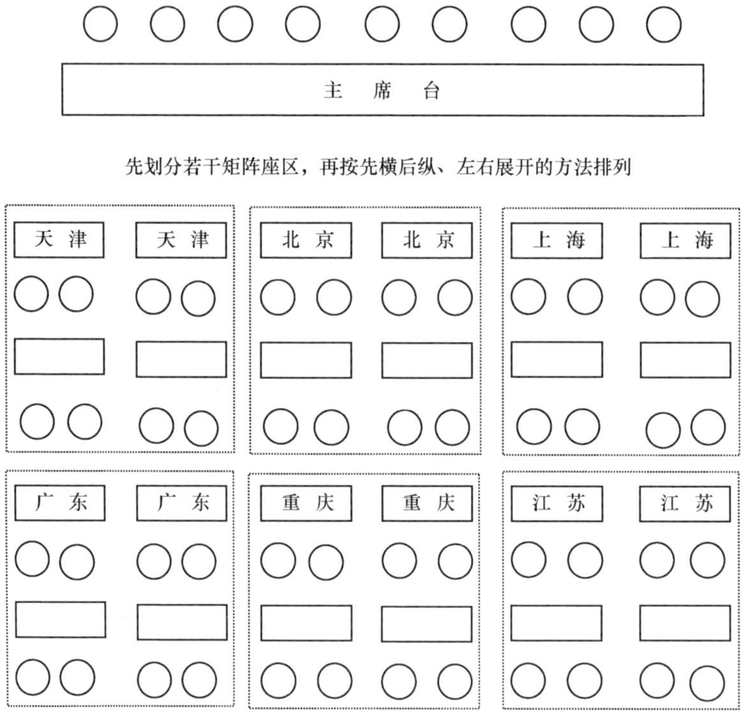

图5-18

注:(代表团顺序为:北京、天津、上海、重庆、广东、江苏)

毋庸讳言,主席台的座次安排,是一个非常重要而且又非常敏感的问题,有时甚至是一个严肃的政治问题,会务工作人员必须极其认真地对待。

第五节 会场设备、物品与指示标牌

一、会场设备和物品

(一)会场设备和物品的作用

会场设备和物品是现代会议活动赖以进行的物质保障。现代会议活动所使用的设备与物品琳琅满目,每一种设备和物品具有特定的功能,从某一方面支持会议

活动。会议的目的、方式和手段不同,所需要的设备和物品亦不同。概括说来,会场设备和物品的作用主要有以下几个方面:

1. 记载表达信息。会议活动是信息交流、信息共享的平台,而会议信息必须通过适当的载体才能表达、感知、接受、传递、记载和保存。如纸、笔、摄像机、录音机、速录机、电脑等就是记载和表达会议信息的最基本的设备和物品。话筒、音响系统、投影仪等,属于辅助表达的设备,可以提高会议信息的听觉效果和视觉表达效果。

2. 提供条件保障。即使是最简单的会议活动,也需要具备必要的活动条件,如桌椅、照明系统等。大型会议活动所需要的条件保障要求更多、更高,如空调设备、消防设施、通信系统、运输工具等。离开了这些基本的物质条件的保障,现代会议活动就难以举行。

3. 营造环境气氛。会议环境气氛的营造必须借助装饰用品。如高悬的气球和标语、五彩缤纷的旗帜、赏心悦目的花卉、色彩绚丽的灯光、热情激昂的音乐,每一项构成会议环境气氛的要素,都要通过相应的设备和物品来彰显。

4. 克服交流障碍。国际性会议活动,与会者来自不同的国家和地区,语言交流难免会有障碍,而有了翻译机、同声翻译系统等设备,可以让讲不同语言的与会者实现无障碍交流。

5. 实现远程会议。借助电话、电视、计算机和网络设施,现代化的远程会议成为现实,传统的会议模式发生了深刻的变化,人们不再需要为赶赴会议而无谓地浪费旅途时间和经费,会议的效率大为提高。

(二)会场设备和物品的种类

会场设备和物品种类繁多,概括起来,大致有以下几类:

1. 基本设备。这是指满足会议活动基本需要的设施,如沙发、茶几、桌子、凳椅、灯具、通风机、卫生用具以及供水、供电设施等。举办大型会议活动,电力供应的充足以及电力设施的完备尤其要重视。

2. 记录用具。如笔、墨、纸、簿册等记录信息的传统文具以及电脑、照相机、摄像机、录音机、磁带、软盘、光盘等记录和贮存会议信息的设备和物品。

3. 印刷设备。这是指印制和复制会议文件的机器设备,如打字机、打印机、扫描仪、复印机等。

4. 安全设备。中、大型会议的现场一定要设有足够的安全通道,配备质量可靠的消防器材和救生用品。

5. 装饰用品。这是指用于制作布置环境、渲染气氛的会标、会徽、旗帜、画像、标语等装饰物的材料。

6. 视听器材。如扩音机、幻灯机、投影仪、黑(白)板、电子书写板、同声翻译系统等。

7. 通信器材。如举行电话会议、电视电话会议、网络视频会议所用的电话机、电视机、计算机以及相应的通信网络设施。

8. 茶点毛巾。如会议期间提供茶水和茶歇服务，要准备好茶水、茶叶、茶具、毛巾、点心、水果、饮料等物品。

9. 专门用品。这是指在专门性会议活动中使用的物品，如颁奖会的奖品与证书，选举会的选票、投票箱，开幕式剪彩用的彩球和剪刀，等等。

（三）准备会场设备和物品的要求

1. 满足需要。不同的会议对设备和物品的需要是不同的。比如，大型会议或安排演讲的会议，现场要安装大屏幕投影仪，国际性会议的现场要配备同声翻译系统，表决性会议需要有电子表决器。负责会议条件保障的会务机构和会务人员一定要了解会议的性质、任务以及每一项议程和程序，根据会议的实际需要准备好各种设备和物品。

2. 周密计划。会务工作机构应在会议筹备工作一开始，就预先制订所需设备和物品的详细计划，作为会议预案的有机组成部分，报请会议的领导机构审定。计划应当包括以下几个重点方面：

（1）所需设备和物品的清单，包括名称、型号、数量。

（2）所需设备和物品的来源，如租借、调用、采购等。

（3）所需设备和物品的费用。

3. 专人负责。会场设备和物品的准备、安装、调试和使用是一项责任性和技术性都很强的工作，准备是否充分，安装调试是否到位，对会议活动能否顺利进行影响甚大，不能有半点差池。因此，一定要落实专人负责此项工作，必要时应配备一定数量的技术人员。

4. 提前准备。会场的各种物品应当在事先落实妥当，布置到位；有关设备和设施应在活动开始之前完成安装和调试工作。

5. 实用和节约。实用和节约是准备会场设备和物品的重要原则，做准备工作时要严格按照经费预算执行，提倡节约，反对追求豪华、奢侈。

二、会场指示标牌

（一）会场指示标牌的含义与种类

会场指示标牌是会场内以简明的文字和图形符号传达各种指示性和警示性信息的标志。会议中常用的指示标牌主要有：

1. 座位号指示牌。大型的固定会场要标志排号、座位号（一般分为单数号和双数号），有的还要表示楼层号和区位号。

2. 与会者座区指示牌。其写明团组名称或与会者身份的类型，置于该座区首座的前方或两侧，或制成台式标牌，放置在该座区首座的桌上。与会者身份可按首长席、正式代表、列席代表、来宾席、旁听席、记者席分别标写。

3. 席卡。席卡也可称为名签、坐签，一般用于标志主席台上领导以及主席台下的主要嘉宾。席卡的文字内容一般包括所属组织、职务和姓名。席卡通常两面书写，一面朝向自己，一面朝向其他与会者，这样既便于对号入座，又方便与会者之间相互辨认、结识。国际性会议的席卡也可以用中外文两种文字书写。

4. 桌号指示牌。大型宴会、联欢会等采用分散式座位格局的会场，由于桌席较多，要标志桌次号码。

5. 方位指示牌。如会场较大，为方便与会者寻找座位，要在会场门口和场内悬挂或放置方位指示牌，表明各座区的方位。

6. 座次图。座次图用图表的形式标明全场或主席台的座位分布及具体座次，使每位与会者心中有数。座次图也可张贴或悬挂于会场入口处，主席台的座次图则悬挂在领导人和嘉宾的休息室。

7. 应急指示牌。这包括在紧急情况下指示如何逃生、避险、消防、救护的各种标牌。

（二）会场指示标牌的布置要求

1. 符合礼仪。座位号指示牌、席卡、桌号指示牌等标牌是会场座位格局以及领导人、嘉宾座次高低的体现，布置时要符合座位格局设计的意图和座次礼仪。

2. 准确细致。会场指示标牌的书写和布置要非常认真细致，不能出现文字和图案错误，也不能出现放置错误。临开会前，应当将布置好的指示标牌再仔细检查核对一遍，确保万无一失。

3. 位置醒目。会场指示标牌的制作形式、大小和放置的位置根据其作用各不相同，但一定要放在醒目之处，便于寻找和识别。

思考与练习

1. 设计并安排好座位格局有哪些作用？试举一例说明。
2. 会标的作用是什么？会标与会徽有何区别？
3. 国旗悬挂有哪些要求？
4. 试述主席台布置的内容和要求。
5. 国内会议和国际性会议安排主席台座次的方法有何不同？
6. 试述座区划分的原则以及安排座区的方法。
7. 试述会场设备、物品的作用以及准备的要求。

第六章　会议信息和提案工作

第一节　会议记录工作

一、会议记录的含义和作用

（一）会议记录的含义

会议记录是会议客观进程和内容的原始记载，既包括一般会议的记录，也包括各种会见和会谈的记录。

（二）会议记录的作用

1. 为日后查考提供依据。会议记录客观、真实地反映会议的全过程和最终结果，提供会议活动全面、原始的信息，这就为日后查考、分析研究会议提供了可靠依据。这是会议记录最基本的作用。

2. 确认会议的法定效力。在董事会议、理事会议、听证会议等一些法定性会议以及国际性正式会议中，会议记录经发言者和会议领导人签字确认后，便成为具有法定效力的文件，有的还对签字各方具有约束力。

3. 有利于会议信息的汇总、交流和总结。无论是会议期间分组讨论、审议后的信息汇总、简报编写、大会交流，还是会议结束时领导人对会议进行总结，都离不开会议记录。准确全面的记录，能使会议信息的汇总和大会交流更广泛地代表和反映与会者的意志，使会议的领导更全面地了解和掌握会议的进展情况和动向，同时也能使会议总结更正确地表达会议的主题和结果。

4. 为形成会议的最后文件打好基础。会议的最后文件，如决定、决议、会议纪要、合同、条约、联合声明等，都需要根据会议记录整理、归纳并拟写，因此，做好会议记录是形成会议最后文件必不可少的基础工作。

5. 便于传达和宣传会议精神。一般情况下，会议结束后会议记录仅作归档保存处理，以备日后查考，但有时经会议领导和发言者同意，也可以以会议记录整理稿的形式散发或下发，以便学习与传达会议精神。

6. 便于会议的宣传报道。会议记录包括照片和视频类的会议记录。这类会议记录还广泛用于会议的宣传报道，具有形象、直观的效果。

二、会议记录的种类

(一)书面记录

书面记录是指在纸质材料上进行的文字记录,其特点是简便易行。书面记录有两种具体方法:

1. 文字直录法。这是指直接用会议规定的正式语言进行记录,用这种方法进行记录,要求字迹清楚,语言规范,记录结束后无须整理便可直接归档。

2. 速记法。这是指用专门的速记符号进行记录,目的是提高记录速度,但记录结束后要用规定的正式语言文字进行整理才能归档。

(二)音频记录

音频记录是指使用录音工具记录会场内的语音信息。这种记录方法能完整记录与会者的发言,便于整理,也是书面会议记录的重要补充。重要会议常常采用音频记录的方法,以便使一些重要讲话和精彩的报告原汁原味得以保存。

(三)图片记录

图片记录是指使用摄影工具对会议现场瞬间场面进行记录,是书面会议记录的补充形式,也是宣传报道会议的重要素材。

(四)视频记录

视频记录是指运用摄像设备对会议活动的全过程进行动态记录。视频记录兼有动态图像和音频的素材,既可作为资料保存,又可作为宣传会议的有效载体。

(五)计算机速录

计算机速录是指由专业速录师运用专门的速录设备和软件将会议的发言内容以电子文件的形式记录并存储在电脑中,具有速度快、效率高的优点。

三、会议记录的格式和内容

(一)标题

会议记录的标题有以下两种写法:

1. 专用性标题。专用性标题由会议名称和“记录”组成。如:

××公司 2010 年度销售工作会议记录

大中型会议往往有主席团会议、代表团团长会议、分组讨论或审议会等,可使用格式统一的记录用纸,标题格式为:

××学会第×届代表大会第×次全体(或主席团)会议记录

2. 通用性标题。通用性标题适用于一个单位内的所有会议,由单位名称和“会议记录”组成。如:

××公司会议记录

会议名称则写在首部的表格中。

(二)首部

会议记录的首部记录会议的基本情况,一般采用表格的形式,使每个项目清楚明了。具体内容包括:

1. 会议名称。会议名称一定要写全称,以便于日后查考。如果会议记录标题中已写会议名称,这里的名称可省略。

2. 会议时间。会议时间包括开始时间、结束时间和中间休会时间。时间要写明年、月、日、时、分。

3. 会议地点。单位内部会议要写明会场名称或房间号码。跨单位的会议要写明会场所在的单位名称。全国性会议要写明举办地、场馆以及会议厅名称。国际性会议还应写明国家或者地区名称。

4. 会议主席。会议主席即会议的召集人或主持人。要写明会议主席的姓名和职务。联席会议、多边会议还应当写明会议主席所属的国家或组织名称。

5. 参加成员。参加成员包括正式成员、列席成员、旁听成员、特邀成员。不同性质的参加成员要分类记录,并写明姓名、单位、职务。同名同姓的,要有区别标志。

6. 缺席人员。法定性会议的记录应当反映缺席情况,这样既可以让组织者了解缺席情况,便于事后补会,也可以清楚地反映会议应该出席的范围,这对日后查考和研究会议十分重要。

(三)主体

会议记录的主体部分记载会议的进程和内容,具体包括:

1. 主持会议的情况。主持人的开场白以及主持人掌握会议的议程或程序、介绍议题、总结归纳会议等情况,都要记录在案。会议讨论或审议某一项文件时,应写明文件的完整标题。

2. 发言情况。发言情况是会议记录的重点,分为发言人姓名和发言内容两部分。发言人的姓名要记录全名,发言内容可根据记录的要求确定详略程度。详细记录要求有言必录,并记录插话、辩论、表态等情况。摘要记录记其发言要点即可。以口头方式提出的临时动议,一定要详细记录。

3. 会议结果。会议结果包括对议题的通过、缓议、撤销、否决等情况。如果以表决的方式形成决定、决议,要记录表决事项的名称、表决的方式(如口头表决、举手表决、投票表决、表决器表决等)、表决的结果(同意、反对、弃权的统计数字)。如实行多轮投票,每轮投票的情况都要记录在案。

4. 会场情况。这是指会议期间会场内所发生的与会议进程有关并且具有记录价值的情况,如与会者的掌声、笑声,与会者迟到、早退、中途退场以及其他影响会议进程的情况。记录会场情况可以更加全面地反映会议的气氛以及与会者的情绪和态度。

(四)尾部

会议记录的尾部包括署名和署名日期。署名是对会议记录的真实性郑重负责的体现。以下四种人需要在会议记录上署名:

1. 记录人。会议记录人必须在会议记录上签字,以示负责,同时也便于日后与其核实情况。

2. 审核人。重要的会议记录应由会议主要领导人对其进行审核,确认无误后签字。审核人对记录的真实性负领导责任。

3. 发言人。论证会、鉴定会、听证会以及国际性组织的重要会议,与会者的发言常常是决策、定案的重要依据,因此可以要求发言人会后对记录进行核对并签字。

4. 法定的签字人员。如《中华人民共和国公司法》明确规定,各类公司的股东会、董事会应当将所议事项的决定做成会议记录,出席会议的股东、董事应当在会议记录上签名。

署名一般应置于会议记录的尾部,用以表示记录的完整性,同时也防止有人在正文下方的空白处私加文字。记录人、审核人也可置于会议记录首部,但必须在结尾处写明“会议结束”或者“散会”的字样。发言人签署姓名应当置于尾部。

【专用性会议记录参考格式1·首页】

××学会第(　　)次理事会议记录

时　间	年　月　日　午　时　分至　月　日　午　时　分	
地　点		
主　持		
出　席		
列　席		
缺　席		共　页
(发言人姓名)	(会议进程记录)	

第　页

【专用性会议记录参考格式1·末页】

（发言人姓名）	（会议进程记录）
	记录人：
	审核人：
	审核日期：

第　页

【专用性会议记录参考格式2·首页】

××市第九届人民代表大会第三次会议分组会议记录

代表团名称				
时　间	年　月　日　午　时　分			
地　点				
主　持				
出　席				
列　席				
缺　席				
审　核		记　录		共　页
（发言人姓名）	（会议进程记录）			

第　页

（注：格式2将审核和记录置于首部，故末尾一定要注明“会议结束”、“散会”等字样，以防有人私加文字）

【通用性会议记录参考格式·首页】

××市××管理局会议记录

会议名称					
主办部门					
时　　间	年　月　日　时　分		地　点		
主 持 人					
出　　席					
列　　席					
缺　　席					
审　　核		记　　录		共　　页	
发 言 人	（发言内容及决议）				

第　　页

【通用性会议记录参考格式·末页】

（发言人姓名）	（会议进程记录）
	发言人签署：×××　　×××
	×××　　×××
	×××　　×××

第　　页

四、会议记录的方法和要求

（一）会议记录的方法

1. 详细记录。重要会议应当采用详细记录，尽可能做到有言必录，以记载会议的全过程。详细记录要求记录人员掌握熟练的速记技能，运用速记方法进行记录。

必要时可以由多人同时记录,会后共同核对整理,将速记符号转换成文字。整理稿必须经每个记录人签字。经同意,也可使用录音的办法,然后根据录音整理成记录稿。

2. 摘要记录。摘要记录适用于一般会议。摘要记录与详细记录的区别在于记录发言时只需记录发言人姓名、发言的要点,而不必有言必录。除特别重要的情况外,一般的会场情况可不做记录。摘要记录可直接用规范的文字进行记录,使会议记录一次性成文,经领导人审核或经发言者确认后直接归卷,省去了会后整理的工作程序。摘要记录尽管不要求对发言者的每句话都记录,但对记录者的要求更高。首先要求记录者善于抓住发言者的要点,善于捕捉发言者的思想火花,善于理解发言者的真实意图,真正做到“取其精华”。其次要求记录者既能够迅速将发言者的即兴讲话整合为规范的语法结构,又能保持其发言风格。

3. 简易记录。简易记录只要求记载会议的概况、会议的议题和结果,不必记录发言的内容。简易记录由于不能较全面反映会议的过程,查考研究利用的价值较小,故仅限于较为简单的事务性会议。

(二)会议记录的要求

1. 人员落实。会议记录一定要事先落实记录人员。记录人员应当熟练掌握速记技能,知识面宽,反应敏捷,具有较强的听知能力和保密意识。重要会议为保证记录全面,可以安排多人同时记录,会后共同整理汇总。

2. 准备充分。做会议记录前要做好充分的准备,具体包括:

(1)了解会议的内容与形式。会议的目的、议题、议程、方式、手段是会议记录人员必须了解的重要内容。对这些情况了解越是充分,心里就越有底,记录就越有把握。对专业性较强的会议,记录人员还应当事先阅读会议文件、掌握相关的专业知识,熟悉主要的专业术语,确保胜任记录工作。

(2)熟悉与会人员。与会人员及其发言是会议记录的主要内容。会前熟悉与会人员的姓名、职务、相貌特征、口音特点、说话习惯,对于做好会议记录不无裨益。

(3)备好必需物品。一是备好纸和笔。会议记录用纸应尽可能统一印制,格式规范。记录所用的笔墨应当符合归档的要求。如有分组会议,要事先将记录纸和笔分发到组。二是备好必要的器材。如果会议允许作录音记录,要事先安装并调试好录音设备,确保录音质量。做视频记录的,要事先选好摄像机机位和角度,配好灯光。用计算机记录的,要准备好相应的器材。

3. 全面准确。会议记录只有全面准确反映会议的真实情况才能体现其价值。所谓“全面”,就是要求全面记录会议名称、时间、地点、主办单位、出席情况等基本情况以及会议的议题、程序、发言(包括与会者的插话、临时动议等)、会议的结果和会场情况。只要条件许可,要尽可能做详细记录。所谓“准确”,就是要求忠于客观实际,这是会议记录的本质要求。会议记录只有客观准确,才能为形成会议的最后文件，圆满完成会议的任务提供保障，才能给后人留下可靠的、珍贵的历史凭证。记录人员一定要把客观准确作为做好会议记录的指导思想，既不能因个人的主观臆想和情感好恶影响会议记录的真实性，也不可粗心马虎导致记录出错。

为确保会议记录的全面准确，记录人员记录时注意力一定要高度集中，全神贯注，用心听取每个人的发言，仔细观察发言者的表情、手势和口型，做到反应灵敏，判断准确。会议结束后要及时核对，必要时还应当请发言者本人进行核对和确认。

4. 清楚规范。书面会议记录属于需要永久保存的重要材料，一定要用钢笔或毛笔记录，并尽可能使用统一的表格形式，使其规范、清楚，一目了然。录音记录、速记和多人同时记录，会后要整理、誊清并签字，以示负责。整理后的记录稿，要做到文字规范、语法正确。

第二节　会议新闻工作

一、会议新闻工作的含义和作用

（一）会议新闻工作的含义

会议新闻工作是指会议的组织者通过媒体及时反映会议动态和成果的一项工作，是会议公关宣传工作的重要组成部分。

（二）会议新闻工作的作用

对于会议的组织者来说，会议新闻工作的作用集中体现在以下两个方面：

1. 公开会议信息，接受公众监督。信息公开是政治民主和政治文明的基石。在民主政治的环境下，法律、政策都要通过一定的会议形式来制定。通过新闻媒体公开会议信息，既可以让社会公众及时了解法律、政策制定的过程，保障人民群众的知情权，同时便于接受社会公众的监督，落实人民群众的监督权。

2. 宣传会议精神，塑造组织形象。做好会议新闻工作，可以运用媒体的影响力广泛宣传会议的精神，起到统一思想、鼓舞士气、澄清事实、消除误解、推动工作的作用。会议新闻报道在宣传会议成功举办的同时，也可以起到塑造会议组织者良好的社会形象、增强会议的品牌效应的作用。

二、会议新闻工作的方法和要求

（一）会议新闻工作的方法

1. 设立会议新闻中心。会议新闻中心是发布会议信息并为记者提供服务的机构，有常设的和临时的两种。会议新闻中心除作为记者招待会和新闻发布会的场所外,还为记者提供会议议程、日程、新闻公报、背景资料、图表、照片、手册、指南、声像材料以及打字、洗印、同声传译、电视、收音、复印、电话、传真、网络等设备,并为记者安排采访、旅行、食宿等。

2. 设立会议新闻发言人。会议新闻发言人的职责是在会议期间就某一会议事件举行新闻发布会、记者招待会、情况通报会,或约见个别记者,发布有关会议新闻或阐述会议组织者的观点立场,并代表会议组织者回答记者的提问。新闻发布会和记者招待会的组织工作详见第十三章第七节"发布会"。

3. 邀请媒体采访会议并做好相关的组织接待工作。会前要对媒体性质及其传播特点进行分析,根据会议的需要确定邀请的媒体。向社会公开会议,要做好媒体采访的报名、登记、审核、发证、接待、安排旁听座席、组织采访等工作。

4. 发布新闻通稿,供媒体选择编发。也可由会议秘书处直接撰写新闻稿,送请有关媒体编发。

(二)会议新闻工作的要求

1. 客观真实。没有事实就没有新闻,会议新闻的本质特点就是客观真实。会议新闻工作必须坚持客观真实的原则,始终用客观事实说话。

2. 全面准确。会议的新闻报道既要客观真实,也要全面准确。要通过媒体宣传全面准确地反映会议的信息,包括会议的主题、议题,出席者的范围,举办的时间、地点,会议的过程以及会议的最终结果。尤其是对会议精神的宣传报道,一定要全面准确。

3. 迅速及时。会议新闻发布和报道的对象必须是刚刚发生或者正在发生的会议事实。迅速及时的新闻发布和报道,可以使社会公众在第一时间获得会议的信息,大大提高会议信息的沟通效果。

4. 尊重媒体。会议的新闻工作主要是同媒体打交道,处理好与媒体的关系是做好会议新闻宣传工作的前提。只有本着尊重媒体的态度,以诚相待,热情服务,才能获得媒体的信任和支持。

5. 正确处理公开与保密的关系。由于会议信息常常涉及国家秘密、商业秘密和组织内部秘密,因此哪些会议信息必须公开,哪些不宜公开或者必须保密,应当依据有关的法律和政策来处理。凡法律和政策明确要求公开的会议信息,必须公开报道,凡属于保密范围的会议信息则不得公开。有些信息可以经过技术处理、达到保密要求后予以公开发布。

三、会议消息

(一)会议消息的含义

会议消息是通过媒体及时反映会议动态和成果的一种新闻文体。会议消息可以由媒体记者采写,也可以由会议的组织者向媒体供稿。

(二)会议消息的基本要素

会议消息一般包含6个基本要素:会议时间(When)、会议地点(Where)、与会者(Who)、会议名称和内容(What)、会议目的(Why)、会议过程(How)。有时为达到宣传会议和塑造会议品牌的目的,会议消息除了包括上述6项要素外,往往还需加上2个要素,即主题(What Theme)和意义(What Meaning),以增强消息内容的针对性和主题的深刻性。当然,不是任何一篇会议消息都要具备以上要素,有的简明会议消息只需写明何时、何地、何会三要素即可。

(三)会议消息的种类

会议消息按其写作特点可分成下面几种类型:

1. 动态消息。动态消息是对正在发生或新近发生的会议事实的动态报道。动态报道又可分成两类:一类是对刚刚发生的单独的会议事件的报道,如对某项会议活动整个过程的概括报道;另一类是对处于变动中的具有一定连续性的会议事件的报道,是这类事件发展中的一个阶段的反映。比如,报道一次论坛,我们可以从开幕直至闭幕进行跟踪采访,连续发出多条消息,每条消息反映这次论坛某一方面事态的发展。动态消息篇幅短小,语言简洁,传递迅速,着眼于会议事件的动态和结果,以叙述事实为主,一般不发表或少发表议论。

2. 经验消息。经验消息是以报道经验为主的新闻,又称典型消息。在会议领域中,经验消息的任务是通过对一系列会议活动的报道,找出规律性的东西,以指导提高会议管理和会议组织水平。这类消息的篇幅要比动态消息长,内容上要概括情况和成绩,叙述做法、总结经验、得出结论,同时还要恰当地说明这一经验的适用范围和局限性,以避免盲目搬用。

3. 简明消息。简明消息又称简讯、短讯或快讯,是会议消息中最简练、最短小、反应最快的一种体裁。

(四)会议消息的格式和写法

1. 标题。会议消息的标题应当揭示会议事件的主要信息,做到既准确又生动。标题有三种写法:

(1)多行标题。多行标题由引题(或称肩题)、正题和副题组成。其特点是容量大,表现力强,一般用于重大会议活动的消息报道。如:

以人为本——携手共建绿色家园

首届中国绿化论坛在南京隆重开幕

国务委员兼国务院秘书长华建敏出席开幕式

上述标题中,中间一行是正题,又称主题、母题。正题是整个标题的中心和主要部分,视觉上最为醒目,起揭示消息的主要内容或宗旨的作用。最上面一行是引题,又称眉题、肩题,起交代背景、烘托气氛、揭示意义的作用。最下面一行是副题,又称辅题、子题,某作用是进一步补充、说明和烘托正题。

(2)双行标题。双行标题由引题和正题或正题和副题组成。两个标题一实一虚,其中实标题概括消息的主题,虚标题阐发消息的意义或补充说明消息的结果。如:

就支持发展中国家的减排努力(引题)

坎昆气候变化大会达成草案(正题)

又如:

《财富》论坛圆满落幕(正题)

半数企业确定首次投资中国(副题)

(3)单行标题。单行标题以一行简洁明了的文字反映消息的主旨。如:

第十五届世界法官大会在京开幕

2. 正文。正文包含以下几个部分:

(1)导语。导语是会议消息开头第一段文字或是开头第一句话,用以概括会议中的主要事实或揭示会议主题,具有吸引读者、引导阅读的作用。导语写作要求简短生动,内容新鲜、确实。导语有以下几种形式:

①叙述式导语。这种导语采用摘要或综合的方法,直接叙述会议消息中最突出、最主要的信息,是导语写作最常用的一种形式。如:

由中国机电产品进出口商会、中国国际贸易促进委员会广东省分会和顺德区人民政府联合主办的"中国顺德国际家用电器高峰论坛"于2010年10月20日—23日在顺德展览中心隆重开幕。

这条导语写得实实在在,主题突出,对时间、地点、事件("中国顺德国际家用电器高峰论坛"开幕)、人物(主办者)都做了客观交代。

②描写式导语。这种导语抓住会议事件的特色,从一个有意义的侧面,或精彩场景,或事件的高潮,进行简洁生动的描写,勾勒形象,使读者产生身临其境的感受。例如,《近万名读者参与 首届上海图书博览会人潮涌动》这篇消息的导语为:

鲁迅、巴金、邹韬奋和张元济——四幅高2米、宽1.5米的巨幅"出版人"油画,悬挂在上海展览中心序馆中。步入首届上海图书博览会场地,顿时感受到浓郁的文化气息。

这条导语以场景描写入手,抓住上海书展现场布置的特色,以简洁的手法勾勒出上海图书博览会的形象,提升了图书博览会的文化品位。

③议论式导语。这种导语就是用议论的方式,对所报道的会议事件进行精辟的评价,以揭示会议的性质、特征或重要价值,从而引起读者对会议消息的重视和关

注。议论式导语又分为提问式、引语式和结论式三种。提问式导语就是作者故意在开头设问，然后再作回答；引语式导语就是作者引用会议消息中人物的精辟语言，揭示会议消息的主题；结论式导语就是把结果写在开头并加以评价，揭示其特点和重要性，然后再交代主要信息。请看下例：

今天下午，世界著名大学校长论坛在复旦大学举行。记者在牛津大学校长约翰先生的背后发现一位身着中国式T恤的女士。接过名片一看，她是牛津大学默顿学院的院长，中国名字叫罗森。记者问她为何穿这样一件服装来参加论坛？罗森回答："为什么不？这是英国最时尚的服装。你不也穿着美国式的T恤么？"约翰校长在一旁说："你看，这就是相互交流。你问我怎样才算是世界一流大学，我想，走向国际化，不断合作交流，是一流大学的一个标志。"

这条导语写得很有特色。作者采用了描写式、引语式、结论式等多种方法，将情景描写、人物刻画、对话议论有机交融，从人物的穿着入手，逐渐引出一个严肃的话题——世界一流大学的标志是什么，十分引人入胜。

(2)主体。主体是会议消息的主干。主体承接导语，对导语所概括的内容展开具体阐述，进一步表现和深化会议消息的主题。会议消息主体的结构有以下几种类型：

①倒金字塔结构。这是指把会议消息的高潮或结论放在最前面来写，形成导语，然后按事实重要程度递减的顺序来安排主体的结构，突出最重要、最新鲜的事实。大部分会议消息的写作采用倒金字塔结构。

②金字塔结构。这是指完全按会议事实发生的时间顺序来写，便于对事件发展的各个阶段作清晰的介绍和概括的描述。如果导语已经概括了主要事实，主体部分再按时间顺序表述，称为倒金字塔和金字塔相结合结构。

③并列式结构。并列式结构也叫双塔式结构，如会议消息的内容是由并列的几个方面组成的，便可采用这种结构方式。

④自由式结构。自由式结构又称散文式结构，由作者根据内容表达的需要采用多种多样的方式方法组织材料，灵活安排结构，使之具有散文的特点。

(3)背景。会议消息的背景即会议消息所报道事件的历史和环境条件。背景可以帮助读者了解会议事件发生的来龙去脉、前因后果、左右联系，有助于烘托和深化会议消息的主题。背景大致分为三类：

①对比性背景。这是指对会议进行今昔、正反、前后、左右的对比，以突出所报道会议的意义、价值。

②说明性背景。这是指通过说明或解释召开会议的原因、条件、环境，帮助读者清晰、全面地了解会议。

③注释性背景。这是指通过解释名词、介绍知识、交代人物的方式帮助读者理解会议的主题和成果。

背景不是会议消息的独立结构单元,但它可以独立构成一个自然段落,也可以穿插在导语、主体或结尾中,使用自由、灵活。但是背景必须为表现消息主题服务,简洁明了、述之有味,与主要事实水乳交融,相得益彰,不可喧宾夺主,掩盖或冲淡会议消息中的主要事实。

(4)结尾。这是指收束消息的结语。会议消息写作是否需要结尾,如何结尾,要依据内容而定,可有可无。如主体部分已经将主要事实交代清楚了,就不必画蛇添足。但好的结尾能深化主题,加深读者对全文的理解,增强消息的可读性和感染力。会议消息常见的结尾方式有:

①小结式。这是指对会议的内容进行小结,使读者明确报道的目的。

②补充式。如有的会议内容在主体部分未说明,可在结尾部分加以补充,使全文的内容更加完整。

③呼应式。这是指结尾处对标题或导语以及主体中提到的观点、事实予以呼应。

④展望式。这种结尾方式用于指明会议事件发展的趋势和方向。

⑤议论式。这是指用议论的方式对所报道会议的意义、影响做出评价。

【会议消息例文】

“2010 年全国科技成果评价与转化经验交流与学术研讨会”在南宁举办

11 月 30 日至 12 月 3 日,北京信息科技大学与中国科技成果管理研究会、国家科学技术奖励工作办公室在广西南宁联合主办了“2010 年全国科技成果评价与转化经验交流与学术研讨会”。来自全国科技管理部门、高校、科研院所和企业的近百名学者和管理人员参加了研讨会。

北京信息科技大学副校长韩秋实、中国科技成果管理研究会理事长刑宪力、广西科技厅党组书记陈大克出席会议并致辞。会议由中国科技成果管理研究会副理事长梁战平主持。

国家科学技术奖励工作办公室副主任、中国科技成果管理研究会副理事长张木在讲话中,认真分析了当前科技成果管理工作特别是成果评价与转化所面临的新形势,并提出了下一步应努力的方向。

科技部发展计划司巡视员、中国科技成果管理研究会副理事长申茂向、王涛院士分别做了题为“世界科技动态与我国发展技术需求”和“科技成果三种转化模式”的大会主题报告。

研讨会中,北京信息科技大学经济管理学院院长葛新权主持了专题报告会,10 余名专家做了专题报告,其中,唐五湘教授做了题为“我国科技成果管理政策的演变分析”的专题报告。这些专家从不同的角度和视野,借鉴国外发达国家在科技评价体系方面的先进经验,分析了我国科技成果评价、转化中存在的问题,并提出了解决这些问题的建议。会议还就科技成果管理中的其他问题展开了研讨。

这次研讨会还将收到的部分会议论文整理成论文集——《2010 全国科技成果评价与转化学术研讨与经验交流会与学术研讨会论文集》。本部论文集涉及的内容广泛，理论水平较高，对推进科技成果管理科学决策和促进成果转化具有较好的参考价值。

资料来源：中国教育网，2010 年 12 月 9 日。

四、会议新闻发布稿和会议新闻通稿

（一）会议新闻发布稿的含义

新闻发布会（或记者招待会、情况说明会等）是社会组织以媒体和主要公众为对象，进行当面、集中沟通的公关宣传活动。会议组织者在会议期间举行新闻发布会，其目的在于通过这一渠道和方式直接与媒体和公众，或者通过媒体向公众进行有效的沟通。这里所说的会议新闻发布稿就是由会议组织者撰写并用于在新闻发布会上宣读的稿件。

会议新闻发布稿与会议消息在写作主体、报道内容、报道目的、构成要素以及特点方面基本相同，但也有一些区别，主要表现为下列两点：一是会议新闻发布稿主要用于会议组织者在自己举办的新闻发布会上宣读，而会议消息则通过媒体刊发；二是会议新闻发布稿内容表述比较系统、全面，力求将会议事件的来龙去脉、前因后果作完整的介绍，而会议消息一般比较简短；三是会议新闻发布稿属于讲话类会议文案，写作格式和语言运用应符合讲话稿的特点和要求，而会议消息则无此特点和要求。

（二）会议新闻通稿的含义和作用

新闻通稿原本是新闻通讯社使用的工具。通讯社在采访到一些重要新闻以后，会以一种统一的文本发给全国所有需要此稿件的媒体，这就叫作新闻通稿。会议组织者在对外发布信息的时候，为了统一宣传口径，也会撰写新闻通稿，以提供给需要的新闻媒体，这种新闻通稿称为会议新闻通稿。媒体根据会议新闻通稿或全文刊发或重新编发。会议新闻通稿的作用、构成要素及性质特点与会议新闻发布稿相同，但不采用讲话稿的写作格式。会议新闻通稿也可以在新闻发布会上向媒体分发。

（三）会议新闻发布稿和会议新闻通稿的格式和写法

1. 会议新闻发布稿的格式和写法。具体如下：

（1）标题。会议新闻发布稿的标题一般有以下两种写法：

①会议名称 + 新闻发布会 + 发布稿或者会议名称 + 新闻发布稿。如：

第七届中国西部论坛新闻发布会发布稿

②以“新闻发布稿”作为正题，下方设副标题，以便于归档和日后的查考。如：

新闻发布稿

——在××新闻发布会上

(2)发布日期。这是指举行发布会的日期,写在标题之下,用圆括号括入。

(3)发布人的身份和姓名。其位置在发布日期之下。

(4)称呼。新闻发布稿属于讲话类文案,要写称呼。称呼应涵盖在座的记者和有关方面的代表,如“各位记者朋友,女士们,先生们,大家好”。

(5)正文。会议新闻发布稿正文可以依据发布的具体内容和要求安排结构,一般情况下,开头可以先介绍会议举行的背景、目的、意义,主体部分介绍会议的经过和成果,结尾部分可以归纳观点、提出希望、展望未来。正文叙述要清楚,脉络要清晰,语言要生动、活泼、平易、亲切,有较强的说服力和感染力。

(6)谢词。结束讲话发言之前,应当向听众表示感谢。

2. 会议新闻通稿的格式和写法。具体如下:

(1)标题。会议新闻通稿的标题一般采用消息的标题写作形式,单行、双行标题居多。单行标题以实为主,双行标题要注意虚实结合。

(2)正文。会议新闻通稿正文的写法大致可以分为两种:一种写法与普通会议消息完全相同,采用导语、主体、结尾的结构形式,其实它的性质就是会议消息稿,因用于向各媒体统一发布信息,故称会议新闻通稿(也可称为新闻发布稿);另一种写法要求内容全面系统,确保向媒体提供有关事件和活动的足够信息,注重细节的丰满性和数据的完整性,能经得起媒体的删删减减。会议新闻通稿的语言要平实、通俗,避免广告式、口号式或公文式语言。会议新闻通稿在结构安排上较多地采用总分式结构,开头部分介绍会议的背景、目的、意义、出席情况等基本信息;主体部分可分项标号,列明小标题,具体介绍会议的各项成果以及其他需要发布的信息;结尾可根据发布的内容或归纳情况,或提出希望,或表明态度,也可省略。

(3)供稿单位。会议新闻通稿正文的右下方注明供稿单位的具体名称,如“××大会秘书处”,并注明联系方式。

(4)供稿日期。

【会议新闻发布稿例文】

第七届中国东西部洽谈会新闻发布稿

陕西省委常委、常务副省长 ×××

女士们、先生们:

为了深入贯彻党的“十七大”精神,以“三个代表”重要思想为指导,进一步加强东、中、西部经济交流与合作,提高对内对外开放水平,积极推进西部大开发,实现区域经济的优势互补和共同发展,经各主办单位、协办单位共同协商确定,于2010年4月6日至10日,在陕西省西安市举办第七届中国东西部合作与投资贸易洽谈会。

具有伟大历史意义的党的第十七次全国代表大会已胜利闭幕。根据党的“十七大”提出的西部地区要进一步解放思想，增强自我发展能力，在改革开放中走出一条加快发展的新路，中部地区要加大结构调整的力度，培育新的经济增长点，东部地区要加快产业结构升级，进一步发展外向型经济的要求，举办第七届中国东西部合作与投资贸易洽谈会。大会最根本的任务，就是全面贯彻党的“十七大”精神，紧密围绕全面建设小康社会的目标，更新工作思路，加大工作力度，采取新的举措，开创合作新局面，努力促进东部地区的技术、人才、管理和资金的优势同西部地区资源丰富、市场广阔的优势结合，进一步促进优势互补和共同发展。

本届洽谈会的支持单位为国家经济贸易委员会和信息产业部；主办单位有27家，分别是：国防科学技术工业委员会、国家工商行政管理总局、中国国际贸易促进委员会、江苏省人民政府、上海市人民政府（余略）；协办单位有8家，分别是香港贸易发展局、香港中华总商会、香港中华厂商联合会、澳门中华总商会、澳门贸易投资促进局、中国信息协会、中国外商投资企业协会、中国个体劳动者协会；承办单位为陕西省人民政府。

本届洽谈会的主题是：扩大对外开放，推动科技创新，调整产业结构，促进西部开发。

本届洽谈会的会场设在陕西国际展览中心、西安国际展览中心和陕西工业展览馆。大会共设置室内展位2 600个，室外展场面积6 000平方米。

本届洽谈会的主要内容为投资洽谈、高新技术成果交易和商品贸易三大部分，重点是投资洽谈。在投资洽谈方面，相应设置了投资洽谈馆，大会期间，同时举办第二届中国西部吸收外商投资洽谈会；在高新技术成果交易方面，大会继续设置了高新技术成果交易馆；在商品贸易方面，设置了中国东西部洽谈会第二届IT产业博览会、新医药馆和综合贸易馆。

在投资洽谈馆，将由各省区市代表团组织的各类工商企业和中介组织，围绕基础设施建设、传统产业改造、企业资产重组、特色经济开发、城市建设、现代服务贸易业等领域，集中推出一批招商引资项目，与境内外投资者进行洽谈与合作。

在中国外商投资企业协会与陕西省人民政府共同主办的第二届中国西部吸收外商投资洽谈会上，将有来自世界各国和我国港澳台地区的200多家有意往西部投资的跨国公司、商协会、中介机构和在华外商投资企业等进馆设展，同时组织一批无展位的境外投资商参会，围绕各省区市代表团推出的招商引资项目，寻求合作伙伴，开展投资洽谈及有关考察交流活动。

根据党的“十七大”提出我国在今后几十年要走科技含量高、经济效益好、资源消耗低、环境污染少、人力资源优势得到充分发挥的新型工业化道路的发展方向，在高新技术成果交易馆内，共设置展位249个，将云集各省区市的高新技术产业开发区、科研单位、高等院校、民营科技企业、中介机构等单位，推出以电子信息、生物工程、光机电一体化、先进制造技术、精细化工、新能源、新材料、节能环保技术、航空航天及军转民技术为重点的高新技术成果和产业化项目，同时，设置海外归国留学生西部创业展区和专利技术成果展区，并组织有需求意向的各类企业单位参会，通过项目展示、交流、交易等活动，促进科技成果产业化，以科技创新推动资产重组、结构调整、产业升级和企业技术进步。

由信息产业部支持的中国东西部洽谈会第二届IT产业博览会，将进一步突出信息化带动工业化的主题，组织国内外IT生产商、经销商、服务商以及西部地区的用户客商参展参会，重点展销计算机与应用软件、网络通信两大类产品，宣传和推广最新IT应用技术，开展采购、交流与合作洽谈活动。设置展位256个。

作为大会重要专业展馆之一的新医药馆，设置展位212个，重点围绕西部市场需求和东部优势企业开拓新的发展空间的愿望，组织国内外知名医药生产企业、科研单位、医科院校以及医药和医疗设备经销商、医疗保健单位参展参会，集中展示当前国内外医药及医疗设备行业的最新成果和产品，进行商务洽谈和交易活动。

综合贸易馆是大会集中展销各省区市名优新特商品的综合性展馆，设置展位728个，其室内展区的展销商品主要有新型家电、新型建材、文化办公用品、工艺礼品、家居饰品及轻纺食品等；室外展区主要展销大型工程建设机械、装载设备、客货汽车、专用汽车等产品，同时开展各种新型商贸合作洽谈。

在展位规模上，本届洽谈会在投资洽谈馆设置了915个展位，第二届中国西部吸收外商投资洽谈会设置了240个全外商展位，使投资洽谈的展位数占大会总展位数将近一半，这在历届东西部洽谈会中是前所未有的；在展馆展会的安排组合上，大会把投资洽谈馆、第二届中国西部吸收外商投资洽谈会以及高新技术成果交易馆，集中安排在大会最佳位置的陕西国际展览中心，不仅形成了招商引资内外并举，投资与引资紧密结合的新格局，而且有利于加强3个展馆展会之间的洽谈对接和工作互动；在投资促进活动方面，将举办“新时期与西部发展”高层论坛，并紧密结合各参展省区市实际，组织举办形式多样的投资促进活动；在客商的邀请方面，本届洽谈会比往届更加注重邀请各类专业客商参会参展，将重点组织更多的国内外有投资意向和实力的企业和机构、东部沿海地区有意往西部投资与发展的多种经济成分的企业以及资金项目中介机构参会参展，为大会创造更多的商机；在投资洽谈的服务工作方面，本届洽谈会对“在线西洽会”网站的服务项目、功能、方式等做了进一步的扩充和完善，大会期间，还将采用先进的“专业观众登录系统”，设置投资洽谈信息现场查询中心和大会新闻中心，初步形成较为完整的投资洽谈信息服务系统，为国内外客商提供方便、快捷的信息服务。本届洽谈会还将面向所有参展参会的招商引资项目主体企业与有投资需求的企业，组织预约洽谈专项服务，为参加投资洽谈的各方客商创造更多的商机。

为了更好地服务于参会参展企业，大会还将在洽谈会的正式会期结束后，于4月12日至20日，在陕西国际展览中心机械馆举办第七届中国东西部合作与投资贸易洽谈会剩余产品展销会，作为本届洽谈会的一个配套展会，以此来回报广大参展单位多年来对东西部洽谈会的支持与厚爱。

女士们、先生们，第七届中国东西部合作与投资贸易洽谈会是在党的“十七大”提出全面建设小康社会奋斗目标之后的首次东西部洽谈会，大会将发扬与时俱进和创新发展的时代精神，把本届东西部洽谈会办成一次实践“三个代表”重要思想、深入贯彻“科学发展观”的盛会，办成一次进一步推动对外开放、结构调整、科技创新的盛会，办成一次进一步加强东中西部合作、促进区域经济协调发展的盛会。在此，我谨代表本届洽谈会各主办、支持、协办单位，热忱邀请各兄弟省区市、海内外广大客商参展参会，共襄盛举。同时，我也代表洽谈会组委会，向今天光临本次新闻发布会的各位新闻界朋友们表示衷心的感谢，希望大家一如既往，继续关注，并大力宣传洽谈会。

我相信，在大家的共同支持和帮助下，本届洽谈会一定能够取得圆满成功。

谢谢大家！

第三节　会议简报工作

一、会议简报的含义和作用

（一）会议简报的含义

会议简报是会议主办单位编写的、反映会议管理和会议活动的动态和主要成果的内部性简要报道，也常常称为“会议信息”“会议快报”“会议通讯”。会议简报发送对象广泛，可以是上级部门、政府机构、兄弟单位，也可以是与会者。

（二）会议简报的作用

会议简报有以下作用：

1. 掌握会议动态。会议简报是一种迅速反映会议动态信息的载体，是会议活动主办单位的领导人了解会议情况、掌握会议动态的重要渠道。

2. 交流会议信息。会议简报常常报道大会分组活动的信息，转载与会者在分组会上发表的重要意见，促进会议内部的交流沟通。在大会交流时间有限的情况下，会议简报还可以作为书面交流的补充形式。

3. 辐射会议影响。会议结束后，会议简报通过内部渠道发送给上级机关、平行机关和其他有关单位，可以起到辐射会议信息、扩大会议影响的效果。

二、会议简报的类型和编写方法

（一）报道式会议简报

1. 报道式会议简报的含义和种类。报道式会议简报即由会议秘书从第三人称的角度采写的有关会议活动的简报。

报道式会议简报按内容覆盖面可分为综合性报道和专题性报道两种:综合性报道是指对会议活动作全面报道,如对一次国际性学术会议的准备工作作全面报道;专题性报道是指对会议活动的某一侧面进行报道,如就分组讨论中代表们对某一问题的看法进行报道。

报道式会议简报按报道的时间可分为连续性报道和最后报道两种:连续性报道是由一系列简报组成的对会议的进程所做的连续的动态报道,贯穿会议活动的始终;最后报道是在会议结束后,对会议活动的全过程以及会议的结果作的总结性报道。

2. 报道式会议简报的格式与写法。具体如下:

(1)标题。标题要求概括、醒目、简短、富有吸引力。标题在格式上有两种写法:

①单行式标题。如:

公司第×届职工代表大会隆重开幕

②双行式标题。由正题和副题组成,如:

高校扩招要慎重

——××代表团讨论侧记

双行式标题也可以由肩题和正题构成,如:

与时俱进,共创未来

××区精神文明建设经验总结交流暨表彰大会隆重举行

"与时俱进,共创未来"是肩题,"××区精神文明建设经验总结交流暨表彰大会隆重举行"是正题。

(2)开头。报道式会议简报的开头一般采取以下两种写法:

①概述式。这是指采用叙述的方式概括介绍会议活动的基本情况,包括会议的名称、时间、地点、主持人、与会单位和主要与会者、会议的气氛、主要议题和成果等。综合性会议简报常使用这种导语。

②点题式。简报一开头便直截了当切入主题,常用于专题性会议简报。如:"高校扩招问题成了这两天代表们在会内和会外的热点话题"。又如:"第三届××贸易展示洽谈会成交额创历史新高"。

(3)主体。主体部分介绍会议的过程和主要精神,是会议简报的核心内容,写作时要围绕主题、突出重点。主体部分在结构形式上,可根据简报的性质和内容表达的要求,分别采用倒金字塔结构、金字塔结构、总分结构等。

(4)背景。报道式会议简报有时也需要有一定的背景说明,以帮助领导或相关部门全面把握会议简报的事实。具体写法同会议消息。

会议简报一般省略结尾。

【会议简报例文 1】

××区第×次党代会预备会议圆满结束

×月×日上午，××区第×次党代会在区政府大礼堂举行预备会议，240 名党代表出席了会议。会议由区委书记×××主持，以举手方式通过了《××区第×次党代会代表资格审查报告》、第×次党代会主席团和主席团常务委员以及大会秘书长和副秘书长名单、第×次党代会议程。

根据大会日程安排，××区第×次党代会将于×月×日上午开幕。

【会议简报例文 2】

代表建议：市民带薪接受终身教育

参加××市政协×届×次会议的许多代表对科学构建学习型城市，推进市民终身教育的问题表示极大的关注。

××委员认为，我市终身教育不断升温，社区学校日益红火，这是我市新世纪发展的必然选择，符合国际潮流。随着入世和我市经济社会大发展，构建学习型城市将成为大趋势。

民进市委的一份提案对如何构建学习型城市，推进市民终身教育提出了以下建议：建立由政府部门负责人和行业组织、社会团体代表组成的学习型城市建设推进委员会，制定建设学习型城市总体规划。

建立和完善终身教育制度，还需推进立法。×××、××等委员建议，我市应尽快建立市民带薪教育制度，企事业单位、行政机关和个体工商业者，均有责任鼓励、组织职工学习。×××委员认为，应当建立校外学习成就认可制度，将非正规教育学习成果与正规教育体系相衔接，并可作为申请正规学校入学资格的参考。这样，我市的终身教育将富有活力。

（二）转发式会议简报

1. 转发式会议简报的含义和种类。转发式会议简报是一种由简报的编发机构转发会议成员的发言或书面建议的简报。在大型会议期间，转发式会议简报是各团组之间交流信息的重要方式。

转发式会议简报分为全文转发和摘要转发两种。对篇幅不长、内容精彩的发言或书面建议可以全文转发；对篇幅较长的重要发言或书面建议可以采取摘要转发的办法。摘要转发要抓住中心和要点，尽可能保持发言的原来风格。

2. 转发式会议简报的格式与写法。具体如下：

（1）标题。转发式会议简报的标题要反映发言者姓名和发言的主题。如：

王建和代表呼吁设立学生帮困基金

(2)按语。按语又称编者按,一般根据会议活动领导机构的意图起草,用以说明转发目的,提示内容,引起注意和重视。

按内容划分,按语可分为说明性按语(说明转发原因和目的)、提示性按语(提示内容的重点和要点)、评述性按语(对转发的发言和建议发表意见、表明态度)。

按方式划分,按语可分为前言式按语(即放在标题之前或标题之后、正文之前的按语,又称题头按)、插入式按语(即在正文的重点、要点和精彩之处用括号插入按语,有画龙点睛之功效)、编后式按语(即在正文之后的按语,又称编后按)。

标印时,按语的字体字号要与正文有明显区别。

(3)正文。正文部分转载经过编辑的会议成员的发言或建议。编辑时要依据会议记录或发言稿,对即兴发言中的口语或不规范的语言可作适当修改,但应保持发言者的风格。对篇幅较长的重要讲话、发言或书面建议,可以采取摘要转发的办法。

【转发式会议简报例文】

王建和代表呼吁设立学生帮困基金

编者按:近年来,我校部分大学生因家庭经济困难,学习受到影响,这一问题已引起许多代表的关注。××学院教授王建和代表在代表团会议上,强烈呼吁我校有关方面设立学生帮困基金,为贫困学生解除后顾之忧,受到许多代表的热烈响应。现将王建和代表的发言摘要如下。

据我了解,我校部分大学生因家庭经济困难,平时省吃俭用,还是无法购买必需的学习用品,有的不得不花许多时间外出打工,严重影响了他们的正常学习。为此我呼吁校有关部门设立专项基金,专门帮助那些家庭经济确有困难的学生。具体建议如下:

(略)

三、会议简报的标印格式

(一)报头

报头部分包括编号、密级、简报名称、期数、编印机构名称、印发日期等项目,位于简报首页的上方约占1/4～1/3的版面,下面画一条红色横线与报核部分隔开。

1. 编号。编号即每份简报的印制顺序号,标注于左上角。带有密级的简报必须编号,以便于登记、签收和清退。

2. 密级。如系带密级的简报,应在右上角注明密级。如属于会议内部文件,则注明"注意保密"或"会后清退"。

3. 简报名称。简报名称由会议活动名称+简报二字组成,如:"××××投资说明会简报”。简报名称要居中，其中“简报”二字的字号要大，以示醒目。

4. 期号。期号按顺序编排，如“第 1 期(号)”，标注于简报名称下方居中。

5. 编印机构名称。编印机构一般标写会议秘书处，标注于期号的左下方。

6. 印发日期。印发日期即简报实际发出的日期，用阿拉伯数字标注于期号的右下方。

(二)报核

报道式会议简报报核部分包括标题和正文两部分，转发式会议简报的报核部分包括标题、按语和正文三部分。

(三)报尾

报尾的位置在简报末页的下方，主要标注简报报、送、发的对象。报的对象是上级机关，送的对象是平级机关和不相隶属的机关，发的对象是下级机关。报尾的上下各画一条与图文区等宽的黑线。有时还可在第二条黑线的右下方注明印刷份数。

【会议简报参考格式及例文】

××国际工业博览会

简　　报

(第 1 号)

××工博会组委会办公室　　　　　　　　　　20××年 7 月 7 日

第×届“××工博会”组委会秘书长会议在京召开

第×届“××工博会”组委会秘书长会议于 20××年 7 月 3 日上午在北京举行。国家发改委、商务部、科技部、工业与信息产业部、教育部、中科院、贸促总会和××市政府 8 个担任“××工博会”组委会副秘书长的主办单位负责人出席了会议。会议由“××工博会”组委会副秘书长、大会办常务副主任、××市外经贸委主任××主持。大会办副主任、市外经贸委副主任××汇报了第×届“××工博会”总体方案和筹备工作情况。与会的各主办单位领导对“××工博会”方案进行了审议，对进一步办好“××工博会”提出了新的要求。“××工博会”组委会常务副秘书长、××市府副秘书长××作了总结讲话。会议审议通过了主办单位及组委会成员名单建议方案以及第×届“××工博会”总体方案。会议主要精神如下：

一、“××工博会”确定的“信息化和工业化”主题鲜明，体现了党的“十七大”精神。与此同时，第×届“××工博会”突出展示现代装备，符合我国经济的实际。装备制造业是我国工业发展的重点，×市又是装备制造业的基地。在全国四大高新技术展会中，“××工博会”以产业为基础，特色鲜明；“××工博会”以“汉诺威工博会”为目标，起点较高；×市新一轮发展的目标是建成世界级大城市，有雄厚的物质基础，会议对“××工博会”的发展有充分信心。

二、“××工博会”在国际化、专业化、市场化方面做得较为出色。第×届“××工博会”把上届9大展区整合为5大展区，突出装备制造业，突出专业化布局，这些构想很好。“××工博会”有必要坚持专业化方向：一是展览内容专业化；二是办展队伍专业化；三是组织观众专业化。

三、办好“××工博会”要举全国之力，创国际品牌。“××工博会”主办者×市政府将对秘书长工作会议的建议逐件落实在具体工作中。“××工博会”在京的主办单位，将一如既往地积极支持“××工博会”的筹备工作。除了继续给予思路性指导之外，在具体工作上也给予×市大力支持。如在主办、主管的报纸、杂志、网站上免费或以优惠价格刊登“××工博会”信息或专栏文章，各主办单位网站与“××工博会”网站链接等。

四、招展招商是当前的头等大事。会议要求“××工博会”大会办、外经贸商展公司加大招展招商工作力度。要把全国装备制造业的重量级企业招到“××工博会”上来，要重视专业客商的组织，要协调航空、宾馆等单位，为专业客商提供到“××工博会”参观的一条龙服务，给予他们一定的补贴或优惠。

五、抓紧做好各项筹备工作。会议要求进一步办好在线“××工博会”，加大“××工博会”的宣传力度。要改进“××工博会”的统计工作，使统计项目进一步细化。

报：×××，×××××，××××××××。

送：××××××，××××××，×××××××××。

（共印××份）

四、会议简报的编发程序及其要求

（一）收集信息

这是编发会议简报的第一道程序。会议信息收集的渠道有：

1. 收集各种会议记录，如大会记录、主席团会议记录、团长会议记录、分组会议记录等。

2. 召集各团组联络员碰头会，汇总情况。

3. 收集会议成员的提案、发言稿、书面建议等。

4. 统计分析与会者的签到、报到信息。

(二)筛选信息

会议中发生的信息是多方面的,不可能都编入简报,必须加以筛选。筛选信息的原则是:

1. 真实性。真实性是简报的生命。只有真实、确切的信息,才能对会议领导机构的决策提供可靠的依据,才能使会议成员做出正确的判断。因此,对写入简报的有关事件发生的时间、地点、人物、语言、数据及其来龙去脉、前因后果要进行严格的核实,确保简报的真实性。

2. 典型性。会议简报对会议的发展具有导向性,因此其内容除了具有真实性外,还必须具有典型性。只有同时具有真实性和典型性的信息,才能吸引人、说服人、打动人。体现会议简报的典型性,一是要反映会议的主要活动和主要事件,二是要反映参加对象反响强烈的问题,三是要反映代表性较为广泛的意见,四是要反映参加对象的新观点、新建议。

(三)编写简报

会议信息根据上述原则筛选后,即可进入写作和编辑阶段。写作和编辑简报的要求是:

1. 简字当头。简字当头是简报写作的最大特点,也是写作和编辑简报的基本要求。简字当头,一是要求语言简洁明快,无冗字冗句,二是要求控制篇幅,一般不超过千字。

2. 一事一报。会议简报应当一事一报,即在一期简报中,集中反映一个会议事件,突出一个简报主题。

3. 拟稿、编辑迅速。会议活动的时间一般较短,因此会议简报一定要做到拟稿快、编辑快、审核快。

(四)简报的印发

会议简报的印发包括排版、校对、缮印、登记、分发等环节。具体要求是:

1. 格式规范,文面庄重、美观。

2. 校对严格,无排版错误。

3. 注意保密。需要保密的简报必须编号,标注保密标记,分发前逐份登记,分发时履行签收手续。简报如需清退,应在简报首页上方明显盖有“会后清退”的戳记。

4. 印发及时。会议简报印发的各道环节都要迅速及时,分秒必争,做到上午的简报下午发,当天的简报次日发。

第四节 议案和提案处理工作

一、议案和提案的概念以及相互关系

（一）议案和提案的概念

1. 议案的概念。议案是指具有法定提案权的组织和具有正式资格的会议成员，向特定的会议正式提出、请求审议并做出决定的议事原案，具有议题的性质。

2. 提案的概念。广义上说，会议期间提出的议案都可以叫作提案。在国际性会议中，议案和提案这两个概念并没有严格的区分，常常互用。在我国，提案是指特定组织中具有一定资格的成员在自己的职权范围内对某方面工作提出的意见、主张、批评或建议。

（二）议案和提案的相互联系与区别

在我国，议案和提案都是会议期间会议成员或有关组织向会议提交的文案，二者存在下列区别：

1. 提交的主体不同。议案的提交主体必须是会议的领导机构和领导人、向会议负责的法定组织以及会议的正式成员。会议的列席成员不具有提交议案的资格。而提案的提交主体较为广泛，除会议的正式成员具有提案权外，有的会议还允许列席成员提交提案。

2. 提交的目的不同。议案是在会议期间提出的、请求在会议上讨论审议的书面议题，其本质特征就是"议"。因此，提出议案的目的就在于使其列入议程，成为本次会议的议题。而提案是对某方面工作提出的意见或建议，可以在该组织举行会议时集中提出，但一般不要求列入会议的议程对其进行审议和表决。

3. 提出的时间和程序不同。议案一般应当在会议召开之前和会议期间向会议的议案工作机构以书面的方式提出，经会议的专门机构审查、同意后才能列入会议议程。有些会议还要求议案必须达到所规定的附议人数。如全国人民代表大会召开时，30 名代表联名，可以向大会提出议案。提案也要求以书面的方式提出，但一般没有时间限制，会前、会中、会后均可以。提案可以以个人名义提出，也可以以联名方式提出，还可以以团组或党派的名义提出，但不规定附议人数。如我国政协委员的提案就实行"三不限制"的原则，即政协委员提出提案的时间不限、内容不限、人数不限，也就是说，政协委员可以随时通过提案的形式反映自己的意见和建议。

4. 内容范围不同。议案的内容范围有较严格的限制，必须是本次会议职权范围内的事项，否则就不得列入会议议程。提案的内容范围较为宽泛，一般不受限制，凡是会议成员有权关注的问题都可以以意见、主张、批评或建议的形式提出。

5. 效力不同。议案一经会议审议通过，便具有法律和行政效力，必须贯彻执行。提案不要求列入会议议程，其作用是供有关部门今后决策时参考，有可能被采纳，也有可能不被采纳，因此不具有约束力。

二、议案和提案的种类

（一）议案的种类

1. 按提出的主体来分，议案可分为：

（1）代表个人议案。代表个人议案是指由会议代表依照会议规则规定的程序，向特定的会议提出的请求审议、表决的议案。代表议案一般要达到规定的附议人数方可立案。人大代表的议案如未列入人大会议的议程，可转化为书面意见转交给有关部门办理。

（2）机关议案。机关议案是指法定机关向其所负责的会议提请审议事项的议案。如举行人民代表大会时，同级人民政府可以向会议提交立法、人事任免、财政预算等方面的议案，同级人民法院和检察院等向人民代表大会负责的机关也都可以在自己的职权范围内提交议案。企业的董事会可以向股东大会提交议案。

2. 按内容来分，议案可分为：

（1）立法性议案。这是指有关设立法律、法规的议案，由各级政府机关向同级人大提出，或者由立法机关的法制委员会向立法会议提出。这类议案应附有提请审议的法律、法规的草案。

（2）工作性议案。该议案用于请求审议通过须经同级人民代表大会（或人民代表大会常务委员会）、职代会、股东大会批准才能实施的重大事项。

（3）任免性议案。该议案用于向特定的大会请求任免有关工作人员。

（4）质询性议案。该议案用于请求对某个机构或工作人员进行质询。我国人民代表可以向人大会议提出质询案。

（5）撤销案。该议案用于提请大会撤销不适当的决议、决定和命令。

（6）辞职案。由大会选举或任命的工作人员如因故辞去职务，应向大会提交请求辞职的议案，该议案即辞职案。

（7）程序性议案。该议案又称程序性动议，是指直接涉及议事程序方面的意见，常常是针对某项已经列入议程的议案而提出的修正性或者反对性议题。在大多数情况下，程序性动议的表决应当优先于其所针对的议案。

（二）提案的种类

1. 个人提案。这是指出席会议的成员以个人名义向会议提出的对某些方面工作的书面看法、意见、批评或建议。在我国,人民代表在人代会上对各方面工作提出的书面看法、意见或建议称为“代表建议”,政协委员向政协全体会议或常务委员会提出的意见、主张、批评或建议称为“委员提案”。个人提案可以在会议期间集中提出,也可以在闭会期间提出;可以联名提出,也可以个人提出。个人提案经会议审查立案后,转交有关单位办理。

2. 机关或团体提案。这是指以某一特定机关或团体的名义向大会提出的意见、主张、批评或建议。由政协的参加单位向政协全体会议或常务委员会提出的意见、主张、批评或建议称为“政协提案”,由政协的参加单位向政协全体会议或常务委员会提出的,经政协全体会议、常委会议或主席会议审议通过,以政协的名义向有关方面提出的建议,称为“政协建议案”。由职工代表大会代表提出的意见和建议称为“职代会提案”。提案经审查立案后转交有关部门办理。

三、议案和提案处理工作的含义和作用

(一)会议期间议案和提案处理工作的含义

议案和提案处理工作分为会议期间的议案和提案处理工作和会议之后的议案和提案处理工作两部分。这两部分工作相互联系,构成议案和提案工作的整体。会议期间的议案和提案处理工作专指由会议成立的专门机构对会议成员以及相关组织向大会提出的议案、提案进行受理、登记、审核、呈报、转办、答复、报告的过程。会议之后的议案和提案处理工作是指议案和提案的落实、督查和反馈的工作。本节主要介绍会议期间的议案和提案处理工作。

(二)会议期间议案和提案处理工作的作用

1. 体现民主权利。提案权(包括提交议案和提案的权利)是会议成员和相关组织的一项基本权利。做好议案和提案的处理工作,实际上就是使会议成员和相关组织的权利得到尊重和落实。

2. 实施民主监督。议案和提案中的内容相当一部分是会议成员和相关组织对各级各类领导机关工作的意见、看法、批评、质疑,这实际上是对各级各类领导机关和领导人的一种民主监督。积极做好这类议案和提案的处理工作,认真听取会议成员和相关组织的意见、看法、批评,切实采纳会议成员和相关组织的合理意见,就能有效地防止权力过于集中而导致的腐败。

3. 密切联系群众。提案、议案、书面建议等,在一定程度上反映了会议成员和人民群众的愿望和心声。议案和提案处理工作,能帮助各级各类领导机关和领导人及时全面了解人民群众所想、所急,倾听人民群众的意见,克服官僚主义,避免工作失误,实现决策的民主化和科学化。

四、提案人与会议期间议案和提案工作机构

（一）提案人

为了叙述方便，我们将提交议案、提案或书面建议的组织或个人统称为提案人，包括议案提交人和提案提交人。提案人是议案和提案的提交主体。在会议期间，提交议案、提案或者书面建议，是会议成员和相关组织的一项民主权利，应当在议事规则中做出明确的规定。

1. 议案提交人。一般情况下，以下几种主体可以向会议提交议案：

（1）会议的领导机构和领导人。如召开全国人民代表大会时，大会主席团、全国人大常委会可以向大会提交议案。其他一般性的会议，会议主席有权提交议案。

（2）向会议负责的机关或领导人。如国务院、最高人民法院可以在自己的职权范围内向全国人民代表大会及其常务委员会提交议案。

（3）会议正式成员。在法定性会议中，正式成员可以向会议提交议案。如各级人民代表大会召开期间，各代表团和人民代表（须达到法定的附议人数）有权向大会提交议案。

2. 提案提交人。提案是会议成员以及相关组织对某项工作提出的意见或建议，其适用的主体范围较大。在我国，各级政协委员、工会委员、职工代表大会成员等，可以在自己的职权范围内提交提案。比如，根据《政协全国委员会提案工作条例》的规定，政协提案可采用以下四种形式提出：一是以个人或者联名方式提出；二是政协全体委员会议期间可以以小组或者联组名义提出；三是参加政协的各党派和人民团体可以以本党派、团体名义提出；四是政协各专门委员会可以以本专门委员会名义提出。

（二）会议期间议案和提案工作机构

由于议案或提案往往在会议期间集中提交，因此凡具有议案或提案权利和程序的大会，应当设置审查和处理议案或提案的专门机构，隶属于大会主席团领导。

1. 议案工作机构。在我国，议案工作机构一般叫作议案审查委员会，如各级人民代表大会就设立议案审查委员会。联合国大会的议案工作机构叫作总务委员会。

议案工作机构的主要任务是：

（1）审查议案的提交人是否具有提案权。

（2）审查议案的联名人数或附议人数是否符合规定，有无重复签名。

（3）审查议案的提交日期是否在规定的期限内。

（4）审查议案涉及的问题是否属于本次会议的职权范围。

（5）审查议案的内容是否符合法律、法规、规章以及议案（提案）工作条例。

（6）提出议案审查意见并形成书面报告，呈大会主席团审议。

（7）负责议案的交办、转办、督查。

(8)对上一次会议的议案办理情况进行总结并向大会做出书面报告。

2. 提案工作机构。提案工作机构的名称一般叫作提案审查委员会。如每届全国政协第一次会议成立提案审查委员会,第一次会议闭会后,提案审查委员会即作为提案委员会列入专门委员会序列,在常务委员会和主席会议领导下负责提案工作。

提案工作机构的主要任务是:

(1)制订提案工作方案。

(2)依照规定的程序,组织、征集提案。

(3)对提案进行审查立案,确定承办单位。

(4)对提案办理进行检查和督促。对办理不符合要求的,及时商请承办单位重新办理。

(5)向全体会议、常务委员会议、主席会议报告工作。

(6)对提案进行综合分析,反映重要信息。

(7)组织提案工作的宣传报道。

由于许多议案和提案必须在会后依靠相关部门的配合与协调才能最终办理落实,因此,议案和提案的处理要在会后保持工作上的连续性。会议结束后,可在常设性会议领导机构之下成立专门机构或指定专人负责议案或提案的后续处理工作。

五、议案和提案的处理程序

议案和提案的处理是一项政策性、法规性很强的工作,其程序应当在会议的议事规则或其他有关文件中做出明确的规定。在会议期间,会务工作机构和会务工作人员应当做好下列工作:

(一)会前预告

会前预告是指在会议通知中向具有提案权的会议成员和相关组织预告提出议案和提案的期限和要求,以便他们做好充分的准备。会议开始时,应宣布接受议案和提案的截止日期。

(二)议案和提案的提交

议案和提案应当在大会规定的截止日期之前用书面形式提交,使用统一印制的议案纸和提案纸,做到一事一案、书写规范。联名提出的议案和提案,领衔人签名应当列于首位。以组织名义提出的议案或提案,须有该组织负责人签名并加盖公章。国家行政机关向同级人民代表大会或者同级人民代表大会常务委员会提交议案,要符合《国家行政机关公文处理办法》的有关规定。

(三)议案和提案的登记

议案和提案登记的项目包括:

1. 编号。按每份议案或提案收到的时间顺序编号，既便于统计议案或提案的数量，又方便查找和引用。

2. 提交日期。填写实际收到的日期。此日期不得超过规定的截止日期。

3. 案由。填写议案或提案的标题或主题。如果收到的议案或提案未写案由，登记人员应予补填。

4. 提案人。如属联名提案，一般只填写领衔提案人。以代表团或其他机构、团体名义提出的议案或提案，填写代表团、机构或团体名称。

5. 联名人数。属于联名提案的，应填写联名的人数。

6. 所在团组。会议成员以个人名义提交的议案或提案，应填写该成员所在的团组名称。

7. 审查意见。这是指大会主席团或议案、提案工作机构对议案或提案进行审查后所提出的意见。

8. 立案号。如果经过审查，议案或提案列入会议议程，或者作为建议立案办理，应填写立案的编号，以便今后查找。

9. 承办单位。如议案或提案立案后转交给有关责任单位办理，应填写承办单位的名称。

10. 签收人。由具体承办单位的收件人签字，表示收到该议案或提案。通过办公自动化（OA）系统或电子邮件发送的，要有签收的记录或者回复。

11. 答复情况。大会议案或提案工作机构应当将议案和提案在会议期间的处理情况告知提案人，并记录告知的方式和时间。

12. 存档号。这是指议案或提案归档的编号，在归档时填写。

（四）议案和提案的分类

议案和提案初步登记后，应按一定方法分类整理，以便进行综合分析。分类的方法一般有两种，一种是按代表团和提案机构分类，另一种是按案由所涉及的问题分类。前一种分类便于统计各代表团的提案数，后一种分类则便于分析议案和提案的内容分布，了解代表们所关注的热点，并有助于确定交办和转办的责任单位。分类后在议案或提案纸上填入分类号。

（五）议案和提案的送审

登记后的议案或提案应当及时提请议案或提案工作机构进行审查并提出审查意见。需列入会议议程的议案，还需提交会议主席团审议同意，然后才能提交会议表决。

（六）议案和提案的会后处理

列入会议议程的议案经大会审议通过后形成决定或者决议正式下发执行，未列入会议议程的议案则转化为书面意见和建议进入会后处理程序。一些重要的提案经审查后,可通过一定的会议程序转化为会议建议案正式提交给有关部门,而大部分提案则进入会后处理程序。

1. 立案、交办。议案如经会议通过形成决议,从该次会务工作的角度来说,则视为办理完毕。对需要由有关部门办理落实的议案和提案,议案和提案工作机构应当根据会议领导的批示或审查意见,及时做好交办工作。

2. 答复。议案或提案立案交办后,议案或提案工作机构要及时答复提案人。答复的内容包括交办的时间、承办单位、办理的程序等。答复一般应当用统一的书面形式,并加盖公章,以示慎重。

至此,从会务工作的角度来说,会议期间议案和提案工作的任务基本结束,其后的承办、催办、报告和反馈等工作转由常设的秘书部门以及具体承办部门负责。

六、议案和提案的格式和写法

(一)表格式议案和提案的格式和写法

表格式议案和提案适用于在会议期间由代表个人提出的议案和提案,或者以党派、团体名义提出的提案。书写时应当使用统一印制的议案纸或提案纸,做到一事一案。联名提出的议案和提案,领衔发起人的签名应当列于首位。以党派、团体名义提出的提案,须由该组织负责人签名并加盖公章。

表格式议案和提案一般由以下几部分组成:

1. 案由。案由即标题。如:

关于××××问题的议案(提案)

2. 提案人。个人提出的,署提案人的个人姓名;联名提出的,除署领衔人姓名外,每个附议人都要署名。以团组或机构的名义提出的,填写团组或机构的名称,并由负责人签名。

3. 提交日期。写明正式提交的日期。

4. 联系方式。写明单位地址、邮编、电话、电子信箱。

5. 案文。案文一般分为案据和方案两部分。案据部分应当开门见山,直指问题的要害,并作简要精辟的分析,解释提出议案的理由;方案部分提出解决问题的方法或建议。

6. 审查意见。由议案或提案审查委员会负责人填写审查结论,并签字。

【提案参考格式及例文】

××大学第×届教工代表大会
第×次会议代表提案

编号:20××-12

案　　由	关于推进我校多媒体教学手段建设的提案			
领衔代表姓名	代表团	通信地址	邮　编	电　话
×××	××××学院	××××××××××××	××××××	××××××××
附议代表姓名	代表团	通信地址	邮　编	电　话
提交日期	20××年11月12日			
审核意见				

案　　文

目前,随着多媒体教学手段的日益普及及其优越性的日益显现,我校的广大教师和学生,对教学中运用多媒体手段的要求越来越强烈和迫切,但我校在这方面却明显滞后,主要表现在以下两个方面:

1. 对教师的培训力度不够,接受培训的教师比例不高,大部分教师至今不会制作多媒体课件。

2. 多媒体教室和设备数量严重不足。一些教师接受培训后,掌握了多媒体教学的技术,却因没有或缺少多媒体教室而无用武之地。如地理系和环科系用本系创收经费装备的多媒体教室,超负荷运转也不能满足教学需要,很多教师只能遗憾地采用传统的教学方式。

为此建议如下:

1. 学校应当制定推进多媒体教学的长期规划,把它作为一项重要工作来抓。

2. 加大教师培训力度,除青年教师外,还应当培训中年教师。

3. 加快多媒体教室的建设,满足教学需要。

4. 多媒体教室的建设和使用由学校统一管理和调度,避免重复建设,提高资源使用的效率。

5. 制定奖励措施,开展多媒体教学竞赛,以鼓励教师积极加入多媒体教学的行列。

6. 增加经费投入,确保教师培训与奖励、多媒体教室装备及维修等费用得以落实。

(二)公文式议案和提案的结构和写法

1. 标题。标题一般由发文机关、事由、文种组成。如:

国务院关于提请审议兴建长江三峡工程的议案

2. 主送机关。主送机关写明提交审议的会议名称或机构名称。

3. 正文。正文即案文部分。

(1)开头。议案和提案的开头又称案据。开头陈述立案的理由,包括提出本议案或提案的起因、目的、意义和法律依据。案据可以从两个方面来写,一是要写明事实情况,摆出问题,以证明本案文的重要性和必要性;二是要说明本案文的法理基础,涉及立法、批准条约等议案的写作尤其要说明这一点。

(2)主体。这部分要具体介绍议案或者提案的主要内容,包括针对所提问题的解决途径、办法或建议。有时也可用一句话概述请求审议的事项。

(3)结尾。议案要用"请审议"、"请审议决定"、"请予审议"等结尾。

4. 署名。标题中不写发文机关的,必须在结尾下方署提交议案的机关名称。以机关或团体名义提出的议案或提案,应当由机关或团体负责人签署姓名。个人提出的议案或提案,由个人签署姓名。

5. 成文日期。成文日期以签发日期为准,用阿拉伯数字完整书写年、月、日。

【议案例文】

关于延长公司与××集团之间房屋租赁协议有效期限的议案

各位股东及股东代表:

受董事长委托,向股东大会作《关于延长公司与××集团之间房屋租赁协议有效期限的议案》陈述,请予审议。

自本公司设立以来,为保证正常生产经营需要,需要租赁使用××集团部分生产办公用房。为此,在遵守"公正、公平、诚实信用、等价有偿"等一般市场原则基础上,公司与××集团签署了《房屋租赁合同》;之后公司曾与××集团签署补充协议,延长上述两项关联交易合同的有效期。

现上述合同及协议的有效期已届满。根据实际生产经营需要,董事会审议批准了公司于2013年2月12日与××集团签署的《关于延长〈房屋租赁合同〉有效期限的补充协议》,将原《房屋租赁合同》的有效期延长至2014年12月31日;原《房屋租赁合同》的其他条款及附件不做任何修改,仍然有效。

以上议案已经公司第四届董事会第九次会议审议通过,现提交股东大会审议。

××股份有限公司董事会

2013年3月20日

思考与练习

1. 试述会议记录的作用、格式和内容。

2. 试述会议新闻工作的方法和要求。

3. 试述会议消息的基本要素、格式和写法。

4. 试述会议新闻发布稿与会议消息的区别,并试写一份会议新闻发布稿。

5. 试述会议简报的类型和编写方法,并试写一份会议简报。

6. 试述议案和提案的相互联系与区别以及议案和提案的处理程序。

第七章　选举、评选和表决工作

第一节　选举、评选和表决工作概述

一、选举、评选和表决的含义

（一）选举和选举工作的含义

1. 选举的含义。选举是指选举人根据少数服从多数的原则以及选举的有关规则，以投票、举手等方式对担任特定职务的人选进行差额遴选的过程。选举的对象主要有两类：一类是各种组织的领导机构和领导人，如国家机关、社会团体的领导机构和领导人等；另一类是各类代表，如我国的党代表、人民代表、职代会代表，外国的议会议员等。选举既可以作为会议的一项议程，也可以单独举行，成为一次选举性的活动。

2. 选举工作的含义。所谓选举工作，是指选举活动的组织者围绕选举活动所开展的一系列工作，包括选举目的、任务和规则的制定，候选人的推荐和确定，选举人的登记和审查，选举活动的安排和实施，选举结果的统计和公布等。选举工作统称为“选务”。

（二）评选和评选工作的含义

1. 评选的含义。评选是指评选人根据少数服从多数的原则以及有关评选的规则和标准，以投票、举手等方式在特定范围内评比、推举、遴选最佳和最劣对象的过程。评选活动有两种，一种是以评选特定对象为目的而开展的活动，如评选劳动模范、五好家庭等活动；另一种是穿插在特定的会议、展览和综合性活动中的配套性活动，如大型商品博览会中举办的优秀品牌评选活动。

评选的对象广泛，以下介绍部分评选对象：

（1）组织，如评选优秀企业、先进班组、文明家庭等。

（2）人物，如评选劳动模范、先进工作者、形象大使、世界小姐等。

（3）事件，如评选新闻事件等。

（4）项目，如评选最佳工程项目、遴选资助的科研项目等。

（5）形象，如评选卫生城市、驰名商标、信誉等级等。

2. 评选工作的含义。所谓评选工作，就是评选活动的组织者围绕评选活动所开展的一系列工作，包括策划评选目的和范围，制定评选标准、程序和方法，确定候选对象，组织评选人，安排和实施评选活动，统计和公布评选结果等。评选工作也可统称为“选务”。

(三)表决和表决工作的含义

1. 表决的含义。表决是指具有表决权的会议成员依据少数服从多数的原则以及表决规则，以投票、举手等方式对特定的人选和事项表达赞同、反对、弃权意志的过程。表决是会议活动通过决议、做出决定所常用的民主手段，也是各种选举、评选活动的基本方式。从会议决策来看，表决的对象有两种：一是决定特定人选。如我国的宪法规定，国务院总理一职由国家主席提名，由全国人民代表大会全体会议通过表决的方式决定；国务院副总理、国务委员、各部部长、各委员会主任、审计长、秘书长的人选由国务院总理提名，由全国人民代表大会全体会议表决决定。许多国家的政府组成人员，也是由国家元首或者政府首脑向国会提名，由国会通过表决来决定的。二是决定特定事项。凡实行“合议制”(指决策和管理权力由若干人组成的委员会共同行使，按少数服从多数或协商一致的原则集体决定、共同负责的组织体制)的组织，在会议上做出某项决定或通过某项决议，都必须采用投票表决的方式。

2. 表决工作的含义。所谓表决工作，就是表决活动的组织者围绕表决活动所展开的一系列工作，包括表决目的、任务、规则和程序的确定，表决对象的提出和审议，表决活动的安排和实施，表决结果的统计和宣布等。

二、选举、评选和表决的联系与区别

(一)选举、评选和表决的联系

1. 基本原则的一致性。选举、评选和表决都是具有选举权和表决权的会议成员通过自由表达意志，根据少数服从多数的基本原则，决定特定人选或特定事项的民主程序。离开了少数服从多数这项基本的民主原则，任何选举、评选和表决就毫无价值可言。

2. 主体资格的正式性。在举行选举、评选和表决时，选举人、评选人和表决人都必须是具有正式资格的会议成员。除少数由会议授予权力的特邀成员外，非正式成员无选举权、评选权和表决权。

(二)选举、评选和表决的区别

1. 目的、性质和对象不同。选举的目的是选拔政治上的能人来领导一个特定的组织或代表特定范围的民意，从这个意义上说，选举的对象是特定的政治人选，选举活动是一项政治活动，选举权是民主社会公民的一项基本的政治权力。

评选的目的既可以是评选最佳对象，也可以是评选最差的对象，评选的结果常常只是一种荣誉和象征。评选对象范围广泛，可以涉及政治领域，如评选诺贝尔和平奖,但不通评选领导人和政治上的民意代表。

表决的目的是做出某项决定。任何议案一旦经过会议表决通过就成为决定和决议,有的还具有法定效力。表决、选举、评选都会涉及特定的人选,但表决只是决定该人选的“可”与“否”,而选举和评选则是一种差额遴选。

2. 规则和程序不同。选举和评选的基本规则就是差额遴选。所谓差额,是指候选数多于应选数。特别是选举,一般情况下都必须在一定的范围内按照一定的程序和一定的差额比例提出候选人初步人选,通过差额初选或协商、酝酿,再按一定的差额比例确定正式候选人名单,然后进入最后的差额选举。正式选举时,选举人也可以填写候选人以外的人选。有时也可先进行差额预选或内部考察,确定候选人选,最后采取等额选举。如果从推荐候选人开始整个选举过程都实行等额,那么选举就不成为选举了。

相比之下,表决的规则就较为灵活,既可以实行差额表决,比如国际奥委会决定奥运会主办城市时,就实行差额表决,即在五个候选城市中遴选出一个主办城市,每个有投票权的委员一次只能投一个候选城市的票;也可以实行等额表决,即在等额的情况下,直接对提交会议表决的人选和事项进行肯定或否定,无须事先进行差额遴选。正式表决时,不允许填写候决人之外的人选。如对法律、法规草案和决议草案的表决就是等额表决,达到规定的赞成票就可以通过,否则就予以否决。

综上所述,选举、评选和表决是具有一定联系的三个不同的概念,使用时必须严格区别。比如,根据我国的宪法,国家主席和副主席由全国人大全体会议选举产生,而国务院总理则由国家主席提名,由全国人大全体会议通过表决来决定。前者是选举,使用的是选票,后者是表决,使用的是表决票,二者不能混淆。而针对各种奖项、称号、荣誉的遴选活动,只能叫作评选,不能称为选举。

三、选举、评选和表决工作的意义和要求

(一)选举、评选和表决工作的意义

选举、评选和表决是现代社会所特有的民主形式和民主机制。随着社会政治民主和管理民主程度的不断提升,选举、评选和表决活动作为现代民主的重要形式,越来越频繁地出现在政治、经济和社会生活的各个领域,成为现代会议活动的重要组成部分。大到国际性组织决定重大国际性问题、国家权力机关以及国家领导人的产生,小到一个公司或社会团体决定经营方针和内部事务、专业技术职务的评审、各种代表或各种对象的评选和遴选,乃至各种社会大众性、商业性、娱乐性的评比等,都需要运用选举、评选和表决的方式。在实行民主集中制的组织和实行“合议制”的机构中,选举和表决是实现民主、公正及科学决策的重要保证。

在我国,由于实行社会主义民主,人民群众享有广泛而又充分的民主权利,因而选举、评选和表决也就成为我国人民群众参与国家和社会事务管理的重要形式和机

制。组织好一场选举、评选或表决活动，对于充分发扬社会主义民主、保障人民群众的民主权利，实现决策的科学化和民主化，调动亿万群众的积极性，有着十分重要的意义。

（二）选举、评选和表决工作的要求

1. 严格规范。选举、评选和表决工作事关重大，其程序是否规范，直接关系到选举、评选和表决能否真正体现民主和公正。因此，选举、评选和表决工作必须严格按照有关的法律、法规、规章、组织章程和具体办法来组织和实施。选务和表决工作人员一定要以高度的责任心认真对待每一项具体事务工作，确保选举、评选和表决工作的合法性、公正性和规范性。

2. 细致准确。选举、评选和表决活动的成功，是建立在具体事务工作细致准确的基础上的。从各种文件材料的准备到选票、表决票的制作、发放、回收、统计、监票以及现场布置，每一个环节都必须做到细致准确。任何一个环节出现差错，都会直接影响选举、评选和表决活动的顺利进行，甚至导致选举、评选和表决活动失败。

第二节　选举、评选和表决规则

一、选举、评选和表决规则的含义和作用

（一）选举、评选和表决规则的含义

选举、评选和表决规则是在举行选举、评选和进行表决活动时，规范选举、评选和表决的程序以及规范组织者和选举人、评选人、表决人的行为的各项法律、法规、规章、组织章程的总和。

（二）选举、评选和表决规则的作用

制定选举、评选和表决规则，首先从根本上说，是为了防止少数人操纵选举、评选和表决的过程，保证选举、评选和表决的科学性、民主性和公正性；其次，也是为了最大限度地避免因当事人在程序和技术上的分歧而对选举、评选和表决活动造成负面影响。

二、选举、评选和表决规则的制定程序

（一）选举和表决规则的制定程序

选举和表决规则一般由组织选举和表决的工作机构负责起草，经会议的领导机构（如主席团）初步审定后，提交会议全体成员酝酿讨论并根据大多数人的意见修

改，再经会议领导机构确定后以草案的形式提交会议全体成员表决通过。常设性会议的表决规则可以和议事规则一并制定并作为议事规则的组成部分。

（二）评选规则的制定程序

评选规则一般由评选活动组织者制定。常设的评选活动应当制定章程。比如，上海国际电影节是一项常设的电影奖评选活动，为规范评选范围、程序以及组织者和评委的评选行为，特制定《上海国际电影节章程》。临时性的评选活动，组织者也应当事先制定并公布评选规则。有些组织内部的评选活动规则，也可以提交全体成员通过。

三、选举、评选和表决规则的主要内容

选举、评选和表决的规则有不同的层次和名称，如选举法、选举条例、选举办法等。针对一次具体的选举、评选和表决活动所制定的规则一般叫作“办法”。下面重点介绍选举、评选和表决“办法”的主要内容。

（一）制定的依据

在制定选举、评选或表决办法时，必须首先说明制定依据。如某个党组织举行选举，必须依据党章制定选举办法；某地举行人大代表选举，必须依据宪法和选举法制定选举办法。其他各种组织举行选举、评选和表决活动，必须写明所依照的有关法律、法规和本组织的章程。

（二）目的和任务

选举、评选、表决的目的和任务是指选举哪一级、哪一届、哪一种组织的领导人或者代表及其人数，决定什么名称的重大事项，评选哪一类、哪些等第的先进称号或者奖项等。

（三）提名和确定候选或表决对象的原则及其程序、办法

不同的组织在提名和确定候选或表决对象的具体原则和方法、程序上会有所不同，决定重大事项的表决原则以及程序和方法也各有特点。比如，有的是经过民主推荐程序产生候选人，有的是通过民主协商确定候选人或表决对象，有的则是采取竞选的办法，等等。对此，选举、评选和表决办法应有明确表述。

（四）投票的方式

投票的概念有广义和狭义之分：广义的投票是指投票人以各种方式表达投票意向的行为，狭义的投票仅指投票人以书面的方式表达投票意向的行为。会议决策和选举、评选都是通过投票来体现与会者、选举人和评选人的意志的，而不同的投票方式具有不同的表达意义和效果。投票的方式有下列几种：

1. 按投票的手段分，可分为：

（1）书面投票，即狭义的投票。书面投票要事先制作纸质选票或者表决票，列出全部候选人、候选项目或者表决对象名单，由选举人、评选人或表决人以画规定符号的方式表达同意、反对或者弃权的意志。书面投票可以是无记名的，也可以是记名（即公开）的。

（2）唱名投票。唱名投票是指当会议主席点到选举人、评选人或表决人的名字或其所代表的国家、组织的名称时，选举人、评选人或表决人以口头的方式表达同意、反对或弃权的意志，或者大声说出候选人或候选项目的名字。

（3）呼声表决。呼声表决是指由投票人对提交表决的事项发出“同意”或“反对”的呼声，由会议主席根据双方的呼声大小来决定取舍。这种投票方式不尽科学，仅用于对一些临时性动议的表决。美国的众议院就常采用这种投票方式。

（4）体态投票。体态投票是一种以肢体语言的形式表达投票人意志的方式，包括举手、起立、鼓掌等形式。其中鼓掌投票的方式无法进行准确的计票，因此一般只能用于程序性问题或事务工作的表决，而不能用于选举和重大事项的表决。

（5）表决器投票。这是指通过按表决器进行选举、评选或表决的方式。表决器上分别设有同意、反对和弃权三个按钮，并具有自动计票、迅速显示计票结果、自动保存数据等功能，适用于大型会议或者多轮的选举、评选或表决。

（6）通信投票。这是指通过邮寄书信的方式进行的远程投票方式，是书面投票方式的延伸。通信投票时间长，但成本低，对投票者的要求高。如奥斯卡电影奖的评选，每个评委都是在家里完成评选工作，然后将选票寄往奥斯卡奖组委会。

（7）网络投票。这是指通过计算机网络进行的远程投票方式，具有覆盖面广、投票迅速、成本低廉的优势。这种投票过程缺乏有效的监督，难以避免重复投票的现象，故一般用于大众性的评选活动。

（8）短信表决。这是指通过发手机短信的方式来进行的投票，一般也仅用于面向大众的评选活动。

2. 按保密与否分，可分为：

（1）记名投票。记名投票又称名义投票，即选举人、评选人或表决人以个人或所代表组织的名义表明态度，并记录在案。举手投票、唱名投票、通信投票都属于记名投票。书面投票也可以采取记名的方式。

（2）不记名投票。这种投票方式不记载选举人、评选人、表决人的姓名和所代表组织的名称，又称为无记名投票。不记名表决有利于消除投票人的顾虑，确保投票人避免受到不必要的影响，体现投票过程的公正性。重要的选举、评选和表决都应当采取不记名投票的方式。

（五）程序与步骤

这里的程序与步骤是指选举、评选和表决是一次性完成的还是分步骤举行的。

如有的选举先进行差额预选，再举行正式等额选举；有的先进行正式委员的选举，然后进行候补委员的选举；有的则将正式委员的选举和候补委员的选举放在一起进行。如果要在一次会议上选举或表决产生几套班子或者评选出几种类型的项目，也可以采取一次性同步投票的办法，以提高投票活动的效率。

(六)对选举、评选和表决有效性以及有效票的规定

1. 对选举、评选和表决有效性的确认。确认选举、评选和表决的有效性包括两个方面：一是确认出席选举、评选或表决会议的正式成员是否达到法定人数。达到法定人数的为有效人数，可以进行选举、评选或表决的程序。如出席选举、评选或表决会议的正式成员未达到法定的有效人数，则不得进行选举、评选或表决程序，即使进行也属于无效。二是确认在选举、评选或表决过程中是否出现违反程序和要求的情况。如确认存在违反程序和要求的情况，则选举、评选或表决的结果无效。比如，回收的选票或表决票多于实际发出的选票或表决票，就应认定该次选举、评选或表决无效。

2. 对有效票的确认。有效票是指选举、评选和表决时回收的选票和表决票中符合规定的选票和表决票。确认选票和表决票的有效性应当把握以下几点：

(1)选举、评选和表决必须有效。也就是说，有效票的确认必须以本次选举、评选和表决的有效性为前提。如选举、评选和表决本身无效，则谈不上选票和表决票有效。

(2)每张选票和表决票填写的赞成数必须等于或少于规定的赞成数，大于的则为无效票。

(3)选票和表决票上表达意志的符号是否符合规定，填写是否清楚，不符合规定和不清楚的为无效票。

(4)选票和表决票上是否有人为填写的违反规定的内容，出现违反规定内容的，应作无效票处理。

3. 对有效性争议的解决程序。在一次选举、评选或表决过程中，对选票或表决票的有效性存在争议是在所难免的。在选举、评选或表决办法中写明解决争议的办法和程序，就能有效地避免因争议无法解决而导致选举、评选或表决的流产。

(七)确定当选和通过对象的原则及方法

确定当选和通过对象的原则及方法包括以下几个方面：

1. 当选和通过的必要条件。无论是选举、评选还是决定重大问题的表决，候选或表决对象都必须获得多数票才能当选或者通过，即“多数决定原则”。但如果在计算“多数”的具体原则和方法上的规定不够明确，就会在计票时产生矛盾和争议，导致无法确定当选对象或通过对象。确定“多数”通常有以下几种规则：

(1)绝对多数制。赞成票数超过表决主体全体成员(即应到会议的有投票权的

正式成员)半数即为通过。在计票时,未出席会议、投弃权票、出席会议但未投票的人员均计入有效表决人数,但其表决态度一律视为反对。我国《选举法》第四十一条规定:“县级以上的地方各级人民代表大会在选举上一级人民代表大会代表时,代表候选人获得全体代表过半数,始得当选。”《地方人民代表大会组织法》第二十条规定:“地方各级人民代表大会进行选举和通过决议,以全体代表的过半数通过。”

(2)相对多数制。参加表决的人在表决主体全体成员中必须超过半数,同时赞成票数在参加表决的总票数中也必须超过半数即为通过,即所谓的“双过半”。在确定“多数”时,有以下几种方法:

第一种是投赞成票的人数超过实到会议的有投票权的正式成员的半数为“多数”,未出席会议不作统计,投弃权票、出席会议但未投票的人员计入有效表决人数,但其表决态度视为反对。

第二种是投赞成票的人数超过有效票的半数为“多数”,未出席会议和出席会议但未投票的人员不作统计,投弃权票视作投反对票。也就是说,在有效票中,赞成票数必须大于反对票数和弃权票数之和方为过半数。

第三种是在有效票中投赞成票的人数超过投反对票的人数为“多数”。计票时,先扣除弃权票数,只要赞成票多于反对票即为“多数”。联合国下属的许多机构以及许多国际组织,如联合国人权委员会、保护工业产权巴黎公约等组织的投票,就采用这种“多数”计算法。

(3)特定多数制。在这种规则下,“多数”不是得票数的过半,而是半数以上的更多数。如对宪法的表决,很多国家就规定必须达到2/3或3/4以上比例的赞成票才能通过。特定多数制有时还有“一致赞成”和“一致反对”的规定。“一致赞成”是指表决事项必须取得全体表决人一致同意或至少没有一个反对时才能通过;“一致反对”是指表决对象必须取得全体表决人一致反对或至少没有一个同意时才是未通过。

2. 得票数过半的对象的数量超过应当选数时的解决办法。当得票数过半的选举或表决对象多于应当选名额时,一般都采取以得赞成票多少为序的方法确定名额,至取足应当选名额为止。

3. 得票数相等时的解决办法。当满足必要条件的候选或表决对象得票数并列不能确定当选和通过对象时,一般应就得票相等的选举或表决对象重新投票,直至确定当选和通过对象为止。

4. 得票过半数的对象少于应当选数时的解决办法。当获得赞成票超过半数的选举或表决对象少于应选名额时,不足的名额可从未当选和通过的得票多的选举和表决对象中重新选举或表决产生。如接近应选名额,经半数以上选举人、评选人或表决人同意,也可以减少名额,不再选举、评选或表决。

(八)候选或表决对象、当选或表决对象名单排列顺序

候选或表决对象、当选或表决对象的名单排列顺序必须体现公平和公正的原

则。具体方法大致有以下几种：

1. 按姓氏笔画顺序排列。这是我国举行选举、评选和表决活动时排列候选人或表决对象名单最常用、最基本的方法。按此方法排列顺序，应首先比较候选人或表决对象姓名第一个字的笔画数，笔画数少的在前，多的在后，依次排列。单姓、复姓以及少数民族的长姓均以姓名的第一个字为准。如同姓，则比较姓名第二个字的笔画数，余类推。如姓的笔画数相等，则根据汉字的书写笔顺排列。如候选人或表决对象为单名，则有两种排序方法：一种是将姓名中间的空格视作零笔画，如“王刚”和“王一凡”两个姓名，由于“王刚”是单名，第二个字的笔画数为零，因此应当排在“王一凡”之前；另一种方法是比较姓名的第二个字的笔画数。

2. 按组织或地区名称的笔画顺序排列。这适用于国内评选先进个人和集体，具体方法同上。

3. 按项目名称的笔画顺序排列。这适用于项目评选、评审。

4. 按上一轮选举、评选或表决的得票数多少排列。

5. 按上级领导机关批准的顺序排列。这是党内选举地方各级委员会书记和副书记时的特例。

6. 按候选人或候选组织的英文名字的字母顺序排列。这适用于国际性的选举、评选和表决活动。

（九）选票和表决票的设计

选票和表决票的设计要求是庄重、大方、清晰、准确，便于分发、填写和计票。详见本章第三节“选举、评选和表决工作的准备”。

（十）监票人和计票人的职责和产生办法

1. 监票人的设置。监票人是指在选举、评选和表决时，负责对投票过程进行监督的人员。选举、评选和表决的投票过程必须设监票人，具体人数应本着有利于对投票过程实施有效监督的原则，根据参加投票的人数或代表团的数量来确定，必要时可以设总监票人和副总监票人。

（1）监票人的产生程序。总监票人和监票人的提名程序因组织内部的制度而异，一般是由选举人、评选人或表决人从不是候选人的选举人、评选人或表决人中推荐，经全体选举人、评选人或表决人表决通过，采取鼓掌表决的形式。

（2）总监票人的主要职责。具体如下：

①负责监督投票的全过程。

②对监票人员进行合理分工并协调他们之间的工作。

③负责审核参加投票的人数以及发出的票数和收回的票数。

④对有争议的选票或表决票进行鉴别或做出裁决。

⑤审核投票结果并签字。

⑥向会议主席或主席团报告投票结果。

(3)监票人的主要职责。具体如下:

①清点参加投票的人数。

②投票前检查投票箱。

③监督选票和表决票的发放。

④投票时监督投票。

⑤投票结束后,监督计票人清点选票和表决票,核实收回的票数是否与发出的票数相等,并将核实情况报告会议主席。

⑥监督计票人唱票和计票。

⑦计票结束后,审核计票结果并签字。

2. 计票人的设置。计票人是选举、评选或表决时,在监票人的监督下,清点和计算选票或表决票的人员。计票人的数量应本着有利于准确迅速地统计投票情况的原则,根据参加投票的人数来确定。

(1)计票人的产生程序。计票人一般由大会秘书长从会议工作人员中或者从非候选人的正式成员中提名,经会议主席团确认,必要时也可提交全体正式成员以鼓掌的方式通过。

(2)计票人的主要职责。具体如下:

①在监票人的监督下分发、收回、清点选票或表决票,并进行唱票和计票。

②将计票结果形成书面报告,并在报告上签字。

(十一)选举、评选和表决的纪律

选举、评选和表决的纪律是选举、评选和表决活动顺利进行的保障。任何选举、评选和表决都是十分严肃和庄重的,选举人、评选人和表决人有自由表达自己意志的权利,同时也应当履行严格遵守选举、评选和表决纪律的义务。各类组织对选举、评选和表决的纪律要求各不相同,在此不一一赘述。

上述内容是大致上的,选举、评选、表决办法的实际内容往往要复杂得多。比如一些面向社会大众的评选活动办法还应当写明评选对象的范围、条件和资格,奖项名称、等级、奖品、奖金、证书,评选活动的组织管理机构,评委组成的原则和人选,推荐与自荐的方法与步骤,选票获取的方法(如网上下载、报刊剪下),投票的截止时间,投票奖励细则,评选结果的公布时间与方式等事项。

四、选举、评选和表决规则的格式与写法

(一)标题

选举、评选和表决规则的标题有两种写法:

1. 由会议名称 + 文种组成。如:

××代表大会选举(表决)办法

2. 由选举、评选或表决对象名称+文种组成。如:

××市科技精英评选办法

又如:

第×届"中国十大杰出青年"评选办法

(二)稿本

选举、评选和表决规则如需提交会议审议、表决通过,应在标题后面或下方居中用圆括号写明"草案"或"修正草案"。

(三)题注

经会议通过的选举、评选和表决规则,应注明会议名称和通过的日期,并加上"通过"二字。

(四)正文

选举、评选和表决规则属于规范性文件,经常要引用、解释,因此正文结构体例要尽可能采用章条法或者条款法,文字内容要求做到:

1. 符合宪法、法律、法规和组织章程。

2. 内容具体全面,对选举、评选或表决中可能出现的各种情况都要提出明确的处理办法。

3. 程序和步骤要清楚明确,具有可操作性。

4. 文字表述要准确并且简明易懂,避免出现模棱两可、令人费解的字句。

(五)署名

由机关制定而无须会议通过的,可不写题注,但必须在正文右下方署制定机关的名称。

(六)成文日期

由机关制定、无须会议通过且不写题注的,必须写明具体的成文日期。

【选举办法例文】

××××代表大会选举办法

(草案)

第一章　总　则

第一条　根据《中国共产党章程》和《中国共产党基层组织选举工作暂行条例》

的精神，制定本办法。

第二条　本办法经××××代表大会通过后生效。

第二章　选举任务

第三条　本次代表大会选举产生中共××××第×届委员会和中共××××第×届纪律检查委员会。

第四条　本次选举产生第×届党委会委员24名，第×届纪律检查委员会委员9名。

第三章　选举方式

第五条　本次大会选举工作在大会主席团领导下进行。

选举采用差额、无记名投票方式。

党委委员候选人为30名，每位选举人最多可选举25名；纪委委员候选人为11名，每位选举人最多可选举9名。

第六条　选举人对每一位候选人可以赞成，也可以不赞成，也可以另选他人。

如赞成某一位候选人当选，应在选票上该候选人名字上方的符号栏内画一个“○”；如不赞成，则不书写任何符号。

选举人如另选他人，可在选票上候选人名单后面的空格内填上被选举人的姓名，并在其姓名上方的符号栏内画一个“○”。

第七条　除有特殊原因经批准请假者外，正式代表都应参加会议。因故缺席的代表，不能委托他人代为投票。

第八条　书写选票要用钢笔和圆珠笔，符号要准确，字迹要清楚。

第四章　选　票

第九条　党委委员、纪委委员的选举采用不同颜色的两张选票。候选人均按姓氏笔画顺序排列。选票上分别加盖中共××××委员会和中共××××纪律检查委员会印章。

第十条　投票时，两张选票一次投入票箱。计票时，两张选票分别计票。

第五章　有效选举

第十一条　参加选举的代表人数超过应到会全体代表人数的五分之四，选举会议有效。

第十二条　代表因下列情况不能参加选举，不计入应到会代表人数：

（一）年老体弱，行动不便；

（二）患严重疾病卧床不起；

（三）外出学习或工作半年以上。

第十三条　正式选举前，大会执行主席应向大会报告正式代表数、应到会代表数、实到会代表数。

第十四条　在有效选举会议上,回收的选票等于或少于发出的选票数,选举有效。回收的票数多于发出的票数,选举无效,需重新选举。

第十五条　选举过程中出现伪造选票、虚报选票数等严重破坏选举的违章现象,选举无效。对破坏选举的行为,应严肃处理。

第六章　有效票

第十六条　每张选票上所选人数等于或少于本办法第五条第3款规定的应选委员名额,该选票为有效票。

第十七条　所选人数多于应选名额的选票为无效票,该选票为废票。

第七章　当选人

第十八条　经过正式选举,被选举人所得赞成票数超过实到会代表人数的半数,始得当选。

第十九条　得赞成票超过实到会代表数半数的候选人数多于应选名额时,按得票多少顺序取足应选名额。

第二十条　有两个或两个以上候选人得赞成票数相等,应就得赞成票数相等的候选人重新投票选举,得票多的当选。

第二十一条　有被选举权的非候选人,所得赞成票数符合当选票数,即为当选人。

第二十二条　得赞成票数超过实到会代表数半数的候选人少于应选名额时,由大会主席团常务委员会提出意见,经大会主席团表决是否对缺额另行选举。

若对缺额另行选举,由大会主席团在得赞成票数未过实到会代表半数的候选人中,按不低于20%的差额提出候选人名单。

第八章　监票、唱票、计票

第二十三条　大会设总监票人1名,监票人4名,负责对选举过程进行监督。

总监票人、监票人由大会主席团提名、代表鼓掌通过产生。计票、唱票工作人员由大会秘书处指定,在总监票人领导下进行工作。

已提名作为党委委员、纪委委员的候选人不能担任监票、唱票、计票工作。

第二十四条　投票结束后,监票人、计票人应将发出的选票数和投票数加以核对,证实符合本办法第十四条、第十五条规定后,立即唱票、计票。

第二十五条　计票结果应做书面记录,经查对无误后由总监票人在记录上签名。

第二十六条　计票结束后,大会主席团听取总监票人汇报选举情况和选举结果,确定当选人名单。

第二十七条　由总监票人向大会报告选举结果,大会执行主席宣布当选人名单。当选人名单按姓氏笔画顺序排列。

【评选办法例文】

××市科技精英评选办法

（2010年11月10日××市科协第六届委员会
常务委员会第八次会议通过）

第一条　根据《××市科学技术协会章程》第二章第八条关于“表彰奖励优秀科学技术工作者，举荐人才”的规定，为在××市倡导和弘扬尊重知识、尊重人才的社会风尚，表彰奖励在推动科技进步、经济建设和社会发展中做出突出贡献的本市中、青年科技工作者，更好地开展××市科技精英评选活动，特制定本评选办法。

第二条　凡在××市注册的各级各类科研机构、高等院校、事企业单位工作的科技工作者，从事自然科学、技术科学、工程技术以及相关学科工作，年龄在55周岁以下（含55周岁）者，均可被推荐参加评选。

中国科学院院士、中国工程院院士不作为××市科技精英推荐对象。

第三条　××市科技精英必须热爱祖国，有良好的职业道德，并具备以下条件之一：

（一）在科学和技术领域中，有突出贡献的学科或技术带头人，其科学技术水平在国内同类专业中处于先进水平或有重要影响者；

（二）近5年来获国家级自然科学奖、发明奖、科技进步奖的主要完成者以及获省部级自然科学奖、科技进步一等奖的主要完成者；

（三）正在承担具有当代先进水平的国家或本市重点科研项目、高新技术开发项目及重大建设项目，并已取得阶段性重要进展的主要研究者和完成者；

（四）在高新技术应用和产品开发中有创新，且技术水平国内领先、成果产业化效益显著，对科技进步、经济建设和社会发展做出重要贡献者；

（五）在科技管理工作中有创新，对推动科学研究、技术进步、成果产业化做出重要贡献并取得显著成效者。

第四条　××市科技精英每两年评选一次，每届评出上海市科技精英不超过10名，××市科技精英提名奖获得者若干名。

第五条　××市科技精英候选人由下列单位或专家推荐：

（一）××市科学技术协会系统的学会、协会、研究会，各区县科协和基层单位科协；

（二）在××市注册的各级各类科研机构、高等院校等企事业单位；

（三）三名以上（含三名）相关学科专业领域具有高级技术职称的专家（联名推荐）；

（四）其他有关单位、团体。

推荐者可采用以上任何一种方式进行推荐。推荐者应当按照要求填写统一格式的推荐书和登记表，提供真实、可靠的评价和证明材料，在规定的时间里，一并报送××市科技精英评选办公室。

第六条　××市科学技术协会设立××市科技精英评审委员会，负责评审工作。评审委员会成员由本市著名专家、市政府有关部门和××市科学技术协会负责人组成。××市科学技术协会主席任评审委员会主任。

××市科技精英评审委员会下设××市科技精英评选办公室，负责处理日常工作。办公室设在××市科学技术协会学术部。

第七条　××市科技精英评审程序如下：

（一）××市科技精英评选办公室负责接受推荐和申报；

（二）××市科技精英评选办公室按评选条件对候选人进行资格审查，规范申报材料，并将符合申报资格的候选人按学科专业分成若干专业组；

（三）××市科技精英评审委员会依据申报情况，聘请本市有关专家组成相关学科专业评审组；

（四）根据××市科技精英评选条件，由专业评审组进行初评，产生正式候选人建议名单；

（五）××市科技精英评审委员会对各评审组评审的结果进行复议，采用无记名投票方式，确定不超过20名的××市科技精英正式候选人名单，并在《××科技报》和××科协网及××科技发展基金会网上公布候选人的主要事迹，接受群众评议，听取各方面的意见，公示期为30天；

（六）××市科技精英评审委员会在充分听取各方面意见的基础上，以无记名投票方式，从正式候选人中评选产生当届××市科技精英和××市科技精英提名奖获得者，报××市科学技术协会常务委员会批准；

（七）××市科学技术协会常务委员会审议、批准××市科技精英和××市科技精英提名奖获得者名单。

第八条　××市科学技术协会对××市科技精英和提名奖获得者分别授予证书、奖牌和奖金，奖金由××科技发展基金会筹集和提供。

第九条　××市科学技术协会向××市科技精英和提名奖获得者所在单位发出书面通知，并通过大众传媒向社会广泛宣传他们的先进事迹。

第十条　评选××市科技精英要贯彻实事求是、坚持标准的原则，对弄虚作假者，经查证属实，将撤销奖励，追回奖金，并提请有关部门追究当事人的责任。

第十一条　可依据本办法制定实施细则。

第十二条　本办法由××市科技精英评选办公室负责解释。

第十三条　本办法自2011年1月1日起实施。原《××市科技精英评选条例》同时废止。

【表决办法例文】

《××有限公司重整计划》表决办法

第一条 为确保《××有限公司重整计划》(以下简称“重整计划”)表决顺利进行,根据《中华人民共和国破产法》,特制定本办法。

第二条 经××市人民法院债权裁定,或经××市人民法院确定临时债权额表决权决定书确认,对××有限公司享有债权并参加××实业有限公司债权人会议的债权人及出资人,有权参加××有限公司重整计划的表决。

第三条 重整计划的表决实行记名投票表决。参加表决的债权人、出资人代表和/或代理人应在债权人、出资人签名簿上签名确认。

第四条 根据《中华人民共和国破产法》第八十二条规定,重整计划按照担保债权、职工债权、税收债权、普通债权分类分组进行表决。

债权人应根据××市人民法院的债权裁定或临时债权额表决权决定书所确认的债权金额、类别参加相应组别的表决。

本次会议表决另设出资人组。出资人依照《中华人民共和国公司法》以持有股权行使表决权。

第五条 债权人按照××市人民法院债权裁定或临时债权额表决权决定书确认的债权数额行使表决权。每户债权人在债权分类组中只有一票表决权,债权人在该组表决债权金额不能分割表决。

出资人按股权比例行使表决权。

第六条 参加表决的债权人及出资人应根据债权人会议要求填写、提交《重整计划表决票》。

第七条 同一组表决的债权人过半数同意重整计划,并且其所代表的债权额占该组债权总额的三分之二以上的,即为该组通过重整计划。

出资人组对重整计划的表决须经出席会议的股东所持表决权的三分之二以上赞成通过。

各组均通过重整计划时,重整计划即为通过。

第八条 为确保程序的公正性、公平性和公开性,本次表决由××市公证处全程公证。

第九条 本办法对本次债权人会议重整计划表决具有约束力。

××有限公司管理人

20××年×月×日

第三节　选举、评选和表决工作的准备

选举、评选和表决活动一般是会议活动的组成部分,但有时还需要单独举行会议,因此,除按一般会议准备工作的内容与要求做好各项准备工作之外,还要特别注意做好以下几个方面的工作:

一、制作选票和表决票

(一)选票和表决票的作用

选票和表决票是书面投票时选举人、评选人和表决人表达意志的工具,其作用主要是:

1. 凭证作用。经投票人亲自(有时也可委托他人)填写的选票和表决票既表达投票人同意、反对、弃权的意志,同时也是统计、证明和将来查考选举、评选和表决结果的原始依据和凭证。

2. 保密作用。作为书面投票的工具,选票和表决票的最大优点就在于可以不记名,确保投票人的投票意向不会泄露,这对于保证投票的公正性具有极其重要的意义。

(二)项目和符号设计

选票和表决票的项目要根据确定当选对象的原则和方法来设计。一般可以分以下两种情况来考虑:

1. 实行以赞成票数超过有效票数半数(包括超过应到会或实到会正式成员半数)为“多数”规则的投票,无论是差额还是等额,一般只需设“同意”一项即可,因为在实行这种“多数”规则时,投弃权票与持反对态度的效果相等,另设“反对”和“弃权”的项目在统计上无实际意义。选举人或表决人只需在自己赞成的候选人或候选项上画规定的同意符号即可,无须填写反对和弃权的符号。

2. 实行以赞成票数超过反对票数为“多数”规则的投票,弃权票具有中立的性质,计票时必须先扣除弃权票数,因此,票面上应当同时设“同意”、“反对”和“弃权”三个选项,或者设计三种不同的符号,分别对应“同意”、“反对”和“弃权”三个选项。符号设计必须有明显区别。“□”、“○”、“△”这三个符号在填写潦草时往往难以辨认,因此不宜同时作为一张票面上的符号。

(三)选票的格式

1. 标题。选票的标题有以下几种写法:

(1)由会议名称 + 选举的目标职务 +“选票”组成,用于正式选举活动。如:

中共××县第×次代表大会
中共××县第×届委员会委员
选　　票

(2)由奖项名称+“选票”组成,用于评选活动。如:

第×届大众电影“百花奖”选票

如果候选对象要经过反复多次的推荐和遴选,在初选阶段的选票可写作“推荐票”或“推荐名单”。

2. 候选对象名单。候选对象名单必须按一定的规则排列,一般按姓氏笔画顺序排列。如果是多轮遴选,也可以按前一轮推荐时的得票多少排列顺序。名单一般采用表格的形式。每个候选人姓名的旁边应留出空格供投票人书写符号。允许另选他人的,应在候选对象名单后面留出适当的空格,供投票人填写姓名。

3. 填写注意事项。选票上应当写明填写的要求和方法,具体内容包括:

(1)等额选举还是差额选举。

(2)每张选票可以填写的赞成数的上限。

(3)是否可另选他人。

(4)表达意见的方式及符号,比如,“请在同意的候选人后面打√”,或者“同意画○,反对画×,不画符号为弃权”。

4. 印制机构。选票的印制机构一般是选举、评选的组织机构,如代表大会的主席团、选举委员会或评选活动的组委会等。

5. 选举日期。选票上的日期一般应当写选举、评选的日期。

6. 盖章。选票应当盖有组织机构的公章,公章应当压住日期。

7. 封面。如候选对象较多,选票需分成若干页打印,可以设一封面,上面印有标题和日期,并加盖公章。

【选票参考格式】

中共××县第×届委员会第一次会议常务委员会委员选票

王××	齐××	李××	陆××	赵××	钱××	韩××		

注意事项:
1. 以上候选人名单按姓氏笔画顺序排列;
2. 请在您同意的候选人姓名下方空格内填“○”;
3. 同意的人数不得超过5名;
4. 如另选他人,请在候选人名单后面空格内填写姓名并在其下方填“○”。

中共××县第×届委员会
××××年×月×日

(四)表决票的格式

1. 标题。表决票的标题一般由表决事项+“表决票”组成。如:

××公司预备党员转正表决票

2. 表决对象名单。将列入表决范围的所有对象的名称、编号等信息按一定规则排列书写，其书写方法和要求与选票大体相同。

3. 填写注意事项。表决票一般要求明确填写同意、反对、弃权。其他要求与选票相同。

4. 印制机构。印制机构一般为负责和组织表决活动的机构。

5. 表决日期。表决日期以实际表决的日期为准。

6. 盖章。其要求同选票。

【表决票参考格式】

××市××××年度科技一等奖表决票

编号	项 目 名 称	表决意见		
		同意	反对	弃权
1	×××××××××			
2	×××××××××			
3	×××××××××			

注意事项：

1. 以上项目名称按项目负责人姓氏笔画顺序排列；

2. 请在表决意见栏内选择您的意见，并统一画“○”；

3. 同意数不得超过1个。

××市××××年度科技奖评选委员会
××××年×月×日

（五）制作选票和表决票的注意事项

制作选票和表决票必须严肃认真、一丝不苟、准确无误。具体应当注意以下几点：

1. 每张选票和表决票的格式必须完全统一，一次投票不允许有两种不同格式的选票或表决票。

2. 同一次会议上有不同选举或表决目的的投票，选票或表决票颜色应当有明显区别，以免混淆。

3. 严格按照应到会的具有投票权的人数印制选票或表决票，不得多印或少印。

4. 重要选举和表决应当准备2套选票或表决票，以备应急。

5. 重要的选举和表决，选票和表决票应当使用防伪标志，加盖公章后应立即封存。

二、现场准备

（一）准备投票箱

投票箱是投票的重要工具。投票箱的准备要注意以下几点：

1. 数量适当。投票箱要准备多少主要是看参加投票的人数多少。

2. 位置合理。投票箱放置的位置应便于投票以及监票人进行监督，要根据会场的座位格局以及投票的顺序和路线综合考虑。主席台上领导人的投票箱应放在突出的位置。

（二）准备计票用品

计票用品有黑板（白板）、粉笔、水笔、纸张、小型计算器、计算机等。规模较小的选举、评选或表决活动可在现场用黑板（白板）公开计票；规模较大的选举、评选或表决活动可采用计算机计票并通过显示屏公布计票的结果。

（三）设计好投票顺序和路线

对于规模较大的集中书面投票活动来说，设计好投票顺序和路线对于保证投票过程的安全、顺利有重要意义。设计投票顺序和路线要注意以下几点：

1. 主席台上的领导投票要先安排。

2. 分座区依次投票，每个座区要安排工作人员引导和疏散投票人。

3. 投票后如需回到原座位，要按统一的方向和线路行走，以避免混乱。

（四）安排好计票的地点

计票地点一般设在投票现场，以便当众唱票和计票；大型选举、评选和表决活动可以另设专门的计票点，但不应远离会场。

（五）安装好电子表决器

如采用表决器投票方式，要事先安装、调试好表决器，并落实精通技术、忠实可靠的人员操作。

（六）设置秘密写票处

举行重要投票，为消除投票人的顾虑，应设置秘密写票处。秘密写票处应当放置在投票线路的必经之处，并要求每位投票人都必须使用，这样可以避免投票人因使用秘密写票处而蒙受压力。如无法设置秘密写票处，则可以在投票人座位之间空出一定的距离，尽可能防止写票时的环境对投票人产生影响。

第四节　投票的程序

一、投票程序的含义

投票程序是对投票过程每一细节的规定，是选举、评选和表决规则的组成部分。只有严格遵守和执行投票程序，才能保证选举、评选和表决的科学性、规范性和公正性。

由于选举、评选和表决活动涉及法律、法规以及特定组织内部的章程和制度，不同组织和不同性质的选举、评选、表决活动所执行的投票程序会有很大的区别。

二、投票程序及其要求

（一）书面投票程序

书面投票程序一般如下：

1. 会议工作人员清点到会的具有选举权、评选权或表决权的人数，并向会议主席报告，重要的投票应当提交出席情况的书面报告。

2. 会议主席向会议全体成员报告本次会议的应到人数和实到人数。如实到人数达到规定的有效人数，则宣布会议或选举、评选、表决程序开始。

3. 宣读选举、评选或表决办法草案并以举手或按表决器的方式通过。

4. 宣读总监票人、副总监票人和监票工作人员名单，以举手或鼓掌的方式通过。

5. 宣布总计票人和计票工作人员名单，或将计票工作人员的名单提交会议以举手或鼓掌的方式通过。

6. 由会议主席或选举、评选或表决工作领导机构负责人报告候选人或候决事项产生的过程，宣布正式候选人名单或候决事项，介绍正式候选人或候决事项的情况，必要时可安排正式候选人或候决事项当事人发言，以便选举人、评选人或表决人充分了解情况。

7. 工作人员当众检查投票箱。

8. 工作人员在监票人监督下核对会议秘书处移交的选票或表决票的数量是否与实到会人数相符。正常情况下，选票和表决票是根据应到人数印制的，如数量缺少，必须查明原因。因缺席而多余的选票和表决票必须封存。

9. 工作人员分发选票或表决票。如投票人较多，也可以采取按团组分级分发的办法，即工作人员先把选票或表决票按人数分到各代表团或小组，再由各代表团或小组分发到每个投票人。分发后，工作人员要核对实发的选票或表决票与实到人数是否相符，如有不符，要查明原因，原因不明不得举行投票。

10. 会议主席或工作人员宣读填写选票或表决票的注意事项。

11. 投票人填写选票或表决票。

12. 会议主席宣布投票的方法、顺序和路线，投票人在工作人员引导下进行投票。先由主席台上的领导人投票，再由监票人和计票工作人员中的正式成员投票，最后由其他正式成员投票。

13. 在监票人员的监督下进行计票。计票时要确认以下几点：

(1)清点回收票，核对回收的票数是否等于或小于实发的票数。如回收的票数超过实发的票数，要找出原因。如发现有假票或其他舞弊情况，应当按有关规则处理。情况严重并且影响选举、评选或表决公正性的，应当宣布本次投票无效，另行安排投票。

(2)检查每张选票或表决票是否有效。无效票必须经计票人和监票人一致确认。对有效性有争议的，应报总监票人处置，或按有关规则上报处理。

(3)计票结果应形成书面报告并经计票人和监票人签字后提交给会议主席。

14. 会议主席宣布投票结果和正式当选的名单或通过的事项。

(二)口头投票程序

口头投票即唱名投票，一般用于小型会议中的表决，程序如下：

1. 会议主席宣布选举、评选或表决事项或宣读提交表决的文件草案。

2. 会议主席说明实行唱名表决的依据(一般在议事规则中有明确规定)。如某一成员临时要求实行唱名表决，会议主席应当征求全体成员的意见。

3. 会议主席或工作人员根据一定顺序点名，点到名的成员回答“赞成”、“反对”或“弃权”。点名的顺序应当在议事规则或表决办法中做出明确的规定。如在国际性组织中，唱名表决的先后一般是按该组织规定的官方语言，以成员体(国家或地区)名称的字母顺序为序。

4. 全部点完后，再点一遍刚才没有做出反应的成员的姓名，以确认是否漏点以及刚才未表态的成员是否已经到场。

5. 会议工作人员逐一记录每一成员的表决态度。

6. 工作人员向会议主席提交统计结果，会议主席当场宣布表决结果。

(三)举手投票程序

体态投票中较为常用的是举手投票(又称举手表决)。举手投票的程序如下：

1. 会议主席宣布选举、评选或表决事项或宣读提交表决的文件草案。

2. 会议主席说明举手投票的依据，一般以议事规则为准。如某一成员临时要求将书面投票改为举手投票，则会议主席应当征求全体成员的意见。

3. 会议主席请持赞成意见的有表决权的成员举手。工作人员逐一清点举手的人数并记录在案。

4. 会议主席请持反对意见的有表决权的成员举手。工作人员逐一清点举手的人数并记录在案。

5. 会议主席请持弃权意见的有表决权的成员举手。工作人员逐一清点举手的人数并记录在案。

6. 工作人员向会议主席提交统计结果,会议主席当众宣布表决结果。

(四)按表决器投票程序

按表决器投票程序较为简单,但必须规范。其程序如下:

1. 会议主席宣布选举、评选或表决事项或宣读提交表决的文件草案。
2. 会议主席依据议事规则宣布按表决器进行投票。
3. 有表决权的会议成员按下表决器。
4. 计算机系统自动将表决结果显示在屏幕上。
5. 会议主席根据屏幕显示宣布表决结果。

下面是美国国会众议院实行表决器投票程序的案例,可供借鉴:

美国众议院会议大厅设有44处电子表决器。表决器上有一个磁卡插口和4个分别表示"YEA"(赞成)、"NAY"(反对)、"PRESENT"(出席,相当于弃权)、"OPEN"(表决在进行中)的按钮。议员每人有一张个人投票卡(有议员名字,不得转让),走到任何一个电子表决器前,将投票卡插入磁卡插口,再按下与自己投票态度相同的那个按钮。投票人姓名和投票立场瞬即在大型电子显示屏上出现。议员和电视观众可随时掌握投票进展情况。投票往往要持续一段时间,从5分钟到20分钟不等。如果是多项议案集中投票,由于议员陆续到场,所以第一个表决预留时间较长,多为20分钟,以便多数议员从办公室或会议厅赶到现场,此后的投票时间多是5至10分钟。如果是单项投票,投票时间往往是15至20分钟。

议员如果在表决器仍在工作阶段希望改变投票态度,可以再次插卡,按下代表自己投票立场的按钮,这时表决器以后一次投票立场为议员的最终立场。如果表决器已停止工作,但表决结果尚未宣布,或议员忘记带投票卡,则需填一张表决登记表(表的颜色不同,绿色的为赞成票,红色的为反对票,琥珀色为出席票)交给唱票员,由唱票员输入电脑。

电子表决提高了效率,且有助于加强议员的责任感。不利的方面是,议员常常看了显示屏后再投票,见风使舵。同时由于受到公众监督,议员们也更可能迫于舆论和利益集团压力投票。

资料来源:《中国选举与治理》,网站:http://www.chinaelections.org/NewsInfo.asp? NewsID =62504

思考与练习

1. 试述选举、评选和表决的联系与区别。
2. 试述选举、评选和表决规则的主要内容。
3. 试述选举、评选和表决规则的格式与写法,并试写一份选举、评选或表决规则。
4. 试述选票和表决票的格式,试写一份选票或表决票。
5. 试述书面投票、口头投票、举手投票、按表决器投票的程序。

第八章　国际性会议

国际性会议范围广泛，包括涉外的会见、会谈、宴会、仪式与典礼等，其他各章均有介绍。本章侧重介绍国际性会议的一般知识和组织工作。

第一节　国际性会议概述

一、国际性会议的含义和特点

(一)国际性会议的含义

国际性会议是指会议成员来自两个及两个以上国家或地区的会议。这里的"地区"不是一个国家内部的区域，如我国的沿海地区和港澳台地区，而是指国际尚未获得独立的殖民地、托管地。在国际上，国家与地区并称。

在媒体报道中，经常出现"国际性会议"和"国际会议"这两个名词，而且常常混用。实际上，"国际性会议"的含义要比"国际会议"宽泛得多，二者应当加以区别。

国际性会议泛指与会者来自或代表不同国家或地区的会议。国际性会议按主办者和与会者的成分可分成三种：第一种是由官方主办并由官方代表出席(有时也吸收部分非官方代表)的国际性会议，如亚太经济合作组织领导人非正式会议；第二种是由非官方的组织主办并由非官方组织的代表出席(有时也邀请部分官方代表)的国际性会议，如中外大学校长论坛；第三种是官方与非官方联合主办、共同出席的国际性会议。而国际会议专指上述第一种会议，即国家与国家之间的官方会议，其主体必须是主权国家或者是政府间的国际组织，如联合国大会。

正确使用国际性会议和国际会议两种不同的概念，对于做好国际性会议工作有着十分重要的意义。由于国际会议是一种严格意义上的国家之间的会议，因此非官方举行的跨国性的会议应属于"国际性会议"。尽管有时在国际性会议的会标上可以有"国际研讨会"、"国际论坛"的简称，但在内涵上必须将二者加以区别。

(二)国际性会议的特点

1. 参加对象的跨国性。对象的跨国性是国际性会议的基本特点。这里所谓的"跨国性"是指会议成员至少来自两个国家或地区。有一点必须强调，记者招待会和新闻发布会不属此列。

2. 议题范围的多边性。国际性会议的议题既可以是多边的，也可以只涉及某一国的内部事务。但国与国之间的国际性会议所讨论、磋商的议题都与各方利益密切相关,或为各方所关注。

3. 成员权利的平等性。国际性会议的成员无论来自哪一个国家或地区,也无论来自哪一个非政府组织或个人,只要具备同样的资格,他们之间的权利(包括提案权、发言权、表决权)都是平等的。

4. 语言使用的多样性。由于国际性会议的参加对象来自不同的国家、地区、民族,因而语言使用必然具有多样性。为了方便语言的交流,国际性会议一般都事先规定一种或若干种语言作为会议的工作语言或正式语言,并配备翻译人员,以满足与会者之间的口头交流和书面交流之需要。

二、国际性会议的基本准则

(一)主权平等

对于国家之间的国际性会议来说,主权平等是最重要、最基本的准则。国家不分大小、新老、富穷、强弱,主权一律平等,与会各国有维护本国主权尊严的权利,也有尊重别国主权的义务。任何国家都不应当恃强欺弱,搞会议霸权主义。

各国主权的平等原则应当体现在国际性会议的各个方面,其中,以下四个方面是主要的,必须得到具体的体现:

1. 出席范围。政府间的国际性会议通常是为了讨论和解决特定的国际问题而召开的。根据国家主权平等的原则,凡是与会议讨论问题有关的国家,都应该被邀请参加会议,不能遗漏。

2. 提案权和发言权力。国际性会议的提案权和发言权对于所有正式成员来说是平等的,任何人不得剥夺正式成员的提案权和发言权。

3. 投票权。投票权是体现主权平等原则的核心问题。只要是正式成员,在决定会议的重大问题时都具有平等的投票权(有专项议事规则的除外)。

4. 礼宾次序。礼宾次序是否公正平等,直接涉及主权平等这一敏感问题。礼宾次序的具体安排方法详见本章第六节“国际性会议的礼宾次序”。

(二)相互尊重

参加国际性会议的对象往往来自不同的国家或地区,代表不同的种族和民族,他们具有不同的意识形态、宗教信仰和风俗习惯。相互尊重、平等待人,这是国际性会议成功的一个重要条件。从会议接待到活动的安排,直至最后文件的形成,都要照顾到方方面面,尽可能使各方都满意,反对在种族、民族、宗教、文化和风俗方面的歧视。

(三)合作互利

国际性会议是国家之间以及其他各种组织之间双边或多边交流、合作的重要平台。参与、合作是各种国际性会议的共同准则。只有本着参与、合作、互惠互利的精神，通过协商、对话来解决分歧和争端，才能形成双赢或者共赢的结果。

三、国际性会议的种类

（一）按国际性会议的内容性质分

1. 国际性政治会议。这类会议的内容其实十分宽泛，各国共同关注的政治、外交、军事、社会等方面的重大问题都可以成为会议的议题，出席会议的代表规格较高，影响较大。如需解决国际关系中的重大问题，还往往举行国家元首或政府首脑的峰会。这类会议既是国际政治、外交斗争的讲坛，也是国际合作的舞台。

2. 国际性经济会议。这类会议是为讨论、解决有关世界经济问题，协调国际经济关系，促进经济合作而召开的，可以由政府组织主办，也可以由企业或非政府组织主办。企业之间的商务谈判也属于这类会议的范畴。

3. 国际性学术会议。国际性学术会议是围绕自然科学或人文社会科学研究领域中的特定课题而举行的研究性、探讨性、交流性会议。会议主题明确，主要活动形式为报告、演讲、讨论，除了事务性安排外，一般不就讨论的议题做出具有约束力的决定或决议。根据我国科技部等部门的规定，出席这类会议的与会者至少来自三个以上（含三个）国家或地区。

（二）按国际性会议的与会者范围分

1. 全球性会议。这是指参加会议的对象来自世界各大洲、各个国家。如联合国大会、世界贸易组织成员大会、世界妇女大会等。

2. 洲际性会议。这是指国际两个大洲若干国家之间举行的多边会议，如“欧亚论坛”、“中非合作论坛”等。

3. 区域性会议。这是指同一个洲或同一个地区内的若干国家之间举行的多边会议，如“东北亚合作论坛”是由中国、日本、韩国等东北亚国家之间举行的会议。

4. 双边会议。这是指两个国家之间举行的会议，包括双方的会见和会谈。双边国际会议也可以形成机制，定期举行。

（三）按国际性会议的主办者性质和与会者身份分

1. 官方会议。这是指由一个或若干个国家的政府、议会或国际性组织等官方组织发起并主办的国际性会议，如“亚欧首脑会议”。这类会议的参加对象主要是官方组织的代表，有时也可以吸收企业和非政府组织以及个人参加。

2. 非官方会议。这类会议的主办者和参加对象的主体不是官方组织，而是企业或非政府民间组织，有时也邀请部分官方代表出席。

3. 官方与非官方混合会议。这是指由官方与非官方联合主办并共同出席的国际性会议，或者以非官方的名义主办，而实际上出席会议的主要是官方代表。这类会议具有很大的灵活性，一些不便以官方名义举行的会议常常打着非政府组织的名义，并邀请一些官方人士出席，或官方人士以个人身份出席，避免了许多政治上、外交上的麻烦，为与会各方创造了轻松的沟通环境。目前国际上许多论坛性的会议都采用这种模式，博鳌亚洲论坛便是典型一例。《博鳌亚洲论坛章程》明确规定该"论坛为非官方、非营利性"国际组织，其宗旨之一就是"为政府、企业及专家学者等提供一个共商经济、社会、环境及其他相关问题的高层对话平台"，会员的身份包括"个人、企业和组织"。

（四）按国际性会议的举办周期分

1. 定期性会议。一般来说，国际性会议的周期以一年居多，称为年会，但也有半年、两年不等；会期也基本固定，如每届联合国大会的开幕时间就定于每年9月。

2. 非定期性会议。这类会议的周期和会期根据实际情况确定，有客观需要或条件成熟便举行。必要时可以举行临时会议、紧急会议和特别会议。

（五）按国际性会议的议题专业性和重要程度分

1. 例行性会议。这是指按照会议规则举行的，以例行性议题和议程为主的国际性会议。如联合国大会的一般性辩论，就属于例行性会议。

2. 专题性会议。这是指在例行性会议之外，就某个专门性问题进行研究、讨论、决定的国际性会议。世界人权大会以及世界妇女大会等国际性会议都属于由联合国有关机构召开的专题性会议。

3. 特别会议。这是指会议议题特别重要、会议规格较高的国际性会议，如联合国安理会为制止某些国家或地区的战争冲突曾举行过多次特别会议。

（六）按国际性会议的性质分

1. 正式会议。这是指与会各方为解决共同关心的实质性问题，并旨在形成具有法定效力的共同文件，依据事前约定的有关规则和程序而举行的会议。

2. 非正式会议。非正式会议是相对于正式会议而言的，一般是指以协商、交际、宣传为目的，不形成正式的决定或决议，或者无确定的议事规则的会议。与正式会议相比，非正式会议具有以下特点：

（1）会议的内容多为务虚。非正式会议一般不要求解决实质性问题，也不谋求制定具有约束力的文件，而主要是提供交流信息、沟通立场、交换意见、探索研究、建立联系、扩大交流、增进友谊的活动舞台。

（2）会议的形式较为灵活。非正式会议的活动形式灵活多样。如会场的安排，可以在室内，也可以在室外；活动样式可以是普通的会议，也可以采取酒会、午餐会、茶会等形式。

(3)会议的议程和规则弹性较大。非正式会议也应当有较为明确的议题和议程,但议题和议程的确定往往不需要像正式会议那样必须事先确定规则,即使制定规则,一般也比较原则。

(4)会议的目的是为举行正式会议作铺垫。有时为了在正式会议上达成某项共识或形成某项决议,常常需要先举行非正式会议,经过充分的酝酿、磋商、协调之后,再举行正式会议。这样,就能保证正式会议的成功。

非正式会议的上述特点,使其具有以下几个方面的优势:一是可以尽量避免在会议上产生不必要的争执,有利于将话题集中于各方共同关注的问题,这样就更容易使会议在各方利益一致的问题上达成共识。二是有利于与会各方相互了解,增进友谊,使他们更加深入实际问题。三是有利于创造比较轻松的对话气氛。近年来国际上各种非正式会议纷纷涌现,有的打着“论坛”的旗号,与会者往往把这类会议作为国际讲坛,通过表明立场、阐述观点、提出意见或建议,达到相互沟通的目的。1996年3月在泰国曼谷举行的第一届亚欧会议就是比较典型的非正式会议的实例。这次会议的非正式性改变了以往国际首脑会议的开会方式。会前,各国高官和外交部部长们进行了磋商,但并未制定会议的具体议题和议程。会场选择和布置也非常独特,与会的各国首脑在一座花园的亭子下进行对话和交流。会议举行了开幕式,其目的主要在于方便记者进行新闻报道,但会议未举行闭幕式,而是以发表会议主席声明的方式宣告会议结束。四是有助于正式会议的顺利进行。如联合国安理会在讨论一些国际性重大问题时,成员国之间常常要先进行个别磋商,交换意见,协调立场或达成默契,有时干脆举行“闭门会议”,这些非正式的会议活动对会议的进程和结果具有重要的影响。

(七)按国际性会议的透明程度分

1. 公开会议。这类国际性会议向媒体公开,允许记者现场旁听,或会前向外界散发会议文件。

2. 闭门会议。这类会议现场保密,不接受任何媒体记者现场旁听,会前也不向外界散发会议文件。会后是否公开会议内容,由与会各方共同决定。

第二节　国际性会议的报批和申办

一、国际性会议的报批

(一)国际性会议的主办与承办

国际性会议的主办与承办情况呈多种形态,归纳起来有以下几种:

1. 由国内的机构在华举办的国际性会议。这具体又可分为两种情况:一种是由国内的机构发起、主办并自己承办；另一种是由国内的机构发起、主办，但委托或联合其他组织承办。

2. 由外国机构（包括国际组织、外国驻华使领馆或代表机构、跨国公司等）主办或与中国机构合办、由中国机构承办并在华举行的国际性会议。

3. 由中国机构向国际组织申办并获得主办权的在华国际性会议。

4. 由中国机构在国外主办的国际性会议。

主办和承办国际性会议必须符合举办地所在国的法律以及申报审批的相关程序。

（二）国际性会议的举办和承办资格

举办和承办国际性会议必须报上级机关和有关行政管理机关审批。在我国，凡具有独立法人资格的国家机关、党派、企事业单位和社会团体都可以申请在国内举办和承办与本单位业务活动有关的国际性会议，也可以向国际组织申办在华国际性会议。

（三）国际性会议的审批权限

根据我国目前的规定，在华国际性会议分成重大国际性会议和一般国际性会议两种规格。

重大国际性会议是指：联合国下属机构和各专门机构的大会与特别会议；联合国系统以外的政府间和非政府间重要国际组织的大会与特别会议；事关我国核心利益、涉及重大敏感问题以及重要国际问题的国际性会议；外宾人数在100人以上或会议总人数在400人以上的社科类国际性会议，以及外宾人数在300人以上或会议总人数在800人以上的自然科学技术领域的专业或学术性国际性会议；外国政府正部长及其以上官员或前国家元首、政府首脑出席的高级别国际性会议；邀请党和国家领导人出席的国际性会议。以上会议经省部级机关审核后报请国务院审批。

一般国际性会议是指外宾人数在100人以下或会议总人数在400人以下的社科类国际性会议；外宾人数在300人以下或会议总人数在800人以下的自然科学技术领域的专业或学术性国际性会议；双边会议以及国际合作项目中的工作会议。以上会议由各省、自治区、直辖市党委或政府以及中央部委审批。

（四）国际性会议的报批程序

1. 预报计划。需举办国际性会议的单位应制订召开国际性会议的年度或半年度计划，按规定的审批权限和申请期限逐级报请上级主管部门初审。不涉及敏感政治问题，外宾人数在30人以下的小型自然科学技术类国际性会议可不预报计划，但必须按规定提前报批。

【国际性会议计划表参考格式】

××××年国际性会议预报表

序号	会议全称	拟开会时间	规　模		申办　承办　合办		经费来源/备注
		年　月　日	中方	外方	合办外方单位中英文全称	拟对外承诺日期	

注意:1. 没有信息的栏目填“无”。

2.“拟对外承诺日期”是指:

(1)对本单位主办的国际性会议,是拟向外发出第一号会议通知的日期;

(2)对申办、承办的国际性会议,是拟首次向外方单位正式申请的日期。

填表单位(盖章)　　　　填表人　　　　联系电话　　　　填表日期

2. 正式报批。预报的国际性会议计划初审通过后,要在规定期限内提交正式申请文件(请示或申请报告),内容包括:申办、承办和举办国际性会议的必要性,主办单位及协办单位名称,会议议题和主要内容,举办时间、会期、地点(城市),与会人员范围、总数和外宾人数,是否邀请党和国家领导人以及外国政要或前政要出席会议(如邀请,需注明另行报批),是否邀请有关机构领导担任组织机构职务或出席会议活动,经费来源,相关涉台和其他敏感问题及对策,有关国际组织和机构的情况,有关背景材料,申报单位的负责人姓名、联系人姓名、联系地址和电话,等等。

未经批准,任何单位和个人不得对外申办或承诺举办国际性会议。

二、国际性会议的对外申办

国际性会议的对外申办是指国内机构向某个国际组织(政府间组织和非政府组织均可)提出主办国际性会议的申请。会议申办者应当是代表我国参加该国际组织的机构。申办工作必须在预报计划并获得有关部门批准后方能启动。申办程序大致如下:

(一)组建申办机构

申办一个国际组织的会议,从开始筹划到申办工作全部结束,通常需要一年甚至更长的时间。组建一个阵容强大、富有效率的申办机构，对于保证申办的成功至关重要。申办机构名称一般称为申办委员会或组织委员会，内设程序委员会和秘书处等部门。

（二）制订申办计划

要按国际组织的要求，制订申办工作计划发给有关的机构和人员，并按此计划开展申办工作。

（三）编制申办预算

申办预算的主要内容包括申办文件的制作、出国考察联络、接待和办公费用等。

（四）筹措申办经费

申办国际性会议竞争激烈，具有很大风险，一旦失败，投入的经费无法收回。即使申办成功，由于国际性会议都要等到几年之后才能召开，届时才有可能收回投资，在这期间可能会遇到各种突发事件，更增加了先期投入的风险性，因此，筹措申办经费困难较大。一般情况下可争取政府的支持，也可吸收民间资金。

（五）提交申办报告

申办报告是国际性会议申办过程中最重要的文件，往往会对国际组织中有表决权的理事会成员产生重要的影响乃至决定他们的投票态度，因此一定要认真调研，并按国际组织的要求精心编制。申办报告由以下几个方面组成：

1. 邀请信和支持信。邀请信是由申办机构写给国际组织的主席或理事长的，有时也可由申办国的相关机构（特别是举办地政府部门）出面写支持信，表示支持该会议在申办国举办。邀请信和支持信的内容是欢迎该国际组织的下届会议在申办国举行，向国际组织保证能够提供各种条件，表达确保会议取得圆满成功的信心。

2. 专业内容介绍。这部分内容实际上就是国际会议的策划方案，其在整个申办报告中地位重要。以国际性学术会议为例，在这一部分要具体介绍申办国在该学科领域的研究历史和目前的研究水平及成果，申办国举办该会议的专业活动安排，包括会议的主题、议题、时间、地点、主要活动安排、拟邀请的报告人等内容。

3. 国情和举办城市情况介绍。其内容包括政治、经济、历史、文化、地理位置、接待能力、交通状况、通信条件、旅游资源以及民众对会议的支持等。通过介绍，为申办国及其举办城市树立一个政治稳定、经济发展、文化繁荣、民众非常支持举办会议的形象。

4. 会议场所介绍。申办报告要对会议场所进行详细的介绍，因为这是国际组织最关心的问题之一。介绍的内容包括：会场的位置，距离市中心和机场的距离，交通是否方便；会场的容量能否满足所申办会议的开幕式和大会报告的要求；是否有足够多的分会场;是否能够提供必要的设备支持;是否能够满足代表的会间休息需要;是否有足够多的房间满足会议办公用房;是否有展厅能够举办会议附设的中小型展览;会场周围是否有足够的宾馆满足与会代表和记者的住宿需要;等等。

5. 经费预算。会议收入的主要来源是与会代表的注册费、会议附设展览的展位费、企业赞助费和广告收入。重要的国际性会议可以争取政府的经费支持。有些具有品牌效应的国际性会议,还可以通过合法渠道转让知识产权获得会议收入。会议的支出主要包括筹办期间的办公费用、国际组织代表现场考察的接待费用、邀请报告人的费用、论文和报告的印刷出版费用、会议举办期间的场地和举行开闭幕式以及招待宴会的费用,此外还有上缴国际组织的费用。预算的编制一般要求达到收支平衡,即除了上缴国际组织的那部分费用外,会议不出现亏损就可以了。

6. 辅助材料。这是指介绍专业部分的内容和举办城市的情况的光盘。

(六)现场申办

向国际组织提交申办报告后,还要经过现场申办的环节,经国际组织评委们的最终投票确认是否获得主办权。如果申办成功,国际组织须与申办方签订协议书,还要交给申办方一封会议委托函,有些国际组织还要举办交接仪式,如国际组织的旗帜交接,或者交接其他一些象征会议主办权的物品等。

(七)报批会议方案

国际性会议申办成功后,会议申办单位应按规定的审批权限在规定的期限内向原审批机关上报会议方案,在得到同意举办国际性会议的批复后,方可对外承诺或发布会议通知,正式启动会议的筹办工作。

第三节　国际性会议的筹备

国际性会议的筹备工作有些内容和要求与国内会议大体相同,前面各章已有介绍,现就举办国际性会议筹备工作的一些重点作简要介绍。

一、建立会议筹备机构

举行国际性会议的各项准备工作远比举行国内会议复杂得多,因此,建立会议的筹备机构非常重要。这些机构包括组织委员会、执行委员会、秘书处等,具体要求参见第二章第三节“会议管理机构”。

二、订立会议议事规则

国际性会议除一般性的论坛和研讨会外,通常要制定一套制约与会者活动的成文议事规则,以便会议主席在出现疑问或者意见分歧时可以援引,这是保证国际性会议特别是国际组织举行的国际性会议成功的必要条件。国际性会议的议事规则一般是由最初的会议确立,并被以后同类的会议所接受的公认的规则。如果没有成文的规则,应当由会议的发起国或某个国际组织事先将规则草案散发给与会国征求意见,经修改后在会议开始时提交讨论通过。

会议规则的详细内容参见第二章第四节“会议规则”。

三、确定会议主题、议题和议程

国际性会议的主题、议题和议程通常由发起国在开会之前,同其他参加国协商后初步拟定,在开会后提交全体会议讨论通过。由国际组织召开的国际性会议,往往由该组织的秘书处等日常执行机构拟定初步主题、议题和议程,其后交会议讨论通过。国际性会议的主题和议题应当鲜明、务实并在会前散发草案。有时与会方也可提出会议主题、议题和议程方面的建议,但应尽早通知发起国或筹办会议的组织。会议主题、议题和议程的安排,往往是国际性会议展开竞争的第一个焦点,因此应当按议事规则进行,或由会议主席加以协调。涉及敏感问题的会议,主办方要对每项议题和议程做出书面解释。

四、选定会议时间和地点

(一)会议时间

国际性会议的召开时间常常因影响到将与会的国家对会议的政治态度和利益诉求而发生分歧,往往需要经过彼此磋商。学术性国际年会的时间一般安排在每年的4～11月比较合适,因为这段时间正好是北半球国家的旅游黄金季节和大学的假期。

(二)会议地点

国际性会议的地点安排有两种情况:一种是在固定地点举行,其中多数会议是在该国际组织总部所在地举行,也有的是在总部所在地以外选择固定地点举行,如达沃斯世界经济论坛总部设在瑞士日内瓦,会议固定地点则选择在瑞士小镇达沃斯;另一种情况是根据主办者确定会议地点。如果是临时发起的会议,一般由发起国主办,并在发起国举行;发起国较多时,协商确定举办地。有些国际组织的年会由成员体轮流主办或者采取申办的方式竞争主办权,会议地点就随之相应流动。

国际性会议的地点选择除要注意“会议策划”这一章中提出的问题之外,还要特别考虑以下两个因素:

1. 政治因素。国际性会议往往具有一定的政治色彩,地点选择得好,能提高主办国的政治地位,提高国际声望,选择失当,则会造成国际政治问题或外交上的麻烦。因此,国际性会议地点的选定,一定要符合四个有利于:有利于国际交往,有利于维护国家主权，有利于树立国际形象，有利于实现会议目标。比如，一些议题比较敏感的国际性会议往往选择在奉行中立政策国家的城市，如瑞士的日内瓦、洛桑、洛迦诺，奥地利的维也纳和芬兰的赫尔辛基举行，这能照顾与会各方的尊严，有利于会议的举行。

2. 经济因素。国际性会议在塑造举办国和举办城市国际形象的同时，还会带来巨大的商机，推动举办城市的经济和社会发展。因此，对于主办者来说，选择国际性会议的地点，不仅要算政治账，也要算经济账，还要考虑会议的成功举办所带动的社会综合效应。

五、确定参加对象与范围

国际性会议对参加对象与范围有较严格的要求和规定。这些规定主要涉及以下几个方面：

（一）规格

国际性会议比较讲究规格，即各国或各方出席会议以及开幕式的代表的身份和职务。如果是举行国家之间的最高级国际会议，应由国家元首或政府首脑出席。有的国际性会议章程明确规定会议的规格，如 APEC 会议就分成高官会议、部长会议和领导人非正式会议几种规格。

（二）资格

国际性会议对与会者和参展者资格的审查是十分严格的。如果与会者代表一个国家出席会议，应当具有一定的身份并持有派出国颁发的全权证书，并由大会成立的全权证书委员会进行审查，有的会议还要提交大会通过。

有些国际性组织把成员分为不同的资格，如正式会员和非正式会员、成员与观察员，还有的分成荣誉会员、钻石会员、白金会员、发起会员、普通会员等（如博鳌论坛），不同资格的成员在会议中的权利和义务是不同的，享受的待遇也有区别。

（三）人数

考虑到公平性和举办地的接待能力，国际性会议一般都对各方参加活动的人数作出规定，尤其是组团参加活动，应当明确规定人数。例如，联合国大会规定出席联大会议的各国代表团的人数不超过 5 人，代表团除代表外，还可以配备其他辅助工作人员，如顾问、秘书、专家、翻译和其他事务人员。有些以营利为目的的会议则希望参加人数越多越好。

东道国和会议筹办组织有权要求与会方事先提供组团人员的名单及有关材料，这既是为了做好接待工作，也是为了便于对其进行必要的审查。

六、规定正式语言与工作语言

所谓正式语言，是指刊行国际性会议正式文件以及在会议演讲、报告翻译时所使用的语言，一般由国际组织通过章程作出规定，如联合国就指定中、英、法、俄、西班牙、阿拉伯语为正式语言。所谓工作语言，是指国际性会议上演讲、报告翻译时所使用的语言。有的国际性会议的正式语言就是工作语言，但当出席会议的代表使用的母语超过了正式语言时，为提高翻译服务水平，方便与会代表之间的沟通交流，可以由主办方决定另外临时增加工作语言。例如，《奥林匹克宪章》规定，国际奥委会的正式语言是法文和英文，因此要求国际奥委会委员必须能讲英语或法语，后又增加西班牙语、俄语和德语为工作语言，在会议上同声传出。北京奥运会期间，翻译服务的语种达到了十多种。

七、邀请

我国各级机关对国际性会议的邀请对象都有明确规定，必须遵照执行。凡邀请敏感人士（含美、欧等西方国家的议员等，不论规模大小）、外国驻华使节、敏感国家驻华使馆官员和在敏感时期邀请外国驻华使馆官员、境外媒体记者、我国台湾地区敏感人士与会的国际性会议，必须报请省部级机关审批并会商外交部和其他部委。凡邀请党和国家领导人、外国政府正部长及其以上官员或前国家元首、政府首脑出席的高级别国际会议，必须报请省部级机关审核后再报请国务院审批。

国际性会议的邀请函应尽可能早一些发给与会方，以便做好参会准备。邀请函中应当附上会议规则的草案。邀请书一定要写明与会者须承担的费用、会议的正式语言和工作语言、报名或组团的最后期限，其他内容和要求参见第四章第一节“会议通知和邀请”。

国际性会议邀请函一般以会议发起国的语言或会议的正式语言书写。

八、做好接待准备

国际性会议的会务工作机构应根据参加对象的组团通知函或回执、报名表中提供的信息，安排好各项接待事宜。要以人性化服务为理念，尊重参加对象的宗教信仰、风俗习惯，尽可能满足他们个人的要求，合理安排住宿、餐饮，有的还要提供观光、购物、人民币兑换等方面的服务。级别较高的国际性会议，还应做好安全保卫工作。

九、安排和布置会场

国际性会议会场应尽量同住处靠近。会场布置应当较为典雅、庄重。座位格局可根据不同的会议类型设计，上下对应式、半围式、全围式等均可。

大型国际性会议的主席台上应放置席卡，小型会议每个座位前都要放置席卡。

席卡分为两种，一种写代表团名称，如国际组织、国家以及其他组织的名称，另一种写代表团名称和出席者姓名。在中国举行的国际性会议，席卡要用中外文两面书写。

会场内应当配备足以保障会议进行的一切设备，如音响、录音、录像、电子屏幕、同声翻译等设备。所有的标志和指示牌应当有外文翻译。

安排和布置会场的其他要求可参见第五章“会场布置”。

十、准备会议文件

国际性会议的文件小到席卡、指示牌、会标，大到会议邀请函、会议议程、议事规则、主旨演讲稿、大会决议、宣言、条约、议定书等，种类繁多，拟写、翻译、分发、归档的要求非常严格，会务人员要熟悉会议的内容和流程，具备扎实的专业知识、文字功底和翻译能力，以极其认真负责的态度和准确细致的工作作风做好文件的准备工作。

第四节　国际性会议的举行

国际性会议举行期间，除做好一般会议的管理和服务工作外，以下几个方面的工作较为特殊，要特别重视。

一、成立会议组织机构

在国际性会议举行期间，组织机构的设置各不相同，大体上分为两种情况：一种情况是由原来的筹备机构，如组织委员会、筹备委员会、学术委员会继续承担会议的管理责任，一般的国际论坛、学术研讨会、经贸洽谈会便是如此。另一种情况是终止原筹备机构的使命，自会议开始之时，成立新的会议组织机构承担会议的管理职责，如大会主席团、秘书处、专门委员会、总务委员会、全权证书资格审查委员会和起草委员会等，国际组织举行的会员大会常常如此。

二、选举大会主席

会议主席的职责通常是宣布会议开始和会议工作机构组成及其一些负责人的名单，发表演说以阐明会议召开的宗旨与任务，指导会议讨论的进行，根据会议规则和确定的程序协调或裁定纠纷，主持选举和表决，宣布会议闭幕等。国际性会议主席的产生有多种方式，通常由与会的全体成员在第一次会议一开始按会议的规则选举产生，也可通过协商由会议东道国的首席代表或会议发起国的首席代表担任；多国联合发起的国际性会议，可由发起国的代表轮流担任；有些国际组织按成员国（或成员体）英文（或该组织的官方语言）国名字母的次序由各国（或成员体）的首席代表担任，联合国安理会的会议即如此。

三、通过会议议程、章程和议事规则

国际性会议产生会议主席后,通常要通过会议的议程。一般性论坛和研讨会的议程是由会议的主办方确定的,无须大会通过。

首次举行国际组织的全体大会,必须以表决的方式通过章程和议事规则。议事规则如有修订和补充,应在会议开始后表决通过,然后再进行其他议程。

四、受理动议

国际性会议召开期间,与会代表可向会议提出动议,要求列入会议议程进行审议。动议一经审议通过便成为决定或决议。国际性会议的动议分为主要动议和程序性动议两种。

(一)主要动议

主要动议是针对会议议程所安排的议题而提出的实质性意见,包括提案、修正案和决议草案等。主要动议的提出需要达到议事规则所规定的附议数。会议表决前,提案方可以对议案进行修改,提出修正案或再修正案,但不能修改原议案中的实质性内容,只能作某些补充、修正或删除。提案方也可以撤回动议。

(二)程序性动议

程序性动议是指直接涉及议事程序方面的意见。在大多数情况下,程序性动议的处理应当优先于主要动议。如联合国大会的程序性动议有四类:暂停会议,休会,暂停正在讨论的议题,结束正在讨论的议题。与会国提出前两种程序性动议,无须经过辩论即可付诸表决,第三种程序性动议由赞成和反对这项动议的各两名代表发言后进行表决,第四种程序性动议则由两名持反对意见的代表发言后付诸表决。

五、发言

政府间国际性会议的每一个正式成员都有发言权和答辩权。发言顺序要按会议规则安排,多数根据报名或排队次序确定。论坛和学术性国际性会议的发言应事先经学术委员会或程序委员会确定名单和顺序,也可安排自由发言。任何代表发言,须经大会主席同意,并限制发言时间和发言次数。发言与会议议题无关时,大会主席可以干预。

六、表决

国际性会议常常有表决程序,而且表决机制与方式比较复杂。下面分别加以介绍:

(一)表决权的分配

在国际性会议中,表决权的分配有两种情况:第一种是平等表决制,即每个正式成员体都有一票表决权,又称一人一票制;第二种是加权表决制,即表决权同承担的义务相对应,承担的义务越多,表决的加权越重。如国际劳工组织和国际货币基金组织进行会议表决时,在某些议题上对提供较大财政支持的与会国家给予多个投票权。观察员只有发言权,没有表决权。

(二)表决规则

表决规则的核心是少数服从多数,但每种会议的具体表决制度不尽相同,大致有以下几种:

1. "一致通过"制。这是指会议的决议草案必须由会议的所有正式成员一致投赞成票才能获得通过,任何一个成员反对都会导致决议流产。

2. 少数否决制。这是指少数成员拥有否决权,如联合国安理会的五个常任理事国就具有其他国家所没有的否决权,只要这五国中的任何一国投了否决票,有关的决议就不能通过。

3. 多数通过制。这是指会议决议草案只有多数成员投赞成票才能获得通过。多数通过制又分成绝对多数制、相对多数制和特定多数制(详见第七章第二节"选举、评选和表决规则")。

(三)表决对象

表决对象就是付诸表决的文件(如决议、声明、行动纲领等)草案中的具体条款。在国际性会议中,既可以对草案中的所有条款进行整体表决(又称全文表决),也可以对其进行分段甚至逐条逐款单独表决。与会代表有权提议对提案的一些部分单独表决。如单独表决的条款获得通过,则将通过的各项条款合起来再进行整体表决。如单独表决的各部分均遭否决,整个决议草案即遭否决。

(四)表决方式

国际性会议的表决方式也多种多样,如举手表决、唱名表决、起立表决、鼓掌表决、电子表决器表决、无记名表决、邮寄投票表决等。表决之后,还允许投票国说明赞成、反对、弃权或否决的理由。

七、举行签字仪式

有些国际性会议会产生成果性文件,如议定书、协议书、公约、条约、宣言、声明、公报,这些成果性文件须经各方共同签署方能生效,因此必须举行签字仪式。签字仪式的组织安排与服务请参见第十章"仪式与典礼"。

八、做好会议记录

国际性会议对会议记录的要求非常高,应准确记录会议的名称、日期、时间、地点,出席人员的国别、职务和姓名,会议的过程和结果。会议中哪些问题已形成决议或协议,哪些议题还需进一步磋商,对已经形成的决议存在哪些保留意见等,都要明确记载并附有提交审议、表决的文件的草案。国际性正式会议的记录还须由与会各方的全权代表、会议主席和秘书长或秘书签字。会议结束后应先以草案的形式将会议记录散发给与会各方。与会各方有权对会议记录提出非实质性的修改,使其表达更为准确明了。会议记录有时在下次会议中宣读并予以通过。经过共同确认后的会议记录及其附件,用会议正式语言印发或公布,但非公开的会议则不印发,由会议发起国或主办会议的国际组织保存,与会各方可按规定查阅。

在论坛和学术性会议上,各种观点、思想和灵感相互碰撞、相互激发,做好全程记录至关重要。由于许多专家的发言是即兴的,因此最好请专业的速录人员来做记录。记录稿经本人同意或作修订后可以作为会议文件转发。

九、搞好翻译工作

国际性会议的翻译工作不可或缺,包括文件翻译和现场翻译两个方面。

(一)文件翻译

文件翻译贯穿会议的筹备、举行和善后三个阶段,所有需要在与会者中分发或对外正式发表的文件,都要用会议的每一种正式语言进行翻译。

(二)现场翻译

现场翻译是指会议举行过程的口语传译,包括交替传译和同声传译。

1. 交替传译。交替传译就是口译员一面听源语讲话,一面记笔记,当发言人发言结束或停下来等候传译的时候,口译员用清楚、自然的目的语,准确、完整地重新表达源语发言的全部信息内容。

2. 同声传译。同声传译即在会议举行报告、演讲时,口译员利用专门的同声传译设备,坐在隔音的同传室(俗称“箱子”)里,一面通过耳机收听源语发言人连续不断的讲话,一面几乎同步地对着话筒把讲话人所表达的全部信息内容准确、完整地传译成目的语,其译语通过话筒输出。需要传译服务的与会者,可以将接收装置调到自己所需的语言频道,从耳机中收听相应的译语。同声传译由于具有不占用会议时间的优势,已发展成为会议口译中最常用的模式,广泛应用于各种国际场合。几乎所有正式的国际性多语言会议都以同声传译作为标准口译模式。

第五节　国际性会议的善后工作

一、发布会议信息

除要求保密外,国际性会议应当及时向国际社会发布有关信息,有的还要公布最后文件。发布会议信息的方法大致有以下几种:第一种是在会议结束后由会议的主办单位出面召开新闻发布会或记者见面会,向新闻界或社会公众介绍会议情况;第二种是由与会方各自召开新闻发布会或记者见面会,除介绍会议情况外,重点阐述自己的立场;第三种是向媒体散发会议最后文件;第四种是通过会议的官方网站发布会议的简报和最后文件。

二、保存会议文件

国际性会议形成的所有文件,包括筹备阶段和举行期间产生的各种文件草案、会议记录(包括录音、视频记录)、会议通过的正式文件及其附件(包括以会议各种正式语言书写或翻译的文本)、与会者的全权证书等,都必须收集齐全并立卷归档。

国际性会议的文件一般由主办国负责保存,国际性组织所召开的会议,其文件由该组织秘书处保存。

第六节　国际性会议的礼宾次序

一、礼宾次序的含义和意义

所谓礼宾次序,是指国际交往中对出席活动的国家、团体、人士的位次按一定的规则和惯例进行排列的先后次序。国际性会议中的礼宾次序涉及许多方面,如代表团入场的先后次序、代表的座次安排、大会发言的顺序、各国国旗悬挂的次序等。礼宾次序体现东道主对各国与会者所给予的礼遇,在一些国际性会议中则表示对各国主权地位的一视同仁。礼宾次序安排不当,往往会引起不必要的外交争执与交涉,甚至影响国家之间的关系。因此,在举办国际性会议活动时,应当充分重视礼宾次序。

二、安排礼宾次序的几种做法

(一)按与会者的身份与职务的高低

与会者的身份与职务是安排礼宾次序的主要依据,其中又分成两种情况:一种是接待一个国家代表团时,以对方提供的正式名单为依据,这种名单都是按身份与职务的高低排列的;另一种是接待多个国家代表团时,按每个代表团的规格(即代表团团长的身份高低）来排列。比较代表团之间的规格，应当坚持各国平等的原则，无论国家大小，一律按国家元首、副元首、政府首脑、副首脑、部长、副部长等顺序排列。由于各国的国家体制不同，部门之间的职务高低不尽一致，因此要根据各国的规定，按相当的级别和官衔进行安排。

（二）按通知代表团组成的日期先后

在多边会议活动中，对同等规格的代表团，有时也可按成员国来函通知正式组团的日期或按代表团抵达活动地点的时间排列礼宾次序。

（三）按字母顺序

如果参加会议的国家较多，可以按各国的英文国名的当头字母的顺序安排礼宾次序。当头字母相同时，再按第二个字母排列顺序，余类推。在国际性会议中，公布主办者、协办者、与会者名单，悬挂与会国、参展国的国旗，代表团入场，安排座位等均可按各国国名的英文拼写字母的顺序排列礼宾次序。如联合国大会的席位次序排列和会员国国旗的悬挂顺序安排就是如此。为了避免一些国家总是排列在前，可采取抽签的办法来决定排列本次会议席位次序的当头字母，使各国的机会均等。

有时，国际性会议也可按主办国或者特定国际组织官方语言的字母顺序排列礼宾次序。比如，2004 年在希腊雅典举办的第 28 届奥运会的开幕式上，各国运动员的入场次序就是按各国名称的希腊字母顺序来确定的。

由于实际情况较复杂，以上三种方法应综合运用。首先按正式代表团的规格（一般以代表团团长的身份与职务为准）排列礼宾次序，这是最基本的；当代表团的规格相等时，再按通知代表团组成的日期先后排列礼宾次序；当同时收到同等规格的代表团组团通知时，则按国名的英文字母顺序排列礼宾次序。以上三种方法也不是绝对的，有时在具体安排礼宾次序时，还要综合考虑国家关系、活动的性质和内容、语言交流、来宾对于活动的贡献大小以及威望、资历等因素。采取何种具体方法，主办方应在邀请书中加以说明。

思考与练习

1. 试述国际性会议的特点和基本准则。
2. 非正式会议有哪些特点？
3. 如何报批和申办国际性会议？
4. 国际性会议的筹备工作有哪些重点？
5. 国际性会议举行期间，除做好一般会议的管理和服务工作外，还要做好哪些工作？
6. 试述国际性会议的表决权、表决规则、表决对象和表决方式。
7. 安排国际性会议的礼宾次序有哪几种做法？

第九章　会见、会谈和宴会

第一节　会　见

一、会见的含义、相关术语和种类

（一）会见的含义

双方见面谈话称为会见，亦称会晤。会见是组织之间通过对话、沟通、交流、协商，消除分歧、达成共识、实现相互合作的重要手段。随着我国政治、经济和社会改革以及对外开放的日益深化，会见在国内交往中发挥着越来越大的作用，成为会议活动的重要形式。

（二）会见的相关术语

1. 交涉。从广义上说，人与人之间、人与组织之间、组织与组织之间就某一互相有关或共同关心的问题，通过会见、谈判、书信、照会、电话交谈等方式表明立场，提出要求，了解对方意图等行为，都称为交涉。从这个意义上说，会见是交涉的一种方式。但一般情况下，只在一方对另一方产生不满或利害冲突、需要相互协商寻求解决办法时才使用"交涉"一词。

2. 接见。接见属于会见的一种。在国际交往活动中，接见是指身份高的人士会见身份低的人士或者主人会见客人。但目前我国在涉外活动中都将这种接见称为会见，而不称为接见。在我国的国内交往中，接见一词只能用于上级会见下级。如国家领导人会见参加某一会议的代表或先进人物代表就称为接见。接见可以根据客方或身份低的一方的请求而安排，也可以由主方或身份高的一方主动安排。

3. 召见。召见是指身份高的一方或主人在自己的驻地主动约见身份低的一方或客人。召见这一术语较多地用于外事方面，如驻在国向有关国家提出具体交涉时，可由驻在国的外交部或其他涉外机构官员召见有关国家的使节或其他官员。

4. 拜会。身份低的一方或客人会见主人叫拜会或拜见。拜会具有礼节性。

5. 回拜。一方受到接见或拜会后回访对方，称为回拜。回拜也具有礼节性。

（三）会见的种类

1. 政治性会见。政治性会见是指政治组织的领导人或特使之间就双边关系和共同关心的重大问题交换意见而举行的会见。

2. 工作性会见。工作性会见是指涉及比较具体的业务或技术性问题的会见。工作性会见不仅在政治组织之间举行,更多地出现在民间组织和企事业单位之间。

3. 礼节性会见。礼节性会见是指出于礼貌而与对方举行的会见,一般不涉及实质性问题。

4. 慰问性会见。慰问性会见是指为了慰问、鼓励、褒奖有关人员而举行的会见。

5. 公关性会见。公关性会见是指一个组织(包括政府组织和非政府组织)为加强与公众的联系、发布信息、澄清事实、树立良好的社会形象而与新闻媒体的人员或公众代表举行的会见。

以上对会见的分类并非相互排斥的,有时一次特定的会见可以同时兼有若干种会见的性质。

二、会见的组织与安排

(一)明确会见的目的和议题

安排会见,首先必须明确目的。从大的方面讲,政治性会见的目的侧重于建立或加强双方的政治关系,消除政治分歧;工作性会见的目的在于确立双方工作上的合作机制、互通情况、沟通立场等;礼节性和慰问性会见的目的一般是结交朋友、联络感情、鼓舞士气;公关性会见的目的则偏重于发布信息,树立组织的形象。

然而,会见双方各自的目的总是非常具体的,而且总是要通过各自的议题和有效的沟通来实现。会见的议题一般不要求事先在双方之间达成一致,会见时谈话的议题也可能不尽相同,这就要求无论举行哪种会见,都要事先了解对方会见的目的和可能涉及的议题,明确己方的目的和议题,制定好谈话的策略,这对于掌握谈话的主动权、促成会见的成功有着关键的意义。

(二)确定会见的规格

出面会见客人的领导人的身份决定会见的规格。确定会见的规格是一件十分慎重的事情,关系到双方的关系,有时会产生一定的政治影响,应当认真对待。在确定过程中应当考虑以下几个方面的因素:

1. 客人的身份。一般来讲,出面会见的领导人的身份应当同客人的身份相当,或高于客人。当客人访问主方的某一个单位,且客人的身份高于这一单位的领导人身份时,应当安排该单位身份最高的领导人出面会见。如该单位身份最高的领导人因故不能出面会见,应当由副职领导人代表最高领导人出面会见。

2. 双方的关系和利益。双方关系和访问事项所涉及的利益,是决定由谁出面会见的重要依据。双方关系密切的,可以派出身份较高的领导人出面会见,即高规格会见。当然,双方关系紧张时,也可以以低规格会见对方。

3. 客人的求见要求。有时客人会主动提出会见某领导人的要求,如无特别原因,应尽量满足对方的要求。如果不能满足对方的求见要求,应当做好解释工作。有时,对方并未提出会见的要求,但为了体现一种姿态,或出于某种需要,表达对特定问题的重视,也可安排身份较高的领导人主动会见对方。

(三)确定会见时的陪同人员

除特殊情况下领导人需要单独会见客人外,一般应安排陪同会见的人员。确定陪同人员要考虑以下几点因素:

1. 会见的议题。要尽可能安排与会见议题有关的专家和主管部门的负责人陪同领导人会见客人,这样,会见时一旦遇到专业性的问题,专家和主管人员可以及时做出解释和说明。

2. 同客人的关系。这里所说的关系是指会见的陪同人员与来访者的相互关系。陪同会见的人员中如果有对方熟悉的或者关系密切的人员,会使会见的气氛显得更加轻松、和谐。反之,在一些比较敏感的会见中,与对方关系紧张的人员则应尽可能回避。

3. 客方的身份和人数。领导人会见客人时,主方陪同人员的身份和人数要根据客方的身份和人数来确定。如客人的身份与主人相等,主方陪同人员的身份和人数应和客方随行人员的身份和人数大致相等。如主宾携配偶来访并共同参加会见,主人也应当与配偶共同出席。如果会见对象的身份较低,或者是领导人接见下属和群众,则可从会见的实际需要出发确定陪同人员的身份和人数。

请看下面的实例:

美国加州 W 大学同我国上海 S 大学建立姐妹学校的关系多年,双方经常开展工作和学术交流互访,合作富有成效。一次,美国 W 大学分管教学的副校长对上海 S 大学进行工作访问。抵达上海的当天晚上,上海 S 大学国际交流处处长和教务处处长受分管教学的副校长的委托前往宾馆拜访,表示欢迎。到访第二天,主方安排分管教学的副校长与其进行工作会谈,晚上安排校长出面会见并宴请。会见和宴请时 S 大学分管教学的副校长、国际交流处处长和教务处处长在座。第三天,客人在 S 大学教务处处长的陪同下访问 S 大学在郊区的一个技术学院。考虑到对方的身份,技术学院的院长亲自出面拜会了客人,并设午宴招待。

上例中美国 W 大学副校长到访第一天,S 大学便派两位处长代表副校长前往拜访,表示诚挚的欢迎,礼节甚重。第二天的会谈双方身份相同,礼节上恰到好处。当晚 S 大学校长亲自出面会见并宴请对方,是一种高规格接待,以示友好。陪同人员的安排也与业务相关。第三天的活动,因客人的身份比技术学院的院长高,因此,必须由院长亲自出面会见并宴请。如由其他副院长出面,就很不恰当。

（四）安排会见时的工作人员

重要会见应安排记录人员在现场做记录。记录人员的职责是真实完整地把会见时的情况和谈话内容记录下来，以备整理或今后查考。

涉外会见还要安排好翻译。翻译人员的安排要同客方磋商，一般由主方派出，特殊情况下也可以由客方派出。有时为了使翻译更加准确，双方可同时派出翻译人员。

记录人员和翻译人员的作用十分重要，一定要挑选精通外语、熟悉业务、反应敏捷、忠于职守的人员担任。

（五）确定会见的时间

会见的时间要经双方协商确定。一般要考虑以下几个方面的因素：

1. 会见事项的缓急。涉及紧急事项，可以临时安排双方紧急会见磋商。

2. 兼顾宾主双方的日程安排。非紧急事项的会见，要兼顾宾主双方的日程安排，以不影响双方既定的重要公务活动为原则。如果是安排客人来访期间的会见，应尽可能在事先商定好的客人访问日程中安排会见，除特殊情况外，应避免出现因推迟安排领导人会见而延误客人访问日程的情况。

3. 会见的性质。礼节性的会见，一般安排在客人到访的当天或次日，如安排宴请，应在宴请之前安排礼节性会见，当面发出邀请。其他会见，则可根据实际情况商定具体时间。

4. 会见的先后顺序。如果主方安排多位领导人分别会见客人，要分别确定每位领导人会见客人的具体时间以及会见的先后顺序。

5. 会见的时间量。确定会见的时间量主要是依据双方的议题多少，同时也要考虑政治和社会影响。长时间的会见往往表明双方关系密切且对会见非常重视，而匆匆会见则给人做表面文章的印象。

（六）确定会见的地点

会见的地点要根据会见的性质来选择，先要考虑在什么地方举行会见最合适，然后再确定具体场所。

1. 政治性会见和工作性会见一般情况下安排在主人的办公地点举行，如主人的会客室、办公室等。比较重要的会见也可以先同客方磋商具体的地点，必要时可以选择在第三地举行。

2. 召见必须安排在主人的办公室或会客室，以体现召见的性质。

3. 如果是礼节性会见或回拜，则宜安排在客人的住所进行。

4. 领导人接见下属，可根据实际情况而定，可以安排在会客厅，也可以安排在领导人视察的现场。

（七）会见的现场布置

1.座位。安排会见的座位一是确定座位的格局，二是安排双方的座区，三是排列各方的座次。

双边会见的座位格局较多地采取并列式或全围式，其形状有弧形、圆形、椭圆形、马蹄形、直角形和长方形等，可根据会见的性质、参加的人数和会客室或会客厅的设施条件而定。

举行涉外会见和商务会见，宾主双方各坐一边，并按主左客右的惯例安排双方的座区，即以双方的朝向为准，主方居左，客方居右。双方参加会见的人员按身份高低从中间向两边排列座次。

国内兄弟单位领导人之间举行会见，一般不分左右，也可按主左客右的国际惯例安排座区。

主方的翻译人员一般情况下坐在主人的后面或主人和主宾后侧的中间，不能坐在主宾的后面。双方均安排翻译人员的，双方的翻译人员分别就座于己方领导人的后面。

主方的记录人员可以坐在主宾的后面，即主方翻译人员的右侧；如双方均安排翻译人员，则坐在双方翻译人员的中间。如现场安装扩音设备，记录人员也可以坐在会客厅的两侧。一般情况下，客方的翻译人员不安排就座于双方领导人的后面。

如主人的夫人和主宾的夫人均出席会见，通常有两种安排，一种是将主人夫人安排坐在主人的左侧，将主宾夫人安排坐在主宾的右侧；另一种是把男方和女方分开安排，形成两个谈话中心，以便于交流不同的议题。如主宾偕夫人出席会见，而主人夫人因故不能出席或者主人未婚，通常可请其他身份相当的女士作第二主人陪伴主宾夫人。

各种会见的座位安排如图 9－1～图 9－9 所示。

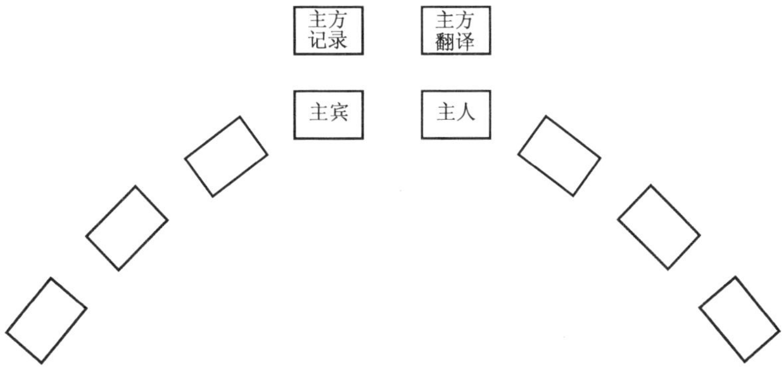

图 9－1　弧形

（注：适用于涉外会见，主方翻译人员多时座位可向两边扩展）

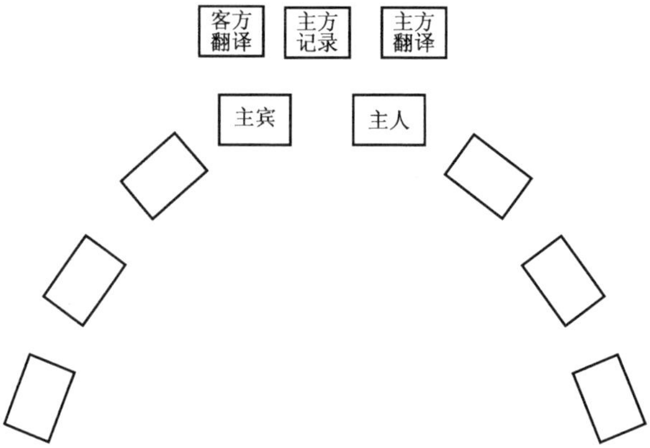

图 9－2　半圆形

（注：适用于涉外会见，宾主双方同时派翻译，主方记录人员坐后排中间）

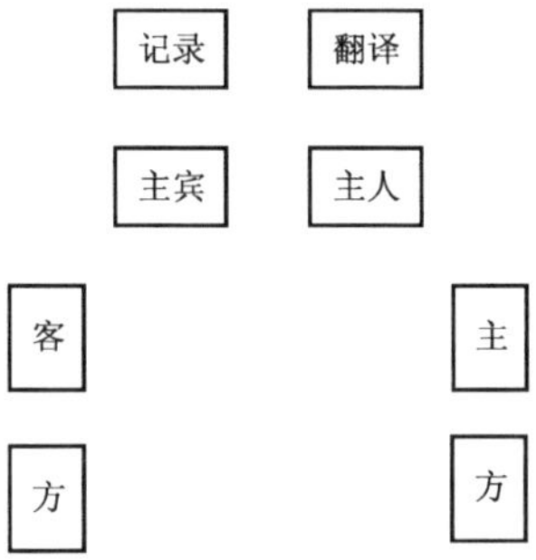

图 9－3　马蹄形

（注：适用于人数较少的涉外会见）

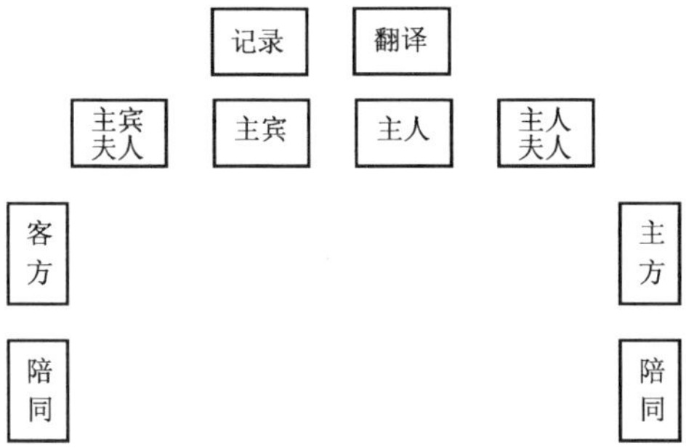

图 9－4　马蹄形

（注：适用于主人夫人与主宾夫人参加的涉外会见，双方各坐一边，有时也可以交叉坐，即主人夫人坐在主宾的右侧，主宾夫人坐在主人的左侧）

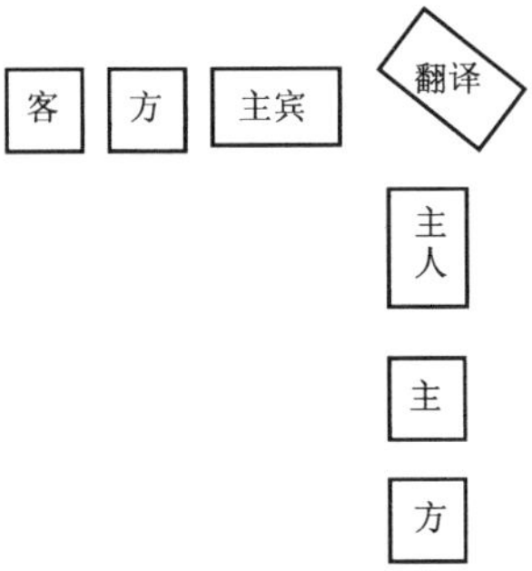

图 9 – 5 直角形

（注：适用于人数较少的涉外会见）

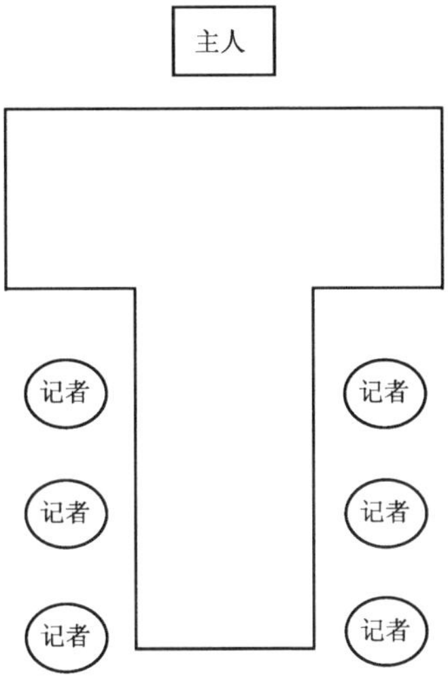

图 9 – 6 T 字形

（注：适用于集体会见媒体记者）

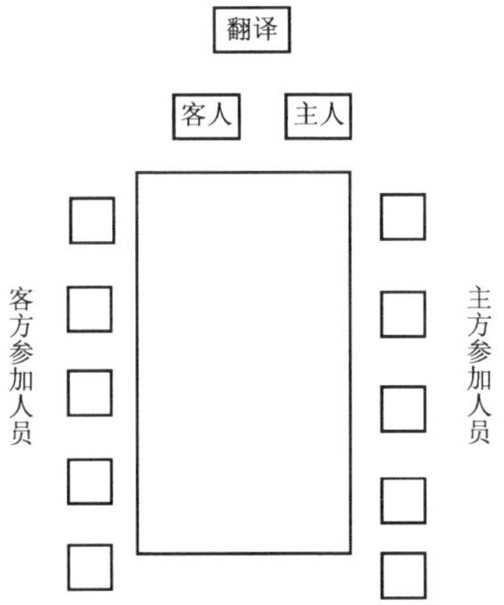

图 9 – 7 长方形

（注：适用于人数较少的涉外或商务会见）

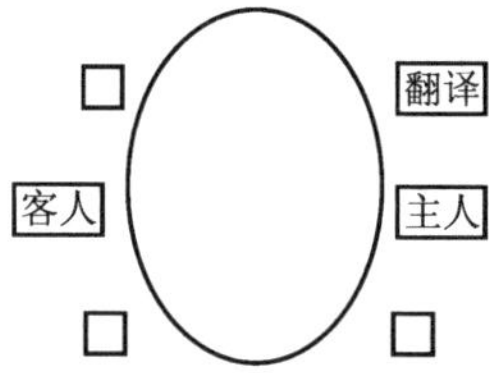

图 9－8　椭圆形

（注：适用于人数较少的涉外会见）

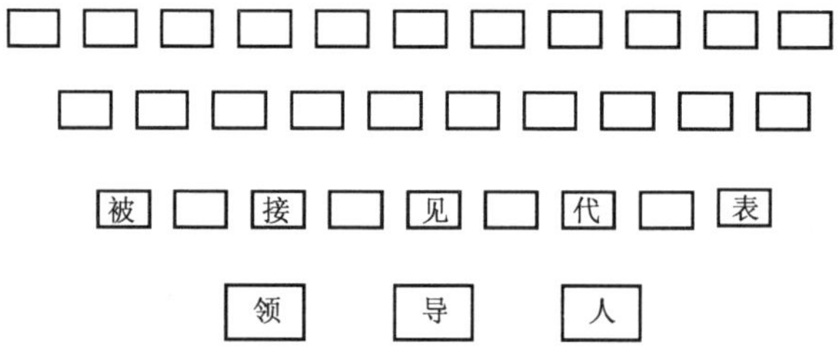

图 9－9　上下形

（注：领导人和接见对象面对面，适用于接见会议代表、先进人物等，
人数较多时要设有话筒，如会见后安排合影，则前排中间要留出领导人的座位）

2. 国旗。举行涉外会见，如果双方身份相同，为了显示会见的庄重性，可在宾主就座的两侧按主左客右惯例悬挂两国的国旗。如果会见身份较低的外国客人，或不挂双方的国旗，或只挂主方国旗。涉外召见是在主方会客厅举行的，因此只悬挂主方的国旗。国旗可以用落地旗架插挂于两侧，也可以用小旗架放置在主人与主宾之间的茶几上。

3. 席卡。双方每个座位前可放置席卡，用双方的文字书写组织名称、职务和姓名，便于引导会谈人员入座，也便于各方相互了解。

4. 扩音设备。参加会见的人数较多、会客厅较大时，应安装扩音设备。

5. 茶水。时间较长的会见，要准备好茶水和茶具，中间可适当斟茶。

6. 鲜花。会见现场适当摆设鲜花能美化环境，使会见的气氛和谐、亲切。

（八）发出邀请或通知

双边会见的安排商定好后，要向客方发出正式的书面邀请，临时性的会见可通过电话邀请。安排召见和接见，应当用通知的形式。无论是邀请还是通知，都要明确告知时间、地点、主方出面和陪同的人员等信息。

（九）迎候

会见客人，主人应提前到达会见场所，并在门前迎候。一般的客人，主人可在会客厅门口迎候；重要的客人，主人可在大门口迎候。如主人不到大门口迎候，应由工作人员在大门口迎候客人，并引入会客厅、会客室。

客人到达时，迎接人员应迎上前去自我介绍，并主动同客人握手以示欢迎。会见的客人较多时，主方人员一般应在前厅或门口列队迎接，并按身份高低与客人一一握手。

（十）介绍

双方如果是初次见面，可由秘书或翻译人员进行介绍。通常先向主宾介绍主人，然后再向主人介绍主宾。主人和主宾相互介绍后，再按先主后宾的顺序介绍双方其他人员。有时也可以由主人和主宾亲自分别介绍双方的人员。

（十一）合影

会见后可安排宾主合影，以进一步表示友好，亦可留作纪念。安排合影要事先设计好合影图，确定参加合影人员的位置，合影时要由工作人员引导宾主双方按合影图的位置排列。涉外合影图的设计要求详见第四章第五节“看望、拜访与合影”。

（十二）送别

会见结束后，主人应视情况将客人送至会客厅门口或车前，并握手道别，目送客人离去。

（十三）整理会见文件

会见一般不产生正式文件，但会见记录必须归档。会见现场的照片和视频也应当一并归档。

第二节　会　谈

一、会谈的含义、相关术语和种类

（一）会谈的含义

会谈是指双方或多方以平等的身份为达成某项共识或具体的协议而进行的磋商。会谈的内容既可以是重大的政治、经济、外交、军事、文化问题，也可以是具体的业务性和技术性问题。

(二)会谈的相关术语

1. 谈判。谈判是一种正式的会谈。任何一种谈判,小到做成一宗买卖,大到解决重大国际问题,都必须具备以下四个特点:

(1)旨在就某一特定问题达成协议;

(2)谈判是一个“讨价还价”和“有予有取”的漫长的、艰难的和反复的过程;

(3)达成的协议必须对各方具有约束力,并通常需以某种书面形式予以正式确认;

(4)主谈人必须是双方的全权代表,是“说话算数的”。

2. 单独会谈。这是指双方领导人单独举行会谈,除翻译和记录员外,其他人员不参加,会谈结果高度机密。

3. 限制性会谈。这是指由双方领导人和少数高级助手之间举行的会谈,会谈结果不公开,又称小范围会谈。

(三)会谈的种类

1. 按会谈的目的,可分为:

(1)解决争议的会谈。解决争议的会谈其目的是“化干戈为玉帛”或者化对抗为对话,通过谈判来解决政治、军事、经济、贸易等方面的争端。

(2)发展关系的会谈。其目的是谋求发展关系和促进友好合作。政府之间和民间都可以运用会谈的方式达成合作意向、建立友好关系。

以上两种会谈的目的可以兼而有之,既为解决争端,又为发展关系和促进合作。比如,1997 年底,江泽民主席访问美国,同美国总统克林顿进行了举世瞩目的会谈。通过这次会谈,解决了两国关系中存在的一些政治、人权、贸易等方面的争端,同时宣布两国结束对抗,建立面向 21 世纪的建设性战略伙伴关系。

2. 按会谈内容的多少,可分为:

(1)综合性会谈。所谓综合性会谈,即把涉及双边关系中的一些相互关联的问题一起拿到谈判桌上来讨论,以期达到全面解决争端或全面发展关系的目的。这种会谈有时又称“一揽子会谈”。

(2)专题性会谈。专题性会谈是为解决某一专门性问题而举行的会谈。由于专题性会谈涉及的问题比较单一,与综合性会谈相比,较容易达成共识。

3. 按会谈的性质,可分为:

(1)预备性会谈。有些会谈涉及比较重要或敏感的问题,在正式会谈之前先就会谈的议题和程序进行磋商,称为预备性会谈或非正式会谈。预备性会谈可以在较低级别的官员之间进行。

(2)正式会谈。这是指双方具有全权资格的代表为正式交换意见而举行对等会谈。有时双方也可以组成正式代表团进行谈判。

4. 按会谈当事人的数量,可分为:

(1)双边会谈。这是指两个国家、两个组织之间的会谈。

(2)多边会谈。这是指两个以上的国家或组织之间举行的会谈。这种会谈实际上是以会议的形式举行的。如中、美、朝、韩、日、俄关于朝鲜核问题的六方会谈期间既安排六方全体会议,即多边会谈,也交叉举行多轮的双边会谈。

5. 按会谈的机密程度,可分为:

(1)秘密会谈。秘密会谈的时间、地点、参加的人员以及会谈的内容高度机密。

(2)不公开会谈。不公开会谈的过程不对外公开,会谈后以联合公报、声明等会谈文件的形式或通过联合举行记者招待会公布部分或全部会谈结果。有的不公开会谈还允许记者在会谈前进行采访,然后举行闭门会谈。

(3)公开会谈。公开会谈即公开会谈全部过程和内容,记者可以采访、旁听和报道。

二、会谈和会见的联系与区别

(一)会谈和会见的联系

会见与会谈往往相辅相成。双方领导人之间的会见,往往为双方的正式会谈定下基调或创造条件;在会见中,双方领导人之间达成的原则性共识,往往要通过具体而又细致的会谈加以系统化、条文化。会谈也可以为领导人之间的高峰会见做先期准备。

(二)会谈和会见的区别

1. 对身份的要求不同。会见时,双方的身份高低可以不同,但会谈时双方代表的身份或规格除特殊情况外通常应当对等。

2. 与会方的数量不同。会见一般情况下总是双边的,但会谈既可以是双边的,也可以是多边的。

3. 目的不同。会见的目的较为广泛,沟通交流、照会抗议、慰问勉励、联络感情均可,不要求达成书面协议;而会谈的目的则是通过交换意见达成共识或书面协议。

4. 议题限制不同。会见双方可以各有议题,谈什么、不谈什么,由各方自行决定;会谈的议题必须在正式会谈前经各方协商一致,未经各方事先商定的议题不能在会谈时正式提出。

5. 约束力不同。会见一般是以口头的方式达成谅解或共识,虽有会见记录,但无严格的约束力,双方用信誉作担保;而会谈达成的书面协议只要合法(包括国际法),对缔约各方均具有法定约束力。

三、会谈的组织与安排

(一)明确目标

会谈是目的性十分明确的活动。举行任何会谈,首先要明确会谈的目标,解决为什么而谈的问题。会谈的目标决定会谈的议题,制约会谈的过程和结果。

会谈的目标有两个层次:一是共同目标。总的来说,举行会谈是为了达成某项协议,但针对特定的谈判而言,目标应当具体而且明确。只有对会谈的共同目标达成一致,相关的各方才可能坐到会谈桌前。从这个意义上说,确定会谈的共同目标是举行任何会谈的前提,也是会谈取得成功的第一步,这需要发起会谈的一方(也往往是会谈的组织者或主席方)与其他各方开展先期的沟通与磋商。二是各方的具体目标。尽管通过组织者与各方的共同努力,各方认同会谈的共同目标,但事实上每个参与方都会确定各自的具体目标以及策略,力求在谈判桌上获得主动权和最大的利益。但是,会谈是一项互惠互利的活动,常常需要各方做出妥协和让步,因此,会谈各方的目标应当在对各方的实际情况做出正确判断的基础上,根据有利有弊、利大于弊的原则来确定。会谈的具体目标可以有一定弹性,即确定最高目标和最低目标(即谈判的底线)。

(二)商定议题和议程

会谈的议题是指在会谈期间要达成共识并签署协议的事项。确定会谈的议题要注意两点:一是必须符合会谈的目标,凡是与目标不相符的问题,不能作为议题列入议程;二是会谈的议题需要各方事先通过磋商来确定,议题如未达成一致,会谈就无法启动,这也是与会见的不同之处。

会谈的议程是指会谈议题的先后次序。有的会谈涉及的具体议题较多,议题之间的关系也较为复杂,议题的先后顺序对会谈的进程和结果会产生一定的甚至关键性的影响,必须高度关注。会谈的议程应当同议题一起提交各方磋商确定。

(三)收集和分析信息

从某种意义上说,会谈是一种信息的交流和竞争的过程,谁掌握的信息准确和充分,谁就能掌握主动权。会谈前应当围绕目标和议题收集以下几个方面的信息:

1. 对方的信息。谈判人员应在会谈之前,通过各种渠道了解并分析对方(国家、国际组织、公司等)的性质、权限、状况(如公司的营运和资信状况),对方谈判的意图和背景,对方参加会谈的人员组成情况,对方的谈判底线和可能提出的条件,对方的谈判策略等,从而为制定己方的目标和策略提供可靠的依据。

2. 业务方面的信息。这是指围绕会谈的目标和议题的有关信息。如举行商务谈判,就必须收集有关货物的名称、规格、保险、检验、价格、付款方式以及市场、技术、金融等方面的信息。对这类信息掌握得越充分、越准确,就越能在会谈中掌握主动权。

3. 有关的政策、法律信息。

(四)确定会谈人员

会谈人员的配备十分重要,直接关系到谈判成功与否。会谈人员一般由主谈人(往往是谈判代表团负责人)和专业人员组成。

1. 主谈人。主谈人的确定要考虑以下几个方面的问题:

(1)主谈人的全权代表资格。会谈都是法定组织之间正式交换意见,因此,无论是外交和涉外谈判,还是国内的谈判,必须明确授予主谈人全权代表的资格,这一点极其重要。按国际惯例,在国家之间的会谈中,除了国家元首是国家的当然代表外,其他官员代表国家谈判或签署条约都必须持有全权证书或有明确的法律授权,政府首脑和外交部部长也不例外。如1978年8月中国和日本缔结了和平友好条约,当时双方的谈判者和条约的签署者都是外交部部长,但在条约的序言中却明确写有"双方全权代表互相校阅全权证书,认为妥善后,达成协议如下"的文字。这说明在当时外交部部长还不是一个国家的当然代表,仍需出具由国家元首签署的全权证书。1990年12月28日全国人大常委会公布了《中华人民共和国缔结条约程序法》,其中规定:国务院总理和外交部部长"谈判、签署条约、协定,无须出具全权证书"。可见,如果没有这一立法,总理和外交部部长仍需要出具全权证书。而有了这一条法律规定,就等于国家给总理和外交部部长发了一张总全权证书,以后无须一次次再分别授予全权。

(2)主谈人的级别。主谈人的级别体现会谈的规格,应依据会谈议题的重要程度以及双方对会谈的期望来确定。双方主谈人的身份要大致相等。

(3)主谈人的素质。主谈人对于谈判起主导作用,故应慎重选择,一般要求熟悉情况、擅长业务、老练稳重、机智敏捷、善于言词和交际。

2. 其他谈判人员的构成。谈判人员的群体知识、能力、性格等方面的结构以及内部的分工应当合理,如商务谈判一般应当配备律师、会计师和工程师。参加会谈人数的多少可根据会谈的需要而定。

会谈人员确定后,明确分工和统一口径非常重要。内部分工不明确、口径不统一,既损害工作效率,也可能被对方钻空子,丧失会谈主动权。

(五)挑选会谈工作人员

会谈工作人员主要是指秘书人员和翻译人员。

秘书人员负责会谈文件的草拟和记录工作,这两项工作对于形成会谈的最后文件和记载会谈的过程和成果具有极其重要的意义,必须挑选熟悉会谈内容、具备扎实文字功底和熟练记录技能的人员担任。

涉外会谈还需配备外语过硬、业务熟悉、反应敏捷、忠于职守的翻译人员。

（六）准备会谈文件

会谈人员和工作人员确定后，就要着手准备会谈的文件。会谈文件主要是围绕会谈议题形成的共同文件的草案。会谈各方都有权提交共同文件的草案，然后就草案展开谈判。

（七）确定会谈时间

会谈时间安排应先征求其他各方的意见。有时双方（多边会谈由主席方分别与其他各方）可先就会谈的时间安排进行磋商，取得一致。任何一方如要变动时间，必须征得其他各方的同意。

（八）确定会谈地点

确定会谈地点包括两层意思：一是确定主办地。主办地要通过协商确定。双边会谈可采取轮流主办的方式。多边会谈可以轮流主办，也可以由一方长期主办，如“六方会谈”的主席国是中国，举办地就设在北京。二是确定具体地点。双边会谈的具体地点可安排在客人所住的宾馆会议室，以方便客人；也可以将会谈地点的安排与拜会和回拜综合起来考虑。请看下面的实例：

上海C公司与日本G株式会社在上海举行资本合作项目的谈判。谈判共安排两次，第一次是在日方代表团抵达上海后的当天下午在上海C公司的会议室举行的，这是日方建议的，因为这个项目是日方主动提出并积极倡议的，这样的地点安排带有日方礼节性拜会中方的含义，同时也便于日方实地考察上海C公司；第二次安排在第二天下午在日方代表团下榻的宾馆会客室举行，含有主方回拜客方并为客方送行的意思。

有时会谈地点是一个比较敏感的问题，需要有关方面事先进行磋商。比如，1993年4月，内地海峡两岸关系协会会长汪道涵和台湾海峡交流基金会董事长辜振甫之间举行的第一次会谈，就是在新加坡举行的。国际上没有外交关系的或处于战争状态的国家或地区之间，为避免引起争议，也往往选择在第三国或地区进行会谈。

（九）现场布置

1. 座位。与会见的座位安排一样，会谈座位的安排也包括三个方面：确定座位的格局、安排双方的座区和排列各方的座次。

双边会谈一般将谈判桌排成长方形或椭圆形，双方各坐一边，主方位于背门一侧或进门后的左侧。涉外会谈的双方主谈人位于中央，其他人员按右高左低惯例排列；翻译人员的位置要根据各方的习惯安排，我国通常的做法是安排在主谈人右侧位置；记录人员则安排在两端或者后排。双边会谈现场布置如图9－10至图9－12所示。

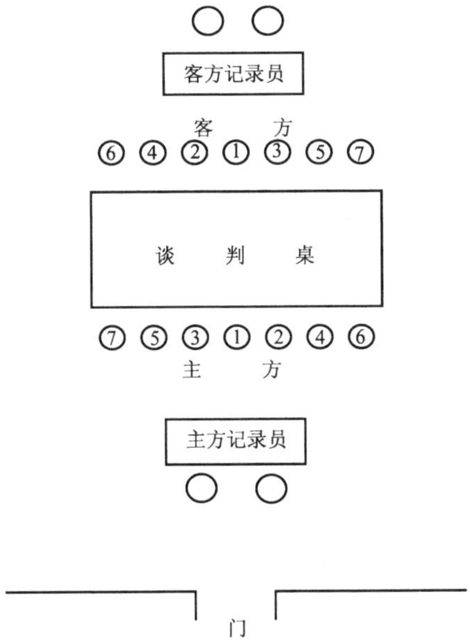

图 9－10

（注：主方背门，1 为双方主谈人，2 为双方翻译，3～7 为双方参加会谈的其他人员）

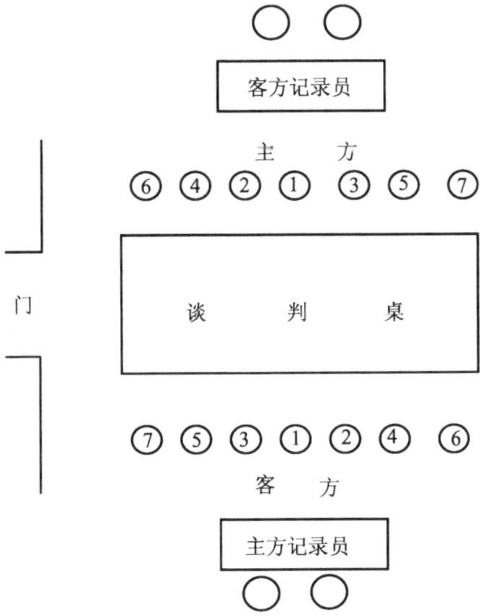

图 9－11

（注：进门右边为客方，1 为双方主谈人，2 为双方翻译，3～7 为双方参加会谈的其他人员）

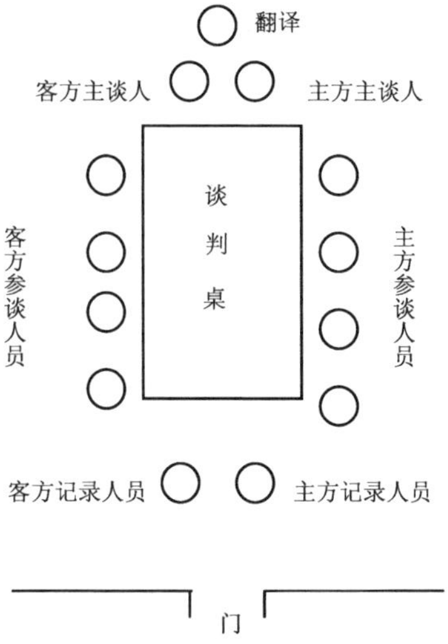

图 9－12

（注：以主人和主宾的座位朝向为准，主左客右。）

多边会谈的座位可摆成圆形、方形、T 字形、多边形等，不同的座位形状往往蕴含不同的意义。请看下面的实例：

1988 年，阿拉伯国家和以色列在苏联和美国的调解下，在西班牙首都马德里举行举世瞩目的会谈。当时的美苏两国总统和西班牙首相参加了会谈，因此这次会谈被称为是“2＋1”会谈。为了体现“2＋1”的特点，会谈组织人员煞费苦心，将会谈座位格局设计成 T 字形，如图 9－13 所示。

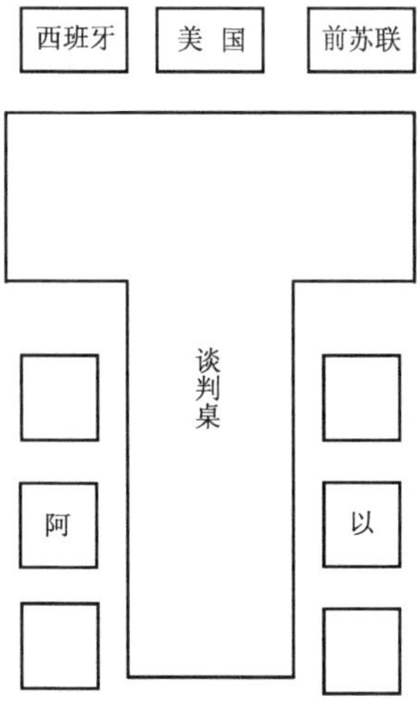

图 9－13

2. 国旗。举行涉外会谈时，为了显示会谈的庄重性，可在会谈桌上交叉或并排放置两国的国旗，也可以用落地旗架插挂在两侧。

3. 席卡。各方每个座位前可放置席卡，书写会谈人员的组织名称、职务和姓名，便于引导会谈人员入座，也便于各方相互了解。涉外双边会谈，面朝对方的一面用对方的文字书写，面朝己方的一面用己方的文字书写。

4. 扩音设备。如参加会谈人数较多，或者举行公开会谈，允许记者采访或旁听，应安装扩音设备。

5. 茶水。由于会谈往往需要较长的时间，因此应当准备足够的茶水，夏天还可加饮料，中途可适当斟茶。

6. 鲜花。会谈现场也可适当摆设鲜花以美化环境。

（十）发出邀请

会谈的议题、名单、时间、地点商定好后，主方要向客方发出正式的书面访问邀请。约定在第三地会谈的，可由东道主发出访问邀请。

（十一）迎送和介绍

会谈前后的迎接、介绍和送别是非常重要的礼节，应当予以重视（具体要求参见本章上一节“会见”）。

（十二）合影

合影安排在会谈开始之前和结束之后均可。可以安排各代表团团长合影，也可以安排参与会谈的全体人员合影。会谈时合影图的安排可参照会见时的合影。涉外合影图的设计要求详见第四章第五节“看望、拜访与合影”。

（十三）会谈公开与新闻发布

公开会谈，全程向媒体公开，记者可旁听和摄像。不公开会谈，会谈开始之前，可安排几分钟的记者采访和摄影；会谈开始后，除特别安排的电视采访外，与会谈无关人员一律退场；会谈结束后，可根据情况双方同时会见记者或分别举行记者招待会，也可通过其他方式发布会谈消息。以何种方式接受采访或发布消息，应当在会谈的准备阶段订出方案，报领导审批，并与会谈的对方进行协商。

（十四）整理会谈文件

会谈如果成功，往往会产生合同、协议书、议定书、条约、意向书、备忘录、会谈纪要、声明、宣言、公报等共同文件。这些文件经过各方共同签署，便产生法定效力。签署后的文件和会谈的原始记录应当整理后归档保存。

第三节　宴　会

一、宴会的含义、作用和种类

（一）宴会的含义

人们常常把宴会与一般的宴请（广义的宴会）相提并论，这在平时的社交活动中并无大碍。但是从会议学的观点来分析，宴会和宴请这两个概念有明显的区别。在第一章中我们把会议界定为一种围绕特定目的和议题开展的、具有一定组织形态的、以口头交流为主要方式的群体性社会交往活动。而一般的宴请活动并无特定的议题，也不安排专门的口头交流，因而不属于会议（包括广义会议）的范畴。本节所指的宴会是一种特殊的会议活动形式，属于狭义的宴会范畴，其除了以聚会宴饮为活动载体之外，还必须具备以下两项条件：

1. 事先安排发言活动。宴会与其他一般宴请活动的主要区别在于是否安排有关人员致辞或讲话。安排致辞或讲话的属于宴会，否则就是一般的宴请或聚餐。在宴会上致辞或讲话的可以是举办者，也可以是邀请的主宾或其他来宾。

2. 具有既定的程序。宴会事先一定要安排好程序，包括何时开始、何时致辞、何时祝酒、何时答谢、致辞的先后顺序等。

只有满足上述条件的宴请活动才可称为宴会，纳入会议的范畴。从会议学的角度给宴会下定义的话，应当这样表述：宴会是人们为了某种目的、以一定规格的酒菜食品和礼仪来款待客人并安排致辞程序的社交活动。

（二）宴会的作用

1. 礼仪作用。宴会常常是因社交礼仪需要举行的。在国内外双边或多边活动中，东道主往往要举行欢迎宴会，为客人接风、洗尘，或在客人离别前举行欢送宴会，为其饯行；而客人则答谢宴会，感谢主人的盛情款待。在宴会上，主人致欢迎词、祝酒词，客人则致答词或告别词，共叙友谊。可见，宴会本身就是一项礼仪活动。

2. 沟通作用。宾主双方利用宴会的场合和机会，沟通信息、交换意见、商谈工作、发表演讲，是当前宴会活动的一个重要特点。宴会的气氛比较轻松，具有非正式性。利用宴会来沟通信息，可以对会议的正式沟通起到一定的补偿作用。正因为如此，人们越来越多地把各种形式的宴请作为会议的载体，出现了诸如早餐会、午餐会、晚餐会等会议形式，使与会者之间的交流和沟通更随意、更轻松、更灵活。

3. 庆贺招待作用。无论是官方还是民间，遇有重要节日或重大喜事，都要举行各种形式的宴会进行庆贺招待，相互勉励，振奋精神。如我国政府每年国庆之前都要举行招待会，一方面庆祝新中国的诞辰，另一方面招待各国驻华使节。

4. 融洽感情作用。举办一次成功的宴会活动，往往可以起到融洽感情、建立互信、缓和矛盾、化解危机的作用，进而为达成共识、实现共赢奠定基础。

（三）宴会的种类

1. 按宴会的规格，可分为：

（1）国宴。国宴是以国家元首或政府首脑名义，为国家的庆典，或为欢迎外国元首、政府首脑来访而举行的宴会。在所有的宴会中，国宴规格最高。举行国宴时，宴会厅内悬挂有关各国国旗，菜单和席卡上均印有国徽，现场安排乐队演奏有关国家的国歌和席间乐，讲究桌次和席位，宾主按身份高低依次就座，对餐具、酒水、菜肴、陈设以及服务员的装束和仪表有严格要求，席间宾主致辞和祝酒。

（2）正式宴会。正式宴会的规格仅低于国宴，除不挂国旗、不奏国歌外，其余安排大体与国宴相同，一般用于国际性会议和涉外交往的宴请，时间多安排在晚上。

（3）便宴。便宴是一种非正式宴会，常见的有午宴、晚宴，也有早餐。便宴形式简便，除安排主人与主宾坐在一起外，其他人可以不排座次，菜肴可酌情增减，气氛比较随和亲切，可发表非正式讲话或致辞，经常用于招待国际性和国内各种会议或者活动的来宾。

（4）工作餐会。工作餐会又分为工作早餐会、工作午餐会、工作晚餐会，参加者利用共同进餐的机会交换意见、讨论工作、发表演说。在一些紧张的访问或谈判活动中，往往因时间安排不开而采用这种就餐形式。有的还采取“AA”制，由参加者各自“埋单”。

2. 按宴会的就餐形式，可分为：

（1）合餐式宴会。这是指主人和客人按事先排列的座位以宴会桌为中心围坐就餐，由服务员按菜谱上菜。中式、西式宴会都可以采用这种形式。宴会桌可以摆放成多种形状，如圆桌、方桌、长方桌等。

（2）分餐式宴会。这是指由厨师在厨房将制作的菜点成品按每客一份分配，由服务员送给每位就餐者进食，或者由餐厅服务人员在分餐台将菜点成品分配给每位就餐者进食。西式宴会一般采用分餐式。

（3）自助式宴会。自助式宴会即冷餐会，通常在出席人数较多时举行。既可以在室内举行，也可以在室外举行。一般不排座位，客人站立而食，活动自由，取食随意，便于与会者之间交流，也可设小桌、椅子，自由入座。食物以冷餐为主，也可冷、热兼备，食物与酒水连同餐具陈设在桌上让客人自取，也可由招待员端送。这种宴会形式因其灵活方便而常为政府部门、企业界举办人数较多的欢迎会、庆祝会、开业或周年庆典、新闻发布会所采用。

（4）半自助式宴会。半自助式宴会介于合餐式和自助式之间，一般设座位，由服务员按菜单上部分菜肴，而大部分食物则放在边上的餐桌上，让客人自由取食。

3. 按食物特点，可分为：

（1）中餐宴会。中餐宴会是我国传统的聚餐形式。宴会遵循中国的饮食习惯，以饮中国酒、吃中国菜肴、用中国餐具、行中国传统礼仪为主。

(2)西餐宴会。西餐宴会是按西方传统举办的一种宴会。西餐宴会根据西方的饮食习惯安排,吃西式菜点,喝外国酒水,根据菜点不同使用多套的餐具,讲究菜点与酒水的搭配。

(3)酒会。酒会又称鸡尾酒会,形式较活泼,以酒水为主,略备小吃,不设座椅,客人可随意走动,便于广泛接触、交谈。酒会的时间较灵活,可长可短。一般在请柬上注明整个活动延续的时间,客人可在其间任何时候到达或退席。近年来,国际上举办大型活动往往采用酒会的形式。国内的各种交往活动以及各种开幕、开张、签字仪式和其他庆典活动,也较多地采用酒会的形式。

(4)茶会。茶会,顾名思义是请客人品茶,是一种简便的招待形式。茶会对茶叶和茶具的选择很讲究,有时也可用咖啡代替。在我国,茶会往往配饮料、水果和风味小吃,叫作茶话会。茶话会气氛较轻松活跃,既是一种宴请形式,也是一种会议形式,期间也可安排一些短小的文艺节目助兴,场地大小不限,时间长短不拘,气氛轻松活泼。目前一些学术性、论坛性会议在会议休息时常常利用茶会的形式招待与会者,称之为"咖啡时间",既简朴又典雅,很受欢迎。

4.按宴会的内容,可分为:

(1)单纯性宴会。单纯性宴会仅以酒菜食品款待和相互致辞为内容。

(2)联欢性宴会。联欢性宴会不仅有酒菜食品款待和致辞,还安排文艺表演和即兴活动。这类宴会形式目前在我国基层单位采用非常普遍。

二、宴会的准备

(一)确定宴会的目的和主题

宴会作为一种广义的会议活动,举办前首先应当明确宴请的目的和主题,做到"师出有名"。宴会的目的或是迎送客人,或是欢庆节日,或是祝贺喜事,或是礼尚往来。"师出有名",客人才会乘兴而来,高兴而归。

(二)确定宴请的名义

宴请的名义是指由谁出面举办宴会并发出邀请。确定宴请的名义要考虑以下两个方面的因素:

一是出面宴请名义的规格,即由哪一级别的组织或领导人出面宴请,这要根据宴请的目的和对象以及对方接待我方时的规格来决定。如为了庆祝国家的节日、盛事或宴请外国的国家领导人,应当以国家元首或政府首脑的名义举行国宴。宴请名义的规格与宴请对象的身份要大体相当,或高于宴请对象,不能低于宴请对象。宴会出面人身份低,会使客人感到被冷落,身份过高则无必要。如宴请对象的身份高于接待单位的领导人身份,应当安排该单位身份最高的领导人出面宴请。如该单位身份最高的领导人因故不能出面宴请,应当由副职领导人代表最高领导人出面宴请。如果客人携配偶一起来访,出于礼节,可邀请客人夫妇共同出席宴会。主人已婚的,可以以主人夫妇的名义出面邀请客人夫妇。比如,2008 年 8 月 8 日中午,我国以中国国家主席胡锦涛和夫人刘永清的名义在人民大会堂举行欢迎宴会,欢迎前来出席第 29 届北京奥运会的各国国家元首、政府首脑、王室成员以及国际贵宾和配偶,这一名义和规格就是根据宴请对象的身份以及大多数对象是夫妇共同来访决定的。

二是出面宴请的名义形式。一般有两种名义形式:一种是以组织的名义举行宴会并出面邀请。比如,我国常以外交部的名义举行招待会,宴请驻华的各国使节和外国在华工作的专家。有些重要的会议、展览活动,常以组委会的名义出面举行宴会,欢迎并感谢海内外客人。共同举办的宴会,由主办方联名邀请。以组织的名义举办宴会,发出的请柬要署组织的名称并盖章。另一种是以领导人的名义举行宴会并出面邀请。以领导人的名义举行宴会较具有亲切感和感召力。涉外宴会或国内宴会,都可以以领导人的名义举行。比如,我国许多基层单位在新年到来之际,都会以领导人的名义举行宴会(年会),招待、慰问、感谢全体员工,以增强组织内部的凝聚力。以领导人名义出面举办宴会,发出的请柬应当由领导人亲自签名。

(三)确定宴请的对象

确定宴请的对象要明确两点:一是宴请的主宾,二是宴请的范围。主宾是宴会的主要客人,宴会实际上就是为他们而举行的。宴请的主宾要根据宴会的目的来确定,比如,外国客人来访,中方为其举行欢迎宴会,或者客人临别前举行答谢宴会,邀请主方的领导和代表赴宴,这些都是为了体现涉外礼仪的基本要求。在商务领域,为感谢合作单位的支持并加强友好联系,可专门举行宴会,邀请合作单位的领导或代表参加。

宴请范围是指主宾之外宴请的人员,如主宾的随行人员或代表团成员以及与宴请目的有关的组织或个人都可以列入邀请范围。如果说宴请的主宾类似于会议正式代表的话,那么列入宴请范围的人士则相当于列席代表。宴请有关的组织或个人原则上应邀请与主宾关系密切的组织或个人,同时还要考虑关系的平衡。有时邀请对象比较敏感,邀请这位,没有邀请那位,会引起猜测和不必要的误会。特别是举行多边宴会,对政治上相互敌对的国家是否同时邀请要仔细斟酌,权衡利弊,对列入邀请范围的名单要慎重考虑,注意平衡。

(四)确定宴会的主持人和致辞人

1. 确定宴会的主持人。由于宴会与一般的宴请不同,都要安排致辞,故需要有主持人。宴会的主持人由主方安排有一定身份的人士担任。

2. 确定宴会的致辞人。宴会上的致辞有以下几种安排方式:

(1)仅安排主方的领导人致辞。致辞人可以是宴会的出面人(即主人),也可以安排其他领导人，但身份不能低于主持人。宴请多个国家或其他组织的客人时，大多采取这种安排方式。如大型会展活动中举行欢迎或答谢宴会，可安排主办方的领导人致辞，对客人表示欢迎或欢送，对会议和客人访问的成功表示祝贺，对有关方面的支持表示感谢。

（2）主人和主宾都安排致辞。双边的宴会都采取这种安排方式，如在欢迎会上，主人致欢迎词，主宾致答谢词。双方致辞人的身份要一致。如致辞的内容涉及重大原则或敏感问题，讲话稿要事先交换，一般由主方先主动提供给客方。

（3）各方代表均安排致辞。如为庆祝喜事盛事举行宴会，除安排主办方致辞外，还可安排其他方面的代表致辞。这些致辞代表可以是合作单位、兄弟单位的领导，也可以是具有突出贡献的人士或群众代表。如邀请上级领导赴宴，也可请其致辞，但必须事先提出请求，让其做好准备，不要搞“突然袭击”。

（五）确定主方陪同人士和工作人员

1. 确定主方陪同人士。除了出面宴请的领导人外，一般情况下主方还应当有若干人员陪同。确定宴会的陪同人员要注意以下几点：

（1）身份合适。如果是举行多桌宴会，主桌由出面宴请的领导人（主人）坐镇，其他各桌都要确定一名主方的陪同人员。陪同人员要与该桌客人的身份大体相当，一般称为第二主人、第三主人。如上面提到的国家主席胡锦涛在人民大会堂为前来出席第29届北京奥运会的各国国家元首、政府首脑、王室成员以及国际贵宾举行欢迎宴会，中央政治局9位常委全部出席。宴会共设9桌宴席，胡锦涛主席坐主桌，其他8桌分别由其他8位常委陪同各国领导人和贵宾就座，体现了宴会的高规格。如果是单桌宴请，一般也要尽可能保持主客双方人员身份的对应性，如客方正副董事长均出席宴会，主方由董事长出面宴请，主方副董事长也应出席陪同。

（2）有助于沟通。举行宴会的目的常常是利用这种轻松形式进行沟通，因此确定陪同人员要从有助于双方的沟通角度考虑，尽量安排与沟通目的、议题有关的人员出席。

2. 确定主方工作人员。主方工作人员主要是秘书和翻译人员。秘书的任务是做好记录和安排、协调宴会期间的会务工作和礼仪工作。翻译人员的任务是做好宴会期间致辞的翻译以及领导人个别交谈的翻译。挑选秘书和翻译人员的要求可参见本章第二节“会谈”的相关内容。

（六）确定宴会的规格和形式

1. 确定宴会的规格。宴请对象的身份是决定宴会规格的主要因素。对象身份高，宴会规格也要相应提高。但宴会规格的高低是相对的，不是任何情况下都一定要高规格，关键是规格要适当，要符合举行宴会的目的。比如，欢迎外国元首或政府首脑来访,根据国际礼仪,一般以东道国国家元首或政府首脑的名义举行国宴。但有时为了体现宾主双方之间的亲密友好,也可以设便宴招待。表面上看,便宴的规格不高,但由于双方的身份相等,实际规格并未降低,而且便宴的效果非常好。

2. 确定宴会的形式。宴会的形式应根据宴会的规格、规模、经费、时间安排以及宴会的效果综合考虑。当会议规模较大,客人较多时,可举行冷餐会或酒会;如果时间较紧,可举行茶会或工作性会餐。

(七)确定宴会的时间

确定宴会的时间应考虑以下几点:

1. 时间安排要适当。如欢迎宴会一般应当安排在客人到达的当天,最晚不超过第二天。

2. 照顾客人的习俗。如宴请基督教信徒的时间不要安排在 13 日,更不要选择既是 13 日又是星期五的日子;伊斯兰教信徒在斋月期间白天禁食,不宜安排宴请活动。

(八)确定宴会的地点

确定宴会的地点要考虑以下几点:

1. 规格适当。设宴的饭店要具备同宴会的规格和要求相适应的品牌形象和服务水准。

2. 交通便利。宴会地点的安排要考虑交通便利,尽可能使宴请对象节省时间,方便抵达。为来访客人举行欢迎宴会,地点设在客人下榻的饭店最为理想。

3. 符合形式要求。不同形式的宴会,对场地的要求是不同的。比如,正式宴会一定要在正式的宴会厅举行,设讲台和乐队,以体现庄重和大气;公司年会性质的宴会,要布置舞台供文艺表演;冷餐会、酒会的人数较多,场地要宽敞,便于走动交流,有的还要求在室外举行。举办宴会前应根据宴会的规模和形式对场地做一番考察,确认符合要求后再签订协议。

4. 注重文化认同和差异。宴会地点的选择有时涉及文化的认同与差异。比如,宴请海外华人华侨,选择具有中国传统文化氛围的饭店举办宴会,就能激发宴请对象的文化认同感;而涉外宴会的宴请对象往往来自不同国家,具有不同宗教信仰和文化背景,可能会对宴会地点比较敏感,因此要事先了解情况,注意协调,避免误解,尽量使各方满意。

(九)发出邀请

客人来访或举办会议活动而安排宴会,一般都在接待日程或会议日程中注明宴会的具体安排,只需提前以口头或电话方式提醒邀请对象。单独举行的宴会一般应在两三周前发出邀请,至少也应提前一周,太晚了不礼貌。已经口头约好的,最好也要补送请柬。发出邀请一定要用“请柬”,不能用“邀请函”。请柬的内容包括宴请的目的、形式、时间、地点、主人的姓名或主办单位名称。为了确切掌握出席情况以便安排座位,可要求被邀者收到请柬后给予答复,可在请柬左下角注明“请答复(R. S. V. P.)”。如果仅要求对方在不出席时给予答复,可写明“不能出席者请答复(Regrets only)”,并注明联系电话。也可在请柬发出后打电话询问对方是否出席。较为隆重、正式的宴会,应先排好座位,并在请柬左下角注明桌次号(Table No. ××)。大型宴会还要注明与会者的座区和桌次。请柬的格式和写作要求请参见第四章第一节“会议通知和邀请”。

(十)设计菜肴

宴会的酒菜应根据宴会的主题、规格、预算、宴会形式以及礼宾改革的要求来安排,一般要注意以下几点:

1. 突出宴会的主题。宴会菜肴的种类、造型、名称以及服务方式等构成了宴会菜肴的形式。宴会的主题不同,其菜肴形式也不同。进行宴会菜肴设计时,要以宴会主题为依据,设计出适宜的菜肴形式。如欢迎宴会、告别宴会、庆祝宴会,三者主题不同,菜肴的种类、造型、名称也应各具特色,以增添宴会的气氛。

2. 尊重客人的习惯。订菜前要了解客人(尤其是主宾)的饮食习惯。宴会上献上一款客人喜爱的菜肴,会使客人感到亲切、温暖。要尊重客人的饮食禁忌,如伊斯兰教徒忌食猪肉制品,印度教徒忌食牛肉制品,佛教徒忌食荤,西方人忌食青蛙、鸽子、蛇、猫、狗等动物。举行大型宴会要注意不选多数人不喜欢的菜肴。

3. 体现地方特色。举办宴会在某种意义上也是对饮食文化的一种宣传。以地方菜系为主,是宣传饮食文化的最好方法。在我国的饮食文化中,粤菜、苏菜、京菜、川菜这四大菜系闻名遐迩,享誉海外,各地也有自己的特色菜。在尊重客人忌好、照顾客人饮食习惯的前提下,尽可能安排具有地方风味的菜系,能使宴会活动办得更有特色。

4. 道数与分量适当。确定道数与分量要坚持适中原则,过多造成浪费,会给客人留下不良印象,过少则不够礼貌。

菜肴设计确定后应当打印成菜单放在每一桌席上,也可人手一份,以示郑重,以便于让客人了解上菜的顺序。

(十一)布置现场

1. 主席台。一般情况下宴会并不需要设置主席台,但如果举行大型宴会或者具有文艺联欢性质的宴会,设置主席台就很有必要。主席台上设讲台和话筒,也可悬挂会标。会标要揭示主题,如“××市 2011 年春节团拜会”。主席台上下可摆放鲜花,点缀气氛。

2. 国旗。举行国宴,要悬挂东道国和有关国家的国旗等。国旗悬挂的要求参见

第五章第三节“会场环境布置”。

3. 扩音设备。大型宴会现场应安装话筒扩音设备，以便宾主双方讲话、致辞。

4. 宴会桌型。中餐宴会的桌型主要为圆桌；西餐宴会的桌型有方形、长方形、马蹄形、回字形或T字形等。

5. 摆台。餐具、酒具要美观大方、考究别致、配套齐全，这样能衬托宴会气氛。宴会前应根据宴会人数和酒菜的道数准备好足够的餐具和酒具，并且洗净、消毒、擦亮，摆放要规范。涉外中餐宴会除筷子外，还应摆上刀叉，以方便外宾用餐。桌布要浆洗熨平，餐巾折花要挺括、形象逼真。台面布局要合理，花草要清洁卫生，无异味。转台要灵活。

6. 桌次。两桌和两桌以上的宴会，一般应当安排桌次。主人和主宾就座的称为主桌，其他均称为次桌。安排桌次首先要确定主桌，然后确定次桌的顺序。

(1)安排主桌要掌握以下原则：

①远门。如果宴会桌总体格局面朝正门，主桌要安排在距离正门最远的一桌。

②近台。如果宴会厅设有舞台（供讲话和表演），主桌应靠近舞台或讲台，即便舞台设在正门的侧面也应如此。

③居中。以面朝宴会厅正门的方向或以主人的朝向为准，数桌（单数）横向并排时，或者数桌围成众星拱月形时，中间的一桌为主桌。

④靠右。以面朝宴会厅正门的方向或以主人的朝向为准，并排两桌时，主桌靠右，次桌靠左。

(2)安排桌次的位置要掌握以下原则：

①近上远下。根据与主桌的距离远近确定桌次，靠主桌越近，桌次越高；反之，桌次越低。

②右上左下。以面朝宴会厅正门的方向或以主人的朝向为准，若干次桌与主桌并排或者与主桌距离相同时，主桌右侧的桌次高，左侧的桌次低。

每个次桌都应当安排主方有一定身份的人士陪同，其座位一般应当与主桌主人的位置同向，也可以面向主桌，特殊情况下也可与主桌侧向。宴会的桌次安排如图9－14～图9－20所示。

图9－14

（注：以朝正门为准，主桌居右，次桌居左，主人与各桌主方陪同人士同向就座；
●为主人和各桌主方陪同人士的位置，下同）

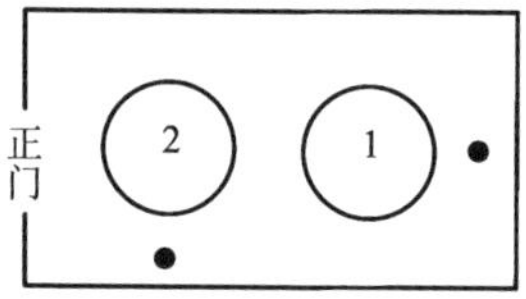

图 9－15

（注:里侧为主桌,次桌主方陪同人士侧向主桌和主人）

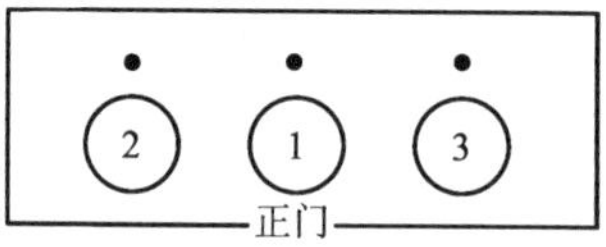

图 9－16

（注:3 桌并排,主桌居中,2 号桌居右,3 号桌居左,主人与各桌主方陪同人士同向就座）

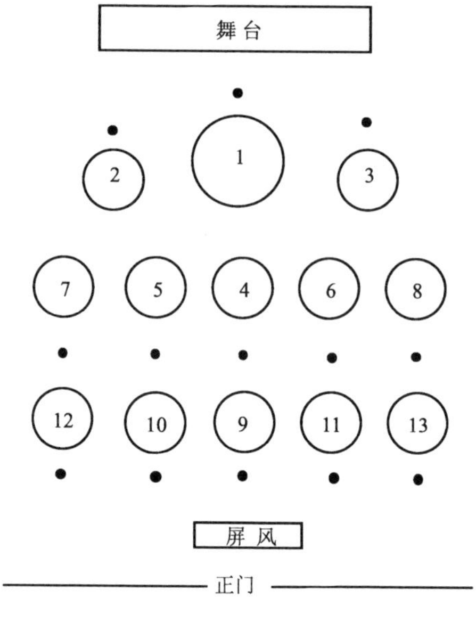

图 9－17

（注:主桌靠近舞台,面向正门;次桌的桌次高低按与主桌的距离而定,距离相同时,以右高左低排序,2～3 号桌的主方陪同人士与主人同向就座,4～13 号桌的主方陪同人士面向主人就座;设屏风以免 9 号桌的主方陪同人士背朝门）

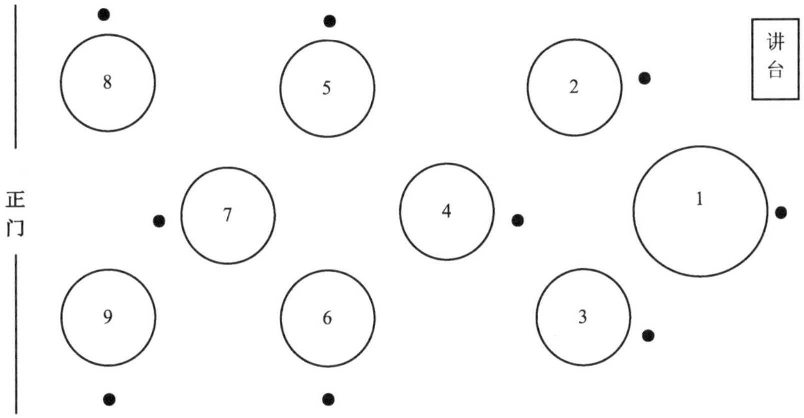

图9-18

（注：面门最里侧为主桌，靠主桌越近，桌次越高，反之，桌次越低；次桌的主方陪同人士或面向或侧向主人就座）

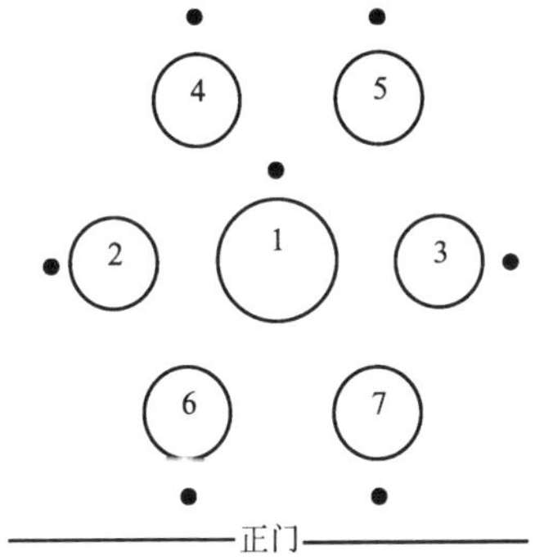

图9-19

（注：众星拱月形，主桌设在中间）

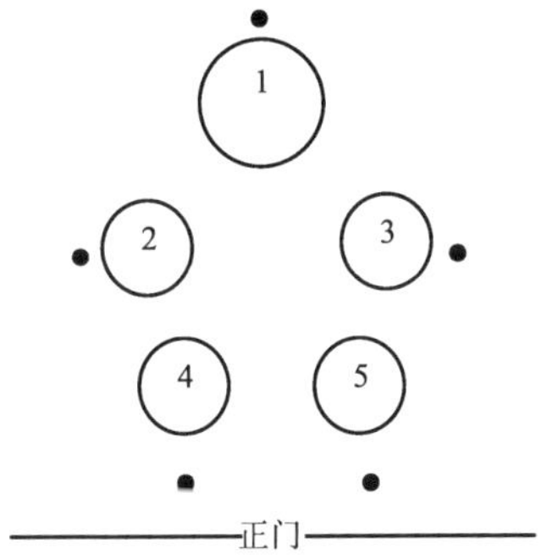

图9-20

（注：五角形，主桌设在面门最里侧）

7. 席位。宴会席位即同桌宴席的位次高低。一般情况下，主人面朝正门和所有来宾居中而坐。其他席位的高低以离主人的座位远近而定。距离相等时，涉外宴请右高左低，国内宴请左高右低。在排席位之前，要先落实主、客以及有关方面出席的名单，涉外宴会席位的高低按照国际礼宾次序确定顺序（参见第四章第九节“会议接待人员的礼仪素养”），国内宴会的席位高低主要按职务高低排列顺序，同时也要综合考虑客人的资历、年龄、相互关系、宴会形式等因素。

（1）举行多边宴请活动，需要注意客人之间的政治关系，政见分歧大、两国关系紧张的客人，尽量避免安排坐在一起；身份大体相同、使用同一语言或属同一专业者，可以安排在一起。主方陪同人士尽可能插在客人之间就座，以便于同客人接触交谈，避免自己人坐在一起。

(2)举行双边宴请活动,主人面朝正门和所有来宾居中而坐,也可以是主人和主宾共同居中,主人居左,主宾居右;主宾的身份如高于主人,为表示对他的尊重,可以请主宾坐在主人的位置上,而主人则坐在主宾的位置上,第二主人坐在主宾的左侧或坐在主人的对面;主方出席人员中如有身份高于主人者,可安排其坐在主位,主人则坐在其左侧,主宾坐在其右侧;如主人夫人和主宾的夫人均出席,通常把女方安排在一起,即主宾坐在主人的右方,主宾夫人坐在主人夫人的右方,或者将女方安排在对面就座,提供两个谈话中心。主宾偕夫人出席,而主人未婚或主人夫人因故不能出席的,通常可请其他身份相当的女士作第二主人陪伴主宾夫人;如无适当身份的女士出席,也可把主宾夫妇安排在主人的左右两侧。

(3)上菜、撤菜处应尽可能安排主方陪同人士就座,以示礼貌。宴会采用长方桌形时,两端四个角落应当由主方陪同人士把边,或者将主人和主人夫人(或第二主人)安排坐在长方桌的两端,主宾和主宾夫人(或第二客人)分别坐在主人和主人夫人的右侧,这样既提供两个谈话中心,又避免客人坐在角落。

(4)译员一般安排在客人的右侧,以便于翻译。也可以不安排译员席位,让其坐在主人和客人后面的中间,宴会结束后另行安排用餐。

宴会的席位安排如图 9-21~图 9-27 所示。

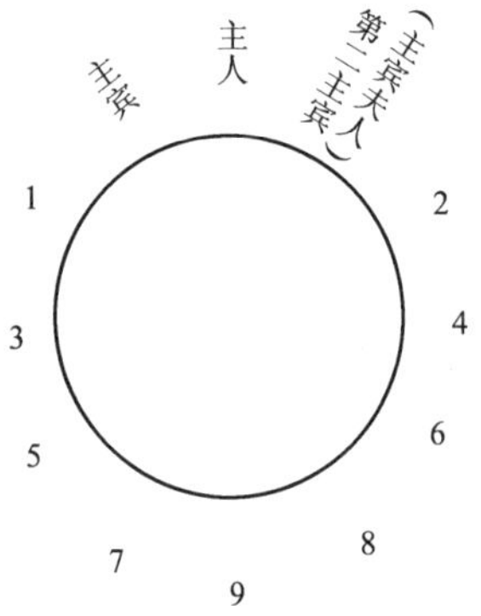

图 9-21

(注:主人居中,主宾居右,第二主宾或主宾夫人居左;
1~9 表示按身份高低宾主双方交叉就座,但上菜处由主方陪同人士就座)

8. 指示标牌。宴会现场的指示标牌主要有以下几种设置方法:

(1)单桌的宴会,按事先确定的席位在桌上放置席卡,两面书写姓名。举行涉外宴请时,席卡应以中、外文书写。我国的惯例是,中文写在上面,外文写在下面。如相互熟识且不安排席位,也可不放席卡。

(2)多桌的宴会,除放置席卡外,每桌还要放置标明桌次的桌签,又称桌次牌。桌签用阿拉伯数字标注桌次。参加对象按组别就座的,还需标注组别名称。

(3)规模较大的宴会,主办单位可事先印制座席分布图或桌次排列示意图挂在

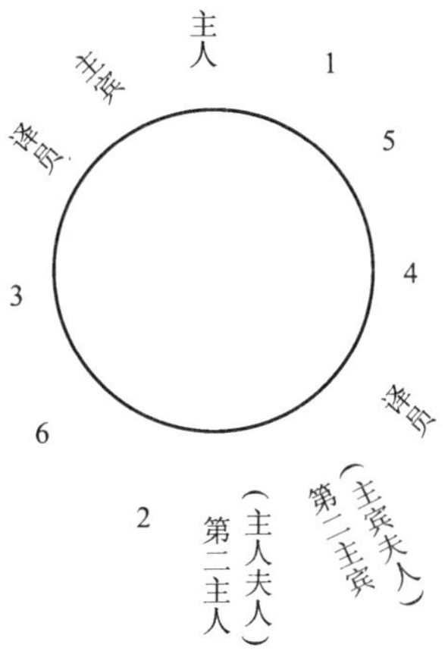

图 9－22

（注：主人和第二主人或主人夫人面对面就座，主宾和第二主宾或主宾夫人分别就座于主人和第二主人或主人夫人的右侧，形成两个谈话中心；译员坐在客人右侧；1～6 表示按身份高低宾主双方交叉就座）

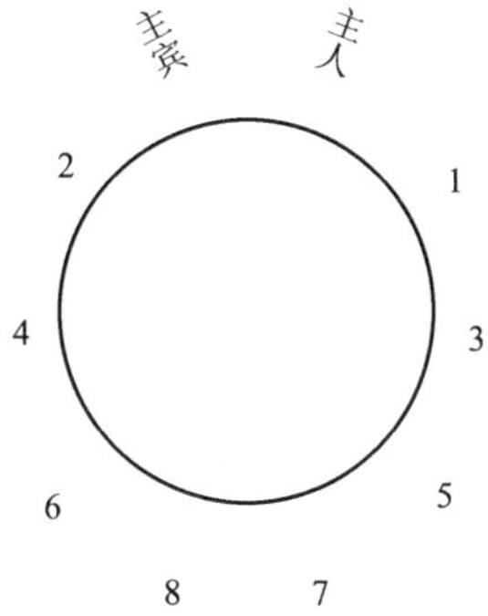

图 9－23

（注：宾主共同居中，主人居左，主宾居右；1～6 表示按身份高低宾主双方交叉就座；7 和 8 为上菜处，由主方陪同人士就座）

宴会厅门口或休息室内，或入场时发给每位客人，并在宴会厅内设座区指示牌，以方便客人找到座区，对号入座。

9. 乐队伴奏或背景音乐。规格较高的宴会可安排乐队演奏席间乐，国宴必须安排乐队演奏国歌，一般的宴会可播放背景音乐。音乐要突出宴会的主题，起助兴和渲染气氛的作用，以轻音乐、钢琴曲和具有民族特色的音乐为主，也可选奏主宾喜爱的乐曲。乐队同座席之间要有一定距离，背景音乐要控制好音量，避免音量过大而影响宾主之间的交谈。

10. 休息室。重要的涉外宴会，最好设有休息室，紧靠宴会厅，通常安置茶几、沙发，备茶点、水果，便于主人和主宾休息、交谈。休息室应有一定身份的人员接待客人。

11. 布置安全保卫工作。重要的宴会应当事先布置好安全保卫工作。

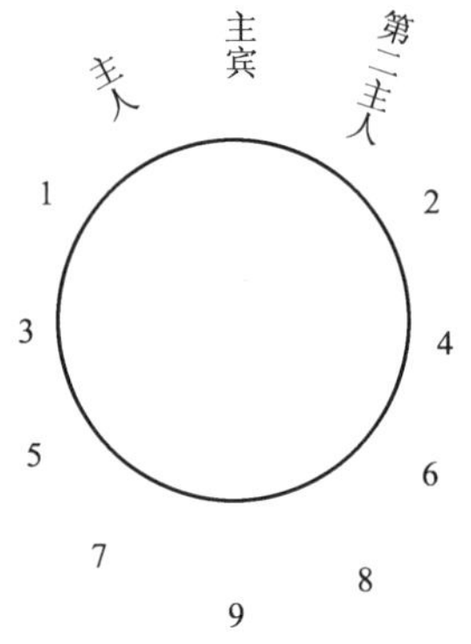

图 9－24

（注:主宾的身份高于主人,居中,主人和第二主人分坐两侧;1～9 表示按客人的身份高低排列次序就座）

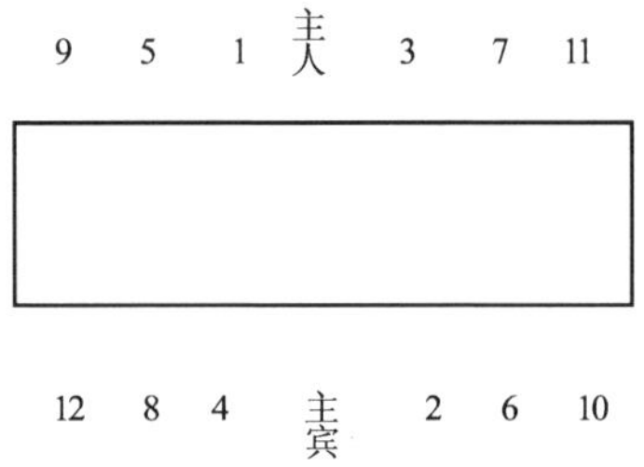

图 9－25

（注:长方形宴会桌,主人和主宾面对面就座;四个角落应当由主方陪同人士把边）

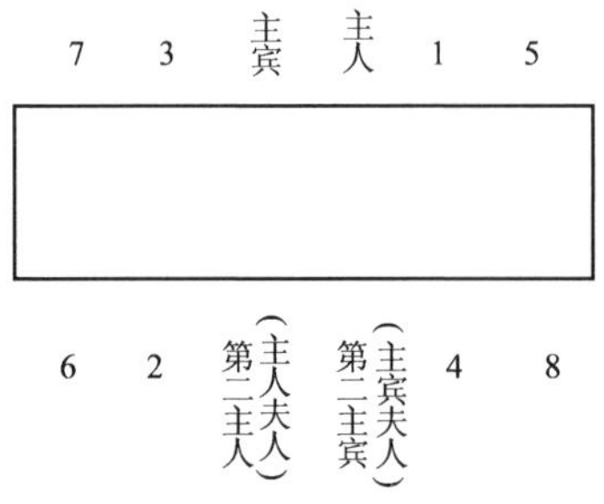

图 9－26

（注:长方形宴会桌,主人和主宾、第二主人或主人夫人和第二主宾或主宾夫人分坐两边,居中,有两个谈话中心;四个角落应当由主方陪同人士把边）

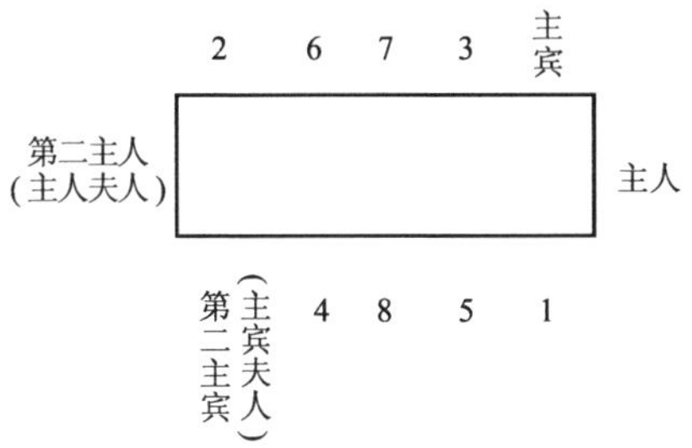

图 9－27

(注:长方形宴会桌,主人和第二主人或主人夫人分别就座于两端,主宾和第二主宾或主宾夫人分别就座于主人和第二主人或主人夫人的右侧,这种排法可避免客人坐在末端,同时提供两个谈话中心)

(十二)安排新闻报道

重要的宴会应当事先联系新闻媒体做好报道的准备。

三、宴会的流程和礼仪

(一)宴会的流程

宴会的程序因宴会的性质和形式而异,下面是一般宴会的流程:

1. 迎宾、签名。宴会开始前,主人在宴会厅迎接客人。如设有休息室,则在门口迎接客人。客人抵达时主人应主动与其握手表示欢迎,如第一次见面,可由工作人员介绍。然后主人与客人一起步入休息室休息,宾主寒暄,冬天脱去大衣,稍作整饬。如举行大型宴会,主人只需迎候主要客人,其他客人由第二主人或工作人员迎候并引导入座。

重要宴会,客人抵达时可安排签名。签名册的设计与制作要精美,便于收藏保存、陈列纪念。

2. 入场。如举行一般宴会,客人到齐后,由主人陪同从休息室进入宴会厅,按席卡就座。如举行重要宴会,普通客人应提前进入宴会厅。主宾及主要随行人员到达后,由主人陪同按礼宾次序先后进入宴会厅,主人和主宾应并排走在前面,主左客右,其他人按身份高低的次序随后进入。这时全场起立,鼓掌表示欢迎,乐队奏欢迎曲。主人与主宾入座后,其他人方能坐下。

3. 介绍双方来宾。主持人先做简短开场白,说明举行宴会的目的,然后按身份高低介绍出席宴会的领导或者按先主后宾的顺序介绍宾主双方的主要来宾。每介绍一位,全场应鼓掌表示礼貌和欢迎。如为小型宴会,大家相互熟识,可免去介绍程序。

4. 宣布宴会开始。有些招待性或联欢性的宴会,主持人也可宣布:“××××××宴会(或年会、酒会、冷餐会、联欢会)开始。”

5. 致辞。我国举行的宴会,致辞一般都放在宴会开始的时候,先致辞,后用餐。外国人举行宴会,致辞一般是在上热菜之后,上甜食之前。冷餐会和酒会的讲话时间则比较灵活。致辞前,主持人应介绍致辞人的身份。欢迎宴会或欢送宴会宾主双方都要致辞,顺序为先主后宾。这里所讲的主人是举行宴会的主人,而不是东道主。如中国总理举行欢迎宴会,中国总理是主人,外国总理为客人;而外国总理在中国举行答谢宴会,则外国总理为主人,中国总理为客人。

6. 祝酒。宴会中宾主双方相互祝酒(又称敬酒),表达美好的祝愿,可使宴会的气氛达到高潮。宴会祝酒有以下方式:

(1)致辞祝酒。致辞人致祝酒词,最后提议共同干杯。

(2)即兴祝酒。在气氛轻松的宴会中,经主持人同意,参加对象可即兴致辞,然后提议共同干杯。

(3)相互祝酒。这是指主人与客人、客人与客人之间相互敬酒,相互祝愿。

7. 散宴和送别。小型宴会,吃完水果,宴会自然结束。主宾起身告辞,主人送至门口或车前,挥手告别。大型宴会,主持人在发表一番热情洋溢的祝词之后,宣布宴会结束。先请主人和主宾离席,然后其他客人相互告别。离席时,乐队奏欢送曲。

(二)宴会礼仪

1. 邀请。邀请别人参加宴会,一定要用“请柬”(又称请帖)这一文种,不能用“邀请函”,更不能用“通知”。请柬要用信封装好但不一定要封口。邀请对象的姓名写在信封上。购买现成的请柬,要用毛笔或钢笔填写,不要使用圆珠笔。书写时字迹要清秀,写错的只能作废,不能涂改后发出。如果自己打印请柬,最好用红色的纸,纸张要厚实。打印请柬可将邀请对象的姓名顶格写在开头,不要写在结尾处。有些人将对方姓名写在结尾处,如“此致××××先生”,这是不礼貌的。请柬的语言要儒雅、恭敬、恳切、简练,不能使用“务必”、“准时”等用于“通知”的语言。

请柬要至少提前一个星期发出,以便邀请对象安排时间和日程。发请柬时要仔细核对名单,避免漏发和重发。一旦发现漏发要及时补救,必要时还应作一定的解释,以免产生不愉快。请柬发出后,还可用电话落实,询问是否参加宴会。

2. 回复。接到主人的宴会邀请后,要尽快答复是否出席。请柬上注有 R. S. V. P.(法文缩写:请答复),无论出席与否均应迅速答复。如注有“Regrets only”,则在不能出席时才答复。经口头约妥再另发的请柬,上面一般注有“To remind”(备忘)字样,可不必答复。答复的方式为电话和便函两种。接受邀请后不可随意变更,本人如因故不能出席,可派身份适当的代表出席,但事先要同主办方协商并征得同意。

3. 着装。出席宴会,着装应当非常讲究,这既是自身风度的体现,也是对他人尤其是对主人的尊重。国宴和正式宴会男子要求着西装,戴领带,女士着装要大方。便宴或冷餐会,可着便装,但一定要整洁。

4. 赴宴。出席宴会应当准时或提前五六分钟到达。抵达后要先向主人主动问候致意，再向其他客人问好。入席前应先了解自己的桌次、席位，或听从主人的安排。入席后，等主人招呼或主持人宣布宴会开始，方能用餐。

进餐时举止要文雅，吃东西要闭嘴咀嚼，不要发出声音。嘴内有食物时，切勿说话。剔牙时，用手或餐巾遮口。主人夹菜时，不能拒绝，并应表示感谢。如吃西餐，一次取食不宜过多。如参加冷餐会或酒会，招待员上菜时，不要争先恐后；周围人未拿到第一份时，自己不要急于去取第二份。

宴会中一般都有相互祝酒。祝酒时，主人与主宾先碰杯，然后主人和主宾向大家祝酒，这时全体人员也应站立举杯回敬，并与同桌相互碰杯。离得较远时，可举杯用眼睛示意，不要交叉碰杯。

在主人与主宾致辞、祝酒时，应暂停进餐，停止交谈。主人或主宾以及其他人前来祝酒时，应起立举杯。相互祝酒时，不必将酒喝干，象征性地喝一小口即可。不喝酒的人可以用苏打水或矿泉水代替。碰杯时要目视对方，点头致意或道谢。

进餐时应与左右客人交谈，但应避免高声谈笑，也不要只同熟人交谈。别人讲话时不可随意插话。

宴会中发生不慎打翻酒水、碰落餐具等意外情况，应沉着，不必着急。餐具掉落可请招待员另送一副。酒水溅到邻座身上，应表示歉意，协助擦干。如对方是女士，则应送上干净的餐巾或手帕，由其自己擦干。

宴会中不要勉强劝人喝酒、吃菜。

5. 告退。告退不宜过早或过迟。确实有事需提前退席，应向主人说明并向同桌轻声道别后悄悄离去，也可以事前打招呼，届时离席。散宴后，应先让主宾向主人告辞。告退时应向主人致谢，对宴会的组织及菜肴的丰盛精美表示称赞。

四、欢迎词、欢送词、答谢词和祝酒词

（一）欢迎词、欢送词、答谢词和祝酒词的含义

欢迎词是欢迎宴会或仪式上，主人向宾客表达热烈欢迎之意的致辞。

欢送词是告别宴会或仪式上，主人向宾客表示欢送之意的致辞。

答谢词一是指欢迎宴会或仪式上，在主人致欢迎词或欢送词后，客人所发表的对主人的热情接待和关照表示谢意的致辞，二是指客人在举行答谢宴会时所发表的感谢主人的盛情款待的讲话。

祝酒词是在欢迎、欢送以及庆祝、招待宴会上，宾主相互祝酒时发表的祝词。在欢迎或欢送宴会上所致的欢迎词和欢送词加上祝酒的内容，也可称为祝酒词。

（二）欢迎词、欢送词、答谢词和祝酒词的格式和写法

1. 标题。标题一般由活动名称和文种组成，如“第五届中国专利高新技术产品

博览会开幕宴会欢迎词”。如果仪式名称中已经有“欢迎”或“欢送”的字样,可将“欢迎词”和“欢送词”改为“致辞”,以避免文字重复,如“在××论坛欢送宴会上的致辞”。有时也可仅写文种,如“答谢词”、“祝酒词”。

2. 日期。标题之下居中标明致辞的具体日期,可用括号括入。

3. 致辞人身份和姓名。日期之下居中标明致辞人的身份和姓名。

4. 称呼。这四种致辞的对象性很强,因此,称呼也要有明确的对象性。具体写法有两种:一种是先特称欢迎、欢送、答谢的对象,然后泛称在座的其他人士。使用这种称呼的,正文中提到欢迎、欢送、答谢对象时,也要用特称,做到前后呼应。比如:

尊敬的美国阶梯公司董事长怀特先生,
尊敬的各位来宾,女士们、先生们:

今天我们怀着依依不舍的心情,举行简朴而又隆重的欢迎宴会,热烈欢迎来自大洋彼岸的美国阶梯公司董事长一行……

另一种写法是仅称呼欢迎或欢送对象。如果使用这种称呼,下面正文中的称呼就一定要用“您”、“你们”、“贵公司”等,请看下例:

尊敬的杰克逊先生:

再过半个小时,您和您的代表团成员就要登程回国了。我代表××公司全体员工,向您及您率领的代表团全体成员表示最热烈的欢送……

5. 正文。

(1)欢迎词的开头先用简洁的语言表白对来宾的来访、光临表示热烈欢迎和感谢之意,给客人一种宾至如归、温暖亲切的感受。主体部分可因人因事灵活多样,或交代客人来访或举办活动的背景、目的、意义;或回顾历史上双方友好交往、愉快合作所取得的成果,赞美友情,阐明共同面临的挑战和任务,期待进一步发展友谊、加强互信与合作;等等。结尾部分用简短的语言向来宾表示良好的祝愿,并预祝客人的访问活动或举办的公关活动取得圆满成功。

(2)欢送词的开头表达热情欢送和惜别之情。主体部分要高度评价客人来访或公关活动的成果和客方所做的贡献,并表示由衷的祝贺和感谢;也可回顾客人来访期间双方开展的友好交往,结下的深厚友谊,以表达依依不舍的情意。结尾部分表示祝福和希望再次相会的祝愿。

(3)答谢词的开头应先向主人致以感谢之意。主体部分先用具体的事例,对主人所做的一切安排给予高度评价,对主人的盛情款待表示衷心的感谢,对访问取得的收获给予充分肯定。然后谈自己的感想和心情,颂扬主人的成绩和贡献,阐发访问成功的意义,讲述对主人的美好印象等。结尾再次表示感谢,并对双方关系的进一步发展表示诚挚的祝愿。

(4)祝酒词既可以表示欢迎或欢送,也可以表示相互祝贺谈判成功、项目投产、工程竣工等。表示欢送的祝酒词,开头和主体部分的写法与欢迎词和欢送词一致。其他祝酒词的开头一般要先说明祝酒的目的和对象,然后阐明活动举办或项目实施的意义、向对方表示真诚的感谢,并期待进一步的合作。祝酒词结尾应当另起一行,写上“最后我提议”“现在我提议”“请允许我举杯”等,再另起一行写明祝酒的对象和内容,最后再另起一行写“干杯”二字作为结尾。如果祝愿的对象和内容较多,要分别另起一行书写。

【欢迎词例文】

第×届上海国际××展览会欢迎酒会致辞

20××年5月8日

曹××

各位领导、各位来宾:

晚上好!

第×届上海国际××展览会今天上午开幕了。今晚,我们有机会同来自世界各地各界的朋友欢聚,感到很高兴。我谨代表组委会,对各位朋友光临本届展会和今晚的欢迎酒会,表示热烈的欢迎和衷心的感谢!

上海国际××展览会自1998年举办以来,已连续举办×届,在国内外引起了广泛的注意,展会规模越来越大,参展层次也越来越高,已经成为我国知名的会展品牌,在国际上也取得了良好的声誉。我相信,在各位朋友的大力支持下,上海国际××展览会一定会越办越好,在推动××领域的技术进步以及经济贸易的发展方面将发挥更大的作用。

今晚,各国朋友欢聚一堂,我希望中外同行以酒会友,寻求友谊与合作,共同度过一个愉快的夜晚。

现在,请大家共同举杯,

为第×届上海国际××展览会的圆满成功,

为朋友们的健康,

干杯!

【欢送词例文】

在德国××会展公司代表团欢送仪式上的致辞

(20××年10月18日)

上海××会展公司董事长　　王××

尊敬的德国××会展公司董事长玛丽女士,

尊敬的德国××会展公司各位同仁:

今天下午，你们将结束对我公司的访问，启程回国，借此机会，请允许我代表上海××会展公司全体同事向你们表示最热烈的欢送！

近一个星期以来，我们双方本着互惠互利的原则，经过多轮会谈，签订了三项实质性的协议，取得了令人满意的双赢成果。贵公司在会谈中表现出的诚意和合作态度，给我和我的同事留下了极其深刻的印象，对此，我们深表敬佩。我们衷心希望贵我双方继续保持这种良好的合作势头，切实落实各项协议，为促进两国会展业的发展做出贡献。

我们期待着玛丽女士和贵公司同仁明年再度访问我公司。

最后祝各位一路顺风。

【答谢词例文】

答　谢　词

（20××年9月6日）

××公司董事长　×××

尊敬的××集团公司董事长××先生，

尊敬的××集团公司的朋友们：

首先，请允许我代表我公司此次来访的全体成员对××先生及贵公司对我们的盛情接待表示衷心的感谢。

我们一行6人代表×××公司首次来贵市访问，时间虽短，但收获颇大。仅5天时间，我们对贵市的信息产业有了比较全面的了解，与贵公司建立了友好的技术合作关系，并成功地洽谈了5个技术合作项目。这一切，都得益于贵公司的真诚合作和大力支持。对此，我们表示衷心的感谢。

信息产业是新兴的产业，蒸蒸日上，有着广阔的发展前景。贵公司拥有一支由信息技术专家组成的庞大队伍，技术力量相当雄厚，在我国信息行业中一枝独秀。我们有幸与贵公司建立友好的技术合作关系，为提高我公司信息技术开发的能力提供了新的契机，同时也将大大推动我省信息产业迈上一个新台阶。

最后我代表×××公司再次向贵公司表示感谢，祝贵公司迅猛发展，再创奇迹，并希望彼此继续加强合作，互利共赢，为推动两地信息产业的发展而共同努力。

最后，我提议：

为我们之间正式建立友好合作关系，

为今后我们之间的密切合作，

干杯！

思考与练习

1. 试述会见与会谈的含义以及相互之间的区别。

2. 如何确定会见的规格和会见时的陪同人员。

3. 某中国公司的董事长会见前来访问的某美国公司的董事长，请你说说现场布置的要求并画出座位安排的平面图。

4. 如何确定会谈人员？

5. 中、日、韩三方在中国举行磋商，请你说说现场布置的要求并画出座位安排的平面图。

6. 如何确定宴请的名义和对象？

7. 如何确定宴会主持人和致辞人？

8. 宴会桌次应当如何安排？

9. 宴会席位应当如何安排？

10. 试述欢迎词、欢送词、答谢词和祝酒词的含义和写法，并试写一份欢迎词、欢送词、答谢词或祝酒词。

第十章　仪式与典礼

仪式与典礼是常见的社会活动形式。根据《现代汉语词典》的解释，仪式是举行典礼的程序、形式，而典礼则是郑重举行的仪式。通常仪式用得较多，它可以是大型会议、展览、节庆活动的一个组成部分，如开幕式和闭幕式，也可以是某次会议中的一项程序，还可以单独举行，如欢迎仪式、签字仪式、开工仪式、揭牌仪式等。典礼由于比较庄重，一般都是专门举行的，如颁奖典礼、开学典礼、毕业典礼等。由于仪式和典礼通常都安排致辞程序，且致辞并不涉及具体的议题，因而将其列入广义会议的范畴。

第一节　签字仪式

一、签字仪式的含义和作用

（一）签字仪式的含义

签字仪式是缔约各方共同签署会谈最后文件的公开性仪式。

（二）签字仪式的作用

1. 确认会谈正式文件的效力。签字是对特定的正式文件表示确认的行为。会谈中产生的正式文件只有经过会谈各方的签字才能生效。因此，正式会谈结束后一般都要举行签字仪式。从这一点上说，签字仪式是会谈的延续。

2. 体现各方对会谈成果的重视。会谈正式文件的签字并不是都需要举行仪式。一般性质的文件双方代表在会谈后各自分别签字，然后换文即可，或者双方代表在一定场所会齐签字，而不举行仪式。签字仪式是一种高规格的签署文件形式，表明各方合作的诚意，体现各方对会谈项目及其成果的重视。正因为如此，举行签字仪式时各方还往往要派出比签字人员身份更高的领导人出席。

3. 见证和扩大影响。举行签字仪式时，签字各方都要派代表参加，有时还邀请公证人、担保人、协调人等第三方人士以及记者参加，既可以起到见证作用，又可以扩大宣传的效果。

二、签字仪式的准备

（一）文本的准备

举行签字仪式要求在记载会谈各方达成共识和协议条款的文本上签字，因此，所要签字的文本是签字仪式针对的主要对象，必须精心制作、精心准备。一般说来，文本的准备有以下几项工作：

1. 确定内容条款。通过谈判和磋商确定会谈正式文件的各项具体条款及其表述，这是文本准备的前提。会谈过程中，各方都可以提出会谈文件的草案，也都可以对具体条款和表述提出修改意见，最后通过磋商确定各项内容条款及其文字表述。

2. 确定书写的文字。涉外会谈的正式文件需要用有关国家的文字书写，形成不同的文字文本。文字文本一般分成以下几种情况：

（1）涉外双方缔约，如双方使用不同的语言文字，会谈的正式文件应当用双方的文字书写印刷。按照主权平等的原则，用这两种文字书写印刷的文本具有同等效力。必要时还可以使用第三种文字。根据《中华人民共和国缔结条约程序法》的规定，如我国与某外国签订双边条约，双方均不大熟悉对方的语言，除了用双方的语言制作文本外，还可以用双方共同熟悉的第三种语言增加一种文本，并同样作准。如《中国尼泊尔边界条约》就是用中文、尼泊尔文、英文三种文字写成，三种文本具有同等效力。

（2）在国际组织框架内的多边谈判中，正式文件的起草和印刷，应使用该组织规定的正式语言。如《中华人民共和国加入世界贸易组织议定书》即用英文、法文和西班牙文三种世界贸易组织的正式语言写成。

（3）在非国际组织框架内的多边谈判中，正式文件的书写和印制所使用的语言由各方协商确定。

（4）在国际性会谈中，一些技术性较强的专门文件，经各方同意也可只用某一国际通用语言写成。

当使用多种语言书写印制的文本可能会对某些条款产生不同理解和解释时，应当规定以一种语言为准。如《保护工业产权巴黎公约》第二十九条第一项规定："本议定书仅在一个法文原本上签字，并递交瑞典政府保存。正式文本得由总干事与有关政府协商后，以英、德、意、葡、俄、西以及大会指定的其他文字制定。如对各种文本的解释有不同的意见，应以法文文本为准。"

3. 确定正本和副本。会谈正式文件印刷后常分为正本和副本。

（1）正本。正本即签字文本，具有正式依据的作用和法定效力，用于签字后由各方各自保存，或由专门的机构保存。它同文字文本是两个不同的概念。国际性多边会谈的正式文件可以使用多种语言书写和印制，形成多个文字文本。缔约各方可以在每一种文字文本上签字，也可以仅在一个共同商定的文字文本上签字。因此，文字文本就不一定都成为签字文本或正本。如上面提到的《保护工业产权巴黎公约》，其文字文本有法、英、德、意、葡、俄、西文等，但签字文本只有法文文本一个。双边会谈或者缔约方数量不太多的三方、四方会谈，正本的数量根据缔约方的数量而定，各方各保存一份正本，每套正本中必须包含用各方语言书写印刷的文字文本，各方都必须在每份正本中的每种文字文本上签字。

缔约方数量较多或者是国际性组织框架内的会谈，正本可以仅印制一份，经各方代表签字后，由东道国（方）或发起缔约的国际组织保存。如《中华人民共和国加入世界贸易组织议定书》规定，该议定书签字后交存世界贸易组织总干事，总干事则向世界贸易组织每一个成员和中国提供一份副本。

（2）副本。副本是为了方便各方使用而根据正本的内容与格式印制的文本。副本的法定效力、印制数量和各方保存的份数，由缔约各方根据实际需要协商确定，并在条款中加以规定。一般情况下，副本不用签字、盖章，或者只盖章、不签字。

4. 校印。校印即依据各方磋商确定（未签字）的草案进行印制、校对的环节。签字文本排版后，必须经过严格的校对，确认无误后才能最后交付印刷、装订。国内签字文本的标印格式应当符合《中华人民共和国合同法》以及其他有关规定。涉外官方之间的双边缔约，签字的文本印制时应注意在先权的问题：

（1）本国的文字文本在先。涉外双边会谈签字的文本如用各签字国的文字同时印制，在本国保存的文本中，应将本国的文字文本置于前面，对方的文字文本列于后面。比如，中美双方签署文件，在中方保存的文本中，中文在前，英文在后；美方保存的文本，英文在前，中文在后。

（2）本国国名在先。双边会谈签字，文本中并提双方国名或领导人（全权代表）姓名时，在本国保存的文本中，本国的国名和领导人姓名应当列在前面。如《中华人民共和国和日本国和平友好条约》是中方保存的文本，中国的国名在先，而日方保存的文本就正好相反，为《日本国和中华人民共和国和平友好条约》，这种做法叫作“倒版”。

（3）本国签字位置在先。涉外双边签字缔约，本国全权代表签字的位置应当安排在本国保存的文本签字处的前面（从右向左竖排文字则在右侧）；如果双方签字的位置是左右并排，则安排在左边。这种惯例也称为“优先签字”。如中美双方签字，中方保存的文本，无论是中文文字文本，还是英文文字文本，中方全权代表签字的位置在前，美方签字的位置在后；而美方保存的文本，无论是中文文字文本，还是英文文字文本，美方全权代表签字的位置在前，中方签字的位置在后。

国际多边协议的文字文本、各方国名、签字位置的顺序，一般按国名的英文字母（或商定的文字字母）的顺序排列，如“上海合作组织”六个成员国在签署各项文件时，均按成员国俄文名称第一个字母的顺序排列签字位置。有时也可另行商定规则。

5. 盖章。如文件中约定或根据惯例各方不仅要签字而且必须盖章才能生效，在举行签字仪式前，各方应当先在签字文本上盖上公章，这样，文本一经签字便具有法定效力。

（二）确定参加人员

签字仪式的参加人员大体上包括以下人员：

1. 签字人员。签字人员是签字仪式上的主要角色。确定签字人员要考虑以下因素：

（1）具有法定资格。各方签字人员必须具有代表一级政府或一个组织的法定资格。比如，代表国家签字，必须具有全权证书，全权证书由政府首脑或外交部部长签署，在签字前双方互相校阅。

根据我国的法律，国家主席、国务院总理、外交部部长、谈判和签署与驻在国缔结条约或协定的我国驻该国使馆大使、谈判和签署以本部门名义缔结协定的我国政府部门首长、我国派驻国际会议或国际组织并在该会议或组织内参加条约和协定谈判的代表，在签署对外条约和协定时无须出具全权证书。

其他法人之间的会谈文件，必须由法定代表人签字，或者由法定代表人委托他人签字。委托签字必须出具委托人亲笔签署的委托书。

（2）身份对等。各方签字人员的身份应当一致或大致相等。比如，企业之间举行签字仪式，一方由董事长签字，另一方也应当由董事长出面。

2. 嘉宾。为了表示对会谈成果的重视和庆贺，签约各方也可以邀请上一级机关或者政府部门身份较高的领导人作为嘉宾参加签字仪式，但应当注意出席规格要相等。

3. 主持人。由于签字仪式中有致辞、祝酒、交换礼品等活动，应当有一位主持人主持整个仪式的程序、宣布仪式开始和结束、介绍致辞人的身份。主持人一般由主方安排有一定身份的人士担任，特殊情况下也可由第三方（协调方或东道主）主持。

4. 致辞人。·般由签字各方身份最高的领导人分别致辞。有时签字仪式的签字人同时也是致辞人。如邀请上级机关、政府部门或协调机构的代表出席仪式，也可请他们致辞。

5. 助签人。助签人的主要职责是在签字过程中帮助签字人员翻揭文本，指明需要签字之处并帮助交换文本。由于涉外签字的文本由中外文印成，各方签字的位置不一，一旦签错，就会造成文本作废，甚至导致签字仪式失败，故助签人最好是参与会谈和文本的起草、翻译和校印工作的人员。助签人的人数是根据签字文本（正本）确定的。有多少份签字文本，就需要安排多少位助签人。助签人可以由主方派遣，也可以由各方共同派遣。有些签字仪式为了增添喜庆的气氛，派礼仪人员着礼仪服担当助签人，这当然无可厚非，但事先一定要对礼仪人员进行培训，让其熟悉文本排版印刷的情况和助签的要求。

6. 见证人。见证人的概念非常广泛，凡参加签字仪式的人员都可以视为见证人。这里所说的见证人主要是指参加会谈的人员，各方人数应当大致相等。有时也可邀请协调人、各方的保证人和律师以及公证机关代表参加。

7. 干部和群众代表。有时为了达到对内振奋斗志、鼓舞士气，对外展示决心、宣传形象的目的，可在参加会谈的人员以外安排主办单位或签约各方的干部和群众代表参加签字仪式。

8. 记者。举行签字仪式的目的之一就是通过新闻宣传扩大影响，因此要做好媒体的选择和邀请工作。

9. 其他工作人员。其他工作人员包括签到接待、礼仪引导、设备管理等方面的工作人员。

（三）确定时间和地点

签字仪式在会谈结束后立即举行，效率较高。但有时需要邀请各方身份更高的领导人出席，时间的安排就需要协商确定。时间安排有时也会涉及敏感节点，需要根据缔约的性质综合考虑。

签字仪式的地点一般都安排在最后一次会谈的东道主一方（即主方）所在地。特殊情况下也可以将签字仪式安排在第三地，这种情况下就没有主方和客方之分，各方均使用国名简称，如“中方”、“美方”。签字仪式具体地点的选择有时也要考虑场馆的规格以及政治、文化和历史的象征意义。

举办展览会、洽谈会，主办方可在展馆内专门设立签约中心，以方便参展商和客商之间随时举行签字仪式，也可以由主办方组织集体签约仪式。

（四）邀请

签字仪式的邀请要分对象使用不同的文书。邀请上级机关的领导和政府官员出席，要用请柬；邀请媒体记者前来采访报道，要使用邀请函；要求下属干部和群众代表参加，应当用通知。由于举行签字仪式是签约各方共同商定的，所以各方出席仪式会谈人员由各方自行通知。

（五）现场布置和物品准备

1. 签字桌椅。双边签字，一般设长方桌，上铺深绿色或暗红色的台呢。桌后放两把椅子，为双方签字人员的座位。如签字方较多，则加长桌子，增加座位。多方签字也可将桌排成圆形或方形，或仅放一张椅子，由各方代表依次签字。涉外双边签字仪式的座位按主左客右的惯例摆放，即客方的座位安排在主方的右边（见图 10－1～图 10－3）。多方签字则按礼宾次序安排各方签字代表的座次，一般按英文国名当头字母的顺序排列，也可按事先商定的顺序排列。排在第一位的居中，第二位排在其右边，第三位排在其左边（见图 10－4）。

签字桌上可放置各方签字人的席卡。席卡一般写明签约的国家或组织的名称、签字人的职务及姓名。涉外签字仪式应当用中外文标示。

2. 国旗。涉外签字仪式一般要挂各签字国的国旗。双边签字，双方的国旗按主左客右的惯例插在签字桌上，也可以并挂在墙上。举行多边签字仪式，则按签字人座次插挂各国国旗。

3. 文本。各方保存的文本可以事先放置于各方签字人座位前的桌子上，也可以由助签人在签字开始后携带上来。

4. 签字文具。签字用的文具包括钢笔、墨水、吸墨器（纸）。用笔和用墨必须符合归档的要求，签字笔要防止墨水堵塞，确保签字时书写流畅。重要签字仪式的签字笔可请专业公司特制，镌刻仪式的名称、时间、地点，作为历史的见证物和纪念物收藏保存，也可作为礼物相互交换。

5. 参加人员位置。如为双边签字仪式，则参加签字仪式的嘉宾按主左客右的惯例分成左右两边站立于签字人员的后面，各方身份最高的嘉宾并排站立于中间，其他嘉宾按身份高低向两侧顺排（见图 10－1）。如安排全体参谈人员合影，站在台上的人数较多时，应采用合影架分排站立。如签字人是出席仪式身份最高者，后面一般不安排其他嘉宾站立。其他嘉宾就座于签字桌的对面或两侧，各方的座区应与签字桌各方的位置相对应（见图 10－2 和图 10－3）。

如为多边签字仪式，则各方领导人的位置按礼宾次序从中间向两侧或从右向左（以朝向为准）排列。

如现场不设休息室，仪式开始前，各方嘉宾可安排就座于台下前排座位，座次应当与台上各方的位置相对应，以便于礼仪人员引导上台。

签字仪式开始后，助签人应站在签字人的外侧协助签字，不要站在中间，以避免干扰后排中央领导人的视线。

6. 讲台和话筒。签字桌的右侧设讲台和话筒，也可不设讲台，仅放置落地话筒。如致辞人同时又是签字人，则可直接在签字桌上设话筒，讲台仅供主持人使用。

7. 会标。签字仪式的会标包括签字仪式的名称、时间、地点等项目。会标中如能显示签约各方的徽志（LOGO）则宣传效果更好。会标制作要醒目，具有视觉冲击力，可以用横幅悬挂，也可以用大型布景展板布置。

签字仪式的名称是会标的核心部分，写法有两种：

（1）由签约双方名称、签字文本标题和“签字（署）仪式”或“签约仪式”组成。如：

《天津经济技术开发区 韩国现代 AUTONET 株式会社投资意向书》

签　字　仪　式

为起到宣传的效果，会标中要尽可能显示缔约方的名称，但如果签字文本标题中已经显示缔约方的名称，则不必另外再写，以避免重复。

（2）由签约各方的名称、签约内容和“签约仪式”组成。如：

教育部　上海市人民政府

继续重点共建复旦大学、上海交通大学、同济大学、华东师范大学

签　约　仪　式

签字仪式名称写作要注意两个问题：一是要正确使用“签字仪式”和“签约仪式”

这两种提法。在词义上,“签字”应当和文本标题搭配,“签约”应当同项目名称搭配。请看下例:

中博先进材料股份有限公司增资扩股签字仪式

“签字”一词在意义上应当与文本标题搭配,而“中博先进材料股份有限公司增资扩股”是签约的项目名称,不是文本标题。针对项目可以签约,而不能直接签字。写成“签字仪式”就造成前后搭配不当。修改的办法有两种:一种办法是将前半部分改为文本标题,即:

《中博先进材料股份有限公司增资扩股协议书》

签 字 仪 式

另一种办法是将后半部分的“签字仪式”改为“签约仪式”,即:

中博先进材料股份有限公司增资扩股签约仪式

二是要注意句子成分的完整性。请看下例:

EASTPO&KOMAF2007 上海国际机床展合作签字仪式

上述名称中的“EASTPO”和“KOMAF”分别是中韩两国机床展览机构的名称,“2007 上海国际机床展”是这两家机构合作的项目名称。从语法角度看,“2007 上海国际机床展”作为一个项目,无法成为施事主体,不能与“合作”这一动词构成主谓结构。修改的方法是将项目名称转化为文本标题,即:

EASTPO&KOMAF《2007 上海国际机床展合作协议书》

签 字 仪 式

或者把签约项目名称改为动宾结构,“签字仪式”相应地改为“签约仪式”,即:

EASTPO&KOMAF 合作举办 2007 上海国际机床展签约仪式

涉外签字仪式的会标应当用中文和外文两种文字书写,中文在上,外文在下。

8. 香槟酒。签字后,可相互祝酒,举杯共庆签约成功。香槟酒、酒杯等应事先做好准备。

9. 签到台。签到和礼仪引导是举行签字仪式的重要环节,表示对来宾的欢迎,同时彰显仪式的礼仪氛围。签到簿(或称题名册、题词簿、留言簿)要精美、典雅,或体现喜庆气氛,具有收藏纪念价值。来宾较多时,可以多准备几本签到簿。签到台要设在会场入口处较为宽敞的地方,人数较多的签字仪式可分成几个签到桌同时签到,以免出现拥挤。签到用的笔墨也应准备齐全。签到处要设有醒目的标志,由礼仪人员负责接待和引导。

10. 其他物品。其他物品如相互交换的礼品、鲜花、胸花、席卡架、条幅(用于贴在座位上,起指示作用)、背景音乐等,应根据实际需要做好准备。

签字仪式的现场布置如图 10 - 1 和图 10 - 4 所示。

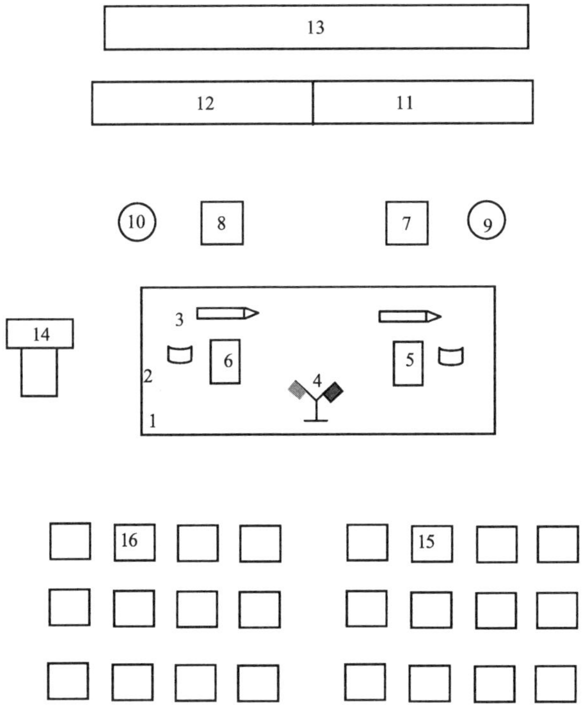

图 10－1　涉外签字仪式图 1·双边签字

（注:1. 签字桌;2. 吸墨器;3. 签字笔;4. 国旗和旗架;5. 主方保存的文本;6. 客方保存的文本;
7. 主方签字人;8. 客方签字人;9. 主方助签人;10. 客方助签人;11. 主方嘉宾;
12. 客方嘉宾;13. 会标;14. 讲台;15. 主方参谈人员和代表,16. 客方参谈人员和代表）

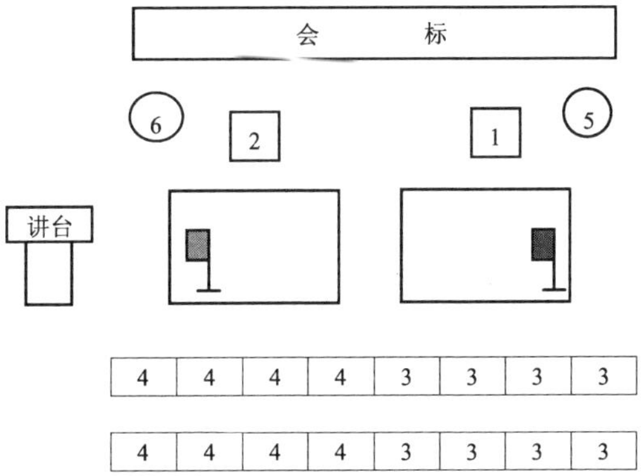

图 10－2　涉外签字仪式图 2·双边签字

（注:1 和 2 分别为主客双方的签字人,按主左客右安排座位,因身份最高,后面不安排其他人员站立;
3 和 4 分别为主方和客方来宾,与签字人上下对应;5 和 6 为助签人;其他布置同图 10－1）

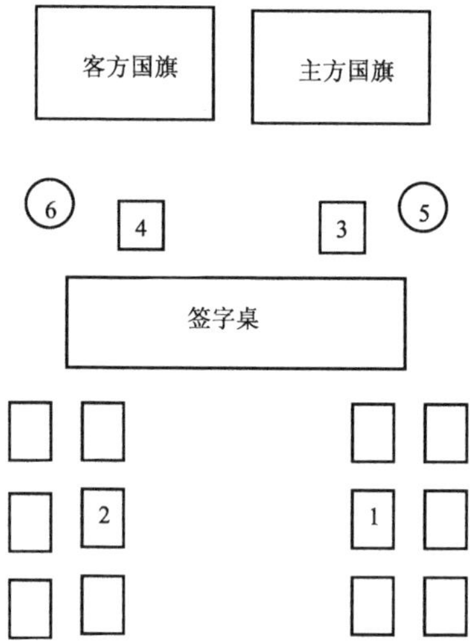

图 10－3 涉外签字仪式图 3 · 双边签字

（注：1 和 2 分别为主方和客方参加人员，双方相向而坐；3 和 4 分别为主方和客方签字人；5 和 6 为助签人；主方和客方国旗按主左客右惯例悬挂于正面的墙上，不挂会标；这种座位格局一般不设讲台，双方签字人坐在签字位置上致辞）

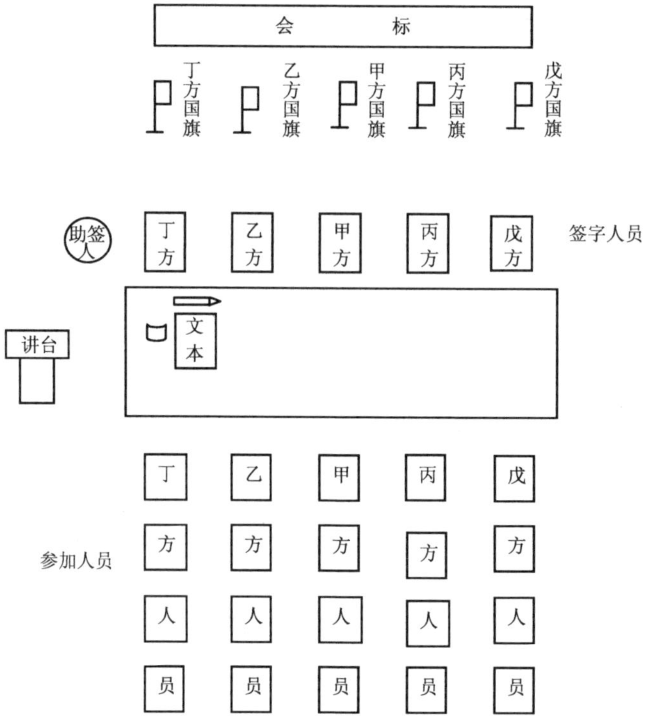

图 10－4 涉外签字仪式图 4 · 多边签字

（注：如只签署 1 份正本，只需安排一位助签人；签字人员座次按国家英文名称当头字母顺序排列，排列最前的居中，其余按先右后左顺序向两边排开；其他参加人员对应各自签字人的位置按身份高低从前向后就座）

三、签字仪式的流程

签字仪式的流程因仪式的性质和形式而异，一般的签字仪式大致有以下几方面的流程：

（一）来宾签到

来宾（包括嘉宾、群众代表、媒体记者）抵达时由礼仪人员引导到签到处签到。主要嘉宾签到后，可由礼仪人员为其佩戴胸花，然后引导到休息室。如现场不设休息室，可由礼仪人员直接引导就座于台下前排座位，位置要与台上站立的位置相对应。

（二）介绍来宾

仪式开始前，主持人介绍出席仪式的来宾，介绍顺序为嘉宾（各方政府官员、上级机关领导、签约单位领导）、见证人、群众代表、媒体。嘉宾要按身份高低、先主后宾、一主一宾的顺序逐一介绍职务和姓名，其他见证人、群众代表、媒体可作笼统介绍。

（三）嘉宾定位

介绍完毕后，主持人请出席各方嘉宾上台，由礼仪人员引导定位。如设有休息室，各方嘉宾可从休息室直接上台定位，然后由主持人一一介绍。

（四）宣布仪式开始

嘉宾定位后，主持人在致简短的开场白后宣布仪式开始。

（五）签字并交换文本

1. 双边签字过程如下：

（1）主持人请各方签字人入签字席，助签人上前站在外侧为签字人翻揭文本，指明签字处；签字人在各自保存的文本上签字。如系多种文字印制的文本，签字人需在每种文字文本的签字处逐一签字，不能遗漏。每签一处后，助签人用吸墨器（纸）吸干。

（2）各方在各自保存的文本上签字后，由助签人合上文本，在签字人的身后互相交换文本。

（3）助签人打开对方保存的文本，指明签字处，请签字人逐一签字，再用吸墨器吸干。

（4）签字毕，助签人合上文本后退到两侧。双方签字人起立，相互交换文本并握手。然后签字人面向前方，一手持文本，一手握住对方的手，以便记者和工作人员摄影留念。此时全场鼓掌祝贺。

(5)助签人上前接下签字人手中的文本。

2. 多边签字过程分为以下两种情况:

(1)如只需签署一份正本,安排一位助签人即可。主持人按英文(或正本的主要文字)国名当头字母的顺序介绍各方签字人职务、姓名,助签人上前站在签字人的右侧打开文本,指明签字处,由签字人在每一文字文本上签字,然后助签人用吸墨器(纸)吸干。也可由文本保存国或主办国先签字,其他各方再按一定的顺序依次签字。

(2)如每个签约方均需保存正本,则需安排与签字人相等数量的助签人协助签字。每签完一份文本,助签人手持文本,以朝向为准从右向左递次交换位置。签字完毕后,助签人取走文本,签字人起立相互握手祝贺,或者助签人将各方的文本放在保存方签字人的桌上,然后签字人起立手持文本,相互握手祝贺。

(六)祝酒

如为双边签字仪式,则由两位礼仪人员端出香槟,从中间开始依次敬献给每位嘉宾,然后嘉宾相互碰杯、敬酒、庆贺。如嘉宾人数较多,可以先由主方全体嘉宾依次向客方全体嘉宾逐一敬酒,然后由客方全体嘉宾向主方全体嘉宾逐一敬酒。祝酒结束后,礼仪人员上前接下酒杯。

(七)交换礼品

如事先商定交换礼品,由礼仪人员将礼品递给主礼人(一般应当是签约双方领导人),先由主方向客方赠送礼品,然后由客方向主方赠送礼品。赠送前应当由主持人或主方有一定身份的人士介绍礼品,以示郑重和诚意。

(八)致辞

主持人请各方领导人先后致辞。双边签字仪式按先主后客的顺序致辞,多边签字仪式按签字顺序致辞。

(九)宣布仪式结束

各方致辞后,主持人作简短小结,然后宣布仪式结束。如事先协商一致并做好安排,可在现场联合举行记者招待会或新闻发布会。

【上海合作组织签字仪式实例】

2001 年 6 月 15 日,中国、俄罗斯、哈萨克斯坦、吉尔吉克斯坦、塔吉克斯坦、乌兹别克斯坦六国元首——江泽民、普京、纳扎尔巴耶夫、阿卡耶夫、拉赫莫诺夫、卡里莫夫在上海浦东香格里拉大酒店举行隆重而又庄严的签字仪式,共同签署《"上海合作组织”成立宣言》和《打击恐怖主义、分裂主义和极端主义上海公约》两个重要文件。

签字仪式在酒店三楼大宴会厅举行。大厅内主席台前的布景板上，用中俄两种文字书写的“上海合作组织”会标和会徽赫然醒目。大厅的正前方是六国元首签字的条桌，上面铺着墨绿色的台布，共6米长，1.5米宽。条桌的后面竖立着六国国旗，条桌上的小国旗按照同样的顺序摆放，元首们坐在和自己国家的国旗相应的位置上签字，各国政府要员的座位对应着各自国家的国旗位置。

上午10时30分，参加签字仪式的六国主要官员陆续进场就座。10时40分，江泽民等六国元首结束了在宴会厅隔壁的会议厅内举行的“上海合作组织”成员国元首会议，面带微笑，互相交谈着步入签字仪式现场。

接着，我国外交部礼宾司司长张云宣布：“中、俄、哈、吉、塔、乌元首签字仪式现在开始，共签署《‘上海合作组织’成立宣言》和《打击恐怖主义、分裂主义和极端主义上海公约》两个文本。首先请中华人民共和国主席江泽民阁下签署文本……”

签字后，六国元首相互握手，并从工作人员手中接过香槟，端起酒杯走到一起，相互祝酒，共同庆贺这一历史性的成功。

签字仪式于10时48分结束。10时52分，六国元首开始共同会见记者，并按签字顺序发表讲话。

【上海合作组织签字仪式元首座位排列图】

图10－5所示为上海合作组织签字仪式元首座位排列图。

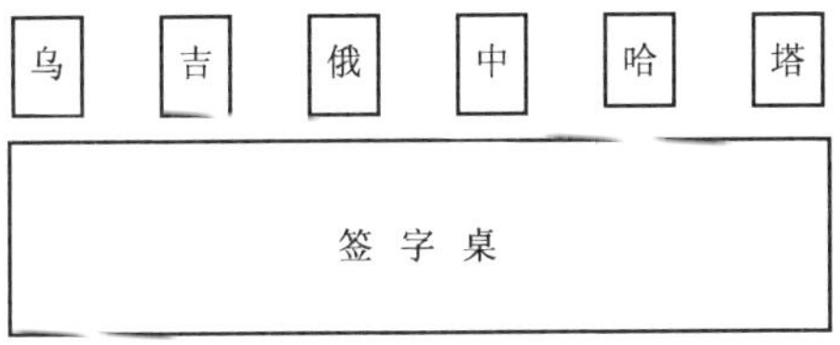

图10－5

第二节　开幕式和闭幕式

一、开幕式和闭幕式的含义和作用

（一）开幕式和闭幕式的含义

开幕式和闭幕式是标志某项社会活动开始和结束的仪式。开幕式和闭幕式运用广泛，比如各种“会”（如运动会、展览会、博览会、交易会、代表大会、论坛等）、各种

“节”(如电影节、艺术节、旅游节、购物节等)、各种“庆”(如校庆、司庆等)、各种“年”、“周”和“月”(如文化年、质量月、宣传周等),都可以举行开幕式和闭幕式。

(二)开幕式和闭幕式的作用

1. 标志活动开始和结束。各种性质和形式的开幕式和闭幕式繁简各异,但其最基本的、也是共同的作用是标志某项社会活动的开始和结束。

2. 表示欢迎和欢送之意。开幕式和闭幕式位于各种活动开始和结束的时间节点,向参加对象表示欢迎和欢送之意、传递友好与合作信息是其重要的内容。

3. 动员和总结。对于会议活动而言,开幕式和闭幕式往往具有动员和总结的作用。开幕式一般要向与会者提出会议目标和任务,进行思想动员,闭幕式则总结会议的成果,向与会者发出号召、提出要求。

4. 展示实力,扩大社会影响。对于大型社会活动而言,开幕式和闭幕式往往举行各种丰富多彩的表演,展示主办者的经济和科技实力,表现民族风采和文化魅力,起到扩大社会影响、树立主办单位良好形象的作用。

二、开幕式和闭幕式的准备

开幕式和闭幕式的种类繁多,规模和内容跨度不一。有些大型活动的开幕式和闭幕式热烈而又隆重,时间长达几个小时;有的开幕式和闭幕式则非常简单,只有领导人致开幕词和闭幕词一项程序。因此,开幕式和闭幕式的组织准备工作应根据活动的具体内容和性质来策划和安排。下面以中等规模的开幕式和闭幕式为例,介绍主要的准备工作。

(一)确定参加对象和范围

开幕式和闭幕式的参加对象应当包括下列几方面的人士:

1. 主办单位的领导。如系重要活动,还可邀请上级机关的领导出席。

2. 活动的承办单位、协办单位、赞助单位、东道主的领导或代表。

3. 与主办单位关系密切的政府机关和兄弟单位的领导或代表。涉外活动的开幕式和闭幕式也可邀请有关国家、地区和国际组织的代表参加。

4. 参加活动的成员。如会议的正式成员、列席成员、特邀成员和旁听成员以及展览会的参展商代表和观众都可以参加开幕式和闭幕式。

5. 群众代表。为使开幕式和闭幕式具备一定的规模和人气,可临时组织部分群众观摩。

6. 有关新闻单位。如需要媒体报道,应邀请媒体代表参加。

(二)确定主持人、致辞人和剪彩人

1. 主持人。开幕式和闭幕式通常由主办方主持,主持人应当有一定的身份。联

合主办的活动,可采取共同主持的形式,各方主持人身份应大体相当。规格较高的开、闭幕式,应当在开幕式前由司仪人员介绍主持人的身份和姓名。文艺类活动的开、闭幕式可邀请明星客串主持。

2. 致辞人。重要的开、闭幕式,可由现场身份最高的领导人致开幕词或闭幕词。致开、闭幕词人的身份应当高于主持人,如致辞人为正职,主持人为副职。较为简单的开幕式,可由主持人直接致开幕词,或由主办方领导人致欢迎词或作主旨演讲。如果安排其他嘉宾致辞,应事先发出邀请或商定。内容重要的致辞或涉外活动的开、闭幕式的致辞,应事先交换稿件或通报致辞的大致内容。

3. 剪彩人。剪彩是开幕式上常见的一种仪式,象征活动正式开始。凡安排剪彩仪式的,不再安排致开幕词。剪彩人应当是出席开幕式身份最高的领导,有时也可安排上级机关、政府机关、主办单位、协办单位的领导共同剪彩。联合主办的公关活动,各方均应派出代表参加剪彩,剪彩人的身份应大体相当。

(三)确定开幕式和闭幕式的形式

开幕式和闭幕式的形式主要有两类,一类是以致辞为主的形式,另一类是文艺晚会的形式。前一类开幕式和闭幕式也可以安排文艺表演,但一般放在仪式开始前或结束后。后一类则是致辞和文艺表演交织融合,主要用于文艺类活动的开幕式和闭幕式。

(四)发出邀请

书面邀请分为请柬、邀请函和通知三种形式,分别用于不同的对象。请柬用于特别邀请专门前来参加开幕式或闭幕式的重要嘉宾。对前来参加会议的成员,要根据会议的性质和类型确定使用邀请函还是通知。邀请媒体参加应当用邀请函。通知用于内部人员或下级机关。这部分内容详见第四章第一节“会议通知和邀请”。

(五)现场布置和物品准备

会议的开幕式和闭幕式都在会议现场举行,其现场布置与会场布置要求基本一致,但主席台要增加座位供特邀嘉宾就座。特邀嘉宾人数较多时,还需要在台下前排设贵宾区。由于会议的开幕式和闭幕式往往邀请列席成员和旁听成员参加,会场的座位要根据人数安排并事先划分座区(具体要求参见第五章第四节“主席台布置、座次排列和座区划分”)。规模较大的会议,现场一定要安装大屏幕投影仪。

展览会和大型活动的开幕式和闭幕式,室内、室外均可举行。涉外双边或多边活动的开幕式和闭幕式,应悬挂有关国家的国旗或国际组织的旗帜。开、闭幕式的现场可摆放花卉、充气拱门,悬挂会标、标语和彩旗,也可根据内容需要播放音乐、敲锣打鼓,以体现喜庆隆重的气氛。时间较长或规模较大的开幕式和闭幕式,可设主席台和贵宾区并摆放座位、安置扩音设备；如期间安排文艺表演，要有供演出的舞台。时间较短或规模较小的开幕式或闭幕式，一般站立举行。

如举行剪彩仪式，要准备好彩球。彩球要用彩带联结，数量应是剪彩人数加上1，如4人同时剪彩，应准备5个彩球，每个剪彩人都处于两个彩球中间。每个彩球由礼仪人员用托盘托住。目前越来越多单位举行剪彩仪式不再剪彩球，只剪彩带，以减少资源消耗。举行这种剪彩仪式，只需两名礼仪人员分立两端拉住彩带，中间也无须安排礼仪人员，剪彩后，剪彩人拿起彩带，以示剪彩成功。剪彩用的剪刀应事先准备好，由礼仪人员用托盘递上。

签到和礼仪引导是举行开幕式和闭幕式的重要环节，要精心准备，具体要求与签字仪式相同。

有时，举行开幕式之后还安排参观展览、植树纪念、观摩文艺体育表演等活动。与这些活动相关的物品也要准备妥当，其中留言簿是常备的物品。参观展览、植树纪念、观摩文艺体育表演等活动结束后，请领导和来宾留言或题词，既可以使整个活动有个圆满的结尾，又能留下领导人和来宾的墨宝，为日后进一步宣传提供题材。

会标是开幕式和闭幕式现场最引人注目的装饰，其幅面大小要与主席台相协调，格调要与主题相一致。会标的文字一般由会议、展览、节庆活动名称和“开幕式”或“闭幕式”组成，有时也可反映主办单位、协办单位、赞助单位名称和举办日期，如：

携手建设创新型国家

2010年全国科技活动周

开　幕　式

以上会标第一行为活动的主题，第二行为活动的名称，第三行为开幕式名称。

三、开幕式和闭幕式的流程

（一）会议开幕式的流程

1. 所有会议成员签到入场。一般成员签到后直接进入会场，会议的主要领导（或主席团成员）和特邀嘉宾签到后在休息室休息，会议开始前2分钟，按身份高低或礼宾次序进入主席台就座。

2. 主持人向会议报告应到代表数、因事和因病请假的人数、实到代表数，是否符合法定人数。非法定性会议无此项程序。

3. 按身份高低或礼宾次序介绍出席会议的主要领导和嘉宾。

4. 主持人宣布开幕式开始。

5. 全体起立，升国旗、奏国歌，或升会旗、奏会歌。一般性的会议开幕式无此项程序。

6. 主办方身份最高的领导致开幕词。论坛类会议也可以不安排致开幕词，由主办方身份最高的领导发表主旨演讲，或者先由组委会领导致欢迎词，然后由主办方身份最高的领导发表主旨演讲。

7. 来宾致辞。开幕式的来宾致辞顺序按身份高低排列，身份相等的可按关系的密切程度或其他方法排列。有时也可安排工作人员宣读有关方面的贺电、贺信。

8. 主持人宣布开幕式结束，进入会议正式议程。

【会议开幕式程序实例】

××大学第五届教职工代表大会开幕式程序

20××年 10 月 18 日

1. 主持人向全体代表报告应到代表数、因事和因病请假的人数、实到代表数，是否符合法定或规定人数，能否开会。

2. 主持人介绍每位大会执行主席、参加会议的上级组织的领导和兄弟单位的代表。

3. 主持人宣布："××大学第五届教职工代表大会现在开幕。"

4. 全体起立，奏国歌。

5. 校党委副书记、校工会主席××同志致开幕词。

6. ××市教育局党委副书记××同志讲话。

7. ××市教育局工会代表、××市教育局工会副主席×××同志讲话。

8. 兄弟院校代表、××大学党委副书记兼工会主席×××同志讲话。

9. 教职工代表××同志致辞。

10. 主持人宣布："开幕式到此结束。休息五分钟，请来宾退席。"

复会后校长×××做行政工作报告。

（二）展览会和节庆活动开幕式的流程

各种展览会和节庆活动的开幕式要安排得隆重热烈一些，体现喜庆、欢乐的气氛。

1. 气氛渲染。开幕式开始前可安排音乐、歌舞、体育表演，以增加喜庆的气氛。

2. 签到和礼仪引导。礼仪人员做好签到工作，为嘉宾佩戴胸花或来宾证，然后将其引导到休息室或直接引入主席台和贵宾区。

3. 介绍领导和嘉宾。由司仪介绍出席开幕式的领导和主要嘉宾，然后介绍主持人的身份和姓名。一般性活动的开幕式也可以由主持人介绍领导和嘉宾。

4. 宣布仪式开始。主持人宣布开幕式开始。有时也可在宣布开幕式开始后介绍出席的领导和嘉宾。

5. 举行升旗仪式。重要活动的开幕式要举行升国旗（会旗）、奏国歌（会歌）仪式。升旗时要求全体起立，面向国旗或会旗。

6. 致辞。致辞的形式多种多样，下列几种形式可做参考：

（1）主持人宣布开幕式开始后，先由主办单位领导人致开幕词，并向各位来宾表示欢迎，对有关各方表示感谢，然后由来宾代表按身份高低（身份相等的可按关系的密切程度或其他方法排列顺序）致辞。运动会开幕式还要安排运动员和裁判员宣誓。

（2）主持人宣布开幕式开始后，先由主办单位的领导致欢迎词，然后由来宾代表先后致辞，最后请在场身份最高的领导宣布"××活动开幕"。

（3）举行论坛开幕式，主持人宣布开幕式开始后，先由主办单位的领导致欢迎词，然后由来宾代表先后致辞，最后请主办方身份最高的领导作主旨演讲（或称主题讲话）。也可在主旨演讲后安排与会者发言。

7. 剪彩。剪彩象征活动正式开幕或项目正式启动。主持人要介绍每位剪彩人员的身份和姓名，由礼仪人员引导进入事先确定好的位置。举行国内剪彩仪式，身份最高的人士居中，其他剪彩人员按身份高低先左后右顺序排列位置。举行涉外或商务领域的剪彩仪式，则按身份高低或礼宾次序以右上左下的惯例排列位置。双方共同剪彩，按主左客右、宾主相间的要求排列。剪彩时，播放音乐，燃放鞭炮或礼炮，全体参加人员鼓掌祝贺。

8. 宣布仪式结束，参观展览或观看表演。主持人宣布开幕式结束后，请全体来宾参观展览或观看表演。参观时，应让身份最高的领导和来宾走在前面，并由解说员介绍。如有外宾参加，还需做好翻译。

9. 留言或题词。参观和观摩结束后，请领导和来宾留言或题词。

【展览会和节庆活动开幕式程序实例】

第七届中国国际××博览会开幕式程序

时间：20××年5月18日上午9:00

地点：上海新国际博览中心

一、主持人宣布：第七届中国国际××博览会开幕式开始。

二、主持人介绍应邀出席的领导和嘉宾。

三、第七届中国国际××博览会组委会主任、上海市副市长×××先生致欢迎词。

四、商务部副部长×××先生讲话。

五、全国家电协会理事长××女士讲话。

六、进行第七届中国国际××博览会开幕剪彩仪式。

1. 介绍剪彩仪式的主礼嘉宾（宣读名单，每介绍一位，礼仪小姐引导该嘉宾走上剪彩礼台，全场鼓掌）。

2. 礼仪小姐为各位主礼嘉宾送上金剪。

3. 剪彩。

七、礼成，鸣放礼花、礼炮。

八、主持人宣布“第七届中国国际××博览会开幕式”结束，请各位领导和嘉宾参观。

（三）闭幕式的流程

闭幕式中的签到、礼仪引导、介绍领导和嘉宾、宣布仪式开始等环节与开幕式基本相同。不同之处主要是：

1. 举行专题工作性会议，由主办单位的领导人致闭幕词。闭幕词一般要对会议活动进行总结，对贯彻落实会议精神提出要求和希望，最后宣布会议圆满结束。

2. 党的代表大会闭幕时应奏和齐唱国际歌。

3. 赛事活动和评选活动的闭幕式要宣布比赛成绩和名次以及评选的结果，并举行颁奖仪式。

4. 如果开幕式举行升会旗仪式，那么闭幕式应当相应地举行降会旗仪式。

5. 系列性活动或系列性会议的闭幕式，常常举行交接仪式，由本届主办单位向下届活动的主办单位移交象征性物品或造型，如火炬、旗帜、钥匙等。

6. 节、展、月等大型活动，闭幕式后还可举行文艺和体育表演，以示庆祝。

7. 文艺类活动的闭幕式可以采用晚会的形式和程序。

四、开幕词和闭幕词

（一）开幕词和闭幕词的含义

开幕词是主办方领导人在开幕式上宣布活动开幕，对来宾表示欢迎和感谢，阐述本次活动的目的、任务、意义和指导思想，向活动参与者提出希望和要求，预祝活动圆满成功的致辞。

闭幕词是主办方领导人在闭幕式上总结活动取得的成果，向活动参与者发出号召，对有关方面的支持表示感谢，对来宾表示欢送和祝愿，最后宣布活动闭幕的致辞。

（二）开幕词和闭幕词的格式与写法

1. 标题。开幕词和闭幕词的标题常见的有如下几种：

（1）单行式标题。这是指在活动名称后面加“开幕词”或“闭幕词”。如：

第三届上海国际电影节开幕词

（2）复合式标题。这是指在单行式标题的上面增加一行标题为正标题，揭示开幕词的主题思想；第二行为副标题，说明致辞的场合。如巴金在中国作家协会第四次会员代表大会上所做的开幕词标题就是双行式：

我们的文学应站在世界的前列

——中国作家协会第四次会员代表大会开幕词

2. 日期。这是指举行开幕式或闭幕式的日期,标注于标题的正下方,外加圆括号。

3. 致辞人的身份和姓名。致辞人的身份和姓名标注于日期的正下方。

4. 称呼。称呼要根据与会对象的身份和性质确定。如果致辞人同时也是现场身份最高的领导人,称呼一般采用泛称,而不采用特称,但要覆盖全体参加对象。但如果现场有身份更高的人士出席,则应对其特称。写泛称时,要注意称谓的排序,一般为:各位领导——各位来宾——同志们——朋友们。如若是涉外活动,可写"女士们、先生们"。称呼应顶格书写,后面加冒号。

5. 正文。

(1)开幕词正文。开幕词开头部分宣布活动开幕,对来宾和与会者表示欢迎,对活动的成功举行表示祝贺。主体部分回顾历届活动取得的成绩、经验或教训,提出本次活动的主要任务,阐明主题、意义和指导思想,对与会各方提出希望和要求。结束部分预祝活动圆满成功。

(2)闭幕词正文。闭幕词开头一般用简明的语言说明本次活动是在什么情况下圆满结束、胜利闭幕的。主体部分用叙述的方法回顾总结本次活动取得的成就,有哪些经验和意义,并提出贯彻会议精神或对办好下一届活动的要求和希望。结尾部分向支持活动举办的单位和个人表示感谢,向参加单位和个人表示良好的祝愿,并郑重宣布会议闭幕。

开幕词和闭幕词在宣布开幕和闭幕的写法上有两种方式,一种是直接式,即开头或结尾有一句话明确、直接宣布活动开幕或者闭幕;另一种是间接式,即致辞中不出现宣布开幕或闭幕的字眼,而是以表示高兴、祝贺、欢迎的方式委婉、间接地宣布,如:"××论坛今天终于开幕了,我代表××表示衷心的祝贺,对参加论坛的全体来宾表示热烈的欢迎。"

正文部分的语言要简洁明快,充满热情,富于鼓舞力量。

6. 致谢。这是指在结束致辞之前,向各位听众表示谢意。

有些活动的开幕词和闭幕词全文只有一句话:"我宣布:××××(活动名称)开幕(闭幕)。"这样的开幕词和闭幕词简短、庄重,无须专门成文。

【开幕词例文】

第十二届北京国际图书博览会开幕词

(20××年9月2日)

中华人民共和国新闻出版总署副署长　×××

各位来宾,女士们、先生们、朋友们:

晚上好！

很高兴在这里与大家相聚，共同庆贺第十二届北京国际图书博览会开幕！在此，我谨代表北京国际图书博览会组委会，对海内外各界朋友的到来表示热烈的欢迎！

北京国际图书博览会自1986年经中国政府批准创办以来，在海内外各界朋友的大力支持和参与下，主、承办单位本着不断创新、不断发展，秉承“把世界图书引进中国，让中国图书走向世界”的办展宗旨，经过二十多年的发展和完善，已经成为中国出版界与国际出版界进行版权贸易、文化交流和展示出版成果的盛大节日，是中国对外科技、文化交流的重要舞台。随着博览会的规模不断扩大，影响日益深远，北京国际图书博览会已经成为国际上最为重要的图书博览会之一，为海内外科技、文化、教育的交流与发展做出了积极的贡献。本届博览会的展览面积为26 000平方米，设展台1 099个，展出海内外图书10万余种。本届博览会还首次设立了“主宾国”活动，法国作为“主宾国”参展规模为800平方米，安排了内容丰富的专业论坛和文化交流活动。我们有理由相信，第十二届北京国际图书博览会一定会为书业界、文化界、科技教育界真诚的交流构建最有效的平台，一定会成为受到社会各界热烈欢迎的友谊盛会！

朋友们，文化是我们共同的财富，出版为文化的传播架起了友谊的桥梁。让我们携起手来，以书为媒，为世界文化的繁荣与发展，为人类的共同进步与发展，贡献出自己的智慧和力量！

【闭幕词例文】

第六届全国生物多样性保护与持续利用研讨会闭幕词

（20××年12月13日）

中国科学院生物多样性委员会副主任　××

尊敬的主席先生，各位专家，女士们、先生们：

经过3天的报告和广泛深入的交流，第六届全国生物多样性保护与持续利用研讨会即将闭幕，会议获得了圆满的成功。在此，我代表此次会议的组织者——中国科学院生物多样性委员会、国家环保总局自然保护司、国家林业局野生动物和森林植物保护司向大家表示衷心的感谢。

回顾总结此次会议，我认为它具有以下几个特点：

1. 与会代表的广泛性

参加此次会议的代表共133人，有来自全国20个省、市、自治区的45个单位。并且高兴地邀请到来自台湾的××教授和香港的××博士等港台地区生物多样性方面的专家，使我们的会议体现了完整的全国性。来自美国密苏里植物园的××博士的应邀与会,又给我们的会议增添了国际特色。

2. 学术成果的权威性

各位代表与会期间,对他们高水平的最新研究成果进行了报告和交流。特别是很多国内的知名专家光临此次会议,他们与我们共享他们最新的研究成果和学术创见。不仅使我们更加全面地了解了国际生物多样性科学研究的前沿和趋势,更给我们增强了在国际生物多样性研究领域占有重要的一席之地的信心。因此我坚信,此次高水平的学术研讨,一定会对我国生物多样性保护和持续利用事业产生更大的推动作用。

3. 交流形式的多样性

会上报告丰富多彩,会下交流积极踊跃。特别是多媒体技术的应用,使我们的报告上升到一个新水平。我相信通过这次会议建立的联系,为将来的交流与合作打下了良好的基础。

会议即将结束,我国的生物多样性保护与持续利用事业还任重道远,希望各位专家继续艰苦努力,通力合作,争取多方面的支持与协作,希望在下一届研讨会上,有更多、更先进的成果展示出来。

同时,我代表大会主办单位和各位代表向本次会议的承办者——中国科学院昆明动物研究所、西双版纳热带植物园和中国生物多样性委员会办公室,特别是××处长和××主任表示衷心的感谢和敬意。

最后预祝大家旅途愉快,身体健康!

谢谢大家!

第三节　启动与揭幕仪式

一、启动与揭幕仪式的含义和作用

社会各界为了庆祝各种基本建设项目奠基、开工、竣工、启用,各种现代化设备系统的建成、启动,各种经营单位的开张、合并,各种机构的成立挂牌或揭牌,各种塑像或纪念碑的落成揭碑,往往要举行一定的仪式或典礼,以起到对外扩大社会影响、树立良好形象,对内振奋精神、鼓舞士气的作用。为叙述方便,将上述各种仪式和典礼统称为启动与揭幕仪式。

二、启动与揭幕仪式的准备和流程

(一)启动与揭幕仪式的准备

启动与揭幕仪式各项准备工作的要求与开幕式、闭幕式大体相同。不同之处有以下几点:

1. 确定主礼嘉宾。所谓主礼嘉宾,就是在各种仪式和典礼中实施剪彩、奠基、揭牌、揭幕、启动、点火等关键性仪式的人员。主礼嘉宾一般由主办单位或上级机关参加仪式身份最高的领导担任,有时也可以邀请协办单位、赞助单位、东道主以及社会知名人士、国际政要共同担任。共同主办的仪式,如联合投资的工程举行奠基、开工、竣工仪式或联合成立的机构举行挂牌仪式,各方应派身份相当的人士出席并共同担任主礼嘉宾。目前国内有些工程竣工、通车、交接等仪式邀请对该项目有突出贡献的工程技术人员参与剪彩,其社会效果非常好,值得提倡。

2. 现场布置与物品准备。建设工程的奠基或开工仪式应当在施工现场举行,事先搭建好临时主席台,布置好会标、讲台、话筒、鲜花,一般不放桌椅,全体人员均站立参加。礼仪人员应着统一的礼仪服,主办方的全体员工也应着统一的工装。现场周围可布置各色彩旗、气球和标语,播放音乐,以营造喜庆气氛。工地上预埋好奠基碑石,正面上款应刻有建筑物的正式名称,中央刻“奠基”两个大字,下款刻有奠基单位的全称以及举行奠基仪式的具体年月日,背面可镌刻碑文。同时还要准备好铁锹,铁锹柄上应系有红色绸带。各种建筑施工机械就位待命。现场还可设立彩棚,布置展台或展板,展示该项目的模型或设计图、效果图,供来宾参观。

揭牌(碑、像)仪式多在安放现场举行,全体人员站立参加。如仪式较为简短,可不布置会标。所揭之牌(碑、像)等事先用幕布覆盖,幕布的颜色应与仪式活动的主题和气氛相适应。揭牌(碑、像)仪式也可放在会场内举行,作为某项活动的一项程序。会场内设主席台,中间放置桌椅,供领导人和嘉宾就座,以主席台的朝向为准,右侧设讲台和话筒,左侧设揭幕架。

举行生产流水线的点火或启动仪式,要事先选择好举行仪式的合适地点,既要能观看到现场实况又要确保安全。点火或启动装置要经过严格检查,保证点火或启动一次成功。

通车仪式要准备好一定数量的彩车、彩旗,有的还在彩车上表演锣鼓和吹打乐。每辆车要经过严格检修,避免通车时出现故障。

开张仪式一般都在商铺门口举行剪彩仪式,两侧摆放花篮,领导和嘉宾佩戴胸花,员工代表着统一工装列队。现场配以彩色气球、彩旗、锣鼓表演和音乐等,以增加喜庆气氛。

(二)启动与揭幕仪式的流程

各类挂牌、揭牌、揭幕、启动、开工、竣工、通车、通航、下水等仪式的流程大体相同,许多方面的要求与开幕式、闭幕式相似。

1. 来宾签到,礼仪引导。如来宾送来贺礼、花篮,要做好登记。贺礼和花篮要摆放在醒目的位置。

2. 主持人宣布仪式开始。

3. 主办单位领导致辞,对前来参加仪式的上级领导和嘉宾表示欢迎和感谢,同时介绍项目的情况及其意义。

4. 嘉宾代表致辞。一般先由上级机关的领导致辞,然后由建设单位的代表、东道主代表以及其他兄弟单位的代表分别致辞。

5. 员工代表致辞。开工仪式、开张仪式还可由一名员工代表全体员工宣誓,或者由一位领导率领全体员工集体宣誓。

6. 主礼嘉宾主持大礼。奠基仪式由主礼嘉宾共同挥锹奠基,开工仪式由主礼嘉宾宣布正式开工,或按下按钮启动。启动、通车、开张等仪式也可采用剪彩的形式。此时燃放鞭炮,播放音乐,全场鼓掌,以示庆贺。

7. 主持人宣布仪式结束。

第四节　颁授仪式

一、颁授仪式的含义和作用

各种颁奖、颁证、授勋仪式统称为颁授仪式。颁授仪式运用十分广泛。几乎每个社会组织(包括政府、国际组织、企业以及民间组织)都会设立各种勋章、奖章、荣誉称号、奖励基金、证书,授予本组织内外的领导人、社会活动家、专家学者、劳动模范、先进工作者、各种竞赛或评选活动的优胜者等,以表彰他们在某个领域的卓越贡献,同时通过树立正面典型,弘扬时代精神,鼓舞人们积极向上、不断进取。有时,颁授仪式也是一种公关活动,有助于联络感情,树立社会组织的良好形象。

二、颁授仪式的准备和流程

(一)颁授仪式的准备

国际上各种颁授仪式名目繁多,形式多样,既可以单独举行,也可以作为会议活动中的一项程序,有时也可以借会见、宴会或公开演讲等场合进行。无论以何种形式进行颁授,除做好一般仪式的准备工作外,还要做好以下几个方面的准备:

1. 确定参加对象。颁授仪式的出席对象包括领奖人(包括获奖者、立功者、晋级者)、主办方的领导、有关方面的嘉宾、社会公众代表和组织内部的群众代表,必要时可邀请媒体参加。参加对象的规格、范围和人数应当根据颁授仪式的性质和目的确定。举行奖章、证书和勋章规格较高的颁授仪式,参加者的身份要相适应。比如,我国举行每一届科学技术颁奖大会,在京的中共中央政治局常委全部出席,体现了党中央对科学技术工作的高度重视。

2. 确定颁授人、致辞人和主持人。勋章、奖章、荣誉称号和奖励基金的等级和社会影响是确定授勋人、颁奖人身份的主要依据。如国家级勋章和奖章应当由国家元首亲自授予。如颁授对象和等级不同,颁授人的身份要与之对应。有时请身份和知名度较高的人士授勋和颁奖,能提高颁授仪式的社会影响力。颁授仪式的致辞包括宣读颁奖词、获奖感言和领导讲话,致辞人选要事先确定。主持人要有一定的身份,一般由主办方担任。社会性评选活动的颁奖仪式,可以聘请一些明星担任主持嘉宾。

3. 确定颁奖或授勋仪式的形式。颁奖或授勋仪式应当根据颁奖或授勋的性质来考虑。重要的学术性颁奖和授勋仪式一定要办得庄重、隆重,如诺贝尔奖颁奖仪式每年举行一次,尽管形式年年如此,却给人庄重、典雅、气派的感觉。而一些艺术类的颁奖活动却可以借助绚丽多彩的晚会形式,如文艺表演、明星捧场等,营造轻松、欢快、前卫的气氛。当然,目前也有许多颁奖仪式搞得十分简朴,值得提倡。

4. 发出邀请和通知。出席对象一般以书面的方式发出邀请或通知,其方法可参考举行开幕式的做法,重点是做好领奖人的邀请或通知。邀请函或通知中要明确说明领奖人是否必须亲自参加,如领奖人本人因故不能亲自前来领奖,是否可委派他人出席代领。给领奖人的邀请函或通知应当附上回执,以便了解掌握领奖人的出席情况,便于做好接待工作。

5. 现场布置和物品准备。颁授仪式繁简不一,现场布置的要求也不尽相同。一般说来,授勋和颁奖仪式宜在室内举行,会场要根据事先策划的要求进行布置,不同类型的仪式体现不同的风格。如举行科学技术奖颁奖仪式,为达到宣传教育的目的,应选择较大的会场,以便容纳较多的人。晚会类颁奖仪式可安排在演播大厅、剧院等地点举行,以便进行文艺演出。

简单的颁授仪式主席台上可以不设桌椅,颁授时,颁授人和领奖人相对站立。举行大型颁授仪式,颁授人和领奖人可安排在主席台上就座,也可安排领奖人在主席台下的前排就座。领奖人的座位应根据颁授次序安排,并事先设计好上台领奖的路线,以保证上台领奖时次序井然。讲台一般设在主席台的右侧,并配备话筒。晚会类的颁授仪式设舞台,不设主席台,领导人、主礼嘉宾、领奖人均坐在观众席的前排,舞台上设一讲台,供主持会议和讲话致辞。

重要的颁授仪式现场要升挂国旗。向外国的政府官员授勋,可悬挂双方的国旗。

颁奖和授勋仪式也可以布置会标。会标要醒目,写明颁授仪式的内容或性质。

要根据授勋和颁奖的内容准备好勋章、奖章、奖杯、奖牌、奖状、奖金支票、奖品、鲜花、托盘(盛放奖章和奖励品等)、音乐磁带等物品。奖状的书写一定要规范,具体写明领受人的姓名,奖励的项目名称、等级,发证机关名称,发证日期,并加盖发证机关的印章。颁授对象较多时,勋章、奖杯等物品可以放在主席台的桌上,并与每个颁授人的座位相对应。颁授对象较少时,可以由礼仪人员在颁授仪式开始时,用托盘将勋章或奖杯等物品端上,由颁授人一一颁授。

专门举行的颁授仪式,还要做好签到工作的各项准备。

(二)颁授仪式的流程

颁授仪式中的来宾签到、礼仪引导、介绍来宾、宣布开始等流程与前述几种仪式相同,下面介绍一下流程中的几个重点:

1. 领奖人签到时可为他们佩戴胸花或者绶带,然后引导到前排就座。

2. 有时为突出领奖人,可由主礼嘉宾陪同领奖人一起走上主席台就座。

3. 重要的颁授仪式应全体起立奏国歌。

4. 以国家的名义向外国人授勋,可安排仪仗队护送两国国旗与勋章进入会场,将两国国旗竖立在主席台两侧,由乐队演奏两国国歌。

5. 仪式开始后由主办方代表(要有一定的身份)宣读颁奖词或授勋决定。

6. 奖项类别和等级较多时,可以依次分批颁授。一般从低等级奖项开始颁授,最后颁授最高等级的奖项。领奖人较多而且需分批颁授时,工作人员要细心引导,使每个领奖人上台后与各自的颁授人的位置准确对应,避免错发。

7. 颁授结束后,可安排少年儿童或女青年向领奖人献花。有时也可由颁授人亲自向领奖人献花,以示最崇高的敬意和最热烈的祝贺。

8. 致辞的顺序一般为:先由领奖人(获奖人代表)致辞,然后由来宾代表致辞,最后由主办方领导致辞。

【模拟签字仪式实训方案】

一、实训目的

1. 本实训项目全真模拟涉外签字仪式。通过实训,使学生熟悉涉外签字仪式的各项工作环节和基本规范,初步具备策划、组织签字仪式的实际动手能力。

2. 本实训项目必须通过具体分工和相互合作才能完成。通过实训,培养学生工作责任感和团队合作精神。

二、实训原则和方式

本实训贯彻学生自编、自导、自演和分级管理的原则。指导教师要按照涉外签字仪式的规范具体指导学生对本实训项目进行策划、准备、实施和善后,引导学生自己发现问题,按照责任分工的原则指导学生自己解决问题,切实锻炼和提高学生分析问题和解决问题的能力。

本实训以班级为单位,设项目总协调人(由学生担任),将其他学生分成策划组、嘉宾组(扮演领导嘉宾)、文件组、翻译组、礼仪接待组、记者组、宣传组、后勤保障组等团队,每个团队均设组长,把签字仪式的各项策划与组织工作落实到每个团队和每个学生,使每个团队都有明确的分工,每个学生都负责一项具体的工作。

各项分工采取学生自愿申请和集体协商来确定,鼓励学生充分运用实训的机会展示自己的能力和风采。

三、实训内容和要求

1. 签字仪式名称：

中国××学院 美国阶梯公司
合作举办上海国际秘书学院
签约仪式

2. 准备工作及分工：

(1)策划。由3名学生组成策划组，提交策划书。策划书经指导教师指导修改后作为实施方案分发给全体学生。

(2)准备签字文本。由3名学生做签字文本的准备工作，负责起草、排版、校对、印刷、装订。

①标题：

中国××学院与美国阶梯公司关于合作举办上海国际秘书学院的协议书

②正文：内容符合国家的有关法律法规，格式规范。

③用中英文两种文字书写印刷，一式两份，中美双方各保存一份，排版印刷要符合"在先权"的要求。

(3)设出席嘉宾。均由学生扮演。

①双方授权签字人员2名，身份为中国××学院院长、美国阶梯公司总裁，要求着正装。

②双方致辞人4名，身份为××市教委主任（中文致辞）、美国驻沪总领事（英文致辞）；中国××学院董事长（中文致辞）、美国阶梯公司董事长（英文致辞），要求着正装。

③主持人1名，身份为中国××学院副院长，负责起草主持词，要求着正装。

(4)设工作人员。具体角色及分工如下：

①助签人员2名，负责准备签字笔和吸墨器，要求着礼仪服。

②翻译人员4名，负责签字文本、主持词、致辞稿的笔译和现场口译。

③礼仪人员4名，要求着礼仪服，负责签到和礼仪引导，准备签到桌、签到簿、签字笔、胸花。

④现场布置人员若干名，负责制作会标，摆放签字桌椅和其他人员的座位，制作席卡和条幅，布置国旗和鲜花，准备音响设备、背景音乐、香槟、酒杯和托盘等。

⑤现场记录人员若干名，负责摄影记录、摄像记录、文字记录。

(5)设记者2名，身份由学生策划确定，负责撰写新闻稿。

(6)设观摩实训的嘉宾，如辅导员、系领导、校有关部门领导等，由学生自行策划确定邀请的对象，由礼仪接待组负责制作请柬并当面递请。

(7)仪式开始后，扮演嘉宾、主持人、现场翻译、礼仪人员、记者以外的学生，全部作为双方代表全程观摩。

(8)设文件收集和归档人员1名，负责在实训结束后收集所有的文书（包括电子稿）、照片、视频，经筛选后装订成册，以电子文件形式刻盘保存。

（9）设总协调人1名，负责协调各组的工作安排和进度，督促每个学生按照要求完成各项准备工作，组织有关学生排练，与指导教师沟通。

3. 现场布置效果图，如图10－6所示。

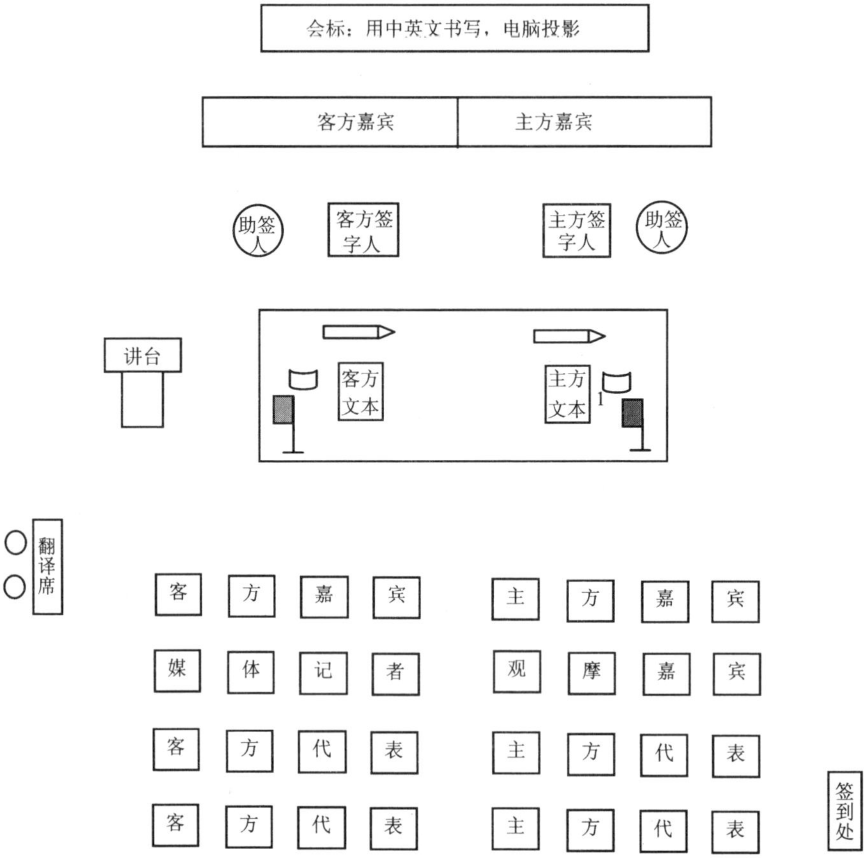

图10－6

4. 模拟签字仪式的流程：

（1）入场签到。要求全体学生以扮演的角色进行模拟签到，签到人员做好签到接待和礼仪引导工作。

（2）全体参加人员先在台下就座。双方嘉宾坐在前排，座位对应上台后站立的位置。其他人员按事先划定的座区就座。

（3）主持人作简短开场白后按身份高低先主后宾、一主一宾介绍双方嘉宾，然后请双方嘉宾上台，按主左客右的惯例和身份高低原则从中间向两侧排列。

（4）主持人宣布签字仪式开始，请双方签字人入席。

(5)助签人翻揭文本,指明签字处,用吸墨器吸干;双方在己方保存的文本上签字;助签人在签字人身后交换文本;双方在对方保存的文本上签字;签字结束后,双方签字人起立,交换文本、握手,全场鼓掌祝贺。

(6)主持人请礼仪人员给双方嘉宾敬上香槟,双方嘉宾互相敬酒祝贺。

(7)双方嘉宾致辞,顺序为××市教委主任(中文致辞)、美国驻沪总领事(英文致辞)、中国××学院董事长(中文致辞)、美国阶梯公司董事长(英文致辞),由翻译人员现场翻译。

(8)主持人作简短小结后宣布签字仪式结束。

四、实训所需主要物品

1. 签字桌一张,椅子若干;

2. 台布一块,暗红色或墨绿色;

3. 签字笔若干;

4. 吸墨器2个;

5. 小型中国国旗和美国国旗两面;

6. 旗架两个;

7. 鲜花若干;

8. 酒杯若干,托盘一个;

9. 电脑、投影仪、扩音机、数码相机、摄像机各一台,话筒若干。

思考与练习

1. 谈谈签字仪式文本的准备。

2. 怎样确定签字仪式的参加人员?

3. 中美双方举行签字仪式,请你画出签字仪式现场布置图,并试写一份签字仪式的流程。

4. 试述开幕式、闭幕式的准备工作和流程。

5. 试写一份开幕词和闭幕词。

6. 某地铁建设工程举行奠基仪式,请你说说准备工作的要求,并试写一份奠基仪式的流程。

第十一章　会议主持、评估和工作总结

第一节　会议主持

一、会议主持的含义和作用

（一）会议主持的含义

会议是一种具有高度组织性的活动。这种组织性不仅体现于会议报批、申办、筹备的过程，而且在会议举行过程中表现得更为突出。任何会议只有通过对举行过程有效的现场组织，才能把策划筹备阶段的各种设想和方案落到实处，最终达到会议的目标。会议举行过程的现场组织，关键是会议主持。那么什么是会议主持呢？如果给会议主持下个定义的话，应当这样表述：会议主持是由会议主办者指定的代表人或者由会议选举或协商产生的主席依照既定会议规则对会议的议事过程实施现场管理的行为。

理解上述定义要把握以下几个要点：

1. 会议主持是主办者指定的代表人或者由会议选举或协商产生的主席的权利和职责，一般的会议成员无此“特权”。

2. 会议主持是对会议议事过程中的管理，不包含会议的筹办和善后阶段的管理，也不涉及会议举行过程中的其他会务，如经费和物资管理。

3. 会议主持人的产生以及主持过程必须始终依据会议的规则。

（二）会议主持的作用

理解了会议主持的含义，也就不难理解会议的作用。归纳起来，会议主持的作用主要表现在下列几个方面：

1. 通过执行事先策划的方案，主导会议进程，确保会议朝着既定的目标前进。

2. 通过协调与会各方的立场，促使会议达成共识，形成决议或者协议。

3. 通过贯彻议事规则，保障与会者的权利，维护会议的秩序。

4. 通过现场的组织与控制，营造气氛，增强会议的效果，提高会议的效率。

二、会议主持人

（一）会议主持人的含义、产生及其责任性质

顾名思义，会议主持人就是主持会议的人员，又称会议主席、会议召集人。会议

主持人的产生及其责任性质可分成以下两种情况：

1. 由主办者派出，代表主办者对会议的议事过程实施管理并向主办者负责。主办者同与会者之间具有上下级关系或行政上的管理与被管理关系的纵向性会议以及由一方主办的横向性会议基本如此。如果实行轮流主办会议的制度，便由各主办方轮流派员担任每届会议的主持人。共同主办的会议，主办者之间协商产生主持人，也可由参与主办的各方派员担任共同主席。

2. 由会议选举或协商产生，向全体会议成员负责。法定性代表大会、多边会议、国际组织的成员大会等横向性会议便是如此。法定性代表大会一般都选举产生主席团，主席团由若干名成员组成，有的还设常务主席，举行会议时，由主席团成员或常务主席轮流主持每一次会议。

（二）会议主持人的身份

会议主持人在会议举行过程中地位重要，恰当安排主持人的身份，能准确体现会议的规格，彰显会议的性质。会议主持人的身份安排一般有以下几种情况：

1. 主办方最高领导人出席会议并亲自主持会议。这类会议的规格最高，如上海合作组织元首理事会会议均由主办国的元首主持。我国每届全国人大第一次会议举行开幕式，均由全国人大常委会委员长亲自主持。一般性的工作常会（例会）也均如此。

2. 主办方最高领导人出席会议，由级别稍低的领导人主持会议。这类情况较普遍，其特点是能突出身份最高的领导人在会上的重要讲话或致辞，在一些仪式性活动中，则突出最高领导人施行的剪彩、启动、揭幕、颁奖等仪式。

3. 由主办方临时聘请专业主持人或者有社会影响力的人士主持会议。这类情况主要出现在一些面向社会的论坛、研讨会或者采取晚会形式的会议活动。这种安排能充分发挥主持人的社会影响力，提高社会的关注度。

（三）主持人与司仪的区别

在一些仪式性活动中，常常设司仪一职，其职责与主持人相同，原劳动和社会保障部已将这一职业的名称规范为“礼仪主持人”。但主持人和司仪这两个称呼在使用习惯上还是有区别的。就仪式活动而言，主持人适用于规格较高的仪式，其身份应当是主办单位职务较高的领导人；而司仪常用于一般性的仪式，其身份可以是专业主持人或者是社会名人，也可以是本单位擅长主持的人士。有时规格较高的仪式中同时设主持人和司仪，主持人由身份较高的人士担任，主持仪式中最核心的程序，司仪负责仪式前的暖场、营造气氛以及主持文艺表演等配套活动。例如，上海世博会闭幕式就设主持人和司仪，主持人是中国中央政治局委员、上海市委书记、上海世博会执行委员会主任俞正声，司仪是四位电视节目主持人。

三、会议主持的形式和流程

（一）会议主持的形式

1. 单独主持。这是指会议从开始到结束由一个主持人主持。

2. 共同主持。这是指由会议领导机构（如主席团、执行主席）若干成员共同主持会议。这种主持会议的形式能体现会议的民主性和集体领导原则，会议中出现的问题需集体商议后做出决断，但主持词只能由一位主持人宣读。在有些双边或者多边会议活动中，各方均可派主持人，身份应当相等，称为共同主席。

3. 分段主持。有些会议是由两个会议连起来开的，成员相同但内容不一，可由分工不同的两位领导人分别主持。如果举行重大仪式，也可由司仪和主持人分段主持，司仪负责仪式前的暖场，介绍主持人的身份和姓名，司掌其他配套活动，主持人宣布仪式开始并主持仪式。

（二）会议主持的流程

会议主持的流程因会而异，以讨论具体议题的狭义会议为例，会议主持的流程大致如下：

1. 宣布会议开始。

2. 介绍出席会议的主要领导和来宾。法定性会议要报告会议的应到人数和实到人数，确认开会的有效性。

3. 致开场白，阐明会议的目的、任务，宣布会议议程和纪律。

4. 根据会议议程组织致辞、报告、讨论和大会发言，控制发言的时间。大会发言时要介绍发言者的身份、姓名和发言题目。

5. 听取并汇总与会者的意见，向会议提出最后文件的草案或表决稿。

6. 决定动议是否列入会议议程，或将动议提交主席团审议。

7. 主持选举和表决程序，宣布选举和表决结果。

8. 总结会议成果，宣布会议结束。

四、会议主持的原则和方法

（一）会议主持的原则

1. 主导性原则。主持会议的过程实际上就是领导和管理会议的过程。主持人作为会议的领导人应当发挥主导作用，按照会议议程或程序引导会议向既定的目标发展，纵向性会议尤其应当如此。对会议中出现的偏离目标的现象，主持人要及时加以疏导和纠正，确保会议成功。

2. 规范性原则。任何会议，或以成文的方式制定规则，或根据惯例，总有一定的规则。会议规则(包括议事规则、选举办法、表决办法等)是会议所有成员都必须遵守的制度,也是主持人主持会议的依据和规范。特别是举行法定性会议,主持人一定要善于运用会议规则驾驭会议进程,裁决程序纠纷,保证保障会议成员各项权利的落实,体现会议的公正性。

3. 科学性原则。会议主持是会议管理的重要环节,应坚持科学性原则,充分运用会议学、心理学、决策学等学科的科学原理和科学方法,指导会议的沟通、协调和决策的过程,做到科学开会、科学决策。

4. 效率性原则。会议的效率与会议主持关系密切。讲求高效是会议主持的重要原则,也是会议主持人应当追求的目标。要合理地组合主体、信息、方式、时间和地点等会议的要素,用科学的方法提高会议的议事效率,杜绝“马拉松会”现象,使会议真正成为实施管理的高效工具。

(二)会议主持的方法

会议主持的方法很多,包括语言沟通的方法、协调关系的方法、启发激励的方法、引导纠正的方法、民主集中的方法、营造气氛的方法、休会冷却的方法等。下面介绍几种运用会议进行咨询、论证、决策的方法。

1. 头脑风暴法。头脑风暴法又称智力激励法,意指无限制的自由联想和讨论,其目的在于产生新观念或激发创新设想。采用头脑风暴法进行咨询、论证、决策时,要集中有关专家或决策人员召开专题会议,主持人向所有与会者阐明存在的问题或决策的目标,说明会议的规则,然后由与会者自由发言,提出尽可能多的方案。会议召开期间,主持人一般不发表意见,以免影响会议的自由气氛。

采用头脑风暴法,必须遵循下列原则:

(1)互不批评原则。头脑风暴法是一种基于集体自由联想而获得创意的策划方法,为了鼓励每个与会人员创造性地思维,保证他们思维的发散性和流畅性,必须创设一个融洽、自由、轻松和活泼的会议气氛,禁止任何人对任何方案或设想进行批评,或者暗示批评的态度。这是头脑风暴法最基本、最重要的原则。

(2)自由联想原则。头脑风暴法要求与会人员的思维保持在自由的、无拘束的状态,大胆地展开思想的翅膀,勇于提出新颖、奇特的构想,善于结合别人的意见提出自己的设想,以促成思维产生连锁裂变的反应。

(3)追求数量原则。头脑风暴法要求会上所提出的各种设想或方案都应当得到鼓励,提出方案的数量越多越好,而不是要求与会者一定要提出高质量的设想或方案。实际上,在思维充分自由的状态下,数量增加的同时,必然会涌现出优秀的设想和方案。

2. 反向头脑风暴法。头脑风暴法虽然能够发挥策划者个人的想象力,有利于各种设想和方案的提出、修改、补充和完善,能在较短的时间内获得较高质量的方案,但由于受到与会者经验、知识和思维能力诸方面的局限，加上方案本身的问题和缺陷不得在会上加以指出，无法作进一步深入的分析，因此也存在一定的不足。为了克服其不足，可以在头脑风暴法的基础上，进一步运用反向头脑风暴法，即把这两种方法结合起来，使其相互补充，相得益彰。

反向头脑风暴法应当遵循质疑性原则，即要求策划者对前一次会议（头脑风暴策划法）提出的各种设想和方案进行质疑和批评，而不允许作确认性评价。具体操作分为三个阶段：

（1）要求与会者对每一个提出的设想和方案都要提出质疑，并进行全面评论，评论的重点是有碍设想和方案实现的所有限制性因素。

（2）对每一个设想和方案，可编制评论意见一览表以及可行设想一览表，然后进行质疑，禁止对已有的设想和方案提出肯定意见，鼓励提出批评意见以及新的设想和方案。质疑过程一直进行到没有问题可以质疑为止。

（3）对质疑过程中抽出的意见进行评价，以便形成一个实际可行的最终设想和方案一览表，由分析组的专家负责处理和分析质疑结果。

3. 名义群体法。名义群体法是一种对会议成员的讨论或人际沟通加以限制、但确保每个会议成员独立思考的集体决策方法。名义群体法的操作步骤如下：

（1）会前只告知与会者开会时间和地点，不告知议题和其他与会者。

（2）议题宣布后，先不进行讨论，要求每个会议成员独立写下自己对于解决这个问题的看法或观点。

（3）每个会议成员依次向其他与会者说明自己的观点或方案，由工作人员将其记录在黑板上或显示在大屏幕上。

（4）开始群体讨论，对观点的不明确之处进行提问，由原提议者作解释和澄清，力求把每个观点或方案搞清楚。

（5）每个会议成员独立地对所有观点或方案进行排序。

（6）汇总排序情况，名列前茅的观点或方案作为群体决策的方案。

五、会议主持词

（一）会议主持词的含义和作用

会议主持词是主持人（或司仪）主持会议（包括仪式）时宣读的文案，其作用是串联各项活动环节、介绍发言人身份、控制活动进程、营造现场气氛、确保活动顺利完成。有些大型仪式同时设主持人和司仪，司仪所使用的主持暖场及其配套活动的文案可称为“串联词”，主持人主持正式仪式的文案应称为“主持词”。

（二）主持词的主要内容

主持词的内容因会议或仪式的性质、内容和程序而异。一般包括：宣布会议或仪式开始，介绍主要领导和来宾，报告出席人数，说明会议或仪式的目的、任务和宗旨，宣布会议议程或仪式的程序，强调纪律和注意事项，介绍发言者的姓名和职务，宣布会议结果，宣布会议或仪式结束，等等。

(三)主持词的格式与写法

1. 标题。标题由会议或仪式名称 + 主持词组成。如：

庆祝××公司成立十周年大会主持词

2. 日期。标题之下居中标明举行会议或仪式的具体日期，可用括号括入。

3. 主持人身份和姓名。日期之下居中标明主持人的身份和姓名。

4. 称呼。主持词的称呼有两种写法：一种是全部采用泛称，如“各位领导、各位来宾、同志们、朋友们”，而不采用特称。这种写法适用于由主持人来介绍出席会议或仪式的领导与嘉宾的情况，因为领导与嘉宾尚未介绍，一开头就特称某位领导或嘉宾不妥当。另一种是采用特称 + 泛称的写法，适用于事先已经由司仪介绍了出席会议或仪式的领导与嘉宾以及主持人的身份与姓名的情况。由于主要领导和嘉宾已经做了介绍，主持人登场开始主持时就必须对他们使用特称。例如，在 2008 年北京奥运会圣火欢迎仪式上，先由司仪介绍了出席仪式的国家主席胡锦涛以及仪式主持人，主持人在称呼时就采用了特称 + 泛称：“尊敬的胡锦涛主席，尊敬的各位来宾，女士们、先生们”。

5. 正文。主持词正文部分写作的依据是会议或仪式的程序（流程）。但由于程序（流程）比较原则，而主持词既要供主持人看和读，又要让与会者都能听懂，因此不能简单地重复这些程序（流程），必须加以丰富完善，确保主持词与每一项活动程序有机地融合起来，做到条理清楚，起、承、转、合完整自然，并符合讲话稿写作的特点。比如，奏国歌这项程序是仪式类活动常有的，程序写作时就是一句话“奏国歌”，但在主持词写作中，就必须写成“请全体起立，奏国歌”，奏完国歌，还要写明“请坐下”。这些细节看似简单却非常重要，不能疏漏。

主持词在具体写作时还要把握好以下几个环节：

（1）开场白。主持人的开场白主要是起宣布会议或仪式开始的作用。在不专门安排致开幕词的会议或仪式中，主持人的开场白相当于开幕词。大型活动的开幕式由于另有专人致开幕词，因此主持词的开场白可对参加开幕式的来宾表示欢迎和感谢，或简要揭示活动的背景和意义，作为开幕式的引子。开场白的写作要注意言简意赅，不可长篇大论，避免与后面的开幕词或欢迎词意思重复。

（2）介绍。会议或仪式开始前或开始后，主持人要介绍出席的领导和嘉宾，会议或仪式举行期间要介绍每一位致辞人或发言人的身份和姓名。介绍出席的领导和嘉宾，顺序要得体，一般按身份从高到低；身份相同时，可按资历高低排列顺序。无论是介绍领导和嘉宾，还是介绍致辞、发言、颁奖、领奖者，身份、职务、姓名要清楚、准确，并使用“请”、“有请”、“恭请”等礼貌用语。

(3)小结和致谢。每项活动程序结束后，主持人可作一个简短的小结，阐明致辞、发言或具体活动的意义，对发言者表示感谢。会议或仪式结束之前，可概括会议的成果，对与会者提出希望和祝愿，也可根据程序安排，导入下一板块的活动。

在结构安排上，主持词中表达的每一项程序要以自然段落分开，或标上序号，以便辨识和查找。语言表达风格要根据会议的性质和内容确定，会议主持词要求准确、严密、规范，符合会议的议事规则，节庆、晚会活动的主持词则可以幽默、风趣、生动、活泼，充满激情。

【法定性代表大会主持词例文】

中国共产党××省第九次代表大会开幕式主持词

各位代表：

根据大会日程安排，中国共产党××省第九次代表大会今天举行开幕式。本次大会的代表共250名。今天因出国访问请假3名，实到代表247名，符合规定人数，可以开会。

根据大会主席团的决定，今天大会的执行主席是×××……

参加今天大会的有中共中央组织部部长××……

列席今天大会的有……

让我们用热烈的掌声对他们的光临表示诚挚的欢迎！

现在我宣布，中国共产党××省第九次代表大会开幕！

全体起立。

奏《国歌》。

请坐下。

请×××同志代表中国共产党××省第八届委员会做工作报告。

(×××同志做工作报告)

请×××同志代表中国共产党××省纪律检查委员会做工作报告。

(×××同志做工作报告)

今天大会的议程全部进行完毕。下午起，请各代表团根据大会日程安排，对中国共产党××省第八届委员会工作报告和中国共产党××省纪律检查委员会工作报告进行审议。

休会。

【仪式主持词例文】

北京奥运会志愿者项目启动仪式主持词

2005 年 6 月 5 日

北京市委副书记、北京奥运会志愿者工作协调小组组长 强卫

女士们、先生们、朋友们:

大家下午好!

今天,来自五湖四海的朋友们欢聚一堂,举行北京奥运会志愿者项目启动仪式。

我们非常荣幸地邀请到了国际奥委会主席罗格先生,让我们以热烈的掌声对罗格先生的光临表示欢迎和感谢!

下面,我介绍出席仪式的领导和贵宾,他们是:

中共中央政治局委员、中共北京市委书记、北京奥组委主席刘淇同志;

国务委员、北京奥组委第一副主席陈至立同志;

国家体育总局局长、中国奥委会主席、北京奥组委执行主席刘鹏同志;

北京市市长、北京奥组委执行主席王岐山同志;

中国残疾人联合会主席、北京奥组委执行主席邓朴方同志。

出席今天仪式的领导和贵宾还有:国际奥委会委员、北京奥运会协调委员会委员吉拉迪先生,前悉尼奥组委首席执行官桑迪·豪威先生,联合国志愿人员组织总协调员阿德·莱德先生;国家体育总局、中国残疾人联合会、北京市委市政府、北京奥组委有关负责同志,北京奥运会志愿者工作协调小组负责人。

参加今天仪式的还有北京奥运会赞助商代表、京外赛区城市代表、国内外志愿者代表和热心志愿服务事业的朋友们。让我们用热烈的掌声向出席活动的各位领导、贵宾和海内外的朋友们表示热烈的欢迎!

我宣布,北京奥运会志愿者项目启动仪式正式开始!

请刘淇同志、罗格先生共同为我们开启北京奥运会志愿者标志。

(刘淇、罗格开启北京奥运会志愿者标志)

谢谢刘淇同志和罗格先生!

通过今天这个仪式,我们推出北京奥运会志愿者的标志,同时,还要发布《北京奥运会志愿者行动计划》,北京奥运会的志愿者工作将在行动计划的指导下逐步推进。下面,请大家观看一部北京奥运会志愿者行动计划的宣传片。

(观看宣传片)

下面,让我们热烈欢迎国际奥委会主席罗格先生致辞!

(罗格致辞)

谢谢罗格先生!

下面,请中共中央政治局委员、中共北京市委书记、北京奥组委主席刘淇同志发表重要讲话!

(刘淇讲话)

谢谢刘淇同志!

女士们、先生们,联合国秘书长安南先生始终关注和支持志愿服务事业。今天,安南先生特意为启动仪式发来了贺信。

下面,请工作人员宣读安南先生的贺信!

(宣读安南贺信)

下面,请来自北京大学、清华大学的志愿者代表发言!

(代表发言)

志愿者真诚的微笑是志愿服务的自然表征,是奉献精神的真实流露。我们从志愿者灿烂而充实的微笑中,可以体会到志愿者发自内心的快乐和对未来事业的信心。今天的启动仪式结束之后,志愿者们将踏上志愿服务事业新的征程。

下面,有请陈至立同志向来自北京和奥运会京外赛区城市的志愿者代表授北京奥运会志愿者旗帜!

(授北京奥运会志愿者旗帜)

谢谢陈至立同志!

微笑是美好的!让我们记录下这一美好瞬间!

下面,有请台上的各位领导和贵宾,与志愿者代表们合影!

(合影)

让我们的手紧紧相握!让我们的心紧紧相连!衷心祝愿海内外志愿者高擎旗帜、携手并肩,开辟志愿服务和奥运会事业的美好未来!

我宣布,北京奥运会志愿者项目启动仪式,到此结束!

谢谢大家!

第二节 会议评估

一、会议评估的含义、意义、特点和原则

(一)会议评估的含义

会议评估是指根据一定的目的和标准,遵循一定的原则,运用科学的方法,对会议活动各项要素及其社会经济效益等方面进行质和量的综合评价活动。

(二)会议评估的意义

全面正确评估办会的实际效果和效益,对于主办方来说,至少有两方面的意义:

一是可以全面评价会议方案的执行情况。会议方案包括会议策划阶段制订的总体方案、专项计划、财务预算等，是会议目标的具体体现，也是举办会议的指导性文件，一旦制订，必须执行。但由于影响会议方案执行的因素错综复杂，实际执行的结果往往会同原方案的目标有所偏差。会议主办者通过会议评估，可以全面评价方案的优点与缺陷，了解方案的执行情况，或者找出影响方案执行的各项因素，为更好地制订下一届会议的方案和进行项目可行性分析提供依据。

二是通过运用科学的评估标准和评估方法，对会议项目的整体成效、宣传效果、接待成果、成交结果、经济效益等各个方面展开全面总结和评估，力求发现存在的每一个问题，分析问题产生的原因，以便有针对性地、更有效地加强和改进会议管理，不断提高办会的质量和整体竞争力，创建会议品牌，为举办下届会议提供基础数据的支撑。

（三）会议评估的特点

1. 评估活动的目的性。会议评估是会议管理的一个重要环节，是一项有目的、有计划的自觉活动。这里所说的“目的”对于不同的评估主体和不同的评估对象而言可能不尽相同，但就总体而言，无论哪一类主体进行会议评估，都是为了实现既定的会议管理目标。

2. 评估内容的专业性。会议评估是围绕会议内容、与会者、时间、地点、方式、服务、成本等项目展开的，涉及会议管理的各项业务，因此评估内容具有很强的专业性。

3. 评估指标的系统性。会议评估指标是反映会议活动的基本要素和本质特征的数量体系。任何一种评估主体在进行某项会议评估前，都要根据评估的目标制定切实可行的评估指标体系，包括完整的指标系统、权重系统和评估标准系统，以使评估的结果能够全面真实地反映会议活动的实际，体现会议评估的目的。

4. 评估方法的科学性。会议评估不同于一般的回顾总结，它必须运用一系列科学的方法对各项指标进行分析和评价。比如，评估一个会议项目，不仅要看本届会议所产生的当前数据，还要看该会议项目的历史情况，用历史的眼光来评价一个会议项目是前进还是倒退，也就是运用历史的方法。又如，进行会议评估时，先要收集数据，然后对收集到的数据进行整理、归类，再按统一的标准对各项数据进行比较分析和因素分析，也就是采用了统计分析的方法。此外，会议评估还需要收集大量的经济技术数据进行定量分析，并在定量分析的基础上对会议的各项指标做出性质判断和描述，也就是采用定量分析和定性分析相结合的方法。实践证明，只有采用科学的方法，才能保证会议评估结果的科学性。

（四）会议评估的原则

1. 客观性原则。客观性原则是会议评估的首要原则。会议评估的根本目的是提高办会的水平，这就要求会议评估能够客观反映会议管理的实际，并通过评估肯定成绩、发现问题、改善管理。

2. 动态性原则。会议项目往往具有连续性和系列性，越是品牌好的会议项目，生命力就越强，经久不衰。但是，由于每次会议活动所处的社会和自然环境总会存在一定的差异，有时会议还会受到一些不可抗因素或突发公共事件的影响，会议的各项指标起伏升降是难以避免的。如果仅仅以一次会议或一届展览的数据作为会议评估的依据，就可能以偏概全。因此，会议评估要想做到科学、全面，就必须坚持动态性原则，对被评估的会议项目进行动态评估。

3. 同一性原则。这里的同一性，是指同一评估主体在对同一性质和类型的会议项目进行的评估中，评估的指标体系（包括指标系统、权重系统和评估标准系统）、评估的方法和程序应当一致。只有这样，评估的结果才会客观、公平、合理。当然，由于会议活动的性质和类型繁多，用一种指标体系去评估所有的会议项目显然不科学，实践中也行不通。因此，同一性原则具有相对性，即要求在制定和选择评估指标体系前，先确定评估的适用范围，在同一适用范围内寻找具有共性的指标系统和标准系统。

4. 定性和定量结合的原则。从评估的方法来看，会议评估有定性评估和定量评估之分。定性评估是一种采用非数量化方法的评估类型，其目的是对会议项目的过程和结果进行性质描述、分析和评价，做出定性的评估结论。定量评估是一种采用数量化方法的评估类型，其目的是对会议项目的过程和结果进行数量描述、分析和评价，做出定量的评估结论。在会议评估中，定性评估和定量评估应当相互结合，相互补充。

二、会议评估的内容

会议评估是一个内容庞大且复杂的体系。性质不同的会议，其评估内容也有所不同。此外，一项评估究竟要涵盖哪些内容，应该根据评估的目的和实际情况确定。下面所列的评估内容是在实施会议评估时可测评的项目，并不等于会议评估的必备指标，仅供评估者根据评估的目的和实际需要加以选择。

（一）会议主题和议题评估

1. 会议主题的现实意义。会议主题是否具有现实意义直接关系会议的影响力和参会率，是会议评估的重要指标。具体评估内容包括：

（1）会议主题是否有效实现了会议的目标？

（2）与会者对会议主题的认同度和满意度如何？

（3）与会者对会议主题有何意见和建议？

2. 会议主题和议题的关系。具体评估内容包括：

（1）会议主题和议题的联系是否紧密？是否有议题脱离主题的情况？

（2）会议议题是否充分体现了主题？

3. 与会者对议题的关心程度。具体评估内容包括：

(1)与会者对每项议题的兴趣程度如何？

(2)哪些议题最受或最不受与会者的欢迎？

(3)造成与会者对议题兴趣差异的原因是什么？

4. 议题的适量性。这是指议题的数量是否恰当。

(二)会议议程和程序评估

1. 每项议程(如报告、演讲、讨论)和每项程序(如致辞、颁奖、剪彩、签字)的顺序是否恰当？

2. 议程和程序安排的顺序是否符合礼仪？

3. 预定的每项议程或程序所用的时间是否合理？

(三)与会者要素评估

1. 会议邀请范围是否与会议的规格相适应？

2. 与往届会议相比，与会者的人数上升还是下降？

3. 会议的规模是否合理？

4. 与会者的身份有何变化？权威性和专业性是提高了还是降低了？

5. 国际代表出席会议的情况有无变化？是增加了还是减少了？原因何在？

6. 特邀代表的范围是否适合会议公关的需要？

(四)会议发言评估

1. 发言人的身份是否适当？是否具有一定的权威性和代表性？

2. 发言的内容是否切合主题？

3. 与会者对发言的内容是否感兴趣？

4. 发言人的发言是否具有艺术感染力？

5. 发言的顺序安排是否恰当？

6. 发言人数以及发言时间的限定是否适当？与会者是否有充分的互动交流机会？

7. 与会者对发言的总体评价如何？

(五)会议时间评估

1. 举行会议的时机是否同会议主题的背景相适宜？

2. 会期安排是否符合完成会议各项议程的需要？

3. 会议的具体日期是否具政治上、宗教上、民族风俗上的敏感性？

4. 会议的周期是否合适？

5. 与会者对会议的日程和作息时间安排是否满意？

（六）会议地点评估

1. 会议举办地的选择是否有利于推动当地的政治、经济和社会发展？

2. 会议举办地以及具体场所的选择是否有助于突出会议的主题并营造良好的会议气氛？

3. 会议举办地以及具体场所的选择是否有助于吸引与会者，扩大会议的品牌效应？

4. 举办地的居民对举办会议是否持欢迎态度？

5. 会议举办地的接待能力（场馆、餐饮条件、机场、道路、交通设施等）是否满足了会议的需要？

6. 与会者对举办地的商业设施、购物环境、绿化以及城市整体满意度如何？

7. 会场的设备是否完好并使用正常？

8. 会场的光线、温度、湿度等环境是否舒适？

9. 与会者对住宿宾馆的规格、服务水平是否满意？

（七）会议接待服务评估

1. 迎送注册工作方面：

（1）接站工作安排是否合理？与会者对接站服务是否满意？

（2）与会者报到注册是否方便、快捷？

（3）报到注册表的项目设计是否有助于收集与会者的信息？

（4）会议有无安排送行？与会者对送行服务是否满意？

2. 餐饮服务方面：

（1）客人对宴会酒菜有何意见？

（2）餐饮的形式（围餐、分餐、自助）是否有利于与会者之间进行交流？

（3）与会者对餐饮的环境和餐饮整体服务是否满意？

3. 考察、游览、娱乐服务方面：

（1）会议期间安排的考察、游览、娱乐项目是否配合了会议的主题？时间上是否与会议的主要活动有冲突？

（2）会场与住地之间是否有专门的交通车接送？

（3）会议是否为与会者出行提供了咨询服务？

4. 会场引导、咨询和指示系统方面：

（1）礼仪引导人员服务是否热情、规范、符合礼仪要求？

（2）会场指示标志是否清楚？国际性会议的现场指示牌是否用中英文书写？

（3）会场工作人员的咨询服务是否令与会者满意？

5. 翻译服务方面：

（1）与会者对翻译的质量（准确性、及时性）是否满意？

(2)翻译的语种是否满足与会者的需要?

(3)同声翻译设备的操作是否方便?声音是否清楚?

6. 会场饮水和茶歇服务方面:

(1)与会者对茶水服务是否满意?

(2)茶歇的时间、地点安排有无问题?茶点质量如何?

(八)会议宣传评估

1. 与会者通过哪些渠道获得会议举办信息?

2. 会议广告的媒体和投放的时机是否合适?

3. 主办方举行新闻发布会的次数是多少?效果如何?

4. 媒体特别是举办地的媒体对会议的报道情况如何?

5. 是否通过开设网站进行宣传?

(九)会议总体评估

会议总体评估是在上述各个项目评估基础上进行的一项综合性评估,旨在从总体上把握会议的成败。具体内容包括:

1. 与会者对会议成功与否评价如何?

2. 与会者在参会期望值方面的满意度如何?

3. 有多少与会者表示愿意参加下一届会议?

三、会议评估的程序

(一)制订评估计划

会议评估计划一般要包括以下内容:

1. 评估的具体目的和任务。

2. 评估的原则。

3. 评估的内容和指标体系,包括完整的指标系统、权重系统和评估标准系统三个方面。

(1)指标系统。一项具体的会议评估,其指标系统是根据评估的目的和任务,从各项评估的内容中选择出来的,是对评估目的的具体化,其结构一般由若干个指标层次组成,如图 11 - 1 所示。

(2)权重系统。权重系统包括各层次指标的自重权数和加重权数。

(3)评估标准系统。评估标准系统是衡量评估对象达到末级指标程度的尺度,如用“很满意”“满意”“不满意”等区分与会者对会议接待服务总体评价的等级程度,也可用分数表示。

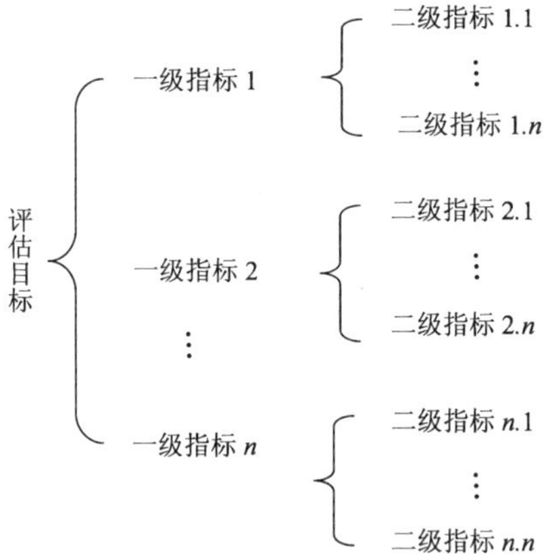

图 11－1　会议评估指标系统结构图

4. 评估的方法、程序。

5. 评估的机构、人员组成及分工。

6. 其他要求。其他要求包括经费的预算和使用、完成计划的时限和进度要求等。

（二）收集和分析材料、数据

收集和分析材料、数据是会议评估的两个关键环节，这两个环节是相互联系的、不可分割的。全面收集评估材料和数据是进行材料和数据统计分析的前提，材料和数据的统计分析是对材料和数据收集工作的深化。

1. 材料和数据的收集。评估材料和数据的收集范围包括会议筹备、举办和善后各阶段产生的相关材料和数据，收集的要求是及时、全面，收集的方法大致有现场观察、注册登记、会议记录、召开调查会、个别访问、进行问卷调查、收集其他材料（包括新闻报道、会议简报、发言材料、最后文件）等几种。

2. 材料和数据的统计分析。各项材料和数据汇总后，接下来的工作是组织专家和有关人员对这些材料和数据进行审核、归类、比较、分析和整合，初步确定评估对象的得分或等级。

（三）确定评估结果

一般情况下，经过专家评估确定的评估对象的得分或等级，可以看作是评估结果，但在一些选拔性或评比性会议评估中，会议评估的结果还需要经过一定的程序来加以确定，如由领导小组或专家委员会投票决定。

(四)编制评估报告

会议评估报告是会议评估结果的书面载体,便于交流、发布和保存。会议评估结束后,评估结果都应当形成会议评估报告。

四、会议评估报告的格式和写法

会议评估报告的格式有两种:一种是文章式评估报告,即采用文章的一般结构,有一定的文字描述和分析,而且提出结论和建议;另一种是表格式评估报告,即各项评估结果均以数据表或曲线图来呈现。

文章式评估报告的结构安排与具体写法如下:

(一)标题

标题一般由会议名称和“评估报告”组成。如:

2003 中国国际缝制设备展览会评估报告

(二)署名

署名一般置于标题之下,也可置于正文右下方。

(三)正文

1. 开头。开头有两种方法:一种是介绍评估的目的、背景、过程与方法。如果由专业评估机构撰写,撰写人要对评估的由来或受委托进行该项评估的具体原因加以说明。另一种是简要介绍会议项目的基本情况。

2. 主体。主体部分具体表述会议评估报告的各项指标和结果。表述时既可以对应各项评估标准列出评估结果的各项数据,也可以采用各种形式的图表,辅以文字说明,将预期数、实际数和以往的数据加以对比。要求做到数据准确、材料与观点统一、语言简练。

3. 结尾。要用简洁明晰的语言做出结论,提出建议。比如,要阐明评估结果说明了什么问题,有何实际意义。建议必须针对评估结论,提出可以采取哪些措施以获得更好的效果。

(四)附件

有的会议评估报告将说明性图表或资料作为附件,这样的话,必须在正文下方依次标注附件的名称。

(五)日期

在正文右下方写明提交的具体日期。

【会议评估报告例文(节选)】

全国高等职业教育专业改革与教育资源建设研讨会
暨国家示范性高职院校建设三周年成果展示会
评估报告

一、评估背景、目的和指导思想

1. 背景

当前和今后一个时期,职业教育改革创新的基本任务是,以科学发展观为指导,以提高质量为核心,理清发展新思路,树立育人新理念,落实改革新举措,创造发展新环境。

示范性高职院校是我国职业教育改革创新的前沿阵地。在《教育部关于全面提高高等职业教育教学质量若干意见》(教高〔2006〕16号)文件精神指引下,全国高职院校不断加强内涵建设,强化特色,取得了可喜的成绩。尤其是“国家示范性高等职业院校建设计划”实施以来,各示范建设院校积极探索,取得了长足的进展。

为了深化高等职业教育专业改革和教育资源建设工作,向社会各界展示全国高职战线教育教学改革成效及示范院校三年来的建设成果,将高职教育内涵建设进一步推向深入,中国高等教育学会、全国高职高专校长联席会议、国家示范性高等职业院校建设工作协作委员会、中国职业技术教育学会教学工作委员会和中国职业技术教育学会职业教育装备专业委员会于2009年11月26～27日在北京联合召开“全国高等职业教育专业改革与教育资源建设研讨会暨国家示范性高职院校建设三周年成果展示会”。评估组受会议举办方委托,对本次会议进行评估。

2. 目的

(1)以高职院校人才培养工作评估新方案的基本思路和做法,对会议的设计、组织、实施与效果进行评价,用以进一步检验评估新方案的科学性与有效性。

(2)尝试对学员的现场考察环节的培训,提升参评人员的评估能力。通过实战体验,在“做中学、学中做”的过程中,掌握深度访谈、现场观察等方法和技巧。

(3)发现会议的亮点和经验,找出存在的不足,并将评估意见反馈给会议组织方,作为总结工作时的参考。

3. 指导思想

坚持以科学发展观为指导,以服务主体为宗旨。遵循项目评估的基本规律,以“果—因—效”为逻辑,以深度访谈和现场数据采集为主要方法对会议进行评估。通过评估,助推办会水平的提升、品牌论坛的培育,促进高职教育与社会各方的联系与交流。

二、评估范围与项目

1. 评估范围

(1)全国高等职业教育专业改革与教育资源建设研讨会。

(2)国家示范性高职院校建设三周年成果展示会。

2. 评估项目

(1)会议目标与主题。

(2)会议设计(计划)。

(3)会议执行与控制(实施)。

(4)会议效果。

三、评估指标与内容

参照高职评估骨干专家培训班的作业表形式,设计了本次会议的评估指标体系:主要评估指标4个,关键评估要素17个,关键表现指标(KPI)68个以及关键影响因素(KSF)26个。同时,也设计了访谈记录表。

四、评估方法与时机

1. 评估方法

(1)会议组织者提供数据资料,包括问卷调查等资料。

(2)评估人员现场观察及数据、信息采集。

(3)评估人员有针对性地深度访谈。

(4)评估专家组综合分析。

2. 评估实施(略)

3. 评估时机

(1)会前专家研讨,形成评估指标体系(略)

(2)会中全程跟踪,采集评估数据信息(略)

(3)会后统计分析,形成评估工作报告(略)

五、基本评价

在闭幕式上,会议安排杨应崧教授代表评估培训板块对会议作了一个简要评价。会议结束后,根据各小组总结,梳理形成如下基本评价:

1. 清晰的目标主题

会议目标清晰准确,即对外宣传展现,对内展示推进。(略)

会议主题鲜明实用。(略)

专题报告的嘉宾发言紧扣主题、水平较高;参会代表积极参与,收到了应有成效,达到并部分超过了会议的预期目标。(略)

2. 激情的创新意识(略)

3. 多元的表现形式(略)

4. 周到的会议策划(略)

5. 有效的过程控制(略)

六、“会议设计”评价

1. 内容策划(略)

2. 人员策划

(1)办会团队。组建了26人的大会主席团,22人的项目执行委员会,20人的会务组，以及56名服务学生组成的办会团队。团队由专家、教师、学生和企业代表组成，体现了“工学结合”的理念。

会议结果显示：办会团队能有效决策并保证会议的正常运行和会议质量。

（2）参会代表。从以下四个方面进行分析：

①数量：（略）

②区域分布：（略）

③代表类型：（略）

④各模块报名人数：（略）

评价：参会院校基本覆盖全国，各专题报名人数基本合理。示范院校及非示范院校均高度重视本次会议。

3. 时间策划

会议整体安排2天时间，除专题报告和新闻发布会外，其他时间段均同时安排了3～4个专题，丰富、紧凑、合理、高效。

每个专题安排3学时，能保证专题报告充分展开。

4. 场地策划

（1）类型丰富：分为专业建设、展览、视野、生态、平台、培训六大板块。

（2）功能多样：大型、中型、小型会议室，展览大厅，餐饮、住宿场所等。

（3）设施完备：模拟课堂具有各种教学设备，音响、电脑、电子教室、课桌椅、摄录像设备等。

（4）容量适宜：会场、餐厅、客房等容量可以满足需要。

评价：选择××山庄作为会场符合会议需要，有力保障了会议各项活动有序进行。

5. 形式策划（略）

6. 会务策划（略）

经过现场察看、访谈，我们认为：会务策划完善合理，有力保障了会议各项活动有序、安全进行。

七、问题与建议（略）

这是一次规模大、形式新、和谐热烈、效果超出预期的大会。本次会议组织“会议评估”本身就是会议的一个创新点，有利于打造高职教育的品牌论坛，有望成为高职教育的又一个亮点。

××会议评估组

2009年12月21日

资料来源：http://221.12.38.132:8080/default.aspx.

第三节　会议工作总结

一、会议工作总结的含义和作用

（一）会议工作总结的含义

会议工作总结是指会议工作告一段落后，进行回顾、分析和评价而形成的文书。

会议工作总结和会议评估既有联系，又有区别。二者都具有回顾、分析的性质，都是实施会议管理的必要手段，这是它们的共同点。二者的主要区别在于：会议工作总结偏重于总结会议管理和组织实施的具体做法、体会、经验和教训，提出改进的具体措施和下一步的工作方向，属于自我总结，在方法上较多地运用定性描述和定性分析；会议评估则偏重于对会议活动的各项要素及其社会经济效益进行质和量的评价，既可以自我评估，也可以评估他人，较多地采用定量分析评估的方法。

（二）会议工作总结的作用

1. 总结经验教训。会议工作的成功经验以及失败的教训对于进一步做好会议工作具有十分重要的意义。通过回顾总结，将获得的会议工作经验、体会，遇到的困难和问题，以书面的形式记载下来，能够为今后的会议工作提供借鉴，少走弯路，提高效率。

2. 相互学习交流。会议工作总结还常常是会议工作总结表彰大会的交流材料，可以起到相互学习、取长补短、促进共同发展的作用。

3. 汇报工作情况。向上级机关汇报工作有报告、简报和总结等书面形式。报告属于法定公文，如果需要向上级汇报重要工作，或者汇报上级规定必须报告的工作，会议工作总结就可以改头换面，以正式报告的形式呈报给上级机关。平时工作完成后，需要向上级汇报，可以用简报的形式转载会议工作总结，也就是将本单位的会议工作总结作为简报的正文上报。定期性的工作总结，如年度工作总结，也可以直接提交给上级机关。

二、会议工作总结的种类

（一）按总结内容的范围分

1. 综合性总结。综合性总结又称为全面总结，是对各项工作的全面回顾。这类总结虽然涉及面广，但务求突出重点。

2. 专题性总结。专题性总结是围绕某项具体的会议工作进行的单项总结，内容集中，富有针对性。

（二）按时间分

1. 阶段性总结。实施一些大型会议项目，由于时间跨度较长，往往需要进行阶段性总结，如年度总结、季度总结、月度总结等。

2. 完成性总结。完成性总结是指在一个会议项目全部完成后所进行的最后总结。

三、会议工作总结的格式和写法

（一）标题

会议工作总结的标题有两种写法：

1. 由总结对象名称和总结组成。如：

首届世界佛教论坛会务工作总结

2. 由正副标题组成。正题揭示总结的主题，副题说明总结的单位、期限、种类等。这类标题主要用于报刊发表、简报转发或在会议上交流的总结。如：

精心策划，创新服务，努力打造××论坛品牌

——第七届××论坛工作总结

（二）正文

1. 开头。正文开头一般概括说明举办会议的背景、依据和指导思想、基本情况（名称、届次、主办单位、时间、地点、出席人数和规格等）。开头力求简洁、开宗明义。

2. 主体。正文主体部分的内容一般有三项：一是本届会议的特点，组织工作的具体做法、效果和成绩；二是经验和体会；三是存在的问题和教训，或者进一步努力的方向。主体部分写作立意要高，经验和体会的提炼和概括既要深刻、又要恰当；问题要讲透，措施要切实；材料要生动、翔实，但必须紧紧围绕主题，为主题服务，重点突出，切忌报流水账；结构要严谨，层次要分明，具有较强的逻辑性；语言要平实，概括特色、经验的部分尤其要写好。

3. 结尾。正文结尾应归纳呼应总结的主题，指出努力方向，提出改进意见或表示决心、信心等。

（三）署名

会议工作总结一般都是以单位名义进行的，因此应当署单位的名称。总结署名的位置有两种：一种是在标题的正下方，另一种是在正文的右下方。

（四）成文日期

总结成文日期的标注位置要与署名对应。署名在标题之下的，成文日期也标注于标题下方、署名之下一行居中，可用圆括号括入。署名在正文右下方的，成文日期也可标于署名之下一行。成文日期要用阿拉伯数字写明具体年月日。

【会议工作总结例文（节选）】

共青团××市第十次代表大会工作总结

在团省委的正确指导下，在市委、市政府的亲切关怀下，我市于2010年9月1日顺利召开共青团××市第十次代表大会。大会以邓小平理论、“三个代表”重要思想和科学发展观为指导，认真学习党的“十七大”精神，取得了圆满成功。现就大会总结如下：

一、主要特点

（一）加强领导，精心策划。（略）

（二）广泛宣传，营造氛围。（略）

（三）明确职责，合理分工。（略）

（四）规范程序，发扬民主。（略）

二、初步成效

（一）优化了结构，提高了市团委班子的凝聚力。通过这次换届，我们把一批德才兼备的优秀年轻团员干部充实到了市团委领导班子中。市团委班子成员的知识结构更加合理，班子整体功能得到增强，充满了生机和活力，得到团员干部的拥护，凝聚力和战斗力得到进一步提高。同时，一批威信高、素质高的“双高型”团代表和一批能力强、群众基础好、具有一技之长的年轻团员脱颖而出。

（二）转变了作风，密切了团干部和团员青年的关系。这次代表大会是对我市团的工作的检验，也是对我市团员干部德、能、勤、绩等方面进行的一次综合评价。通过这次大会的学习、讨论和交流以及换届选举，广大团员干部在作风上有了深刻的转变，更加愿意倾听来自基层团员代表的意见和建议。

（三）解放了思想，理清了我市团的工作思路。会议认真回顾总结了过去三年的工作，按照科学发展观的要求和“十七大”、十七届三中全会精神，紧密结合我市实际，围绕我市改革和实现经济跨越式发展这一中心，提出新一届班子的奋斗目标和工作思路，对未来充满信心。

三、几点体会

（一）加强组织领导是开好团代会、搞好市团委换届工作的前提。（略）

（二）做好思想发动是开好团代会、搞好市团委换届工作的基础。（略）

（三）发扬民主、规范程序是开好团代会、搞好市团委换届工作的关键。（略）

（四）加强协调、密切配合是开好团代会、搞好市团委换届工作的保证。（略）

四、问题和改进意见

（略）

共青团××市第十次代表大会筹备组

2010年9月10日

思考与练习

1. 如何理解会议主持的含义和作用？
2. 怎样恰当安排主持人的身份？
3. 谈谈会议主持的一般流程、原则和方法。
4. 以庆祝某公司成立十周年大会为例，试写一份主持词。
5. 试述会议评估的意义、特点和原则。
6. 会议评估的内容包括哪些方面？
7. 试述会议评估的程序。
8. 参加一次会议的组织工作，并试写一份会议工作总结。

第十二章　会议文案

第一节　会议文案概述

一、会议文案的含义和作用

（一）会议文案的含义

会议文案是指在会议管理和会议交流过程中形成并使用、以语言文字为主要工具、记载和传达会议信息的各种书面材料及其整理归档后的案卷。会议文案的外延十分宽泛，凡是在会前、会中、会后围绕会议的管理和会议的内容讨论、审议、传阅、宣读、磋商、表决、发布的书面材料，都属于会议文案的范畴。平时所称“会议文件”、“会议文书”与“会议文案”在意义上相同。

（二）会议文案的作用

1. 记录会议信息。会议活动是人们交流和互动信息的平台，需要运用会议文案来记录信息，并在记录的基础上进行发布、沟通、交流、保存，发挥其现实和历史的效用。从这一意义上说，会议文案写作根本的作用就是记载会议信息，其他的作用都是由此派生的。

2. 实施会议管理。会议活动本身具有高度的组织性，任何一次会议的成功举行无不需要依靠一系列的文案才能完成策划、立项、实施、总结评估等工作环节，从而实现对会议活动的科学管理。会议文案能向会议的领导机构及时提供动态信息，以便对会议的发展趋势进行分析，作出判断，找出问题之关键，及时采取有效措施，保证会议目标的顺利实现。

3. 保障会议服务。成功的会议，离不开优质的服务。会议服务的内容包括策划、信息、接待、翻译、记录、广告、观光、考察、礼仪等诸多方面，会议文案则是提供各种服务的必要手段。比如，会议策划机构为客户提供会议策划服务的成果最终必须以策划书、工作方案等文案形式提交；会议主办者或承办者需要通过通知、邀请函等文案向参加对象提供会议信息；等等。

4. 促进交流和沟通。会议是一种信息密集的交流活动，会议文案则是促进参加对象信息交流与沟通的媒介。会议议案、简报、报告等会议文案能使信息以最快的速度在参加对象之间相互交流，从而发挥沟通思想、交换意见、弥合分歧、促成共识、协调关系、达成交易等作用。

5. 体现过程和成果。会议文案是会议活动的缩影，既全面反映会议活动的过程，又集中体现会议活动的成果。比如，会议记录、会谈记录等文案是对会议活动真实情况的客观记载；决定、决议、宣言、意向书、协议书等文案，体现了会议活动的成果，标志着会议活动取得了圆满成功。

6. 提供查考和利用。会议文案在完成现实使命后，其中有保存价值的部分经过立卷、归档，便转化为档案，成为会议活动的历史见证，以供后人查考、研究和利用，为后人实施会议管理、举办会议活动提供历史借鉴。

二、会议文案的种类

（一）按会议文案的功能分

1. 指导性文案。这是指明确会议的指导思想和主题、提出会议目标和任务的文案，如会议上所做的开幕词、闭幕词、领导讲话、主旨演讲等。

2. 提案性文案。这是指提交会议讨论、审议、表决、谈判、协商的文案，如动议、提案、议案、代表意见以及其他各种程序性、工作性、协议性文件的讨论稿、送审稿、草案、表决稿等。

3. 成果性文案。这类文案是从提案性文案转化而来的。提案性文案经会议成员讨论、审议、表决通过，或者经谈判、协商达成一致或共同签署，便转化为成果性文案，又称最后文件或者共同文件。法定性会议形成的成果性文案，如工作报告、决定、决议等，具有法律或行政效力，有关方面必须贯彻执行；协调性会议以及双边或多边会谈形成的文案，如会议纪要、会谈纪要、合同、协议书、协定、条约、议定书、谅解备忘录、声明、宣言、共同纲领等，一经签字，对与会各方（各缔约方）具有约束力。

4. 记录性文案。这类文案真实记录会议过程，如各种会议、会谈、会见的记录。

5. 交流性文案。这类文案用作一般的口头或书面发言，如事迹报告、经验介绍或学术论文、演讲致辞、会议简报等。

6. 参考性文案。这是指对会议议题和审议表决性文件加以解释和说明，帮助会议成员全面了解情况的文案，如统计材料、调查报告、说明以及其他背景性材料。

7. 宣传性文案。这类文案用于对上汇报会议情况，对下传达会议精神，对外宣传会议形象、扩大会议影响力，如会议纪要、会议公报、会议通报、会议简报、会议消息以及配合会议宣传的广告、海报等。

8. 规范性文案。这是指为规范会议成员的行为、保障会议活动有序进行而制订的文案，如议事规则、保密规定、选举办法、表决程序等。

9. 事务性文案。这是指在具体的会务管理和接待过程中产生的文案，如会议预案、会议议程、会议日程、会议通知、邀请函、请柬、出席人员名单、签到簿、报到登记表、作息时间、文件清退表、会议总结等。

上述会议文案种类的划分并不是绝对的，有些文案常常有兼类的情况，也可以相互转化。如会议纪要既可以是成果性文案,也可以是宣传性文案。

(二)按会议文案的行文方向分

1. 上行文。这是指向具有隶属关系,或虽无隶属关系,但在特定的业务范围内受其职权管理的高级别机关的行文。如申办会议的请示、汇报会议情况的报告等属于上行文。

2. 平行文。这是指平行机关和单位之间,或者既不隶属、又无职权上管理与被管理关系的、级别不相等的机关或单位之间,以及高级别机关与受行文对象职权管理的低级别机关之间的相互行文。如要求平级单位参加会议的通知、学术性会议的邀请函,会上交流的论文等属于平行文。

3. 下行文。这是指向具有隶属关系,或虽无隶属关系,但在特定的业务范围内受本机关职权管理的次级机关的行文。如要求下级单位参加会议的通知、同意下级单位举办会议的批复、会议中通过的决定和决议等属于下行文。

4. 多向行文。这是指特定社会组织在自己的职权范围内同时向上下左右或社会各个方面告知有关事项的行文。多向行文一般通过媒体或张贴的方式公开发布。如举行股东大会的公告以及公开发布的倡议书、联合声明等属于多向行文。

5. 内向行文。这是指形成后不向外行文,仅限于组织内部传阅或者直接归档保存的文案。如会议记录、会谈记录、会见记录以及部分会议总结等,简报、会议纪要、会议和展览总结等,属于内向行文。

有些文案存在兼类的情况,如通知和会议纪要既可以是下行文,也可以是平行文。

(三)按会议文案的保密要求分

1. 保密性会议文案。这是指在内容上涉及国家秘密或商业秘密,暂时不宜公开的会议文案。这类文案一旦泄露,会给国家或有关组织的利益造成一定程度的损害,因而要求采取一定的保密措施,控制或限定接触的范围,确保其安全。保密性会议文案分成两类:

(1)国家秘密文案。国家秘密文案的密级从高到低分为三个等级:

①绝密件。这是指涉及最重要的国家秘密,泄露会给国家安全和利益造成特别严重损害的文案,保密期限不超过30年。

②机密件。这是指涉及重要的国家秘密,泄露会给国家安全和利益造成严重损害的文案,保密期限不超过20年。

③秘密件。这是指涉及一般的国家秘密,泄露会给国家安全和利益造成损害的文案,保密期限不超过10年。

(2)商业秘密文案。这是指涉及商业秘密的会议文案。商业秘密是指不为公众所知悉,能为权利人带来经济利益,具有实用性并经权利人采取保密措施的技术信息和经营信息。这类文案的密级和保密期限由权利人根据实际需要来确定。

2. 内部性会议文案。这是指内容涉及会议主办单位和参加单位内部事项，或者正在酝酿尚未决定的事项，暂时不宜对外公开，只能在内部传达、阅读和使用的文案。这类文案一般要标明“内部文件”的字样，并采取一定的保管措施。

3. 公开性会议文案。这是指不涉及任何秘密事项，制作和传递过程中无须采取保密措施或者必须公开发布的会议文案。绝大部分的会议文案属于这一类。

（四）按会议文案的载体分

1. 纸质文案。纸质文案由书面载体和显字材料组成。其中，书面载体是会议文案符号要素赖以附着的物质，显字材料是附着于书面载体之上而组成文字字形的物质。油墨、墨水、颜料等都可以成为会议文案的显字材料。显字材料必须在书面载体上附着牢固，不褪色，能永久保留文字字形，并与书面载体在颜色和亮度上形成明显反差。

2. 电子文案。这是指在数字设备及环境中形成，以数码形式存储于磁带、磁盘、光盘等载体，依赖计算机等数字设备阅读、处理，并可在通信网络上传送、发布的会议文件，包括电子文稿、电子邮件、网页等。

三、会议文案的稿本

会议文案的形成和运转过程大致可以分成草本、标准本、复制本三个阶段，每个阶段又生成若干具体形态的稿本。稿本不同，其功能、价值和效力也不相同。

（一）草本

草本产生于文案作者的意志形成阶段，文字内容尚未最后确定，故不具备法律行政效力。具体稿本有：

1. 讨论稿。讨论稿即提交特定的会议讨论研究的文案稿本。讨论稿一般适用于不需要表决或谈判的会议文案，征得的意见供制文机关或有签发权的领导参考。主持会议的领导人如具有签发权，可以在讨论研究后当场决定是否将讨论稿转化为定稿。

2. 草案。草案特指某一组织或某次会议的正式成员提交给特定会议审议、表决或谈判的文案稿本。决定、决议、法律、法规、规章、条约、声明、合同、协议书等会议文案，在提交时都应当称为草案。这一点，同讨论稿一般用于提交上级机关审批或领导签发是有明显区别的，二者不能混淆。较为成熟的草案，可直接提交会议表决。对已经发布的文案提出修正意见并提交特定会议审议、表决的文案，称作“修正草案”。

3. 征求意见稿。征求意见稿指公开或在一定范围内散发征求意见的文案稿本。征求意见稿可以公开发布，广泛征求意见，也可以有重点的个别征求意见，或者以会议的形式集体征求意见。有时重要的草案也可以先采用征求意见稿的形式征求各方意见,称作“草案征求意见稿”。

4. 修改稿。修改稿即在讨论稿、草案或征求意见稿的基础上,综合各方面的意见加以修改后提交进一步讨论的文案稿本。修改稿可以有多次稿本。

5. 送审稿。在讨论稿、修改稿经过修改完善、文字内容基本成熟之后,提交上级机关审批或领导签发的文案稿本称为送审稿。

6. 表决稿。表决稿特指经过多轮审议修改,文字内容不再更动,正式提交会议表决的最终草本。表决稿同送审稿的区别在于:前者适用于必须经过会议表决才能通过的文书,后者适用于提交给上级机关或领导人签发的文书。

(二)标准本

标准本产生于文案法定作者意志确立阶段,具体又可以分为初始标准本和正式标准本。这时,文案或经领导人签发,或经会议表决通过,或经与会各方协商或共同签署,文字内容已经完全确定,并具有法律或行政效力。标准本有以下几种具体稿本:

1. 定稿。定稿属于初始标准本。送审稿一旦经过领导人的签发,草案(修正草案、表决稿)一旦在会议上获得通过或共同签署,便转化为定稿,具有法律行政效力。领导签发的定稿不直接外发,是印制正本的依据,应当由发文机关归档保存备查。国际会议最后通过或共同签署的文件又称为最后文件或者共同文件。

2. 正本。正本具有以下特征:一是内容必须同定稿完全一致;二是必须发给主送机关(即主要办理机关),也就是说,发给抄送机关的文件不属于正本;三是在格式上必须具备法定的生效条件,如正式公文必须加盖公章或由领导人签署。在规范性文件中,有的正本称为暂行本和试行本,这是两种执行期限较短的正本,同样具有法定效力。暂行本和试行本在颁布时必须在标题中加以注明。

3. 存本。存本是文字内容和外观格式同正本完全一致,并且代表正本、留存发文机关备查的稿本,通常与正本一起缮印制作。存本的作用在于联系定稿与已经发出的正本,便于核查产生定稿与正本之间误差的原因。

(三)复制本

复制本产生于文案推动实际事务阶段。为了方便学习、传阅和使用,或为了满足特定的需要,发文机关和收文机关往往要对正本进行复制,于是产生了各种复制的稿本。复制本是否具有法律和行政效力,应视具体稿本的性质而定。

1. 副本。副本是相对于正本而言的,是经法定作者同意或受其委托,根据正本的内容与格式原样复制,具有与正本同等法律和行政效力的稿本。谈判或协商达成的文案的副本应当在条款中确认其法律效力,并规定副本的数量和保存方式,但一般不签字、盖章,或只盖章、不签字。

2. 翻抄本。翻抄本是指未经法定作者同意，根据正本或副本自行翻印、复制、抄写、节录的稿本，不具有凭证依据作用和法律行政效力，只供阅读参考之用。

请看以下稿本使用案例：

某公司举行职工代表大会，会上要对是否批准上一届工会的工作报告作出决议。大会秘书处在提交给代表审议的决议的标题下面标注的稿本为“讨论稿”，引起代表们的争论。有的代表认为不应当叫“讨论稿”，而应当叫“草案”；有的代表觉得应当用“送审稿”；有的代表则认为写“讨论稿”没错。由于代表们各执一词，莫衷一是，此事不了了之。

讨论稿、送审稿和草案虽然都是草本阶段的稿本，都不具有法定效力，但却属于三种不同的具体稿本，性质与功能有所不同。讨论稿可以在会上讨论，但一般不付诸表决，而是采取集体讨论决定或首长决定的方式来确定，如各种行政办公会议的决定就是如此。送审稿用于向上级机关或领导人提交需要审批或签发的文件。上述案例中所指的决议是提交给职工代表大会以投票表决的方式来通过的，因此，既不应当叫作讨论稿，也不能称为送审稿，而应当标注草案或表决稿这两种稿本。具体办法是，先向全体代表提出决议草案，如代表们没有意见或审议后修改不大，可直接投票表决通过；如果需要经再次审议修改，则可标注为修正草案；如果需要经过多次审议修改，则最后一次提交大会正式表决的草案应当称为表决稿。

第二节　会议文案写作的基本要求

一、主题正确、集中、鲜明

会议文案写作的主题是作者通过文章的全部材料所表达出来的中心意思或内容主体。会议文案写作在主题方面必须做到：

（一）主题正确

会议文案主题的正确性首先体现在要正确反映会议管理和会议活动的客观实际，帮助文案的阅读者正确认识和把握会议管理和会议活动的发展规律。

其次，要符合有关法律、法规和政策。会议文案作为会议管理和会议活动信息的载体，要在内容表述、措施安排各方面符合国家的有关法律、法规和规章，促进会议管理的法制化和会议活动的规范化。

最后，要有切合实际、切实可行的意见、措施和办法。会议文案是为了解决会议管理和会议活动中的实际问题而写作、发布的，能否正确有效地解决当前存在或将来可能发生的问题，是衡量会议文案写作成败的最终标准。

（二）主题集中

主题集中是指一篇会议文案的主题要简明、单一，做到一篇文案说明一个方面的事项，请示一个方面的问题，布置一个方面的工作，即“一文一事”，避免出现“一文多事”。

（三）主题鲜明

主题鲜明一是要求会议文案中所表达的立场、观点、态度、原则，必须旗帜鲜明，是非、可否、褒贬、奖惩都应当泾渭分明，不可似是而非、含糊笼统、模棱两可、回避要害；二是要求会议文案中提出的任务、要求、措施、办法应当清楚、明白，有鲜明的针对性。

二、材料要切题、典型、真实可靠

凡是在文章中用来说明主题的事实、数据、公理、原理、引文、资料等，都可称为材料。会议文案写作在材料方面的具体要求是：

（一）材料要切题

主题和材料是相互联系的，主题必须统帅材料，反过来，材料是为表现主题服务的。因此，是否围绕主题，能否体现主题，这是选择材料的首要原则，也是决定材料取舍的主要标准。

（二）材料要典型

会议文案总是通过个别材料来反映会议活动和会议管理的一般规律的。为了使会议文案的主题能够得到充分的体现，就需要运用既有广泛代表性，又能够深刻反映事物本质规律的材料。

（三）材料要真实可靠

作为会议信息的重要载体，会议文案应当能帮助会议主体（包括主办者、与会者、参展者、客商、观众）正确把握会议活动的规律，有利于会议主体之间的交流和沟通，因此材料必须真实可靠。

三、结构要完整、规范、连贯、合理

结构是指会议文案的部分与部分、部分与整体之间的内在联系和外在形式的统一。如果说主题是会议文案的灵魂，材料是会议文案的血肉，那么结构就是会议文案的骨骼。会议文案结构安排的要求是：

（一）结构要完整

会议文案的结构一般由标题、称呼或主送机关、开头、主体、结尾、署名（发文机关名称或领导署名）、成文日期等元素构成，每个部分之间相互联系，共同组成会议文案的整体，为表达会议文案的主题服务。会议文案结构完整首先要求会议文案的各个部分相对齐备，不可无故残缺。其次，各个部分应比例适当，详略得体，首尾呼应，使会议文案的结构表现出整体的完美性。

（二）结构要规范

会议文案的结构具有较强的规范性，这是由会议文案写作具有应用写作性质决定的，具体表现在以下几个方面：

首先，会议文案结构的每一个部分都具有特定的功能。如标题应当揭示会议文案的主题或事由；开头要阐明制发会议文案的目的、依据和原因；主体应当详细说明情况、经过、任务、要求、办法、意见等；结尾或发出号召、提出希望，或请求批复，或予以强调。

其次，会议文案结构的每一个部分都有特定的写作模式。如标题的模式一般为发文机关＋事由＋文种；开头常常用“根据”、“为了”、“遵照”等词语；结尾用语在同一文种中具有相同性或类似性，如请示的结尾用语一般为“以上请示请批复”、“特此请示”。

最后，会议文案结构的每一个部分都有相对固定的位置，不可随意更动。比如，标题应当置于文案的首部并居中，主送机关或称呼应当在正文的上方顶格书写，等等。

（三）结构要连贯

会议文案结构的连贯性包含两个方面的具体要求：

首先，会议文案正文的各部分要做到意脉相通，逻辑严密。比如，为了阐释政策、说明任务和工作要求，会议文案中必然会出现关于政策、任务、要求的提法，这些提法必须前后一致，不能一方面强调要严格执行；另一方面却说可以灵活掌握；不能前面指出某种现象的危害性，后面却又解释这种现象的合理性。

其次，会议文案在语言形式上要有必要的过渡和照应。过渡是把相邻的层次或段落之间的关系加以提示，承上启下，使上下文之间能自然地衔接起来，引导读者的思路从上文过渡到下文。会议文案的过渡一般有三种方法：一是使用过渡词语，如“但是”、“否则”；二是使用过渡句，如“现将有关情况报告如下”；三是使用过渡段，即用一个简洁而又完整的自然段落承上启下。

照应是使会议文案的内容相互呼应，前面说过的后面要有着落，后面准备提到的前面要有伏笔或者暗示。会议文案的照应一般有三种情况及其作用：一是开头和结尾相互呼应,使结构显得更加严谨;二是内容和标题相互呼应,使主题更为突出;三是在行文中随时相互呼应,使文脉更加清楚。

(四)结构要合理

所谓结构要合理,是指会议文案正文的结构安排必须适应主题表达的需要。结构通常有三种方式:

第一种是并列式结构,又称横式结构。它将所要表达的主题划分为若干并列而又相互关联的层次,分别从不同角度、不同侧面来叙述、说明或证明主题,使文案呈现出一种多管齐下、齐头并进的格局。会议说明书、会议合同等文案,大多采用这类结构形式。

第二种是递进式结构,又称推进式结构或纵式结构。它对需要表达的主题,采取一层深于一层的形式安排、组合观点和材料,使层次之间呈现一种层层展开、步步深入的逻辑关系,从而使主题得到深刻透彻的叙述、说明或者论证。从表现的内容来看,递进式结构又分为时序递进、主从递进、因果递进、表里递进(即从现象分析递进到本质分析)等。会议通报、调查报告、会议报告、会议请示、会议简报等文案,常常采用这类结构形式。

第三种是混合式结构,又称纵横交错式结构。有些会议文案需要表述的内容比较复杂,相对应的层次关系也比较复杂,不能只用单一的结构形式,需要把并列式和递进式结合起来,形成一种混合的结构形式。混合式结构又分成两种具体形式:一是在横向并列的过程中,在每一个并列的层面上又展开递进(即并列中的递进);一是在纵向递进的过程中,在每一个递进的层次上又展开横向的并列(递进中的并列)。

四、语言要朴实、精练、准确

会议文案种类繁多,不同的会议文案写作,对语言的要求各有侧重,风格也各不相同,但朴实、精练、准确是任何会议文案写作的语言都必须达到的基本要求。

(一)语言朴实

朴实,这是会议文案写作对语言的起码要求。会议文案是写给人看的,有的还在会上宣读、演讲,尤其是会议邀请函、公告、通告、公报、会议消息、会议新闻发布稿等公布性的会议文案,传播面广、受众量大,语言一定要做到朴实、明白,确保沟通的效果。具体而言,一要做到语言通俗,不生造词语,不使用生僻字;二要做到语言质朴,不刻意雕琢,不玩弄辞藻;三要做到语言自然,不装腔作势,不说空话套话。

(二)语言精练

语言精练、篇幅精干的会议文案能大大减少会议的时间,提高会议的效率。使语言精练的具体方法有以下几种：

1. 力戒浮文。会议文案的开头部分要“开门见山”，主体部分应“要言不烦”，结尾部分应“当断即断”。必要时，可以掐头去尾。

2. 避免前后句意和词义的重复。

3. 使用约定语。当有些概念、术语已经成为社会约定的基本常识时，可省略多余的解释。尤其是专业对口的往来性会议文案，只要双方有约定，适当使用代号和行业俗语，可使语言显得十分简要。

4. 运用数概。这是指把若干并列的事项用数字概括的方法来简称，既可以节约文字、便于引述，又能够帮助记忆和掌握，如“三个代表”、“八荣八耻”。

5. 以规范性、通用性简称代替全称。当第一次使用非规范性、非通用性简称时，应当先写全称，然后注明“（以下简称××××）”，以免产生误解。

6. 共用共同中心语。若干词语的中心语相同时，可共用一个中心语。

7. 适当运用书面语。如“凡……者”、“欣闻”、“函复”等。

（三）语言准确

准确是会议文案语言的生命。会议文案语言的准确性，主要表现在以下几个方面：

1. 遣词准确、概念清楚。具体要求是：

（1）避免产生歧义。请看下例：

第六届××啤酒节于今天上午在××市时代广场隆重开幕，市长钱××、副市长王××和其他市领导出席了开幕式。

上例中的“其他市领导”既可以指本市的其他领导人，也可以指其他市的市级领导，很容易产生歧义。

（2）区别感情色彩。汉语中有些词语的意义相同或相近，但感情色彩却不同。比如，“成果”“结果”“效果”“后果”都表示事物发展到最后所产生的情况，其中“成果”是褒义词，只指好的成效，好的结果；“结果”是中性词，可指好的结果，也可指坏的结果；“效果”是中性词，指好的结果较多，指坏的结果较少；“后果”仅指坏的结果，是贬义词。

（3）分清词义性质。有些词表面上看去意义很相近，但仔细辨析，却性质不同，使用时不可混淆，如“会见”与“会谈”。

（4）正确划分概念。划分概念是将一个属概念分为若干个种概念的逻辑方法，必须是对同一层次的概念并按同一标准进行划分。请看下例：

本届年会要加强宣传工作，充分发挥网络、消息和行业刊物的作用。

上例中存在两个问题：一是“网络”、“消息”、“刊物”这三个并列概念的上位概念不一致。文章中并列使用的概念一般应当有一个共同的上位概念。上位概念不一定要出现,但必须是公认的。“网络”和“刊物”公认的上位概念是“媒体”,而消息则是一种新闻文体,其上位概念是“文体”。“媒体”和“文体”是两个不同的上位概念,因此“网络”、“刊物”不宜同“消息”并列使用。二是“网络”和“刊物”划分标准的层次不一致。“网络”和“刊物”是对“媒体”这一概念的划分,而“行业刊物”则是对“刊物”这一概念进一步划分得出的子项。因此,“网络”、“消息”、“行业刊物”三者也不能同时并列使用。

此外,概念划分后所得子项的外延必须相互排斥,其外延总和必须等于母项的外延,不能出现“子项相容”、“划分不全”或“多出子项”的情况。请看下例:

本届博览会观众如潮,有专业观众、普通观众以及境外客商和游客……

上例中的“专业观众”和“境外客商”、“普通观众”和“境外游客”在子项的外延上互不排斥,犯了“子项相容”的错误。

(5)词语限制与概括要恰当。限制与概括是明确概念的方法。但限制和概括要恰当,否则会造成混乱。请看下例:

进入会场的人员一律佩戴证件,严禁无证件的非工作人员进入会场。

“非工作”这个限制词给人一种误解:工作人员进入会场可以不佩戴证件,这就与前半句相互矛盾。

(6)正确表达数量关系。在表述数量增、减时,常常将“为”、“到”、“了”、“是”等词同“倍”、“成”、“百分之×”、“百分点”、“增长率”等配合使用。在表述数量下降关系时,不能用“倍”,而应当用百分点(数)。

(7)明确界定“以上”、“以下”、“以前”、“以后”的含义。在会议文案写作中,常常会用“以上”、“以下”、“以前”、“以后”来划分数量和时间区域,由于这些词语在是否包括本身指称的数量和时间方面具有不确定性,因此使用时如不加说明,就会出现漏洞。

(8)正确使用日期代称。会议文案中经常会用到“今年(天)”、“明年(天)”、“去年”、“上月(旬)”、“本年度(月、旬、周)”、“即日”等时间代称,在使用这些时间代称时,必须在上下文中有明确而具体的指称时间。重要的时间概念必须使用全称,即年、月、日都必须写全,不得省略,也不得用代称或简称。

(9)正确使用模糊语言。会议文案中适当使用模糊语言,可以使语言简洁明了,委婉含蓄,但如果使用不当,反而会给理解和执行会议文案带来困难。因此,模糊性较大的词语不能用于表达基本和重要的概念。

(10)概念的释义要完整、明确。会议文案,特别是会议法规和会议合同文案的写作,经常要对一些概念术语进行解释,做出界定,要做到释义完整、语言明确。

2. 句子通顺。具体要求是:

(1)句子完整。请看下例：

我们要深化论坛的内部改革，要建立和健全各项规章制度等一系列工作。

上例后半句紧缩后成了“我们要工作”，显然缺少谓语动词。改正的方法是在“要”后面补充“做好”一词，或删去“等一系列工作”。

(2)搭配合理。请看下例：

我们要善于发现和总结会议管理中的经验和问题，不断促进会议管理水平。

上例存在两个词语的搭配错误：一是“发现和总结”同“经验和问题”在搭配顺序上不合理，应当将“经验和问题”改为“问题和经验”；二是“促进”一词不能与“水平”一词搭配，“促进”可改为“提高”。再看一例：

从第一届××论坛开始，襄樊就成了中外宾朋相聚的盛会。

“襄樊”在意义上不能与“盛会”相搭配，应当将“盛会”改为“胜地”，或者将全句改为“××论坛从第一届开始，就成了中外宾朋相聚的盛会”。

(3)避免杂糅。所谓杂糅，是指把两个句子表达的意思杂糅成一个句子来表达，造成表达混乱，意思重复。请看下例：

会议是一种与会人员至少有三人以上的群体沟通活动。

上例其实是由“会议是一种与会人员至少有三人的群体沟通活动”和“会议是一种与会人员有三人以上的群体沟通活动”这两句话杂糅而成，导致语法成分的赘余。“以上”同“至少”属于词语搭配不当。

(4)标点正确。请看下例：

《办法》的发布，对于规范会议市场行为，维护会议市场秩序，起到了积极的作用。

上例中“规范会议市场行为”和“维护会议市场秩序”都是“对于”这一介词的宾语，属于并列关系，因此中间的逗号应当改为顿号。

3. 简称规范。简称的对象必须是特定的某项事物或机关，不能一称数指。如“华交会”这一简称就存在一称数指的情况，因为它可以指“华东地区家禽交易会”、“全国医疗器械华东交易会”、“华东地区糖酒商品交易会”、“中国华东进出口商品交易会”等展会。遇到这种情况，应当使用全称，或先写全称，用括号说明简称，以下再用简称。

第三节　会议文案常用文种写作

本书其他各章对各类会议文案已有大量介绍，本节重点介绍指导性和成果性会议文案的适用范围和写作。

一、决定

（一）决定的适用范围

决定适用于对重要事项做出决策和部署，奖惩有关单位及人员，变更或撤销下级机关不适当的决定事项，属于下行文，凡具有立法权和决策权的各类机关都可以使用。决定产生的程序有两种：一种是在会议上表决通过，另一种是由行政首长签发。

（二）决定的种类

决定的种类有三种：

1. 决策性决定。这类决定适用于对重要事项或者重大行动做出安排，要求下级机关或有关责任机关贯彻执行。例如，第九届全国人民代表大会常务委员会在2000年8月25日的第17次会议上通过《全国人民代表大会常务委员会关于我国加入世界贸易组织的决定》，同意国务院完成加入世界贸易组织的谈判和委派代表签署中国加入世界贸易组织议定书，经国家主席批准后，完成我国加入世界贸易组织的程序。

2. 奖惩性决定。这类决定适用于对有关集体或个人进行奖励或处分，如《上海市人民政府关于命名表彰上海市劳动模范、先进集体、先进个人的决定》。

3. 否决性决定。这类决定适用于变更或者撤销下级机关不适当的决定事项，如《××县安全生产委员会关于撤销〈××镇安全生产委员会关于表彰2009年度安全生产先进单位的通知〉的决定》。

（三）决定的格式与写法

决定的格式有三类：

1. 由标题、题注和正文三部分组成，适用于在法定会议上表决通过的决定。

（1）标题。决定的标题由发文机关、决定事项和文种组成。如：

中共中央关于推进农村改革发展若干重大问题的决定

（2）题注。由于决定是在会议上通过的，必须在标题下方用括号注明通过的日期和会议名称。如（2008年10月12日中国共产党第十七届中央委员会第三次全体会议通过）。

（3）正文。决定的正文包括决定因由和决定事项两部分。因由部分要交代决定的事实依据和法律、法规、政策依据以及决定的目的和意义。事项部分要具体说明决定的事项、贯彻的措施和要求等。因由部分和事项部分常用“特作如下决定”或“决定如下”等词语过渡。结尾时不必再写“特此决定”。

2. 由标题、主送机关、正文、署名、成文日期组成，适用于对下级机关发布重大决策事项或变更、撤销下级机关不适当决定事项的决定。

（1）标题。决定的标题由发文机关、决定事项和文种组成。如

中共中央　国务院
关于加强技术创新发展高科技实现产业化的决定

(2)主送机关。普发性决定的主送机关写泛称,有时政策性、法规性的决定也可不写主送机关。针对某一地区或单位的决定,主送机关写单称。

(3)正文。同上一种决定。

(4)署名。署名位于正文右下方,署发文机关的全称或规范化简称。

(5)成文日期。成文日期位于署名右下方,用阿拉伯数字将年、月、日标全,年份应标全称(下同)。

3. 由标题、正文、署名、成文日期组成,主要用于对个人进行奖励或处罚的决定。

(1)标题。决定的标题由发文机关、奖惩事项和文种组成。奖惩事项要写明奖惩对象名称或姓名,如:

中共中央　国务院　中央军委
关于授予杨利伟同志“航天英雄”荣誉称号并颁发“航天功勋奖章”的决定

(2)正文。决定的正文开头概括写明奖励或处罚对象的基本情况、主要事迹或错误事实,主体部分写明奖励或处罚的目的、意义和依据,结尾部分发出号召。对个人的处罚性决定可以省略结尾。

(3)署名和成文日期同上。

【决定例文】

××市第十一届人民代表大会第四次会议关于设立法制委员会的决定
(2010年2月10日××市十一届人大四次会议通过)

××市第十一届人民代表大会第四次会议决定:××市人民代表大会设立法制委员会。法制委员会受××市人民代表大会领导;在市人民代表大会闭会期间,受××市人民代表大会常务委员会领导。

二、决议

(一)决议的适用范围

决议适用于会议讨论通过的重大决策事项,属于下行文。凡实行合议制、表决制的会议,如各种委员会、董事会、理事会、代表大会、国际性组织的全体大会等,都可以使用决议这一文种。

(二)决议的种类

决议有四种:

1. 批准性决议。这类决议适用于批准请求会议审议的各种工作报告、议案和计划等,如《××股份有限公司第五次股东大会关于批准公司2009年度财务预算方案的决议》。

2. 工作性决议。这类决议适用于就有关工作的安排和实施提出原则性的意见,要求有关责任单位具体贯彻落实,如《四川省人民代表大会常务委员会关于加强城乡环境综合治理的决议》。

3. 接纳性决议。这类决议适用于通过某个组织或个人要求加入组织的申请,如《中国美术家协会第四届常务理事扩大会关于接纳重庆市美术家协会为中国美术家协会团体会员的决议》。

4. 政治性决议。这类决议是指党派等政治组织就形势、任务、政治纲领、行动策略等问题所形成的决议,用以统一思想、指导工作,如中国共产党第十一届六中全会通过的《关于建国以来若干历史问题的决议》就属于政治性决议。全国政协委员会议每年都要通过一个政治决议,对时事政治以及多党合作的情况发表意见。

(三)决议与决定的区别

决议与决定的区别在于:决议必须由全体会议成员表决通过,而决定既可以由会议成员表决通过,也可以在会议主席的主导下集体讨论通过,然后由会议主席签发;决议的内容比较原则,决定的内容比较具体。

(四)决议的格式与写法

决议的格式由标题、题注和正文三部分组成。决议不写主送机关。

1. 标题。决议的标题一般由会议名称(必须写全称)、决议事项和文种组成。

2. 题注。决议必须经会议表决通过,因此必须写明通过该决议的会议名称和具体日期,外加圆括号。

3. 正文。决议正文的结构分为以下几种情况:

(1)批准性决议的正文一般分为批准事项和对被批准文件或事项进行评价两部分。批准事项部分要说明:被批准、通过的文件或事项的名称;会议的名称;被批准、通过的文件的生效或施行的日期。有的决议还应当写明出席会议和参加表决的人数是否达到议事规则所规定的人数以及表决的情况。决议对被批准文件或事项的评价,要准确体现会议多数人的意志,常用“会议认为”、“会议指出”、“会议强调”等作为叙述人称。比较重大的决议,还可在最后提出希望、发出号召。

(2)工作性决议的正文由决议因由、决议事项和决议执行要求三部分组成。因由部分写明做出此项决议的背景、目的和意义,事项部分要写明决议的具体内容,执行要求部分应概括明确。

(3)接纳性决议的正文要写明接纳对象的基本情况和现实表现、是否符合接纳条件、表决结果等。

(4)政治性决议的正文应当写明作出决议的背景、对时局的看法和判断、决议的具体内容等。

决议正文的结构可采取从头至尾用数码编号的形式,也可以不编序码,以自然段落表达。

【决议例文】

第十一届全国人民代表大会第一次会议关于最高人民法院工作报告的决议

(2008 年 3 月 18 日第十一届全国人民代表大会第一次会议通过)

第十一届全国人民代表大会第一次会议听取和审议了肖扬院长所做的最高人民法院工作报告。会议对最高人民法院过去五年的工作表示满意,同意报告提出的 2008 年的工作安排,决定批准这个报告。

会议要求,最高人民法院要认真贯彻党的"十七大"精神,高举中国特色社会主义伟大旗帜,以邓小平理论和"三个代表"重要思想为指导,深入贯彻落实科学发展观,牢固树立社会主义法治理念,切实履行宪法和法律赋予的职责,坚持公正司法、一心为民,深化司法改革,规范司法行为,加强审判监督,狠抓队伍建设,为维护社会公平正义、促进社会和谐、夺取全面建设小康社会新胜利提供有力的司法保障。

三、纪要

(一)纪要的适用范围

纪要适用于记载或发布会议、会见、会谈主要情况和议定事项。

(二)纪要的种类

纪要主要有以下几种:

1. 行政例会纪要。这类纪要用于记载和传达各种组织的领导机关行政例会(包括办公会议、常务会议等)上的决定和决议事项,并发至有关部门要求贯彻执行。

2. 专题工作会议纪要。这类纪要用于记载并传达重要的专题工作会议的主要精神和议定事项,有较强的政策性和指示性,如《广播电视宣传工作会议纪要》。

3. 合作会议纪要。这类纪要用于记载或发布双边或多边会议、会谈所取得的共识以及议定事项,往往需要各方签字确认,对与会各方有一定的约束力,有时又称会谈纪要。

4. 研讨咨询会议纪要。这类纪要用于记载和发布研讨性、咨询性、总结交流性会议的情况,内容表述要求全面客观,除表达主流意见外,也应反映不同意见。

(三)纪要与决议、会议记录的区别

1. 纪要与决议的区别。纪要与决议都是会议中产生的文件,二者的区别在于:

(1)会议的性质不同。决议一般由具有法定程序的会议通过表决产生，纪要则较多地由专业性、协调性、座谈讨论性会议通过学习、交流、研讨、协商产生。

(2)内容覆盖面不同。决议是围绕某项会议议题而产生的，一个文本只记载围绕一项议题所做的决议，不记载不同意见。一次会议中的不同议题，应分别形成不同的决议文本。纪要则应当全面反映会议的内容和过程，因此除反映议定事项和主要精神外，有时还可以反映会议中的不同意见和观点，而且一次会议只能产生一个纪要。

(3)产生的程序不同。决议须经法定程序表决通过，一旦通过，文字上不得做任何修改，因此，决议必须在会议过程中产生，其通过的日期就是成文日期。而纪要的产生程序有两种：双边或多边性会议产生的具有约束力的纪要，必须在会议或会谈中达成一致并签字认可；其他纪要一般在会议结束之后，根据会议记录整理而成，有时还需主办机关或上级机关领导人签发批准，故成文日期晚于会议日期。

2. 纪要与会议记录的区别。纪要与会议记录都可以用于记载会议的情况和议定事项，但二者也有区别：

(1)结构方式不同。会议记录按会议的客观进程和发言先后顺序进行忠实记录，而纪要则是在会议记录的基础上整理、归纳而成的，要求逻辑严密、结构严谨、条理清楚。

(2)内容详略不同。会议记录要求全面、详细，而纪要则应突出重点、择“要”而纪。

(3)制作目的不同。会议记录是会议情况的真实记录，具有原始依据作用，因而制作目的主要在于“存”，即存档备查，而纪要是正式会议文件，形成的目的在于“发”。

(四)纪要的格式和写法

一般纪要的结构由标题、正文、成文日期组成，合作会议纪要和会谈纪要还需要各方共同签署。

1. 标题。纪要的标题有以下几种写法：

(1)行政例会纪要标题。根据《国家行政机关公文格式》规定，办公会议纪要可以使用特定格式，以“×××××(发文机关名称)办公会议纪要”作为发文机关标志，不再另写标题。

(2)专题工作会议纪要的标题有两种写法：

①主办机关名称＋会议名称＋纪要。如：

××省人民政府关于解决××问题现场办公会议纪要

②会议名称＋纪要。如：

全国宣传工作会议纪要

(3)合作会议纪要的标题有三种写法：

①写明会议主题，再标明“会议纪要”。如：

关于香港政府资产和负债交接安排问题的会议纪要

②会谈双方的名称加“会谈纪要”。如：

中华人民共和国国家知识产权局与泰国知识产权厅会谈纪要

③由会谈双方的名称、会谈主题和“会谈纪要”组成。如：

中国、苏丹文化与教育合作会谈纪要

如参与会谈者较多，也可不写各方的名称。

(4)学术会议纪要的标题有两种写法：

①会议名称加“纪要”二字。如：

全国切削刀具技术研讨会纪要

②正副标题式。正标题揭示会议主旨，副标题标示会议名称和文种。如：

抓住机遇　扩大开放

——沿长江五市对外开放研讨会纪要

2. 正文。正文包括会议概况、内容、结尾三部分。

(1)会议概况。这部分要放在开头。纪要应写明会议的名称、时间、地点，召集或主持会议的单位，会议主席(或主持人)，出席会议的单位和主要领导人，在会上作主要发言的单位及发言者的姓名、职务，会议讨论的主要议题和进行的主要活动，会议的基本成果等。

会谈纪要应写明参与会谈各方的全称(不能写简称)，主要代表的职务和姓名、时间、地点，会谈的主题，会谈的气氛等。

开头部分转入主体时，要有适当的过渡。

(2)会议内容。这部分是写作的重点，应当准确、全面地反映会议和会谈的主要精神和议定事项。

纪要的写作方法主要有以下几种：

①概述式。这种纪要要求把会议讨论的情况综合在一起，概括地加以叙述。其适用于小型会议或问题较集中并且意见较一致的会议。

②分列式。这种纪要要求把会议的主要精神和议定事项归纳成几个方面逐项叙述，每一方面可列出小标题或编上序号，以使条理清楚。其适用于规模较大、问题涉及面较广的会议。这种纪要也可以用“会议认为”、“会议回顾了”、“会议强调”、“会议指出”、“会议号召”等词语引领每一层次。层次排列的原则是先务虚、再务实；先宏观、后微观；先重要、后次要；先战略、再策略。

③摘记式。这种纪要要求把与会人员的发言要点记录下来。一般在记录发言人首次发言时，在其姓名后用括号注明发言人所在单位和职务。为了便于把握发言内容，有时根据会议议题，在发言人前面冠以小标题，在小标题下写发言人的名字。一些重要的座谈会纪要常采用这种写法。

会谈纪要一般都采用分列式写作方法。

(3)会议结尾。结尾部分提出希望和要求，亦可省去不写。涉外会议和会谈纪要要写明书写的文字及其效力。

3. 签署。合作会议纪要(包括会谈纪要)应当由各方代表在正文下方共同签署并盖章,签署时写明各方代表的职务。

4. 成文日期。纪要成文日期的确定有三种情况:

(1)行政例会纪要和研讨会纪要的成文日期一般以会议实际召开的日期为准。

(2)专题工作会议纪要的成文日期一般以领导人签发或上级机关领导人审批同意的日期为准。

以上两种情况成文日期既可置于标题之下居中用圆括号括入,也可置于签署之下。

(3)合作会议纪要和会谈纪要的成文日期以各方共同签署的日期为准,一般写在签署的下方,也可以作为会议纪要的一项内容写在结尾部分。

【办公会议纪要的参考格式及例文】

××市市长办公会议纪要

×府纪要〔2016〕5 号

2016 年×月×日下午,××市人民政府于市政府第一会议室举行市长办公会议,市长×××主持了会议,副市长×××、×××、×××、×××和市政府秘书长×××出席了会议,市政府副秘书长×××、×××及有关方面负责人列席了会议。

会议讨论和决定了以下问题:

一、原则同意市商务委提交的《关于加快发展本市会展业的若干意见》,可按会议讨论的意见修改补充后再以市政府的名义下发。

二、原则同意市建交委提交的《××隧道建设方案》,有关施工的筹备问题另外召开专门会议进行研究。

三、原则同意市卫生局《关于促进民办医院发展若干问题的意见》,文件按会议讨论的意见修改后可以市政府名义批转下发。

2016 年 3 月 2 日

主题词:××　　××　　××　会议纪要

抄送:×××,××××,×××××。

××市人民政府办公室　　　　2016 年 3 月 2 日印发

【专题工作会议纪要例文(节选)】

第二届中国福建商品交易会和第七届中国(福州)海峡经贸交易会筹备工作专题会议纪要

(20××年3月17日)

3月16日上午,××副省长主持召开省政府专题会议,研究第二届中国福建商品交易会(以下简称商交会)和第七届中国(福州)海峡经贸交易会(以下简称海交会)有关筹备工作。会议听取了省外经贸厅和福州市政府关于筹备工作的情况汇报,并就有关问题进行了研究。现纪要如下:

会议指出,本届商交会和海交会是在我省全面推进海峡西岸经济区建设和对台经贸工作面临新形势下举办的,商交会和海交会的主题定位和工作方案要进一步突出海峡西岸经济区建设,突出对外开放平台作用和对台经贸特色,突出投资与贸易、内贸与外贸相结合,突出政府推动和企业主体相结合。各相关部门和各设区市政府要密切配合,精心策划,不断提升商交会和海交会的层次水平和实际效果,努力把商交会和海交会办成具有国际影响力的区域性商品交易盛会和对台经贸盛会。

会议强调,商交会是充分展示福建优势产品特别是出口产品的重要平台,要继续在国际化上下功夫;海交会要进一步突出对台特色,不断提高参展、参会台资企业的层次和水平……

会议要求,一是细化方案……二是明确分工……三是落实责任……四是提升水平……五是确保安全……

会议议定如下事项:

一、原则同意省外经贸厅和福州市政府提出的商交会和海交会工作方案,请上述两个单位根据会议提出的意见进行整合、修改、完善,尽快报省政府审定后下发。

二、成立商交会和海交会组织委员会,负责商交会和海交会的筹备工作。组织委员会下设商交会筹备工作办公室、海交会筹备工作办公室和第二届泛珠三角省会城市市长论坛筹备工作办公室,分别由省外经贸厅和福州市政府牵头负责。

三、近期由省外经贸厅牵头召开商交会和海交会筹备工作会,请各设区市参加,明确任务,部署工作,加强督促落实。

四、由福州市政府牵头,积极筹备设立台湾农副产品交易馆,并举办闽台农业合作论坛,以进一步突出对台特色,推进闽台农业合作。

五、请福州市政府尽快提出拟邀请参会的国家领导人名单,报省委、省政府审定后展开邀请工作;请省外经贸厅、台办、侨办、福州海关、福建检验检疫局、贸促会等部门负责邀请中央对口部门领导参会。

四、会议公告

（一）会议公告的适用范围

会议公告是公告的一个分类，适用于特定的会议向社会各界乃至国内外宣布重大事项或法定事项。各级立法机关、国家行政机关以及股份制企业和社会团体举行会议都可以使用会议公告这一文种。

（二）会议公告的种类

1. 立法事项公告。这类公告用于立法会议公布经表决通过的法律和法规。

2. 人事事项公告。这类公告用于各种代表性会议公布选举结果和人员任免事项。

3. 决议事项公告。这类公告用于公布会议上做出的各项决定、决议。根据我国的公司法，股份制企业的董事会、监事会、股东大会所做的决议事项应当用公告向全体股东和社会公众公布，如《上海大众出租汽车股份有限公司一届五次董事会决议公告》。

（三）会议公告的格式与写法

会议公告的格式由标题、正文和成文日期三部分组成。公告不写主送机关。

1. 标题。公告的标题一般由发文机关（发布公告的会议名称）、公告事由和公告文种组成。内容较为简单的公告标题也可省略事由。股份公司董事会议公告以发布决议事项为主，文种也可写成“决议公告”。标题中一般不要省略发文机关（会议名称），特殊情况下需要省略的，必须在正文下方署名。

2. 正文。公告的正文一般包括制定公告事项的目的和依据、公告事项的内容和结尾用语三部分。正文的内容及其写法要根据公告的性质来确定：

(1)公布文件的公告应说明文件的名称、批准或通过文件的时间以及会议名称、文件生效或施行的具体日期。

(2)宣布重要事项或法定事项的公告应具体说明事项的性质、内容、批准或通过的法律依据以及法定程序。

(3)股份公司的决议公告开头一般要概括介绍会议的情况，包括时间、地点、主要议题、出席范围等，主体部分写明会议所做的各项决议事项。

公告的最后可用“特此公告”、“现予公告”等词结尾，也可省去结尾用语。有的公告不分段落，一气呵成。

3. 署名。在正文的右下方写明发文机关的名称。

4. 成文日期。公告成文日期即会议通过的日期，用阿拉伯数字书写。

【会议公告例文】

××股份有限公司第×次董事会议公告

××股份有限公司第×次董事会议于××××年××月××日在公司第一会议室举行。

经与会董事表决决定：×××因收受贿赂，构成犯罪，撤销其××股份有限公司董事长职务，提交下一次股东大会通过。

特此公告

××股份有限公司董事会
××××年××月××日

五、会议报告

（一）会议报告的适用范围

会议报告适用于特定的组织或个人根据会议安排向与会者作系统陈述或介绍。

（二）会议报告的种类

会议报告主要有以下几种：

1. 工作报告。工作报告即社会组织或其负责人在特定的会议上，就一段时期的工作向所负责的机构做出汇报，同时提出下一阶段工作任务和计划，提请会议审议通过的会议文件。如各级党委向同级党员代表大会所做的工作报告，各级人民政府向同级人民代表大会所做的政府工作报告，企事业单位领导人向职工代表大会所做的述职报告，社会团体的领导机构向该团体的全体成员大会或代表大会所做的工作报告，等等。

2. 时事报告。时事报告即报告人向与会者阐明当前形势、指明事物的发展趋势，帮助与会者了解情况、提高认识、明确方向的报告。时事报告涉及领域众多，只要工作需要或者群众关心的政治、经济、军事、科教、文化等方面的热点问题，都可以成为报告的内容。

3. 动员报告。动员报告即目的在于提高与会者对完成任务意义的认识，鼓舞与会者的斗志，使其掌握完成任务的方法、步骤和措施的报告。动员报告具有较强的激励性和鼓动性。

4. 事迹报告。事迹报告即介绍先进集体或个人事迹的报告。事迹报告应当具有真实、典型、生动的特点。

（三）会议报告的格式和写法

1. 标题。会议报告的标题不是供致辞人宣读的，而是在书面发表后给读者看的，或者便于将来检索查考。会议报告的标题有以下几种写法：

（1）由报告机关、年度、文种组成。如：

××控股股份有限公司 2007 年度董事会报告

（2）由报告机关、文种组成。如：

中国统计学会第五届理事会工作报告

（3）由会议名称加文种组成。如：

在博鳌亚洲论坛第六次年会上的报告

（4）由正副标题组成，正标题揭示主题，副标题说明报告的场合（会议的名称和日期）。如：

高举中国特色社会主义伟大旗帜 为夺取全面建设小康社会新胜利而奋斗

——在中国共产党第十七次全国代表大会上的报告

2. 报告日期或题注。会议报告的标题下方标注报告的日期。如标题中已经注明报告时间，就不必再标注。如果会议报告已经获得会议表决通过，可以在标题下标写题注，注明通过的日期和会议名称。

3. 报告人。会议报告的日期或题注的正下方注明报告人的身份和姓名。

4. 称呼。会议报告的称呼要根据会议的性质、出席情况以及报告人和与会者的相互关系而定，一般是身份从高到低，对象先特称后泛称，性别先女后男，并尽可能覆盖全体参加对象。称呼应顶格书写，后面加冒号。如"各位代表"、"各位委员"、"各位领导、各位同志"、"尊敬的主席先生、女士们、先生们"等。称呼对象较多时，可分类别称呼并分行书写。如：

尊敬的全国政协××副主席，
尊敬的省政协××副主席，
各位领导，各位嘉宾，
女士们、先生们、朋友们：

5. 正文

（1）开头。会议报告的开头形式多样，以工作报告和动员报告开头为例，或者交代报告人所代表的机关，揭示报告的内容范围，或者说明报告的缘起和目的，或者介绍报告的背景。无论哪一种会议报告，开头都要简明扼要、开宗明义，并能唤起听众的注意和兴趣。

（2）主体。会议报告的主体部分具体展开报告的内容。工作报告主体的内容一般有两项，一是全面总结汇报任期内的工作，按成绩、经验、问题的顺序安排结构；二是提出下一阶段的工作目标、任务和措施。动员报告则说明面临的形势、机遇、挑战、任务、要求。其他报告可根据内容确定结构形式。主体部分的写作要紧紧围绕主题,条理清楚,内容要符合报告人的身份和报告机关的职权。

(3)结尾。如何结尾要以会议报告的性质和内容而定。工作报告的结尾一般展望未来,或请求各位代表审议。动员报告的结尾应当用充满激情的语言发出号召。有时,会议报告的最后可以以“谢谢大家”一句结尾,以示亲切、礼貌。

【会议工作报告例文(节选)】

坚持开拓创新　促进现代科技社团的建设

——中国电机工程学会第八届理事会工作报告

(2009年5月31日在中国电机工程学会第九次会员代表大会暨建会75周年纪念大会上)

中国科协副主席、中国电机工程学会理事长 ×××

尊敬的×××主席,尊敬的各位领导,各位代表,同志们:

现在,受中国电机工程学会第八届理事会的委托,我向第九次全国会员代表大会作第八届理事会工作报告,请予审议,并请出席会议的领导和同志们提出意见。

第一部分　五年工作回顾

过去的五年,是在党中央国务院的领导下,战胜严重自然和气候灾害、应对和化解国际金融危机、经济社会平稳发展、人民生活不断改善的五年,是中国电力工业蓬勃发展、科技进步、不断取得重大成果的五年。

五年来,中国电机工程学会在中国科协的领导下、在挂靠单位国家电网公司和各理事单位的支持下,落实科学发展观,践行“三服务一加强”的工作定位,经过全体会员的共同努力,在开展学术交流、科学技术普及和国际民间科技交流,积极扩展科技咨询与科技服务,开展科技成果评价、科技奖励工作以及建设科技人员之家等方面取得了新的进展,切实履行了联系科技工作者的桥梁纽带作用,促进了电机工程科技进步与创新,为中国电力工业的发展,为发电和电工装备制造业的升级和创新型国家的建设做出了积极的贡献。连续获得中国科协第五届、第六届先进学会荣誉称号。

在这里,我代表八届理事会向所有关心支持学会工作的各方面领导和同志们表示衷心的感谢,向给予中国电机工程学会帮助和合作的兄弟学会表示由衷的谢意,向中国电机工程学会的全体会员和所有电机工程科技工作者致以崇高的敬意,向为学会的发展做出历史性贡献的老一辈领导人和默默无闻、甘做奉献的各级学会组织的学会工作者表示诚挚的感谢。

以下从十个方面向大会报告八届理事会期间学会的主要工作。

一、坚持民主办会,建设现代科技社团……

二、以学术交流为平台，促进电力科技进步……

三、拓宽国际民间科技交流渠道，增强话语权与影响力……

四、发挥优势，做好科技奖励等行业科技服务工作……

五、发挥智力资源优势，开展科技咨询活动……

六、组织开展多种形式的科普活动……

七、开展动力与电气工程师资格国际互认试点工作……

八、加强编辑出版、办好学术期刊……

九、建设科技人员之家……

十、五年来工作的主要体会

一是必须以科学发展观为指导，这是学会获得长足发展的重要保证。

二是必须围绕党和国家经济社会发展的中心，准确把握学会的定位和服务方向，这是充分履行学会职责的重要前提。

三是必须坚持以会员为本，以服务为纲。坚持“三服务一加强”的工作定位，充分发挥学会各级组织和全体会员的积极性，依法办会、民主办会、开创性办会。

四是必须坚持正确的政治方向，营造有利于科技创新的良好氛围，发扬学术民主，活跃学术气氛，回归科学本源，尊重知识，尊重人才，尊重创造。

五是必须坚持鼓励科技创新和开展科学技术普及并重，积极开展面向各类人群的电力科普。

六是必须在科技活动中重视良好学术道德风尚的养成，反对学术不端行为。

在取得一定成绩的同时，我们必须看到八届理事会的工作还存在着不足，主要表现在：

一是服务意识和服务能力还不够强。

二是在调动和发挥会员的积极性、凝聚会员的智慧、代表会员的意志方面还做得不够深入广泛。

三是科普活动的形式还比较单一，网上科普宣传的力度还不够。

四是科技咨询工作开展得不够广泛活跃。

五是学会出版物的品种比较少。

第二部分　对第九届理事会工作的一些建议

党的“十七大”明确了深入贯彻落实科学发展观，积极构建社会主义和谐社会的新要求。特别是当前，为克服国际金融海啸给我国经济社会发展造成的负面影响，党中央、国务院提出了把保增长、保民生和保稳定作为各项工作的重中之重，这就为九届理事会的工作指明了方向：

一、传承学会75年优良传统，探索推动学会改革发展……

二、提高为会员服务的能力，增强学会凝聚力……

三、提高学术交流质量，增强学术交流影响力……

四、重视学术期刊质量,加强网站建设……

五、围绕科普资源共建、共享,拓展科普平台……

六、进一步发挥智力资源密集的优势,提高咨询水平……

各位领导、各位代表,在本次会员代表大会上将产生新一届理事会,我代表八届理事会衷心祝愿在新一届理事会的领导下,中国电机工程学会的明天将更加美好!

六、演讲稿

(一)演讲稿的适用范围

演讲稿适用于社会组织或个人在会议、仪式等公众场合系统阐述、解说自己的观点、立场、态度。演讲稿不用于汇报工作、介绍情况、发布政策、布置任务、宣传时事,这一点与会议报告有明显不同。

(二)演讲稿的种类

从内容性质来分,演讲稿主要有两种:

1. 主旨性演讲稿。这类演讲稿即社会组织利用举办的论坛、研讨会、专题工作会议以及各种仪式,由领导人所做的给会议定基调、指方向、下任务、提要求,或发表重要见解的演讲稿。主旨演讲总是安排在会议伊始,又称主题演讲或主旨讲话。

2. 推介性演讲稿。这类演讲稿即社会组织利用参加其他论坛、研讨会或自行组织的各种公关活动,为阐述对某些重大问题的观点、立场,或推广自身的形象、品牌或产品,或宣传某种消费观念,而撰写的演讲稿。

3. 陈述性演讲稿。这类演讲稿即社会组织向有关上级机关、管理机关、评选机构汇报工作、介绍情况、争取项目时所使用的演讲稿。

(三)演讲稿的特点

1. 论说性。演讲稿是用来向公众发表见解、阐述观点的,其说服力主要依靠严密的逻辑性,这种逻辑形式需要有力的论证和说明加以表现。旁征博引、假说推理,只要合乎逻辑,都可以成为演讲稿的表达手段。

2. 鼓动性。演讲的目的是要说服听众、打动听众,因此,演讲稿的写作不能片面强调论说性,否则就会变成枯燥乏味的说教。论说性必须同鼓动性有机地融合在一起,才能达到演讲的目的。一篇演讲稿要具有鼓动性,就要首先分析听众的特点,了解他们的关注与诉求、性别与年龄、职业与趣味,使演讲稿写作具有明确的针对性。此外,还要善于运用各种翔实的数据、鲜活的事例、生动的典故、形象的比喻、精辟的见解,去感染、打动、说服听众。

(四)演讲稿的格式与写法

1. 标题。主旨性演讲稿一般采用正副标题的形式,正题为虚,要求用词严谨,能准确概括演讲的主题;副题写实,说明演讲的场合。比如,国家主席胡锦涛在博鳌亚洲论坛的主题演讲稿标题是:

坚持改革开放　推进合作共赢

——在博鳌亚洲论坛二〇〇八年年会开幕式上的演讲

推介性演讲稿的标题写作则比较灵活。

2. 演讲日期。演讲稿的标题下方标注报告的日期,为将来查考提供方便。

3. 演讲人。应在日期或题注的正下方注明演讲人的身份和姓名。

4. 称呼。演讲词的称呼写作要求大体与会议报告相同。如果主要是向评委作陈述性演讲,称呼写作不必包含其他旁听者,如"各位评委"。

5. 正文。

(1)开头。演讲词的开头非常重要,好的开头往往能一下子抓住听众。开头常采用以下几种方式:一是开门见山,直奔主题;二是自我介绍,自报家门;三是表达欢迎、祝贺之意;四是提出问题,制造悬念;五是名言警句,先声夺人;六是叙述故事,引人入胜。

(2)主体。主体是演讲稿的核心部分,也是演讲成败的关键。总体的要求是观点鲜明,材料丰富,逻辑严密,语言生动形象,叙述、议论、说明、抒情等多种表达方式融为一体。

(3)结尾。演讲稿的结尾要有力、令人回味无穷。常见的结尾方式有:概括主题、加深印象;发出号召、激发热情;提出问题、意味深长。有时,演讲稿的最后也可以向听众表示感谢。

【演讲稿例文(节选)】

携手推进亚洲绿色发展和可持续发展

——在博鳌亚洲论坛2010年年会开幕式上的演讲

(2010年4月10日)

中华人民共和国副主席　习近平

尊敬的各位贵宾,女士们、先生们、朋友们:

在21世纪第一个十年刚刚过去之时,在自然界万物复苏、全球经济开始回暖之际,我们迎来了博鳌亚洲论坛2010年年会。在这里,我谨代表中国政府,对年会的召开表示热烈的祝贺,向各位来宾表示诚挚的欢迎!

博鳌亚洲论坛是在人类社会跨入21世纪时应运而生的。论坛成立9年来,立足亚洲、面向世界,为增进亚洲各国人民相互了解和相互交流发挥了积极作用,为促进亚洲和世界的和平与发展做出了重要贡献。本届年会以“绿色复苏:亚洲可持续发展的现实选择”为主题,对促进全球经济复苏和持久繁荣具有重要意义。

上个世纪(20世纪)90年代后期以来,亚洲经受住两次金融危机的严重冲击,经济持续发展,国际影响力不断提升。去年年底以来,亚洲又率先实现经济企稳回升,为促进世界经济复苏发挥了重要引擎作用。同时,两次金融危机特别是这次国际金融危机的严重冲击也启迪我们,亚洲要保持经济良性发展势头,继续拉动世界经济增长,必须更加注重完善发展模式,走出一条符合时代潮流、具有亚洲特色的绿色发展和可持续发展之路。

女士们、先生们!

胡锦涛主席在2008年博鳌亚洲论坛年会开幕式上的讲话中指出,世界上没有放之四海而皆准的发展道路和发展模式,也没有一成不变的发展道路和发展模式,必须适应国内外形势的新变化、顺应人民过上更好生活的新期待,不断探索和完善适合本国情况的发展道路和发展模式。

……

这些理念同国际社会倡导的绿色发展和可持续发展高度契合,其核心就是科学发展。科学发展,就是把握发展规律、创新发展理念、转变发展方式、破解发展难题,提高发展质量和效益,实现又好又快发展;就是实现以人为本、全面协调可持续发展;就是实现各方面事业有机统一、社会成员团结和睦的和谐发展;就是实现既通过维护世界和平发展自己、又通过自身发展维护世界和平的和平发展。我们坚持科学发展,就是适应经济全球化发展的新形势,用科学的理念、开放的战略、统筹的方法、共赢的途径去实现生产发展、生活富裕、生态良好的发展目标。

……

女士们、先生们!

绿色发展和可持续发展是当今世界的时代潮流。为了实现亚洲和世界的绿色发展和可持续发展,为了使人类赖以生存的大气、淡水、海洋、土地和森林等资源环境得到永续发展,我们亚洲各国应该统筹经济增长、社会发展、环境保护。我们愿意同亚洲各国一道,进一步从以下六个方面作出努力:

第一,转变发展方式,努力实现绿色发展……

第二,高度重视科技,支撑实现创新发展……

第三,坚持扩大开放,不断实现和谐发展……

第四,继续加强合作,持续实现共同发展……

第五,着力消除贫困,逐步实现平衡发展……

第六,大力培养人才,推动实现全面发展……

女士们、先生们!

让我们继续发扬2009年同舟共济应对国际金融危机冲击的精神,坚持凝聚共识,加强团结合作,在实践中走出一条绿色发展和可持续发展之路,造福亚洲,造福世界。

最后，预祝本届年会取得圆满成功！

七、共同宣言、联合声明（公报）

（一）共同宣言和联合声明（公报）的适用范围

共同宣言和联合声明（公报）是两个或两个以上的组织（国家、政府、政党、国际组织、企业、非政府组织）通过会议和会谈，就共同关心的问题存异求同，阐明立场，或规定各自的权利和义务而共同签署并发表的文件，较多运用于国际性会议。共同宣言偏重于阐释共同立场和政策，是否具有约束力由文件条款规定；联合声明（公报）不仅可以阐释共同立场和政策，还可以明确各方的权利和义务，由各方共同签署，具有约束性，其中联合公报的内容比联合声明更具有实质性，也更具有约束性。

（二）宣言和声明的种类

1. 时局性宣言和声明。这是指与会各方通过宣言和声明共同表达对时局的关切和看法，提出某些建议。比如，联合国安理会经常就国际局势和热点问题发表声明，表明立场、表达关切。

2. 倡导性宣言和声明。这是指有关各方发表共同政策的宣言或声明，如 1954 年 6 月周恩来总理分别同印度总理尼赫鲁和缅甸总理吴努共同倡导“和平共处五项原则”的联合声明。又如，2003 年 10 月 17 日在日本东京举行的第十八届世界宇航员大会，发表了一项由与会的世界 15 个国家的 66 名宇航员署名的《世界宇航员大会共同宣言》，呼吁宇宙事业应成为全人类的共同事业。

3. 协约性宣言和声明。协约性宣言和声明是具有约束力的协议文件。如 2001 年 6 月，中国、俄罗斯、哈萨克斯坦、吉尔吉斯斯坦、塔吉克斯坦和乌兹别克斯坦六国元首在上海共同签署的《“上海合作组织”成立宣言》，就具有协约的性质。共同签署的双边联合声明也具有协约性质。

（三）宣言和声明的格式和写法

1. 标题。宣言和声明标题的写法有以下几种：

（1）主题加文种。如：

中国无线互联网行业“诚信自律同盟”成立宣言

（2）缔约各方名称加文种。如：

中华人民共和国与印度共和国联合声明

（3）会议举办城市名称加文种。如：

北京宣言

(4)特定的合作范围加文种。如：

中国民间组织抗震救灾行动联合声明

2. 正文。大部分共同宣言和联合声明的正文由开头和主体两部分组成,具有协约性质的宣言或声明一般由开头、主体和结尾三部分组成。

(1)开头。开头又称序言或前言,主要说明会议或会谈举行的背景、目的、宗旨、主要议题、出席范围等。

(2)主体。主体部分具体介绍会议或会谈所达成的各项共识、主张,将共同采取的行动纲领和计划等。有时也可分别表述各方的立场。

共同宣言和联合声明的写作一般采用第一人称,使用“我们”或“双方”作为陈述引导语,如“我们认识到”、“双方一致认为”等。如需分别表述各自的立场,则可将双方简称为诸如“中方”、“美方”等。结构体例可采用小标题、序号等方式。

(3)结尾。具有协约性质的宣言和声明的结尾处要写明文本书写所使用的语言以及效力,正本与副本的数量以及双方所执的份数。一般的宣言和声明可以不写结尾。

3. 附件。有些共同宣言和联合声明有附件,必须在正文下方标明每份附件的标题。

4. 签署。宣言和声明如经各方商定,可实行签署。签署后的宣言和声明,对签字各方有约束力。签署人必须是各方的授权代表。

5. 发布或签署日期。发布或签署日期由各方共同商定,可以在结尾的条文中写明,也可以在签署的下方标注。

6. 签署地点。实行签署的宣言和声明,可写明签署地点,一般写在日期的后面或下一行,也可在结尾的条文中写明。

涉外双边宣言和声明的写作和印制要注意在文字文本、双方名称和签署位置的先后安排上符合国际上通行的在先权惯例,多边的宣言和声明则按照商定次序安排。有关要求详见第十章第一节“签字仪式”。

【共同宣言例文(节选)】

长江三角洲人才开发一体化共同宣言

今天,我们上海市人事局、江苏省人事厅和浙江省人事厅及江苏省、浙江省所属的19个城市的政府人事部门行政首长共聚上海,举办首届长江三角洲人才开发一体化论坛,就长江三角洲区域人才开发面临的机遇和挑战进行深入研讨,基于在人才资源开发方面共同的利益诉求和目标预期,我们就推进长江三角洲人才开发一体化达成重要共识,并发表如下宣言：

一、长江三角洲人才开发一体化的机遇和挑战

1. 我们已经认识到,长江三角洲区域经济一体化的关键是人才开发一体化。经济全球化和区域经济一体化是当今经济发展的一种突出趋势,长江三角洲经济一体

化是经济发展的内生要求，是应对国际竞争和挑战所必需的谋划，更是落实党的十六大精神和党中央推动长江三角洲地区联动发展战略决策的实际行动和重要举措。

2. 我们也已经注意到，消除长江三角洲区域内人才开发制度障碍必须提上议事日程。虽然长江三角洲区域内的人才结构就整体而言呈现出较好的形态和布局，但分割的、本位的单个省市却难以有效提供和开发其所需的高端、紧缺、急需或各自重点产业所需的人才。

3. 我们还意识到，长江三角洲区域整体人才开发是必然趋势。长江三角洲各省市已有的人才优势很大程度上来源于区域的整体优势，并且只有形成整个区域人才的竞争力优势才能带动区域内各省市人才的优势增大、能级提升；也只有区域内各省市人才资源开发的联动发展，才能导致整个长江三角洲区域人才开发的系统优化。

二、长江三角洲人才开发一体化的基础和条件

……

三、长江三角洲人才开发一体化的目标和原则

……

四、长江三角洲人才开发一体化的领域

……

我们认为，人才自主、自由的流动已成必然趋势，人才开发的区域联动已是必然选择，人事人才服务的区域合作已是必然要求。所以，长江三角洲人才开发一体化必须不断向纵深推进。

同时，我们也坦承，长江三角洲竞争客观存在，区域相互协调、平等协商、互谅互让具有重要的积极意义。

我们坚信，一切不利于人才一体化发展的观念都要革新，一切不利于人才一体化发展的做法都要抛弃，一切不利于人才一体化发展的体制都要变革。

我们愿意共同努力，携手共进，为促进长江三角洲人才开发一体化做出各自的贡献。

（以下签署略）

20××年4月19日于上海

【联合声明例文（节选）】

中乌深化发展友好合作伙伴关系联合声明

应乌兹别克斯坦共和国总统伊·阿·卡里莫夫邀请，中华人民共和国主席胡锦涛于2010年6月9日至10日对乌兹别克斯坦共和国进行了国事访问。

两国领导人在亲切友好的气氛中就两国关系、务实合作以及共同关心的地区和国际问题深入交换意见，达成广泛共识。

中华人民共和国和乌兹别克斯坦共和国（以下简称“双方”）高度评价双边关系

发展成果，一致认为，双方建立并发展友好合作伙伴关系符合两国人民的根本利益，有利于维护地区与世界的和平、安全与稳定。

双方重申，2004年6月15日签署的《中华人民共和国和乌兹别克斯坦共和国关于进一步发展与加深两国友好合作伙伴关系的联合声明》和2005年5月25日签订的《中华人民共和国和乌兹别克斯坦共和国友好合作伙伴关系条约》为中乌伙伴关系的长远发展打下了坚实的基础。基于全面深化和发展两国友好合作伙伴关系的共同愿望，双方声明如下：

一、双方将本着长期友好、相互尊重、彼此信任、平等互利的原则，并在遵循联合国宪章、公认的国际法准则和中乌双方签订的各项条约的基础上，保持和发展高层和各级别政治对话，提高相互理解和信任水平，扩大经贸、能源、金融、交通运输、科技、人文等领域合作。

……

十七、双方强调乐见一个和平稳定、独立自主、发展进步、睦邻友善的阿富汗，支持国际社会在尊重阿独立、主权和领土完整的前提下，向阿重建提供坚定支持，共同促进阿及本地区的和平、稳定与发展。

两国领导人重申，加快由联合国主导、吸收有关各方参与的阿富汗问题谈判进程具有重要意义。双方表示愿为实现上述目标开展合作。

中华人民共和国主席胡锦涛感谢乌兹别克斯坦共和国总统伊·阿·卡里莫夫及乌兹别克斯坦政府和人民对中国代表团的热情友好接待，并邀请卡里莫夫总统在双方方便的时候对中国进行国事访问。卡里莫夫总统愉快地接受了邀请。访问具体时间将通过外交途径商定。

中华人民共和国主席　　　　乌兹别克斯坦共和国总统
胡锦涛　　　　伊·阿·卡里莫夫
2010年6月9日于塔什干

八、会议倡议书

（一）会议倡议书的适用范围

会议倡议书适用于以会议的名义向特定范围的公众公开提出建议，是倡议书的一个分支。会议倡议书的发起者可以是与会者个人，也可以是作为会议成员的政府组织或社会团体，但最终必须得到绝大多数会议成员的认同。

（二）会议倡议书的种类

会议倡议书种类很多，按性质分常见的有：

1. 观念性倡议书。这是指倡导新思想、新观念、新道德、新风俗、新文化的倡议书。

2. 任务性倡议书。这是指提出某项工作目标和任务，或号召大家为完成某项任务共同努力的倡议书。

3. 鼓励性倡议书。这是指指出当前面临的困难、危机，号召大家团结起来，振奋精神，克服困难，战胜危机的倡议书。

4. 协议性倡议书。这是指由双方或多方共同发起的，旨在加强相互合作，互惠互利，共同实现某一目标的倡议书。这类倡议书如经各方代表签署，便具有协议的性质，如 1997 年中美双方在华盛顿签署的《中华人民共和国和美利坚合众国能源与环境合作倡议书》。

（三）会议倡议书的格式和写法

1. 标题。会议倡议书的标题有以下几种写法：

（1）会议名称加文种。如：

2009 浙商大会倡议书

（2）倡议主题加文种。如：

泛珠三角区域水利发展协作倡议书

（3）正副标题，正标题采用振奋人心的口号，副标题写明会议名称和文种。如：

走进西部　贡献青春

——海外百名博士“走进西部行动”启动仪式

暨中国西部大开发战略研讨会倡议书

（4）由发起者名称、倡议主题和文种组成。如：

中华人民共和国和美利坚合众国能源与环境合作倡议书

2. 称呼。倡议书属于一种专用书信，因此在对象范围确定的情况下，应当写明称呼，如“全国青少年朋友们”。称呼写作要亲切、庄重。对象较广、难以确定范围的倡议书，或者协议性倡议书，也可不写称呼。

3. 正文。倡议书正文的内容要体现首创精神，有新思想、新观念，措辞要恰当，感情要真挚，富于鼓动性，提出的措施要切实可行，篇幅不宜太长。在结构安排上，如内容较多，可分条分项或列小标题；内容较少，则以自然段落划分层次。

倡议书的正文一般应包括以下一些内容：

（1）发起倡议的背景、缘由、目的和意义。倡议书的发出贵在引起广泛的响应，只有交代清楚发起倡议活动的背景、原因，并阐明发起倡议的目的、意义，才会获得广泛理解和响应，最终化为实际行动。

（2）倡议的具体内容和要求。这是正文的主体部分，也是写作的重点。倡议的内容和要求可根据实际情况来写，但一定要有实质性内容，不能仅仅是一些口号。

（3）决心、希望或建议。结尾部分要表示倡议者的决心和希望，或者提出某种建议。一般不在结尾写表示敬意或祝愿的话，这一点与一般书信不同。

4. 署名。凡参与发起倡议的组织和个人均可在正文右下方署名，有的还要求亲自签名或委派代表人签字。如发起者较多，标题中已写明会议名称，则可不署名。

5. 日期。会议倡议书的日期有两种署法：一种是在署名之下写上日期，另一种是在标题下方署上日期。

6. 地点。会议倡议书也可署明地点，位置应在日期后面或之下。

【倡议书例文】

学习贯彻教育规划纲要 促进民办教育科学发展

——2010 年中国民办教育发展大会倡议书

金秋十月，丹桂飘香。我们参加“中国民办教育发展大会暨中国民办教育协会 2010 年会”的 400 余位代表，相聚于河南郑州，共同学习领会全国教育工作会议精神和《教育规划纲要》。为弘扬年会主旨，宣传协会主张，特向全国民办教育工作者倡议：

一、认真学习，深刻领会全国教育工作会议及《教育规划纲要》精神，把思想和行动统一到中央的要求和部署上来……

二、提高认识，增强优先发展教育的使命感、责任感和紧迫感，致力于满足人民群众多样化教育需求，努力开创中国特色民办教育发展道路……

三、更新观念，遵循教育规律、教学规律和人才成长规律，不断提高教育质量，努力办出高水平优质学校……

新纲要、新动力、新态势、新发展既是新机遇，又是新挑战。让我们共同携起手来，在会议和新纲要的指引下，努力办好每一所学校，精心育人，不断探索培养服务国家、服务人民的优秀人才的新途径，形成各类人才辈出、拔尖创新人才不断涌现的新局面，为建设强大国家、振兴中华民族而努力奋斗！

中国民办教育发展大会
暨中国民办教育协会 2010 年会全体代表
2010 年 11 月 7 日于河南郑州

第四节　会议文案的处理程序

会议文案要经过审核、讨论或审议、签发或表决、缮印、签署或盖章、发布等程序，才能具备法定效力，才能有效发布和接受。会议文案在完成现实的使命后，其中有查考利用价值的部分，经过全面收集和系统立卷，将转化为会议档案，可为将来总结、评估、研究会议管理和组织的经验、规律提供借鉴。会议文案的处理程序既具有一般文书处理程序的共同特点，也有自身的特殊要求。以下就会议文案处理程序的特殊要求做些介绍。

一、审核、讨论与审议

(一)审核

文案在提交会议讨论或审议前,即在形成讨论稿或草案过程中,会务部门应对其进行审核把关。审核的重点包括以下几个方面:

1. 内容涉及的相关部门之间是否经过协商,会签手续是否完备,提出的程序是否符合会议规则。

2. 内容是否符合党和国家以及上级机关的有关规定,会议的目标、主题和政策是否保持连续,提法是否同已发布的会议文案相协调、衔接,提出的措施和办法是否符合实际,反映的情况是否真实准确,介绍的经验是否典型,讲话和发言的观点是否正确、新颖、具有价值。

3. 文字表述是否概念准确、简明扼要、条理清楚、标点正确、语法规范,有无错字、漏字。

4. 文种使用是否恰当,秘密等级和保密期限等的确定是否合理。

(二)讨论与审议

凡是提交给会议(会谈)通过或共同签署的文案,在通过或签署之前要先进行讨论或审议。如共同宣言在通过前,需要经过全体成员的讨论;法定性代表大会上的报告、议案、决定、决议,都必须经过代表们的审议。

二、签发与表决

(一)签发

重要的会议文案(包括提交给会议审议和已经在会议上通过的文件)在缮印之前应当经领导人签发。签发要注意以下几个方面:

1. 凡以一级组织的名义提交或发出的会议文案,由该组织领导人签发。

2. 在会议上讨论、修改、通过的会议文案,整理后,可由会议主席或秘书长或其他被授权人签发。

3. 在实行集体领导的组织内,重要文件应由全体领导成员共同签批意见;如已经会议讨论通过,可由主要负责人签发。

4. 联合提交或发布的会议文案,应实行会签。

5. 签发时应由领导人在发文稿纸的签发栏内写明“同意”、“照发”等明确性意见,亲自署上姓名和日期。

（二）表决

表决是实行合议制的会议（即实行全体会议成员集体表决制度的会议，如委员会议、理事会议、董事会议、股东会议等）通过文件的必要程序。表决前的稿本为草案（或表决稿），打印时必须注明。表决通过后的稿本为定稿。

三、缮印、签署与盖章

（一）缮印

缮印即根据会议通过或领导签发的定稿制作正本的过程。缮印前要先确定缮印的份数。确定缮印份数时要考虑下列因素：

1. 主送和抄送机关的数量。如果文件需发至有关机关或单位，要根据主送和抄送机关的数量来确定缮印份数。

2. 参会单位数或总人数。需要在会议召开期间分发的文案，参会单位数或总人数是确定印制会议文案数量的主要依据。其中，有的文案是按人头分发的，有的则按参加的单位分发，这一点也应在缮印前弄清楚。

3. 参加对象的身份。参加对象的身份不同，所发的文件种类很有可能不一样，发给正式代表的文件不一定发给列席代表，发给主席团成员和一般代表的文件也会有所不同。

4. 正本和副本的数量。需要各方签署的会议文案，正本的数量根据缔约方的数量而定，各方各保存正本一份，副本数量由各方商定。

5. 留用数。发文机关或会务部门为使用方便，可留用一定数量的文本。

6. 存档数。必须留下一份正本作为存本归档保存。

7. 机动数。为满足某些临时需要，可考虑适量的机动份数。

（二）签署

会议文案的签署有以下几种情况：

第一种情况是以领导人名义发出的会议文案，由签发文件的领导人在正本的正文末尾亲笔署名，用以证实其法定效力或体现礼节，又称签署。如公布法规和规章的命令、向法定性会议提出的议案、对重要贵宾发出的请柬或邀请函、任免性通知以及重要的证书和聘书等文案，应当由领导人签署。签署的文案一般不再标写发文机关，也不需要加盖公章（特殊文件除外）。需要签署的文案较多时，可盖领导人手书体签名章。联合发文需要签署的，应当联合签署。

第二种情况是署发文机关的名称。一般情况下，有固定标印格式、盖有公章的文案，正文的下方无须署机关的名称，国家行政机关的公文便是如此。无固定标印格式、标题中又无发文机关名称的文案，如会议邀请函、会议策划书和会议总结等，应当署发文机关名称。

第三种情况是具有协议性质的会议文案,如会议纪要、联合声明、共同宣言等,由有关各方派代表在文案的末尾共同签署姓名。这类签署必须由签字代表亲自签名,不能用签名章代替。

(三)盖章

以组织的名义向会议以及会议成员提交正式文件或者文件通过后以组织的名义下发的文案,应当加盖组织的公章。一般用于会议期间交流和会务管理的文案,如论文、简报、临时性通知等,不必盖章。

四、分发与发布

(一)会议文案的分发

会议文案的分发有邮局寄发、机要传递、当面交接、电信发送、现场分发等方式。现场分发会议文案要注意以下几点:

1. 会议主要文件及会务性文件,如工作报告、议程、日程安排、作息时间表等,要尽可能在参加对象报到时分发。

2. 重要文件及保密文件要履行签收手续。

3. 事先做好分发文件的各项准备。比如,将需要分发的文件按正式代表、列席代表、记者等不同身份分装,做到人手一袋,便于分发;准备好堆放文件的场地,签字用的桌椅、笔墨、登记簿(表)等。

4. 报到人数较集中时,应分设几个摊点同时分发文件。每个摊点应树有明显标志,并配备足够的工作人员,以免因分发文件速度慢而造成参加者长时间等候,进而影响会议活动按时举行。

(二)会议文案的发布

发布属于公开行文,适用于需要直接向社会和群众发布或在特定范围内广而告之的会议文案。发布的方式有公开张贴、报纸刊登、电台广播、电视播放、网站公布等。

五、收集与立卷

(一)会议文案的收集

1. 收集的目的。会议文案收集的目的无非体现在三个方面:一是回收不宜扩散和保密的文件,防止泄密;二是为总结评估会议管理和会议活动组织工作准备资料;三是为会议文案的立卷归档做准备。

2. 收集的要求。收集的要求一是齐全,二是及时。凡是有保存价值的会议文案在办理完毕或者在会议结束后都要立卷归档。为了使会议档案能够全面反映会议活动的真实面貌,提高日后查考利用价值,必须首先做到收集齐全。由于会议活动有明显的期限性,而大量的文件又分散在与会者、会议领导者以及会务工作人员手中,如不及时收集,会给收集工作带来许多不便和麻烦,甚至会导致收集不全,影响会议的总结、评估以及会议文案的立卷。对于秘密文件来说,收集清退不及时,还容易造成内容扩散、机密泄露。

3. 收集的范围。收集的会议文案包括会议前、会议中、会议后产生的所有会议文案,从载体上包括纸质类、电子类、图片类、视频类文案,从稿本上包括定稿、存本以及重要文件的讨论稿、修正稿、送审稿、草案、修正草案、表决稿等。

(二)会议文案的立卷

不同的会议在性质、形式以及文案数量方面有所区别,因此对一次特定的会议来说,立卷方法应根据具体情况确定。以下几种方法可供参考:一是规模较大的会议活动,如专题工作会议、法定性代表大会、洽谈会等应当一会一卷。二是大型综合性会议活动由于配套活动多,文件数量大,可依据活动的类型分别组卷。比如,举办大型经贸洽谈会,可分别按展览展示活动、高层论坛活动、投资说明会等活动分别立卷。三是组织内部举行的日常工作会议的会议记录、会议纪要、决定、决议,按会议性质和会议名称立卷。

思考与练习

1. 试述会议文案的作用。
2. 试述会议文案各种稿本的特点。
3. 讨述会议文案写作的基本要求。
4. 试述决议与决定的区别,并试写一份决议或决定。
5. 试述会议纪要与决议、会议记录的区别,并试写一份会议纪要。
6. 谈谈会议报告的格式和写法,并试写一份会议报告。
7. 谈谈演讲稿的特点,并试写一份演讲稿。
8. 谈谈会议倡议书的格式和写法,并试写一份会议倡议书。
9. 试述会议文案的处理程序。

第十三章　会议组织工作类举

第一节　代表大会

一、代表大会的种类、含义和特点

代表大会是指由按一定规则或程序产生的代表参加的、规模较大的会议。按性质来分,代表大会可分成法定性代表大会和非法定性代表大会。

(一)法定性代表大会的含义和特点

1. 法定性代表大会的含义。凡按照法律必须召开的代表大会都属于法定性代表大会。比如,我国的各级人民代表大会是根据宪法和相关法律必须举行的,职工代表大会则是依据工会法、公司法必须举行的,等等。

2. 法定性代表大会的特点。法定性代表大会具有以下特点:

(1)代表的产生具有法定的程序。法定性代表大会的正式代表都必须按一定的法律或组织章程规定的程序选举或协商产生。

(2)代表享有法定的权利。法定性代表大会的成员都具有法定的提案权、发言权、选举权和表决权,有的还具有质询权、视察权、弹劾权等。

(3)会议具有法定的内容和形式。法定性代表大会从会议的议题、议程的提出到审议表决的方式和具体程序都必须遵循有关的规定。

(4)会议有相对固定的会期。如宪法规定,全国人民代表大会每年举行一次;党章规定,党的全国代表大会每五年举行一次。代表大会应当按期召开,非特殊情况,不得提前或者延期,更不得取消。

(5)到会代表必须符合法定人数。法定性代表大会的出席人数直接关系到会议的有效性。出席会议的代表达不到法定人数,会议不能举行。

(6)会议的结果具有法定效力。法定性代表大会在会议的职权范围内所形成的各项决议和决定具有法定效力,有关方面必须遵守或执行。

(二)非法定性代表大会的含义和特点

1. 非法定性代表大会的含义。非法定性代表大会是指法律未规定的、由法定组织根据工作需要而召开的、与会者具有代表性的会议,如“劳模代表大会”、“先进工作者代表大会”以及各种非政府组织举行的会员代表大会等。

2. 非法定性代表大会的特点。非法定性代表大会具有以下特点：

(1)会议主体的群众性。非法定性代表大会的与会者大多来自基层，具有广泛的群众性，其产生的程序可以是内部选举或民主协商，也可以是由特定组织指派。

(2)会议主题的多样性。非法定性代表大会有相对固定的议程和议题，如选举本组织的领导机构，听取有关工作报告等，但更多的议题是围绕形势的发展和本组织面临的任务来确定的。

(3)会议结果的非约束性。非法定性代表大会形成的会议文件大部分是针对组织内部的，只在组织内部有效，即使是公开发表的最后文件，如“宣言”、“共识”、“声明”，大多也是倡议性的，无法定约束力。

二、代表大会组织工作要点

除按照会议的一般要求做好各项会务工作外，代表大会要特别做好以下组织工作：

(一)确定邀请对象

代表大会的主体是正式代表，但往往邀请列席代表和特邀代表参加，有时还邀请部分其他人士旁听。确定邀请对象时要注意以下问题：

1. 与会议有关的法律、法规或组织章程是否允许邀请特邀代表、列席代表或旁听代表。比如，党内就明确规定省以下党的地方各级代表大会和基层代表大会一律不设特邀代表。

2. 要事先确定邀请对象的原则、范围和条件。比如，党的地方代表大会列席人员的范围一般是：不是代表的党的委员会委员和候补委员以及纪委委员；不是代表的同级党员行政领导干部、同级人大常委会和政协的党员主要负责人；不是代表的直属单位和下一级党组织的主要负责人等。又如，各级人大召开代表大会时，同级政协的全体委员可以作为列席代表参加。

3. 开幕式和闭幕式应当邀请上一级组织的领导以及相关组织的领导到会讲话。

4. 特邀代表、列席代表、旁听代表在会议证件、座位安排、发言顺序等方面应当同正式代表有明显区别。

(二)选择、布置好会场

法定性代表大会的会场应当选择在本地区或本单位通常举行重要会议的地方。会场布置要体现庄严、隆重的气氛。场外也应当适当作一些气氛渲染。非法定性代表大会也可以在会员单位所在地轮流举行。会场内一般都要设主席台，主席台上悬挂会徽、会标、旗帜，摆放鲜花。主席团成员应在主席台上就座，如主席团设常务委员，则常务委员就座于主席台的前排。上级组织的领导以及重要来宾也应当安排就座于前排，其中身份最高者坐在中间的位置。主席桌上要放置席卡。一般代表按代表团分区就座。

除举行全体代表会议的主会场外,还要设各代表团集中开会的分会场以及分组审议和讨论的地点。各会场要尽可能靠近,以便于联系和交流。

(三)组织好会议的接待工作

对跨地区和会期较长的大会,要组织好代表的接站、报到、食宿、余兴活动。

(四)成立会议主席团

法定性代表大会往往要成立主席团。主席团的主要任务一是对会议实施领导,二是决定并处理会议期间的重大问题。主席团成员根据法律或章程由会议代表选举产生或表决通过。

(五)开好预备会议

法定性代表大会正式召开之前要先举行预备会议,决定有关重大事项,为大会的正式召开做准备。

1. 预备会议的主要任务:

(1)通过代表资格审查委员会名单。

(2)通过代表资格审查报告。

(3)通过大会主席团和秘书长名单。

(4)通过大会议程。

(5)对会议其他准备事项做出决定。

2. 预备会议的一般性程序:

(1)会议主持人向大会报告应参加大会的正式代表人数和实际参加大会的正式代表人数。确认到会正式代表人数符合规定人数后,方可开会。

(2)分别通过代表资格审查委员会、大会主席团和秘书长名单。

(3)通过大会议程,有的还需通过会议日程。

(4)预备会议休会。

(5)代表资格审查委员会对代表资格审查报告进行审查。

(6)大会主席团举行第一次全体会议,分别通过代表资格审查委员会关于代表资格审查的报告、大会日程、大会主席团常务委员会名单、大会执行主席名单、大会副秘书长名单、大会秘书处的下设机构以及其他需要决定的事项。

(7)预备会议复会,通过代表资格审查委员会关于代表资格审查的报告,宣布大会主席团第一次全体会议通过的有关事项。

(六)做好代表资格审查工作

规模较大、级别较高的代表大会应成立代表资格审查委员会,规模较小或基层单位的代表大会可成立代表资格审查小组，严格审查正式代表的资格。做好代表资格审查工作要注意以下几点：

1. 审查代表酝酿提名和选举产生代表的程序是否符合有关规定。发现不符合规定程序的，应责成原选举单位重新选举。

2. 审查代表是否符合条件。发现有代表不符合条件的，应责成原选举单位撤换。

3. 审查工作应形成书面报告，并提交预备会议或大会主席团会议讨论通过。

（七）开好开幕式和闭幕式

代表大会往往举行开幕式和闭幕式（详见第十章第二节“开幕式和闭幕式”）。

（八）做好议案和提案工作

在我国，各级人民代表大会、企事业单位的职工代表大会以及群众组织的代表大会，提出议案或提案是会议代表的一项重要权利，做好议案或提案工作则是代表大会会务工作机构的重要职责，具体要求见第六章第四节“议案和提案处理工作”。

（九）做好选举和表决的各项准备工作

具体要求见第七章“选举、评选和表决工作”。

（十）加强会议的信息和宣传工作

要充分运用会议简报这一形式做好会议信息的沟通和交流，使会议领导机构及时了解会议动态，实现对会议的正确领导，也有利于代表之间交流信息。同时，要建立联络员制度，及时反馈各组（代表团）的信息。此外，要与新闻媒体保持良好关系，邀请媒体采访，全面准确报道会议情况。必要时成立会议新闻中心，统一对外发布会议信息。

（十一）写好主持词

主持词是主持人据以主持会议的书面材料。代表大会隆重、庄严，会议的进行不仅要严格按照既定的议程、日程和程序，每次举行会议时，主持人还必须依据事先拟定的主持词来主持会议。

第二节　听证会

一、听证会的含义、种类和特点

（一）听证会的含义和种类

听证会是立法或行政机关在职权范围内就特定的立法和行政事项听取有关人

士或组织代表意见或作证的会议。听证会中获取的信息和公众意见,应当作为立法和行政决策的重要依据。在我国,法定意义上的听证会按主办者划分,主要是立法听证会和行政听证会两种,前者由立法机关举行,后者由国家行政机关举行。

(二)听证会的特点

1. 举办者的法定性。听证会是一种法定的会议形式,因此不是任何机关都可以举行的。根据我国目前的有关规定,立法机关和国家行政机关在立法或决策时,可以举行或者必须举行听证会。从这一点上说,举行听证会是法定机关的一种法定行为。

2. 内容程序的规范性。我国目前有关听证会的内容和程序规范越来越完善,包括听证范围的确定、听证会的组织、参加对象的确定、听证会的主持、会上的发言、会议记录的签署、听证报告的形成等方面。

3. 参加对象的广泛性。听证会的参加对象包括听证人、听证陈述人、旁听人、记者等,其中听证陈述人必须具有广泛的代表性。

4. 会议过程的公开性。听证会是民主管理、民主决策的有效形式,除涉及国家秘密事项等特殊情况外,应当公开举行,允许旁听,允许记者采访。

二、听证会组织工作要点

(一)确定听证会成员

听证会的成员要依据听证会的性质和相关的法律和法规来确定。

1. 听证人。听证人即组织听证会的机关。举行听证会时,听证人派代表出席。听证人的职责是:

(1)听取听证会参加人的意见陈述,并可以询问。

(2)提出听证报告。

2. 主持人。主持人由听证人指定,其职责是:

(1)介绍听证参加人的情况。

(2)说明听证内容及有关情况。

(3)决定听证陈述人发言和听证人提问的顺序。

(4)执行听证会纪律。

3. 听证会参加人。听证会参加人应当具有广泛的代表性,构成比例要符合有关规定。比如,价格听证会参加人主要包括:消费者;经营者;与定价听证项目有关的其他利益相关方;相关领域的专家、学者;政府价格主管部门认为有必要参加听证会的政府部门、社会组织和其他人员。

公开举行的听证会必须保证有一定数量的旁听代表。

（二）确定听证内容

听证内容即听证会的主要议题。在我国，听证内容无非两个方面，一是征求对某项法案（包括制定法律、法规和规章）的意见，二是征求对某项行政决策的意见，如价格调整等。听证会内容要符合有关规定。

（三）会前预告

举行听证会前，听证人应当通过网站、新闻媒体向社会公告听证会举行的时间、地点，听证方案要点，参加人、旁听人员、新闻媒体的名额和产生方式及具体报名办法。

（四）发出通知

听证会时间、地点、内容、参加对象确定后要在规定时间内向听证会参加人发出听证会通知，必要时可将听证会参加人和听证人名单向社会公布。

（五）布置会场

听证会场的座位格局一般安排成全围式或半围式，但应突出听证人的中心位置。发言人在前排就座，周围可设旁听席和记者席。会场正面要有会标，会场装饰要简朴。规模较大的，会场要设置扩音设备。

（六）举行听证会

举行听证会时要做好以下工作：

1. 掌握好听证会程序。听证会的一般程序如下：

（1）主持人宣布听证会开始，说明会议的目的和法律法规依据，介绍参加听证人员的组成以及人数，宣布会议注意事项和发言的规则。

（2）提案人陈述法案或决策方案。

（3）听证会参加人发言。

（4）主持人作听证会总结。

2. 控制好会议进程。听证会参加人来自各个方面，观点、立场和利益诉求不同，会上难免会发生争辩，有的代表还会延长发言时间或要求多次发言，因此，主持人一定要善于控制会议进程，适时运用会议规则进行调节，既要保护健康合理的辩论，又要尽可能让每个参加人都有机会发表意见。

3. 做好会议记录。听证会记录是形成听证报告的基础，记录全面与否关系到报告能否全面反映参加听证代表的意见。因此，一定要安排好记录人员。

4. 确认会议记录。听证会的会议记录由主持人、记录人员和陈述人签名。有发言稿的，可请其留下发言稿，附在会议记录后一起归档。听证会记录应存档保存并可以公开。

（七）形成听证报告

听证会结束后，应制作听证报告。听证报告应当对听证会上的各种意见做出客观、真实的反映。听证报告的格式大致如下：

1. 标题。听证报告的标题由听证事项和听证报告组成。如：

哈尔滨市居民生活供水价格听证报告

2. 开头。听证报告的开头记述听证会的基本情况，包括听证会的目的、内容、听证人、参加听证人的范围和人数、时间、地点、发言人数等情况，要求简明扼要。然后用"现将听证情况报告如下"一句转入下文。

3. 主体。听证报告的主体部分一般按发言者的观点进行分类，分若干层次表述。每一层次可设小标题，概括这一层次的主要观点。每一观点都要列举发言内容，并说明发言人单位和姓名。

4. 结尾。听证报告的结尾写明听证人对听证会参加人意见的处理建议。处理建议应当包括对听证会参加人主要意见采纳与不采纳的建议和理由说明。

5. 听证人署名。

6. 发文日期。

【听证会实例】

会议名称：××××年××省春运公路客车价格听证会

听证机关：××省物价局

会议时间：××××年12月8日上午9时30分

主 持 人：××省物价局局长

会场布置：见图13－1。

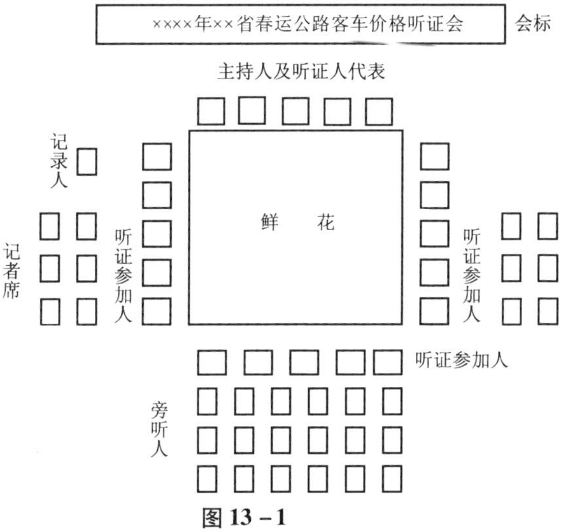

图13－1

席卡样式：

消费者代表 ×××	经营者代表 ×××	旁听代表	工作人员

证件颜色：

消费者和经营者代表—红，旁听代表—蓝，记者—粉红，工作人员—黄。

会议程序：

1. 主持人宣布：××××年××省春运公路客车价格听证会开始。

2. 主持人说明会议的法律依据和本次会议的目的。

3. 主持人宣布听证会注意事项（代表发言不超过5分钟，保持安静）。

4. 主持人介绍会议代表的组成（33人）。

5. 申请人代表××省交通厅副厅长介绍申请方案——《××××年××省春运公路价格上浮建议方案》。

6. ××省物价局副局长宣读初审意见。

7. 咨询机构代表宣读调查情况。

（稍作休息，准备发言）

8. 听证代表发言（会场内大型电脑显示屏显示每位发言者的证件及照片）。

先后发言的有：消费者协会代表、消费者代表、经营者代表、省总工会代表、省人大代表、省经贸委代表、律师代表、××市劳动局代表、省交通厅代表、专家学者代表、学生代表等。

9. 申请人代表省交通厅副厅长陈述意见。

10. 主持人作听证会小结。

11. 主持人请发言的代表在会议记录上签字。

12. 主持人宣布会议结束。

第三节　领导班子工作会议

一、领导班子工作会议的含义、种类和特点

领导班子工作会议泛指特定组织的领导班子为履行工作职责而举行的全体会议。按决定问题的议事规则来分，领导班子工作会议可以分为合议制会议和首长制会议两种。

（一）合议制领导班子工作会议的特点

合议制领导班子工作会议实行领导成员集体讨论、集体表决制度，包括各种委员会会议、理事会会议、董事会会议等。这类会议的特点是：

1. 与会者权利平等。参加合议制领导班子工作会议的每一个成员只要具备正式资格，就具有法定的表决权，而且人人平等，会议主席也不例外。

2. 少数服从多数。合议制领导班子工作会议实行少数服从多数的基本原则，通过各种表决方式决定问题、集体决策，任何人都不能凌驾于这一原则之上。这是合议制会议的基本特点。

3. 会议程序规范。合议制领导班子工作会议对程序有极其严格的要求，通常要制定成文的议事规则来规范和制约会议主席以及全体成员的行为。

（二）首长制领导班子工作会议的特点

首长制领导班子工作会议实行领导班子全体成员集体讨论、最后在首长主导下决定事项的制度。在我国，各级国家行政机关以及企事业单位中的行政系统都实行首长负责制，因而举行各种工作会议时也都实行首长负责制。这类会议的特点是：

1. 实行民主集中制。首长负责制是民主集中制的一种形式。领导班子的会议由首长负责召集，充分发扬民主，集体讨论重大问题，但首长具有最后决策权。这一点与其他许多会议形成明显的区别，也是此类会议的基本特征。

2. 例会周期较短。首长制领导班子工作会议需要及时解决本单位管理中的各种问题，因此基本上都以例会的形式定期举行，周期较短，一般每周一次，或者每两周一次。在特殊情况下，也可以举行临时会议或紧急会议。

3. 以程序性决策为主。领导机关的决策可以分两类：一类是程序性决策，即对重复出现的问题，依据现成的经验、规范和办法所进行的决策。这类决策是大量的、经常性的。另一类是非程序性决策，即对当前出现的新问题、新情况，无法依据现成的经验、规范和办法来解决，必须作大量的、深入细致的调查和科学的研究，依靠复杂的决策技术来进行的决策。首长制领导班子工作会议既要进行非程序性的决策，也要进行程序性决策，而且往往程序性决策事项占多数，因而会议的议题常常较多，涉及范围较广。

二、领导班子工作会议组织工作要点

（一）收集并协调好议题

无论是实行合议制还是实行首长制的会议，议题都是由首长确定的。会议召开前秘书部门要协助首长收集好议题。收集的对象主要有三类：第一类是向领导班子成员收集，请他们提出议题；第二类是向各职能部门收集，看看职能部门有没有需要通过领导班子会议解决的问题；第三类是向下级机关或部门收集，如下级机关或部门的请示、报告以及需要提请讨论、表决的事项等。

收集议题的同时，还要注意对议题进行协调，以免在会上扯皮。议题协调工作可以分为三个层次进行：

1. 凡涉及两个及两个以上单位关系的议题，一律请主办单位主动与其他有关单位先行协调会商，使各方达成共识。未经协调的，除非情况紧急，原则上不提交会议讨论。

2. 部门之间一时难以协调的问题，可请分管领导批示，提出意见，批转有关部门负责人进行协调，然后再提交会议讨论。

3. 对一些比较复杂、意见分歧较大的问题，建议分管领导负责直接出面协调。协调意见基本一致的，提请办公会议讨论审定；经协调意见仍不一致的，由负责协调的领导人提出倾向性意见，供会议决策时参考。

（二）准备会议文件

会上讨论的文件应在会议召开前打印装订，并按领导人数分装。需仔细研究的文件，要在会前分发到每位领导手中。

（三）落实会议通知

会议通知要及时到位。定期举行的会议应列入领导活动或机关会议日程表，另发备忘录式的会议通知，写明主要议题，使参加者做好准备。临时性或紧急会议，除书面通知外，还要用电话落实。必要时请领导人签收会议通知。对可能缺席的领导人或重要的列席人员应事先掌握信息，以免影响议题的讨论。

（四）做好签到工作

领导班子工作会议的签到是一种法定行为，证明签到人出席了会议。原则上应由与会者本人签到，特殊情况下也可由他人代签。

（五）安排好候会

如会议讨论的问题较广，列席会议人员也较多，为避免“陪会”，也为防止会议内容交叉扩散，要安排好列席人员的候会。会议秘书要事先估算每项议程开始的大致时间，通知有关列席人员提前在休息室等候，当会议讨论某项议题时再请有关列席人员进入会场参加会议。

（六）提供值班服务

领导班子工作会议涉及面广，常常会有临时性的会务工作，如临时通知列席人员、临时复制文件、临时准备投票用品、临时接待客人和代领导人接电话等，会议秘书要在岗待命，及时完成任务，提供值班服务，同时采取有效措施，防止对会议的干扰。

(七)做好会议记录

会议记录是形成领导班子工作会议最后文件的依据,也是需要归档保存的重要文案,要派专人做好记录,必要时经同意可采用录音机录音。采用速记方法的,会后要整理好记录。会议记录应当由记录人和审核人共同签字,按规定保存和查阅。董事会会议记录应当由每位出席的董事签字。

(八)起草和印发最后文件

领导班子工作会议的最后文件包括决定、决议、会议纪要以及会议批准通过的通知、通报、批复、条例、规定、办法等。这些文件有的在会前已经拟写,提交审议后要作修改,有的则在会议结束后根据会议记录起草。所有的最后文件都必须经主要领导签发后方能印发。

(九)反馈会议信息

秘书部门要把会议精神传达贯彻的情况向领导机关和领导人反馈,对重要的事项要加强督促检查,及时发现问题加以纠正,确保领导班子的决策得到全面贯彻落实,同时也为进一步完善决策提供信息依据。

第四节　联席会议

一、联席会议的含义、种类和特点

(一)联席会议的含义和种类

联席会议是指若干组织或一个组织内部不同部门为协商某些工作或为达成某项协议而举行的会议。

联席会议按范围分,可分为内部联席会议和外部联席会议。前者是指一个组织内部的各个部门之间的联席会议,后者是指一个组织与横向的其他组织之间的联席会议。

按会议机制分,联席会议可分为常态性联席会议和临时性联席会议。前者是指制度化的会议形态,如我国高校的院系一般都实行党政联席会议制度,定期举行会议;后者是指专门为解决某一问题而临时举行的联席会议。

联席会议同会谈有相似之处,区别在于:

1. 会谈适用于不同组织之间的协商和谈判,而不适用于同一个组织内部不同部门之间的工作协商。联席会议则不仅适用于不同组织之间的协商和谈判,而且更多地运用于同一个组织内部不同部门之间的工作协商,如一个单位内部的党政联席会议、行政部门联席会议等。

2. 会谈是针对特定议题举行的，尽管可以反复举行多轮会谈，但议题一旦解决，会谈也就结束。而联席会议既可以针对特定议题举行，也可以是双边或多边的一种协商、对话机制，一种制度化安排。一些国际性条约、协定共同签署后，常常会建立联席会议或者类似的制度，通过经常性的会议沟通和协商保证这些条约和协定得到顺利履行。

（二）联席会议的特点

1. 平等性。联席会议的与会者之间不具有隶属关系，地位和权利相互平等，应当相互尊重，这是联席会议的基本特点。

2. 协商性。联席会议因与会各方地位和权利平等，因此必须以磋商协调为会议的基本宗旨，以一致通过为决定问题的基本原则，这一点与首长制领导班子工作会议完全不同。有时联席会议也可能是由某个主管部门召集主持的，具有一定的影响力，但最后还是要靠协调各方的立场和平衡各方的利益解决问题。

3. 约束性。联席会议所达成的共识、所商定的协议，一般要以文件的形式记载下来，并由与会各方共同签署、盖章。文件一旦签署、盖章，便产生法定效力，对各方具有约束力。

二、联席会议组织工作要点

联席会议除做好一般会务工作之外，还要注意以下几点：

（一）议题要协商确定

联席会议的议题和议程应当由与会各方共同商定。如果会议由某一方牵头，可由牵头的一方提出议题和议程草案，经各方协商后确定。

（二）出席范围要全面

联席会议对象的确定要从有利于解决问题出发，与议题有关的单位都要出席，不能遗漏。

（三）代表要有全权

每个与会单位应当委派全权代表出席联席会议，以便能在实质性问题上当场表明态度、签署文件，提高会议的效率。

（四）文件草案要提前分发

联席会议一般都要形成共同文件，主办单位要在会前起草相关文件的草案并提前发给与会单位，以便各方有足够的时间研究。如果讨论的问题专业性较强，或者容易产生分歧，主办单位还要在会前准备好足够的参考性和背景性资料，以帮助与会者掌握信息、统一认识。

（五）要做好签到和记录工作

联席会议的与会者必须亲自在签到表上签字，以证明其参加会议。签到表要同会议文件一起立卷归档。

联席会议的记录是形成或修改会议最后文件的依据，也是将来查考的原始材料，一定要认真做好。如果会议达成口头协议，各方应当在会议记录上署名。会议记录一般由主办方或召集单位保存。

（六）文件签署要规范

联席会议形成的共同文件，如会议纪要、合作备忘录、协议书、联合声明、共同宣言等，要由各方的全权代表签字，必要时可举行签字仪式。

第五节　报告会

一、报告会的含义、种类和特点

（一）报告会的含义和种类

报告会是指请领导人、专家或者有关事件的当事人就形势、学术问题或者某人的事迹作专题性介绍、陈述、演讲的会议。有的报告会也称演讲会。

报告会按报告的内容来分，常常有形势报告会、动员报告会、学习报告会、学术报告会、事迹报告会等。

（二）报告会的特点

1. 主题鲜明。报告会的主题一定要集中、鲜明，使人印象深刻。有些报告会在名称上加上“主题”二字，称之为“主题报告会”或“主题演讲会”，其用意就是通过突出主题来强化报告会的吸引力。

2. 内容新颖。报告会不仅主题要集中突出，而且内容应当具有时代性、前沿性、前瞻性和生动性，能使报告会起到传播知识、熏陶思想、开启智慧、激发热情、鼓舞士气、提升修养的作用。

二、报告会组织工作要点

（一）确定好目标

确定好目标就是要解决为什么要举行报告会和举行哪种报告会的问题。报告会的目标决定报告会的种类。比如，为帮助干部群众正确把握形势，明确方向，振奋精神，应举行形势报告会；为交流学术观点，扩大学术视野，增强学术气氛，应举行学术报告会。

（二）策划好报告主题

报告主题应根据报告会的性质并结合形势的需要来确定。比如，学术报告会一定要介绍某一领域学术研究的最新成果；形势报告会一定要反映国际、国内形势的最新发展；事迹报告会的主题要具有时代性，给人以启迪和感染，使人鼓舞振奋；学习报告会的主题要结合干部和群众政治学习和业务提高的需要。

（三）邀请好报告人

要根据报告的主题选择合适的报告人。报告人要选择在某一领域具有深厚造诣的专家学者，或亲自创造发明、具有独到体会的人士，要口齿清楚，能够胜任作大会报告。

报告人确定后要通过适当的渠道发出邀请。邀请时要将举办报告会议的目的、参加的对象告知对方，以便报告人事先了解报告的要求和报告的对象，有的放矢做好准备。报告的时间要同报告人充分协调。

（四）组织好对象

报告会参加对象有两种情况，一种是由主办者指定并且必须参加的对象，另一种是公开邀请、鼓励自由参加的对象。参加对象要根据报告会的目的和内容确定。报告会的规模要适当大一些，以形成一定的气氛，达到一定的效果。为确保达到需要的参加人数，可采取既指定一部分参加者，同时也欢迎自由参加的方式，这样可以避免发生参加对象过少的尴尬情况。

（五）布置好会场

报告会一般安排成上下对应式座位格局较为合适，当然也可布置成半围式格局，小型报告会也可布置成全围式。主席台上方或背景处可悬挂会标，凸显会议主题。会场可设讲台，以突出报告人地位。时间较长的报告会，也可不设讲台，报告人坐着做报告。扩音机、投影仪、计算机等设备是报告会之必备，一定要事先准备妥当。

（六）安排好提问

学术性、时事性、知识性报告会可安排适当时间的听众提问，请报告人现场回答。安排提问时，主持人要控制好时间和局面。

第六节　论坛和研讨会

一、论坛和研讨会的含义、种类和特点

（一）论坛和研讨会的含义和种类

论坛一词的含义有广义和狭义之分。广义的论坛是指一切可供各种观点、意见和信息自由发布、交流的公共平台，如网络论坛、广播论坛、墙报论坛等。狭义的论坛是指按会议的基本要素组织起来的，以研讨和交流为主要目的，以现场报告、演讲、对话、座谈为主要形式的会议活动，实质上就是研讨会。以下所指论坛与研讨会同义。

论坛按组织形态分，有常设性论坛和特设性论坛。常设性论坛组织化程度较高，实际上已经成为一种固定的社会组织，有论坛章程、有固定的会员、有常设机构，定期举行会员大会以及各种学术研讨和培训、考察活动。这类论坛需作为社会团体向民政部门登记。特设性论坛是由某个或若干组织临时发起并主办的研讨活动，多冠以研讨会的名称。

按主办单位的性质分，论坛可分成官方论坛和非官方论坛。如中非合作论坛就属于官方论坛，博鳌亚洲论坛就属于非官方论坛。官方论坛可以邀请非官方组织和人士参加活动，非官方论坛也可以邀请官方组织和人士参加活动。

（二）论坛和研讨会的特点

1. 会议内容的学术性。学术性是论坛和研讨会的本质属性。当然，论坛和研讨会的内容可以是纯学术性的，也可以是泛学术性的。这里所谓的纯学术性，指的是以某个学科的理论研究成果作为论坛交流的内容；这里所谓的泛学术性，是指以交流、研讨、寻求共识为目的，开展不同的国家、政府间国际组织、企业、非政府组织之间的对话和信息沟通，有时为了推动政治、外交、军事领域中一些比较敏感问题的解决，也可先以民间或半官方的名义举办论坛或学术研讨会，进行非正式的或试探性的接触，提出一些意见、建议和方案，为展开正式的对话创造气氛，铺平道路。

2. 会议主体的专家性。专家学者是学术论坛的主体，这是由论坛和研讨会的性质决定的。尽管许多论坛的代表具有官方色彩，甚至就是政府官员，但在论坛和研讨会上，他的身份首先是行政管理专家或学者，或者半是官员、半是学者，这样的身

份对于与会各方来说,更方便相互接触,更容易相互沟通。中国内地和台湾地区共同举行的一些论坛就具有这样的特点。会议主体的专家性使得论坛和研讨会能够会聚各路精英,集合人类的文明成果,成为传播先进文化、推进生产力发展、开启人类智慧和灵感的重要平台。

3. 会议气氛的民主性。民主和自由是论坛和研讨会的可贵之处,也是最显著的优势和特点。在论坛和研讨会上,各种不同的观点都应当允许发表,健康的学术争论应当提倡并加以保护,“一言堂”是学术论坛的大忌。

二、论坛和研讨会组织工作要点

(一)策划好主题和议题

论坛和研讨会主题和议题的策划立意要高,要站在时代的高度,关注社会发展过程中出现的新情况、新问题,交流和探讨学术研究的新发现、新成果、新思想、新方法,具有前瞻性和前沿性,能推动社会的精神文明、物质文明和政治文明的发展(详见第三章第三节“议题、议程和程序策划”)。

(二)确定好对象及其规格和规模

论坛和研讨会的对象及其规格要根据举行论坛的目的和议题来确定。有的论坛称之为“高峰论坛”,说明规格较高,一般要求国家、国际组织、企业和民间组织的领导人亲自参加;有的论坛和研讨会要求某一领域具有一定贡献的专家并提交论文者方具备与会资格;有的则面向大众,具有学术报告会的性质;有的可能是仅限于会员参加的年会。

论坛和研讨会的规模要适中,规模太小不能适应信息沟通的需要,规模太大则无必要。

(三)成立学术委员会

论坛和研讨会可建立学术委员会,作为最高学术权威机构,就学术上的有关问题向组织者提供咨询,根据议事规则对有关争议进行裁定。常设性论坛的学术委员会一般应当由全体会员大会选举产生,其他论坛或研讨会的学术委员会则由主办者聘请相关人士组成。

(四)发出预告性通知

由于论坛和研讨会要求与会者提交论文,因此要先发出预告性通知(或论文征集通知)。预告性通知的内容主要包括:会议的背景、目的、宗旨;会员的主题和议题;论文的要求、提交方法和时限;会议的大致时间、地点和安排;经费。

会议的具体时间和地点可以在确定会议对象后另发正式通知。预告性通知要附上回执或报名表，具体格式可参见第四章第一节“会议通知和邀请”。

（五）审定论文，确定参加对象

为保证论坛和研讨会的质量，要对收到的论文进行审核评定，本着学术公正的原则，通过层层遴选，最后根据会议的规模，确定参加会议的对象。这项工作应当由学术委员会负责。

（六）发出正式邀请

论坛和研讨会的对象确定后，要及时发出正式邀请函。邀请函中要写明会议的具体时间和地点以及报到接待的方式。对于组织内部的会员，应当用“通知”告知会议信息。

（七）落实接待工作

大型论坛的代表来自四面八方，做好接待工作意义重大。国际性学术会议的接待工作要求更高、更严，一定要把它作为一项重要工作来做。具体做法可参见第四章“会议邀请与接待”。

（八）布置会场

论坛和研讨会的会场布置应当简朴、典雅，设施齐全，能够为学术和跨语言交流提供技术保障。主席台布置应当突出报告人的地位。如果进行分组讨论，要事先安排好分会场。

（九）做好现场记录和翻译工作

论坛和研讨会举行期间要安排专业速录师全程记录。记录稿经发言人同意后可印发或正式发表。国际性论坛和研讨会还要根据会议的工作语言安排好交替翻译或同声翻译人员，做好现场翻译工作。

（十）印发代表通讯录

论坛和研讨会召开期间是与会者相互结识、联络感情的良好时机。为方便与会者会后相互联系和交流，同时也为留作纪念，会务工作机构要及时印发会议代表通讯录。

（十一）汇编会议论文集

会后汇编会议论文集，是论坛和研讨会的一项重要的后期工作。编好会议论文集，既集中展示会议的成果，又为进一步深入研究提供学术参考资料。有的会议论文集还可提供给出版社正式出版。

第七节　发布会

一、发布会的含义和种类

（一）发布会的含义

发布会是特定组织以媒体和公众为对象，进行公开、当面、集中沟通的公关性会议。任何组织之所以举行新闻发布会，其根本目的就在于通过这一渠道和方式直接与媒体和公众，或者通过媒体向公众进行有效的沟通，达到宣传方针政策、发布法规规章、传达施政意图、澄清事实、解释立场、纠正谬误、检讨失职、回答质询、介绍和推广产品与技术等目的。

（二）发布会的种类

发布会名称繁多，但归纳起来无非是以下两大类：

1. 新闻发布会。新闻发布会区别于其他发布会的最突出特点在于新闻性，其所发布的信息内容都是本国、本地区或本组织内部最新发生或形成，为公众所关心，或公众应当知晓而尚未知晓的事件、情况、政策、立场和观点等。新闻发布会又称信息发布会，根据内容不同也可称为政策说明会、情况通报会、成果发布会、产品推介会等。

2. 记者招待会。记者招待会是主办单位专门向记者发布信息并回答记者提问的会议形式。

新闻发布会和记者招待会都属于发布会，内容都应当具有新闻性。在实践中，这两种发布会容易混淆，现将它们之间的区别简述如下：

第一，邀请的对象不同。记者招待会顾名思义就是邀请记者参加的会议，不是记者就不邀请；而新闻发布会不仅邀请记者参加，还可以有目的、有针对性地邀请一部分与新闻发布单位关系密切或关系特殊的公众参加。有时通过关系密切或关系特殊的公众向其他公众传播信息，其效果比通过新闻媒介传播信息更好。比如，上海市人民政府曾经就发布进一步鼓励国内外投资者投资开发浦东新区的政策举行新闻发布会，除邀请国内外各大媒体的记者参加外，还邀请了一些外国驻沪领事馆、跨国公司、外国金融机构、外省市驻沪办事处的代表参加。

第二，发布的形式不同。记者招待会一般都采取双向沟通的形式，即一方面由举办方发布信息，另一方面允许记者当场提问，由主持人或举办方负责人答问。而新闻发布会形式则较为灵活，既可以像记者招待会那样进行双向沟通，也可以仅由举办方单向发布信息，不安排现场提问。

二、发布会组织工作要点

（一）明确目的

举行发布会，首先要明确解决什么问题，达到什么目的。一般说来，举行发布会的目的主要有以下几个方面：

1. 对国内外当前发生的与本组织的利益、形象有关系的事件表明立场、态度。

2. 发布本组织将要实施的重大方针、政策、规章，或者将要采取的重大行动和计划。

3. 通报本组织内部发生的重大事件，并说明真相，澄清事实，介绍解决问题的办法，防止不实报道和流言对本组织可能造成的损害。

4. 介绍即将举行的重要活动的设想或筹备和进展情况，为活动的正式举行作舆论准备。

5. 发布和展示新产品、新技术、新成果，抢占市场先机。

（二）确定口径和发布方式

目标明确后，还要确定发布的口径。这里所谓的口径，就是指从什么角度发表立场和观点，消息发布到什么程度，哪些问题可以正面回答提问，哪些问题应予以回避等。口径是否一致、是否合适，关系到新闻发布会的成败。所谓发布方式，即是双向沟通还是单向沟通。

（三）选择发布会的时机

发布会的时机选择很重要。选择时机的一条很重要的原则即看其是否有利于维护本组织的利益和形象。具体来说，就是什么时候发布信息能够取得最佳效果。操之过急或延缓滞后，都可能产生负面效应。

（四）确定参加对象

发布会的参加对象对于发布者来说至关重要，因为发布会的信息主要是依靠他们向社会传播的，因此要精心策划，慎重选择。

1. 发布会的对象应根据发布会的目的和内容来确定。比如，举行投资政策说明会，除了邀请媒体参加外，还应当邀请国内外投资机构和企业、外国驻本地的领事机构、外省市驻本地的办事处以及经济类的媒体到会。又如，举行技术成果发布会，就要邀请与该技术有关的科研单位、企业和行业性媒体参加。

2. 要考虑媒体的影响力和专业性。各种媒体的影响力和专业性是不同的，要根据实际需要来选择并邀请适当的媒体参加发布会。如发布全国性的教育政策，就要考虑邀请中央一级媒体和教育类的媒体参加，必要时，也可邀请外国媒体参加。

（五）发出邀请和接受报名

对象确定后要适时发出邀请函或网上公开邀请，临时举行的发布会可用电话个别邀请。有的发布会采取记者报名的办法，先由记者提出申请，经审查同意后发放采访证。

（六）确定主持人和发言人

一般的新闻发布会，主持人和发言人可以由一人同时兼任。如果内容重要或者业务性较强、发言人较多，可以专设主持人召开。主持人的主要任务是说明举行新闻发布会的目的和背景，介绍发言人的身份和姓名，掌握会议进程和时间。发言人的任务是发布信息和回答提问。

（七）准备有关材料

重要的发布会，要事先拟好发言稿，供发言人参考使用，或根据需要在会上分发。发言材料可简可繁，但一定要全面反映情况、准确表述立场，并经领导审定、统一口径后方能公布。

有时也可准备一些宣传介绍性材料，如新闻事件的背景资料、政策法规的说明材料、证人证词、新闻稿、产品介绍等，在与会者入场时分发。

（八）布置会场

发布会的现场布置有下面几点可供参考：

1. 定期召开的发布会可以在固定地点、固定会场举行。
2. 小型发布会可将会场座位格局摆成全围式，显得气氛和谐，宾主平等。
3. 大型发布会可设主席台或讲台。主席台上方或布景板上要书写会标，会标上要突出会议的主题，也可标明举办单位的名称和时间、地点。
4. 会场内要配备足够的电源设备，供电视记者采访。为方便记者提问，还要配备无线话筒，落实专门的工作人员负责传递。有的发布会还需要准备投影设备。
5. 产品、技术发布会往往需要安排现场展示和演示。展台、展品可布置在会场外的大厅内，演示的器械、设备要准备妥当，演示人员要落实到位并训练有素。

（九）安排签到、引导、记录和现场翻译

发布会要安排专人做好签到、引导工作。签到最好请与会者留下名片。有关文件和出席的证件应在签到时分发。邀请外国人士参加的发布会，还要事先选派翻译人员。会议全程要做好文字和视频记录。

（十）收集媒体的报道

发布会之后，要密切关注媒体的反应，尽可能收集各媒体的新闻报道。对给予

正面报道的媒体要及时表示感谢。

第八节　座谈会

一、座谈会的含义、种类和特点

(一)座谈会的含义和种类

座谈会又称恳谈会，是一种会议气氛比较轻松，与会者自由平等发表意见、交流切磋的小型围坐式会议。座谈会按其功能可分为：

1. 咨询论证性座谈会。这类座谈会主要用于决策之前进行技术咨询，对方案进行论证。参加对象以专家为主。

2. 征询调查性座谈会。这类座谈会主要用于重大政策制定之前征询各方面的意见和建议，或调查了解情况，反馈信息。

3. 纪念追思性座谈会。这类座谈会主要用于纪念、追思历史人物和历史事件。

4. 学习交流性座谈会。这类座谈会主要用于汇报思想，交流工作经验和学习心得体会等。

5. 庆祝表彰性座谈会。这类座谈会主要用于庆祝某个节日、某人的生日、某项工作的完成，或者表彰先进集体与个人。

6. 联谊交友性座谈会。这类座谈会的主要目的在于加强联系，联络感情，增进友谊，无特定的议题。

(二)座谈会的特点

1. 用途广泛。座谈会的用途广泛，如咨询论证、征求意见、调查情况、纪念追思、学习取经、交流总结、庆祝表彰、联谊交友等，对内对外都可以举行。

2. 规模较小。座谈会的规模一般都较小，小到十人以下，至多几十人，以保证每个与会者都有发言的机会。

3. 形式简便，气氛轻松。座谈会的形式十分简便，大都采取围坐的形式，除主持人和主要领导外，常常不排座次，随意就座，其目的就是创造一种轻松、自然、平等的气氛。在这样的气氛中，与会者心情轻松，畅所欲言，容易取得良好的会议效果。

二、座谈会组织工作要点

(一)目的明确，主题鲜明

座谈会形式简便、气氛轻松，但目的必须明确，主题必须鲜明。讨论具体问题的座谈会，要列出各项具体的议题。

（二）通知要清楚、到位

召开座谈会一般应当通知到人，除了时间、地点外，还要明确告知与会者会议有哪些议题，有时还要说明参加的范围，以便与会者做好思想准备和发言准备。

除了发书面通知外，还要用电话跟踪落实。人数较少的座谈会，要及时掌握请假情况，以便对出席人员进行及时调整，防止出现因出席人员过少而无法开会的尴尬局面。

（三）会场布置要灵活

座谈会的形式非常灵活，会场布置也要相应灵活多样，可以采取圆形、方形、长方形、椭圆形、六角形等围坐式座位格局，特殊情况下也可以摆设成半围式。但有一点必须注意，会场座位尽量不要摆成上下对应式或分散式，否则就会使座谈会的气氛变得严肃、拘谨，影响会议的效果。

重要的座谈会应当悬挂会标，既揭示会议的主题，又渲染会议气氛。

（四）落实安排好发言

座谈会的发言形式有两种，一是自由发言，即事先不规定每人都要发言，也不规定发言顺序。与会者发不发言、什么时候发言，完全由与会者自己决定。二是事先确定若干主要发言者在会上先发言，然后由其他与会者自由发言。安排发言要注意以下问题：

1. 发言要紧扣会议主题。主持人要善于引导和控制会议的发言，防止出现开“无轨电车”的现象。

2. 避免“冷场”。座谈会上有时难免会出现暂时的“冷场”，这时主持人应分析出现“冷场”的原因，及时采取措施，激发与会者的思路和热情。

3. 必要时可以点名发言。但这只能是一种启发和鼓励，不能搞强制性发言。强制性发言会使与会者发表违心的言论。

4. 保护健康的争论。座谈会出现一些争论属于正常现象，只要是对会议主题的积极探讨，这种争论应当加以鼓励和保护，它有利于打破僵局，活跃会议气氛，激发与会者的思路和热情。当然，会上如出现无谓的争论且影响会议正常进行，主持人应及时引导。

（五）对与会者表示感谢

座谈会可以分为两种，一种是横向性座谈会，即与会者同举办者无隶属关系的座谈会，这种座谈会结束后，主持人自然应当对与会者的光临表示感谢。另一种是纵向性座谈会，即会议是由领导机关或领导人召集下属有关部门或人员举行的，即便是这类座谈会，会议结束时，领导人说一句表示感谢的话，也会使与会者倍感亲切。

第九节　现场会

一、现场会的含义、种类和特点

（一）现场会的含义和现场的种类

现场会，顾名思义就是在特定现场举行的会议。这里所说的现场主要有下列几种：

1. 工作现场，如抗洪抢险的现场、重大工程现场。
2. 突发性事件和突发性事故现场，如安全事故现场。
3. 正反典型发生的现场，如精神文明建设单位现场。
4. 具有历史纪念和象征意义的现场，如发生历史事件的现场等。

（二）现场会的特点

1. 强烈的现场感染力。现场会让全体与会者处在特定的现场之中，直接观察现场，感受现场的气氛，在现场中发现问题，获得启示，接受教育，受到感染，提出解决问题的办法与措施，这对于提高会议的质量和效率具有十分重要的意义。

2. 明确的针对性。现场会目的明确、针对性强，一切都围绕“现场”二字做文章，如现场观摩、现场考察、现场演示、现场讨论，把问题解决在现场，把现场的经验和教训带到相关的工作中去借鉴和参考。

二、现场会组织工作要点

（一）分析现场会的必要性

现场会议具有直观、印象深刻、能现场解决问题、会议效率较高等优点，但如果动辄举行现场会议，会增加会议的接待费用，且耗时较多，使会议的隐性成本上升。因此，举行现场会前应认真分析其必要性。

（二）选好会议现场

选好会议现场是开好现场会的关键。选择会议现场时，要注意以下几点：

1. 符合会议目标。举行现场会议，目的就是通过现场感受，加深对会议目标、任务的认识，因此一定要根据会议的目标来选择和确定会议的现场，脱离了会议目标，现场会就毫无价值可言。

2. 富有典型意义。现场会往往以正反两方面的典型事例和经验推动全局工作，现场的典型性越强，其宣传和教育的作用也就越显著。

3. 便于解决问题。对于现场办公会议来说,解决问题是其根本目的,因此,是否便于解决问题,是现场办公会议确定现场的主要考量。

(三)安排好现场参观的线路

现场会大都要安排参观、考察。会前要设计好参观考察的点以及线路,先看什么,后看什么,从哪里出发,在哪里结束,都要有计划、有安排。

(四)安排好会场

现场会的会场安排方式有两种:

1. 直接安排在事件发生或工作现场,参观考察和讨论研究都在现场完成。

2. 将参观考察和讨论研究分开,在参观考察之前或之后,在现场附近另设进行讨论研究的会场。

(五)搞好现场接待

做好接待工作是开好现场会的重要保障。在参观考察的现场,要有专人接待、讲解、分发资料。现场会若有少数民族代表或外国代表参加,还应安排翻译人员进行翻译。

第十节　远程会议

一、远程会议的含义、种类和特点

(一)远程会议的含义、种类

远程会议是指借助现代通信技术把分散在各地的与会者组织起来举行的会议。

远程会议按技术手段可分成:

1. 语音会议。语音会议是一种经由 PABX(程控用户交换机)、PSTN(公共交换电话网络)、PLMN(公众陆地移动通信网)、Internet(互联网)等通信网络渠道,借助多方互联的信息手段,通过固定电话或移动电话召集分散在各地的与会者组织进行语音沟通的形式。

2. 电视电话会议。电视电话会议是用通信线路把两地或多个地点的会议室连接起来,通过电视图像的方式召开的会议。与电话会议相比,电视电话会议具有直观性强,信息量大等特点,不仅可以听到声音,还可以看到会议参加者,还能实时传送会议资料、图表和相关实物的图像,与真实的会议无异,使每一个与会者确有身临其境之感。

3. 网络视频会议。网络视频会议是基于多媒体通信系统的会议,支持多人视频、语音和文字交流，能实现屏幕共享、动态 PPT 演讲、短信留言、电子白板、文件传输等功能。电脑和智能手机都可以举行网络视频会议。

（二）远程会议的特点

1. 便捷。与传统的会议方式相比，远程会议具有方便快捷的优越性。分散于世界各地的人们不再需要把大量时间花在路途上，只要拿起电话机，轻松一拨，随时可以召开电话会议。电视电话会议和网络视频会议更是省去了文件制发、会场布置、迎来送往、住宿安排等会务工作，而与会者的音容笑貌以及各分会场的情况通过电视机、电脑照样清晰可见。

2. 高效。现代社会，时间就是金钱。人们为了参加一次会议，往往要在路上花费许多时间，时间资源的浪费非常之大。在这方面，远程会议具有独到的优势，它通过通信网络使世界各地的有关人员自由地交谈、讨论、表决，以最快的速度解决实际工作中迫切需要解决的问题，其速度远远快于任何一种以传统方式召开的紧急会议。这样，不仅节省了宝贵的时间资源，而且大大提高了会议效率，从而提高了组织的整体效率。

3. 低成本。在传统的会议中，隐性成本（包括所有与会人员以及会务工作人员在参加会议这段时间内创造的价值以及因中断工作所造成的相关损失的价值）往往被人忽视，显性成本中与会者的差旅费用也往往被认为是理所当然的支出，因而在传统会议中，降低成本的努力往往难以取得明显的效果。运用远程会议系统召开会议，由于节省了与会者的大量时间，不仅减少了路费、住宿费和出差补贴费等支出，同时也避免了由于会议的耽搁而造成经济损失的可能性，使大幅度降低会议成本变为现实。

二、远程会议组织工作要点

（一）配置调试设备

举办远程会议需要配备好智能手机、电脑、电视机、摄像头和话筒等硬件并安装相应的软件，租用通信线路或远程会议服务功能。会前要由技术人员安装调试，确保性能良好。

（二）发出通知和文件

要通过电话或书面的形式事先发出通知，告知会议的内容、形式和时间。需设分会场的远程会议要确定各与会单位的召集人。需讨论或审议的文件也应在会前传给与会各方。

（三）安排会场

远程会议的会场根据需要可分为主会场和分会场。召集方设主会场，其他参加会议的各方设分会场。主会场可设主席台，按一般会议的要求布置并排列领导人的座次。分会场也可设主席台，但在举行大会时，分会场的领导人一般坐在台下和其他与会者一起观看、聆听主会场的领导讲话，等到召开分会场会议时，再坐到主席台上。如需宣传报道，主会场和分会场都要悬挂会标，如“××电视电话会议”。

（四）接通设备

会议开始前，各分会场要确认信号接收良好和设备运行正常，发现问题要及时解决。

（五）通报出席情况

设分会场的远程会议在会议开始后，各分会场应向主会场通报出席情况，然后会议进入正式议程。

（六）作好记录、汇总情况

远程会议可以自动记录会议全程的语音和视频。如有需要也可以转化成文字记录加以保存。各分会场要将本会场的情况整理成书面记录或报告呈交主办机关备案。

思考与练习

1. 试述法定性代表大会和非法定性代表大会的含义和特点。
2. 试述代表大会组织工作要点。
3. 试述听证会的含义、种类、特点和组织工作要点。
4. 试述合议制领导班子工作会议和首长制领导班子工作会议的特点。
5. 试述领导班子工作会议组织工作要点。
6. 试述联席会议的含义、种类、特点和组织工作要点。
7. 试述报告会的含义、种类、特点和组织工作要点。
8. 试述论坛和研讨会的含义、种类、特点和组织工作要点。
9. 试述发布会的含义、种类和组织工作要点。
10. 试述座谈会的含义、种类、特点和组织工作要点。
11. 试述现场会的含义、种类、特点和组织工作要点。
12. 试述远程会议的含义、种类、特点和组织工作要点。

参考文献

[1]聂德虎,朱佳琳. 会议组织艺术[M]. 武汉:华中理工大学出版社,1988.

[2]佟子华. 高效率会议组织技巧[M]. 广州:广东经济出版社,2004.

[3]罗杰·摩斯维克,罗伯特·尼尔森. 会议管理[M]. 高维泓,译. 桂林:广西师范大学出版社,2001.

[4]罗烈杰. 会议实务[M]. 深圳:海天出版社,2003.

[5]赵烈强. 会议管理实务[M]. 长沙:湖南人民出版社,2005.

[6]滕宝红. 会议管理实操细节[M]. 广州:广东经济出版社,2006.

[7]唯高. 实用开会手册[M]. 北京:中国物资出版社,1999.

[8]沈燕云,吕秋霞. 国际会议规划与管理[M]. 沈阳:辽宁科学技术出版社,2001.

[9]向国敏. 现代会议策划与实务[M]. 上海:上海社会科学院出版社,2003.

[10]向国敏. 会展实务[M]. 上海:上海财经大学出版社,2005.

[11]肖国庆,武少源. 会议运营管理[M]. 北京:中国商务出版社,2004.

后　记

八年前，我斗胆写了《现代会议策划与实务》一书，承蒙读者和业内专家的厚爱，被一些论著和教材引用，也有部分内容被辗转"克隆"，令本人既欣喜又困惑。欣喜的是本人的管见浅议竟然能引起关注并为读者和专家包容乃至接受、引用，为会议学的研究献出了绵薄之力；困惑的是当初写那本书时，本人对会议现象的认识还相当粗浅，对会议工作的规律表述也十分幼稚，现在看来很多地方都需要重新界定甚至推倒重来，然而这些文字却至今还在被人不加批判地整段甚至整节、整章地"克隆"，令我啼笑皆非。2005 年我写的《会展实务》一书也遭同样境遇。

在这里，我并不想就其中已被世人千百遍热议的学术道德和法律维权的问题再加评论，只是觉得写论著也好，编教材也罢，都应担当起引导人们向往真理、追求知识的社会责任，而真理和知识（我以为都是对客观世界规律性的认识）总是在不断发展、更新的，会议学的研究也不例外。改革开放以来，我国的会议学研究方兴未艾，成果斐然，为提高各级各类组织的管理效率、推动我国与世界各国在各个领域的交流与合作、促进我国会议产业的发展，发挥了重要的作用。但会议学毕竟是一门年轻的学科，很多方面还不够成熟，特别是在学科基础理论方面还需做大量的研究工作。在此我需要特别申明一点，本书之所以冠以"会议学与会议管理"，并不代表这本书在研究会议学基础理论方面有什么建树，而只是本人的一种尝试，也许这种尝试不自量力。会议学需要众多的读者和专家一起来建设，我的初衷完全是为了抛砖引玉，以期早日建成会议学这座学科大厦。假如我的观点及其表述能获得批评和纠正，我也就如愿以偿，因为我相信，真理是在批评和怀疑中发展的，知识是在实践中更新的。本书写作的过程就秉持这一信念，在许多方面自我颠覆了八年前那本书的观点及其表述，相比之下，内容更加充实，表述更为严谨。

由于才疏学浅，本书难免还有不少缺失，衷心希望读者和专家不吝赐教，共同探讨。对于严肃的学术批评、商榷以及正当的引用、化用，我一定会敞开胸怀真诚欢迎并引以为自豪，当然，对于借用现代高科技"全真克隆"者，我也要奉劝一句："请自重！"

本书在写作过程中得到了陶勇、严铁华、陈玉英同志的热情相助，在此表示感谢。

向国敏

2011 年 3 月于华东师大

再版后记

一转眼，本书出版已经五年多了。2012 年 4 月 16 日中国中央办公厅和国务院办公厅联合发布了《党政机关公文处理工作条例》，2012 年 6 月 19 日国家质量监督检验检疫总局和国家标准化管理委员会联合发布了《党政机关公文格式》，这两个文件对我国各级各类机关和企事业单位的公文写作与处理工作具有规范性，同时对于各类会议文案的写作也具有指导意义，因为大部分的会议文案属于公文的范畴。应出版社要求，本次再版时我依据上述两个文件的精神修改了对各类会议文案写作格式的表述，使之更加统一规范，也更便于实施教学。此外我还对本书的部分内容以及个别文字表述做了修改。本次修订得到了陶英的帮助。

衷心希望广大读者继续关注本书并提出宝贵意见。

向国敏

2016 年 6 月

第三版后记

在首都经济贸易大学出版社的帮助下,《会议学与会议管理》第三版即将出版。本次再版压缩了部分章节的内容,修正了部分文字表述,使教材更加精炼和准确,更便于教师的教学和学生的自学。欢迎专家、读者提出进一步改进的意见和建议。

向国敏

2019 年 6 月